ŒUVRES
COMPLÈTES
DE MOLIÈRE

COLLATIONNÉES SUR LES TEXTES ORIGINAUX ET COMMENTÉES

PAR

M. LOUIS MOLAND

DEUXIÈME ÉDITION

SOIGNEUSEMENT REVUE ET CONSIDÉRABLEMENT AUGMENTÉE

Une composition de Staal, gravée sur acier, accompagne chaque pièce

TOME TROISIÈME

PARIS
GARNIER FRÈRES, LIBRAIRES-ÉDITEURS

6, RUE DES SAINTS-PÈRES

AVIS AUX SOUSCRIPTEURS. — Le premier volume, consacré entièrement à la **Vie de Molière** et aux documents biographiques, paraîtra en dernier lieu.
Cet ouvrage est sous presse depuis deux ans, comme on le peut voir par la date de ce volume. Nous avons voulu que la moitié en fût imprimée avant de le mettre en vente, pour être certains que la publication n'éprouvera aucun retard et qu'un nouveau volume pourra être envoyé régulièrement tous les deux mois aux souscripteurs.

CHEFS-D'ŒUVRE

DE LA

LITTÉRATURE

FRANÇAISE

3

ŒUVRES
COMPLÈTES
DE MOLIÈRE

TOME TROISIÈME

PARIS. — IMPRIMERIE A. QUANTIN
7, RUE SAINT-BENOIT

SGANARELLE.

ACTE III

Garnier frères, Éditeurs

ŒUVRES
COMPLÈTES
DE MOLIÈRE

COLLATIONNÉES SUR LES TEXTES ORIGINAUX ET COMMENTÉES

PAR

M. LOUIS MOLAND

DEUXIÈME ÉDITION

SOIGNEUSEMENT REVUE ET CONSIDÉRABLEMENT AUGMENTÉE

Une composition de Staal, gravée sur acier, accompagne chaque pièce

TOME TROISIÈME

 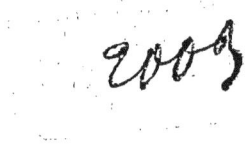

PARIS

GARNIER FRÈRES, LIBRAIRES-ÉDITEURS

6, RUE DES SAINTS-PÈRES, 6

M DCCC LXXX

LE
DÉPIT AMOUREUX

COMÉDIE EN DEUX ACTES

NOTICE PRÉLIMINAIRE.

Le *Dépit amoureux* est une des pièces de Molière que l'on voit le plus fréquemment au théâtre. Mais on a opéré la séparation que nous avons indiquée à la page 312 du précédent volume. On supprime toute la comédie d'intrigue, celle qui vient de *l'Interesse* italien, et l'on ne joue que cette petite comédie distincte où éclata pour la première fois dans toute sa vivacité le génie de Molière. Cette petite comédie comprend le premier acte de la pièce complète; les six premiers vers de la scène III de l'acte II, avec addition de deux vers; la scène IV du même acte, plus quelques vers partagés en deux scènes, et dont un certain nombre sont d'ailleurs empruntés à Molière; enfin les scènes II, III et IV de l'acte quatrième.

Nous croyons utile de donner la pièce ainsi réduite à la suite de la pièce en cinq actes. On consulte souvent son *Molière* avant d'aller au théâtre, et, si c'est pour y assister à la représentation du *Dépit amoureux*, il n'est pas commode au lecteur, malgré toutes les indications, de détacher les deux actes qu'il va voir des cinq actes de la pièce complète. Il y a donc une utilité réelle à reproduire la comédie en deux actes, qui est jouée habituellement.

La disjonction entre les deux éléments du *Dépit amoureux* a été opérée il y a longtemps. Il y eut des essais de réduction, soit en un acte[1], soit en deux actes, dans le courant du siècle dernier. Les bibliographes distinguent deux textes de la réduction en deux actes. L'auteur de l'un est Colson dit Bellecour. La première édition est de 1770, Paris, veuve Duchesne, in-8° de 36 pages. Réimpressions en 1786, chez le même libraire, in-8° et in-12. L'autre porte le nom de Letourneur dit Valville, comédien. La première édition en fut faite à Marseille, chez Jean

---

1. *Anecdotes dramatiques*, 1775, tome II, Supplément : « *Le Dépit amoureux*, comédie de Molière réduite en un acte, avec une scène d'augmentation par le sieur Armand, jouée en province, 1756 non imprimée. »

Mossy, 1773, in-8°. Nous n'avons pas eu sous les yeux de textes aussi anciens. Nous avons pu consulter à la bibliothèque de la Comédie française une édition du texte de Valville, de 1787 : « *Le Dépit amoureux*, comédie en cinq actes et en vers, de Molière, retouchée et mise en deux actes par M. Valville, comédien français. *Nouvelle édition*. A Paris, chez Delalain, rue et à côté de la Comédie française, M DCC LXXXVII, » in-8°. Valville avait débuté à la Comédie française le 17 juin 1776. On retrouve un Valville à l'Odéon, en 1811. On lit dans les *Annales dramatiques ou Dictionnaire général des théâtres* : « M. Valville, acteur de l'Odéon, 1811. Cet acteur est le factotum du théâtre de l'Odéon; il y joue ce qu'on appelle les Utilités. » Mais il n'est pas probable que ce soit le même.

Dans le livret de 1787, qui porte le nom de Valville, il existe une première scène où Valère explique à Mascarille que, définitivement supplanté auprès de Lucile par Éraste, il veut se venger de son rival et exciter sa jalousie en lui faisant accroire que lui, Valère, est secrètement marié à Lucile; il demande à son valet de l'aider dans ce dessein [1].

---

[1] M. Despois (tome Ier de son édition, page 392) a donc félicité à tort Valville « de n'avoir pas fait, comme Armand, une scène d'*augmentation* ». C'est par cette scène d'augmentation, au contraire, que se distingue le seul exemplaire que nous ayons vu qui porte son nom ; et, qui sait? peut-être est-ce la scène d'Armand, non imprimée (voyez la note précédente) que Valville a simplement reproduite. Pour satisfaire jusqu'au bout la curiosité du lecteur, nous transcrivons ici cette scène, où plusieurs passages de Molière sont intercalés :

VALÈRE, MASCARILLE.

MASCARILLE.
Mais qu'avancerez-vous?
VALÈRE.
Non, mon cher Mascarille,
Je n'y puis consentir. Ta peine est inutile ;
Je vois que leur amour, au point où les voilà,
N'est pas assurément pour en demeurer là.
Éraste va bientôt voir couronner sa flamme,
Et Lucile consent à devenir sa femme.
Éloignons un hymen qui ferait mon malheur,
Tendons-leur quelque piège, et troublons leur bonheur.
Je veux que mon rival...
MASCARILLE.
Et que voulez-vous faire?
VALÈRE.
L'action d'un jaloux qui veut se satisfaire.
MASCARILLE.
Vous voyez que Lucile, entière en ses refus...
VALÈRE.
Ne me fais point ici des contes superflus.
Quand Lucile pour moi deviendrait plus cruelle,

Cette première scène n'existait pas dans l'arrangement dû à Colson, si l'on en juge par la réimpression suivante, qui est à la bibliothèque de la Comédie française : « *Le Dépit amoureux,* comédie en deux actes de Molière — conforme à la représentation. — Paris, Barba, rue Gît-le-Cœur, n° 15. Et se vend à Lille

Je sens de leur bonheur une peine mortelle,
Et je veux le troubler ou terminer mon sort.
C'est un point résolu.
MASCARILLE.
J'approuve ce transport :
Mais le mal est, monsieur, qu'Éraste est intraitable ;
Sur le premier soupçon il va faire le diable :
Si je vais me mêler dans tout cet embarras,
Je me verrai, pour vous, rompre jambes et bras ;
A table comptez-moi, si vous voulez, pour quatre,
Mais comptez-moi pour rien quand il s'agit de battre.
Quand je viens à songer, moi qui me suis si cher,
Qu'il ne faut que deux doigts d'un misérable fer
Dans le corps pour vous mettre un humain dans la bière,
Je suis scandalisé d'une étrange manière.
VALÈRE.
Ah ! le poltron !
MASCARILLE.
Monsieur, dans un semblable cas,
Est brave qui le peut ; moi, je crains le fracas.
Laissez là le projet que vous voulez poursuivre ;
Je ne puis m'en mêler. Il est si doux de vivre :
On ne meurt qu'une fois, et c'est pour si longtemps.
VALÈRE, *avec fureur.*
Je m'en vais t'assommer de coups, si je t'entends.
MASCARILLE.
Ah ! monsieur, point du tout, votre ennui m'est sensible,
Et pour vous en tirer je ferai l'impossible.
Mais que puis-je, après tout ? En troublant leurs amours,
J'en retarde l'effet tout au plus de deux jours :
Car ils s'expliqueront, monsieur, je vous proteste,
Et l'explication me deviendra funeste.
VALÈRE.
Non, Éraste est jaloux, soupçonneux, c'est un fait.
Tu verras, le dépit produira son effet ;
Malgré tout son amour, il doute de Lucile.
J'ai toujours affecté de voir d'un œil tranquille
Son bonheur : quand il vient, je fais l'indifférent,
Je le laisse avec elle, et sors d'un air content ;
Cette façon d'agir lui trouble la cervelle.
Peu s'en faut qu'il ne croie son amante infidèle ;
Pour le persuader, portons les derniers coups.
MASCARILLE.
En cette occasion, je risque tout pour vous,
Puisque vous le voulez ; feignez que l'hyménée
Avec elle en secret joint votre destinée,
Ou plutôt laissez-moi conduire ce projet :
S'il vous parle, tâchez, en faisant le discret,
D'exciter ses soupçons ; puis, sur quelque prétexte,
Je viendrai sur-le-champ pour lui donner son reste.
Qu'en dites-vous ?
VALÈRE.
Fort bien ; le tour est excellent,
Et de l'exécuter je suis impatient :
Il n'aura pas de peine à la croire infidèle,
Car il est soupçonneux ; je veux me venger d'elle,
Et les punir des maux qu'ils m'ont fait endurer.
Quelqu'un vient, c'est lui-même ; allons nous préparer.
(*Ils sortent.*)

chez Deperne, libraire, rue Neuve, n° 175. » Une liste de pièces nouvelles qu'on vend chez le même libraire, placée au-dessous des noms des personnages de la pièce, permet de constater que ce livret a été publié pendant la Révolution, vers 1795. Enfin le souffleur de la Comédie française fait usage d'une brochure qui a pour titre : « *Le Dépit amoureux,* comédie en deux actes, en vers, de Molière. — Nouvelle édition conforme à la représentation. — Paris, chez Fages, libraire, rue Meslé, n° 25, et boulevard Saint-Martin, n° 26, vis-à-vis le théâtre des Jeunes Artistes. An IX (1801). » Ce sont les trois éditions les plus anciennes du *Dépit amoureux* en deux actes que nous ayons eues sous les yeux ; elles n'offrent, du reste, que peu de différences, sauf, avons-nous dit, qu'une première scène additionnelle existe dans l'édition de 1787 portant le nom de Valville, et n'est pas dans les deux autres. Nous n'avons pas vu un texte qui, selon M. Despois, aurait la date de 1782, et serait ou aurait été également aux archives de la Comédie française. L'archiviste actuel ne l'a point trouvé, malgré de patientes recherches.

Nous allons réimprimer cette comédie abrégée, mais en faisant, dans la partie qui a été conservée, une restitution qui nous semble indispensable. Le premier arrangeur s'est servi d'un texte déjà altéré ; il y a fait des coupures fâcheuses. Ces mauvaises leçons se sont perpétuées, de nouvelles fautes sont venues s'ajouter aux premières, de sorte que la pièce qu'on entend presque partout réciter au théâtre est fort incorrecte et a le plus grand besoin d'être châtiée.

Nous faisons ces corrections, c'est-à-dire qu'en respectant l'arrangement traditionnel et les modifications essentielles qu'il a nécessitées, nous donnons le texte de Molière tel qu'il doit être, tel qu'il serait si l'adaptateur s'était servi de l'édition originale de 1663. Et, pour qu'on puisse reconnaître à première vue les additions et raccords, nous imprimons en caractères italiques tout ce qui n'appartient pas à Molière.

Sur le texte qui sert actuellement (avril 1880) au souffleur de la Comédie française, feu Léon Guillard (probablement) a fait des corrections manuscrites qui le rapprochent sur quelques points du véritable texte de Molière. Il y a consigné, en outre, certaines traditions nouvelles. Ce texte, sur lequel les artistes de la Comédie doivent établir leurs rôles, est, en quelque sorte, le texte officiel, et c'est ainsi que nous le désignons.

En outre, il s'est formé un texte vulgaire de ce *Dépit amoureux* en deux actes, copié à peu près sur les anciennes éditions, mais y ayant ajouté beaucoup de fautes. Nous prenons ce texte vulgaire dans la brochure éditée à la librairie Michel Lévy, en 1851 : « *Le Dépit amoureux,* comédie en deux actes de Molière, représentée pour la première fois à Béziers, en 1654[1], et à Paris, en 1658. Paris, Michel Lévy frères, éditeurs, rue Vivienne, 2 *bis,* 1851. » C'est ce texte qui est réimprimé tel quel dans les collections théâtrales; c'est lui qui sert, en réalité, à toutes les représentations ailleurs qu'à la Comédie française, et encore ne sommes-nous pas certain d'y avoir toujours entendu les interprètes tenir compte des corrections faites sur l'exemplaire officiel.

Nous donnons donc le texte de Molière, comme nous l'avons reproduit ci-devant, d'après l'édition de 1663. Nous y joignons les variantes des éditions anciennes de l'arrangement en deux actes, les corrections et indications du texte officiel, et enfin les mauvaises leçons du texte vulgaire. On verra de la sorte comment une pièce de théâtre, même en vers, tend à s'altérer, soit dans les réimpressions, soit dans la récitation des comédiens peu soucieux d'exactitude; combien il est difficile, ces altérations étant passées dans le commun usage, de les corriger; et, pour l'œuvre dont il s'agit, on apercevra mieux ce qui reste à faire.

Quant à la question de profanation, souvent soulevée par les admirateurs scrupuleux de Molière; quant à savoir si l'on ne devrait pas renoncer à ce que Cailhava appelait avec indignation un « extrait informe », pour revenir à la comédie en cinq actes telle que le poète l'a faite, il est difficile, nous l'avouons, de ne pas tenir compte de l'expérience du passé. Il est certain que lorsqu'on représentait *le Dépit amoureux* en cinq actes, on le représentait assez rarement; qu'on voit, dans les registres de la Comédie française, de longues périodes pendant lesquelles cette comédie de Molière a été délaissée. Depuis que, les premières protestations s'étant apaisées, on a pris, au contraire, le parti

---

1. C'est une première faute, la représentation du *Dépit amoureux*, à Béziers, étant de la fin de l'année 1656.

de le jouer sous sa forme restreinte, et c'est vers 1815-1820 que l'usage en a décidément prévalu, *le Dépit amoureux* est souvent sur l'affiche. L'argument a son poids, nous le reconnaissons. Mais, tout en laissant la pièce en deux actes faire partie du répertoire courant, ne pourrait-on donner de temps en temps la pièce complète, soutenue par quelque interprétation capable d'exciter la curiosité du public? Deux fois déjà, dans ces dernières années, en mai 1873, à l'occasion du jubilé de Molière, et en février 1874, *le Dépit amoureux* en cinq actes a été représenté aux Matinées dramatiques et littéraires de la Porte-Saint-Martin, et ces représentations ont parfaitement réussi. Pourquoi ne seraient-elles pas renouvelées de temps en temps à la Comédie française et à l'Odéon? Qui sait? Au goût si vif qui se manifeste aujourd'hui pour les œuvres de notre grand comique, on est en droit de penser que la pièce complète, si l'on fournissait ainsi au public l'occasion de la revoir à la scène, finirait par l'emporter sur la pièce mutilée, et que l'extrait actuel serait rejeté dans l'oubli.

Depuis que la pièce est jouée en deux actes, on cite parmi les principaux interprètes : Michelot, Mirecourt, dans le rôle d'Éraste; Mmes Leverd, Noblet, dans celui de Lucile; Cartigny, Régnier, dans celui de Gros-René; Mmes Demerson, Augustine Brohan, dans celui de Marinette.

On peut noter, à titre d'anecdote, que la célèbre tragédienne Rachel parut sur la scène de la Comédie française, le 1er juillet 1844, dans ce rôle de Marinette que, jeune et inconnue, elle avait souvent joué au petit Théâtre-Molière de la rue Saint-Martin.

La distribution actuelle (25-27 mai 1880) est la suivante :

ÉRASTE	MM. DELAUNAY.
GROS-RENÉ	COQUELIN (25 mai), GOT (27 mai).
VALÈRE	BAILLET.
MASCARILLE	COQUELIN cadet.
LUCILE	Mmes BARTET.
MARINETTE	JEANNE SAMARY.

LE
DÉPIT AMOUREUX

PERSONNAGES.

ÉRASTE, amant de Lucile.
VALÈRE, amoureux de Lucile.
GROS-RENÉ, valet d'Éraste.
MASCARILLE, valet de Valère.
LUCILE, amante d'Éraste.
MARINETTE, suivante de Lucile.

LE
DÉPIT AMOUREUX

COMÉDIE

ACTE PREMIER.

SCÈNE PREMIÈRE[1].

ÉRASTE, GROS-RENÉ.

ÉRASTE.

Veux-tu que je te die[2] ? une atteinte secrète
Ne laisse point mon âme en une bonne assiette.
Oui, quoi qu'à mon amour tu puisses repartir,
Il craint d'être la dupe, à ne te point mentir ;
Qu'en faveur d'un rival ta foi ne se corrompe,
Ou du moins qu'avec moi toi-même on ne te trompe.

GROS-RENÉ.

Pour moi, me soupçonner de quelque mauvais tour,
Je dirai, n'en déplaise à monsieur votre amour,
Que c'est injustement blesser ma prud'homie,
Et se connoître mal en physionomie.
Les gens de mon minois ne sont point accusés

1. Une première scène additionnelle, que nous avons reproduite en note, page 4, d'après le texte de 1787, est depuis longtemps supprimée à la scène.
2. Les éditions anciennes de la pièce en deux actes, le texte officiel, le texte vulgaire (ces désignations sont expliquées dans la notice préliminaire), portent tous : *Veux-tu que je te dise ?*

D'être, grâces à Dieu, ni fourbes, ni rusés.
Cet honneur qu'on nous fait, je ne le démens guères,
Et suis homme fort rond de toutes les manières.
Pour que l'on me trompât, cela se pourroit bien ;
Le doute est mieux fondé, pourtant je n'en crois rien.
Je ne vois point encore, ou je suis une bête,
Sur quoi vous avez pu prendre martel en tête.
Lucile, à mon avis, vous montre assez d'amour ;
Elle vous voit, vous parle à toute heure du jour ;
Et Valère, après tout, qui cause votre crainte,
Semble n'être à présent souffert que par contrainte.
ÉRASTE.
Souvent d'un faux espoir un amant est nourri :
Le mieux reçu toujours n'est pas le plus chéri ;
Et tout ce que d'ardeur font paroître les femmes
Parfois n'est qu'un beau voile à couvrir d'autres flammes.
Valère enfin, pour être un amant rebuté,
Montre depuis un temps trop de tranquillité ;
Et ce qu'à ces faveurs, dont tu crois l'apparence,
Il témoigne de joie ou bien d'indifférence
M'empoisonne à tous coups leurs plus charmants appas,
Me donne ce chagrin que tu ne comprends pas,
Tient mon bonheur en doute, et me rend difficile
Une entière croyance aux propos de Lucile.
Je voudrois, pour trouver un tel destin plus doux,
Y voir entrer un peu de son transport jaloux,
Et, sur ses déplaisirs et son impatience,
Mon âme prendroit lors une pleine assurance.
Toi-même penses-tu qu'on puisse, comme il fait,
Voir chérir un rival d'un esprit satisfait [1] ?

1. Le texte vulgaire omet ce vers et les onze précédents. Ils sont dans les anciennes éditions. Le texte officiel indique la coupure.

Et, si tu n'en crois rien, dis-moi, je t'en conjure,
Si j'ai lieu de rêver dessus cette aventure.
GROS-RENÉ.
Peut-être que son cœur a changé de désirs,
Connoissant qu'il poussoit d'inutiles soupirs.
ÉRASTE.
Lorsque par les rebuts une âme est détachée,
Elle veut fuir l'objet dont elle fut touchée,
Et ne rompt point sa chaîne avec si peu d'éclat
Qu'elle puisse rester en un paisible état.
De ce qu'on a chéri la fatale présence
Ne nous laisse jamais dedans l'indifférence ;
Et, si de cette vue on n'accroît son dédain,
Notre amour est bien près de nous rentrer au sein [1] :
Enfin, crois-moi, si bien qu'on éteigne une flamme,
Un peu de jalousie occupe encore une âme ;
Et l'on ne sauroit voir, sans en être piqué,
Posséder par un autre un cœur qu'on a manqué.
GROS-RENÉ.
Pour moi, je ne sais point tant de philosophie :
Ce que voyent mes yeux, franchement je m'y fie [2],
Et ne suis point de moi si mortel ennemi
Que je m'aille affliger sans sujet ni demi.
Pourquoi subtiliser, et faire le capable
A chercher des raisons pour être misérable ?
Sur des soupçons en l'air je m'irois alarmer !
Laissons venir la fête avant que la chômer [3].

---

1. Les anciennes éditions omettent ce vers et les trois précédents.
2. Édition 1787 :

   A ce qu'ont vu mes yeux franchement je me fie.

3. Anc. édit., texte offic., texte vulg. : *de la chômer.*

Le chagrin me paroît une incommode chose ;
Je n'en prends point pour moi sans bonne et juste cause,
Et mêmes à mes yeux cent sujets d'en avoir [1]
S'offrent le plus souvent que je ne veux pas voir.
Avec vous en amour je cours même fortune ;
Celle que vous aurez me doit être commune :
La maîtresse ne peut abuser votre foi,
A moins que la suivante en fasse autant pour moi ;
Mais j'en fuis la pensée avec un soin extrême.
Je veux croire les gens quand on me dit : Je t'aime,
Et ne vais point chercher, pour m'estimer heureux,
Si Mascarille ou non s'arrache les cheveux.
Que tantôt Marinette endure qu'à son aise
Jodelet par plaisir la caresse et la baise,
Et que ce beau rival en rie ainsi qu'un fou :
A son exemple aussi j'en rirai tout mon saoûl,
Et l'on verra qui rit avec meilleure grâce.

ÉRASTE.

Voilà de tes discours.

GROS-RENÉ.

Mais je la vois qui passe.

SCÈNE II.

MARINETTE, ÉRASTE, GROS-RENÉ.

GROS-RENÉ.

St, Marinette !

---

1. Les anciennes éditions et le texte vulgaire défigurent ainsi ce vers :

>   Et même à mes yeux,

ou

>   Et même devant moi, sans sujet d'en avoir.

Le texte officiel donne :

>   Et même devant moi, cent sujets d'en avoir.

ACTE I, SCÈNE II.

MARINETTE.

Ho! ho! Que fais-tu là?

GROS-RENÉ.

Ma foi,
Demande; nous étions tout à l'heure sur toi.

MARINETTE.

Vous êtes aussi là, monsieur! Depuis une heure
Vous m'avez fait trotter comme un Basque, je meure[1].

ÉRASTE.

Comment?

MARINETTE.

Pour vous chercher j'ai fait dix mille pas,
Et vous promets, ma foi[2]...

ÉRASTE.

Quoi?

MARINETTE.

Que vous n'êtes pas
Au temple, au cours, chez vous, ni dans la grande place.

GROS-RENÉ.

Il falloit en jurer.

ÉRASTE.

Apprends-moi donc, de grâce,
Qui te fait me chercher.

MARINETTE.

Quelqu'un, en vérité,
Qui pour vous n'a pas trop mauvaise volonté;
Ma maîtresse, en un mot.

ÉRASTE.

Ah! chère Marinette,

---

1. Les anciennes éditions, le texte officiel, le texte vulgaire, donnent tous : *ou je meure,* comme l'édition de 1682.

2. Texte vulg. : *Et vous promets ma foi...*

Ton discours de son cœur est-il bien l'interprète?
Ne me déguise point un mystère fatal;
Je ne t'en voudrai pas pour cela plus de mal.
Au nom des dieux, dis-moi si ta belle maîtresse
N'abuse point mes vœux d'une fausse tendresse.

MARINETTE.

Hé! hé! d'où vous vient donc ce plaisant mouvement?
Elle ne fait pas voir assez son sentiment?
Quel garant est-ce encor que votre amour demande?
Que lui faut-il?

GROS-RENÉ.

A moins que Valère se pende,
Bagatelle! son cœur ne s'assurera point.

MARINETTE.

Comment?

GROS-RENÉ.

Il est jaloux jusques en un tel point.

MARINETTE.

De Valère? Ah! vraiment la pensée est bien belle!
Elle peut seulement naître en votre cervelle?
Je vous croyois du sens, et jusqu'à ce moment
J'avois de votre esprit quelque bon sentiment;
Mais, à ce que je vois, je m'étois fort trompée.
Ta tête de ce mal est-elle aussi frappée?

GROS-RENÉ.

Moi, jaloux? Dieu m'en garde, et d'être assez badin
Pour m'aller emmaigrir[1] avec un tel chagrin!
Outre que de ton cœur ta foi me cautionne,
L'opinion que j'ai de moi-même est trop bonne
Pour croire auprès de moi que quelque autre te plût.

---

1. Anc. édit., texte offic., texte vulg. : *amaigrir*.

ACTE I, SCÈNE II.

Où diantre pourrois-tu trouver qui me valût?
MARINETTE.
En effet, tu dis bien ; voilà comme il faut être !
Jamais de ces soupçons qu'un jaloux fait paroître.
Tout le fruit qu'on en cueille est de se mettre mal,
Et d'avancer par là les desseins d'un rival :
Au mérite souvent de qui l'éclat vous blesse
Vos chagrins font ouvrir les yeux d'une maîtresse ;
Et j'en sais tel, qui doit son destin le plus doux
Aux soins trop inquiets de son rival jaloux.
Enfin, quoi qu'il en soit, témoigner de l'ombrage,
C'est jouer en amour un mauvais personnage,
Et se rendre, après tout, misérable à crédit.
Cela, seigneur Éraste, en passant vous soit dit.
ÉRASTE.
Hé bien ! n'en parlons plus. Que venois-tu m'apprendre?
MARINETTE.
Vous mériteriez bien que l'on vous fît attendre,
Qu'afin de vous punir je vous tinsse caché
Le grand secret pourquoi je vous ai tant cherché.
Tenez, voyez ce mot, et sortez hors de doute ;
Lisez-le donc tout haut, personne ici n'écoute.
ÉRASTE lit.
« Vous m'avez dit que votre amour
Étoit capable de tout faire ;
Il se couronnera lui-même dans ce jour,
S'il peut avoir l'aveu d'un père.
Faites parler les droits qu'on a dessus mon cœur,
Je vous en donne la licence ;
Et, si c'est en votre faveur,
Je vous réponds de mon obéissance. »
Ah ! quel bonheur ! O toi qui me l'as apporté,

Je te dois regarder comme une déité!
GROS-RENÉ.
Je vous le disois bien contre votre croyance,
Je ne me trompe guère aux choses que je pense.
ÉRASTE relit.
« Faites parler les droits qu'on a dessus mon cœur,
  Je vous en donne la licence;
   Et, si c'est en votre faveur,
  Je vous réponds de mon obéissance. »
MARINETTE.
Si je lui rapportois vos foiblesses d'esprit,
Elle désavoueroit bientôt un tel écrit.
ÉRASTE.
Ah! cache-lui, de grâce, une peur passagère
Où mon âme a cru voir quelque peu de lumière;
Ou, si tu la lui dis, ajoute que ma mort
Est prête d'expier l'erreur de ce transport;
Que je vais à ses pieds, si j'ai pu lui déplaire,
Sacrifier ma vie à sa juste colère.
MARINETTE.
Ne parlons point de mort, ce n'en est pas le temps.
ÉRASTE.
Au reste, je te dois beaucoup, et je prétends
Reconnoître dans peu, de la bonne manière,
Les soins d'une si noble et si belle courrière.
MARINETTE.
A propos, savez-vous où je vous ai cherché
Tantôt encore?
ÉRASTE.
  Hé bien?
MARINETTE.
    Tout proche du marché,

ACTE I, SCÈNE II.

Où vous savez.
ÉRASTE.
Où donc ?
MARINETTE.
Là... dans cette boutique
Où, dès le mois passé, votre cœur magnifique
Me promit, de sa grâce, une bague.
ÉRASTE.
Ah ! j'entends.
GROS-RENÉ.
La matoise !
ÉRASTE.
Il est vrai, j'ai tardé trop longtemps
A m'acquitter vers toi d'une telle promesse ;
Mais...
MARINETTE.
Ce que j'en ai dit n'est pas que je vous presse.
GROS-RENÉ.
Ho ! que non !
ÉRASTE lui donne sa bague.
Celle-ci peut-être aura de quoi
Te plaire ; accepte-la pour celle que je doi.
MARINETTE.
Monsieur, vous vous moquez, j'aurois honte à la prendre.
GROS-RENÉ.
Pauvre honteuse, prends sans davantage attendre ;
Refuser ce qu'on donne est bon à faire aux fous.
MARINETTE.
Ce sera pour garder quelque chose de vous.
ÉRASTE.
Quand puis-je rendre grâce à cet ange adorable ?
MARINETTE.
Travaillez à vous rendre un père favorable.

ÉRASTE.

Mais, s'il me rebutoit, dois-je... ?

MARINETTE.

Alors comme alors ;
Pour vous on emploiera toutes sortes d'efforts.
D'une façon ou d'autre[1] il faut qu'elle soit vôtre :
Faites votre pouvoir, et nous ferons le nôtre.

ÉRASTE.

Adieu, nous en saurons le succès dans ce jour.

(Éraste relit la lettre tout bas.)

MARINETTE, à Gros-René.

Et nous, que dirons-nous aussi de notre amour ?
Tu ne m'en parles point.

GROS-RENÉ.

Un hymen qu'on souhaite
Entre gens comme nous est chose bientôt faite.
Je te veux : me veux-tu de même ?

MARINETTE.

Avec plaisir.

GROS-RENÉ.

Touche, il suffit.

MARINETTE.

Adieu, Gros-René, mon désir.

GROS-RENÉ.

Adieu, mon astre.

MARINETTE.

Adieu, beau tison de ma flamme.

GROS-RENÉ.

Adieu, chère comète, arc-en-ciel de mon âme.

(Marinette sort.)

---

1. Texte vulg. : *d'une façon ou d'une autre.*

Le bon Dieu soit loué, nos affaires vont bien;
Son père[1] n'est pas homme à vous refuser rien.
ÉRASTE.
Valère vient à nous.
GROS-RENÉ.
     Je plains le pauvre hère,
Sachant ce qui se passe.

SCÈNE III.
ÉRASTE, VALÈRE, GROS-RENÉ.
ÉRASTE.
    Hé bien! seigneur Valère?
VALÈRE.
Hé bien! seigneur Éraste?
ÉRASTE.
    En quel état l'amour?
VALÈRE.
En quel état vos feux?
ÉRASTE.
    Plus forts de jour en jour.
VALÈRE.
Et mon amour plus fort.
ÉRASTE.
    Pour Lucile?
VALÈRE.
      Pour elle.
ÉRASTE.
Certes, je l'avouerai, vous êtes le modèle

---

1. *Son père n'est pas homme*, au lieu de *Albert n'est pas un homme*. — Changement justifié, puisque le personnage d'Albert a disparu de la pièce en deux actes.

D'une rare constance.
VALÈRE.
Et votre fermeté
Doit être un rare exemple à la postérité.
ÉRASTE.
Pour moi, je suis peu fait à cet amour austère
Qui, dans les seuls regards, trouve à se satisfaire ;
Et je ne forme point d'assez beaux sentiments
Pour souffrir constamment les mauvais traitements :
Enfin, quand j'aime bien, j'aime fort que l'on m'aime.
VALÈRE.
Il est très naturel, et j'en suis bien de même.
Le plus parfait objet dont je serois charmé
N'auroit pas mes tributs, n'en étant point aimé.
ÉRASTE.
Lucile cependant...
VALÈRE.
Lucile, dans son âme,
Rend tout ce que je veux qu'elle rende à ma flamme.
ÉRASTE.
Vous êtes donc facile à contenter ?
VALÈRE.
Pas tant
Que vous pourriez penser.
ÉRASTE.
Je puis croire pourtant,
Sans trop de vanité, que je suis en sa grâce.
VALÈRE.
Moi, je sais que j'y tiens une assez bonne place.
ÉRASTE.
Ne vous abusez point, croyez-moi.
VALÈRE.
Croyez-moi,

Ne laissez point duper vos yeux à trop de foi.
ÉRASTE.
Si j'osois vous montrer une preuve assurée
Que son cœur... Non, votre âme en seroit altérée¹.
VALÈRE.
Si je vous osois, moi, découvrir en secret²...
Mais je vous fâcherois, et veux être discret.
ÉRASTE.
Vraiment, vous me poussez, et, contre mon envie,
Votre présomption veut que je l'humilie.
Lisez.
VALÈRE, après avoir lu.
   Ces mots sont doux.
ÉRASTE.
               Vous connoissez la main ?
VALÈRE.
Oui, de Lucile.
ÉRASTE.
          Hé bien ! cet espoir si certain... ?
VALÈRE, riant et s'en allant.
Adieu, seigneur Éraste.
GROS-RENÉ.
            Il est fou, le bon sire.
Où vient-il donc pour lui de voir le mot pour rire³ ?
ÉRASTE.
Certes, il me surprend, et j'ignore, entre nous,
Quel diable de mystère est caché là-dessous.

---

1. Texte vulg. : *attérée*.
2. Anc. édit., texte offic., texte vulg. : *un secret*.
3. Les anc. édit., le texte offic. et le texte vulg. portent : *d'avoir le mot pour rire*, — comme les éditions de 1673 et 1682.
   Édit. 1787 :
        Où peut-il en ceci trouver le mot pour rire?

GROS-RENÉ.

Son valet vient, je pense[1].

ÉRASTE.

Oui, je le vois paroître.
Feignons, pour le jeter sur l'amour de son maître.

SCÈNE IV.

MASCARILLE, ÉRASTE, GROS-RENÉ.

MASCARILLE, à part.

Non, je ne trouve point d'état plus malheureux
Que d'avoir un patron jeune et fort amoureux.

GROS-RENÉ.

Bonjour.

MASCARILLE.

Bonjour.

GROS-RENÉ.

Où tend Mascarille à cette heure?
Que fait-il? revient-il? va-t-il? ou s'il demeure?

MASCARILLE.

Non, je ne reviens pas, car je n'ai pas été;
Je ne vais pas aussi[2], car je suis arrêté;
Et ne demeure point, car, tout de ce pas même,
Je prétends m'en aller.

ÉRASTE.

La rigueur est extrême.
Doucement, Mascarille.

MASCARILLE.

Ah! monsieur, serviteur.

---

1. Texte vulg. : *Son valet, je le pense...*
2. Anc. édit., texte offic., texte vulg. : *Je ne vais pas non plus.*

ACTE I, SCÈNE IV.

ÉRASTE.

Vous nous fuyez bien vite! hé quoi! vous fais-je peur?

MASCARILLE.

Je ne crois pas cela de votre courtoisie.

ÉRASTE.

Touche; nous n'avons plus sujet de jalousie,
Nous devenons amis, et mes feux, que j'éteins,
Laissent la place libre à vos heureux desseins [1].

MASCARILLE.

Plût à Dieu!

ÉRASTE.

Gros-René sait qu'ailleurs je me jette.

GROS-RENÉ.

Sans doute; et je te cède aussi la Marinette.

MASCARILLE.

Passons sur ce point-là : notre rivalité
N'est pas pour en venir à grande extrémité;
Mais est-ce un coup bien sûr que votre seigneurie
Soit désenamourée [2], ou si c'est raillerie?

ÉRASTE.

J'ai su qu'en ses amours ton maître étoit trop bien;
Et je serois un fou de prétendre plus rien
Aux étroites faveurs qu'il a de cette belle [3].

MASCARILLE.

Certes, vous me plaisez avec cette nouvelle.

---

1. Anc. édit., texte offic., texte vulg. : *à vos heureux destins.*
2. Anc. édit. et texte offic. : *désenmourachée.* Texte vulg. : *désamourachée.*
Cette mauvaise leçon est une de celles qu'il nous paraît le plus pressant de faire disparaître. Molière n'a écrit ni *désenmourachée* ni *désamourachée.* On n'a pas le droit de lui prêter ce mot barbare.
3. Anc. édit., texte offic., texte vulg. :

  Aux secrètes faveurs que lui fait cette belle,

comme dans l'édition de 1682.

Outre qu'en nos projets je vous craignois un peu,
Vous tirez sagement votre épingle du jeu.
Oui, vous avez bien fait de quitter une place
Où l'on vous caressoit pour la seule grimace.
Et mille fois, sachant tout ce qui se passoit,
J'ai plaint le faux espoir dont on vous repaissoit :
On offense un brave homme alors que l'on l'abuse.
Mais d'où diantre, après tout, avez-vous su la ruse?
Car cet engagement mutuel de leur foi
N'eut pour témoins, la nuit, que deux autres et moi;
Et l'on croit jusqu'ici la chaîne fort secrète,
Qui rend de nos amants la flamme satisfaite.

ÉRASTE.

Hé! que dis-tu?

MASCARILLE.

Je dis que je suis interdit,
Et ne sais pas, monsieur, qui peut vous avoir dit
Que sous ce faux semblant, qui trompe tout le monde
En vous trompant aussi, leur ardeur sans seconde
D'un secret mariage a serré le lien.

ÉRASTE.

Vous en avez menti.

MASCARILLE.

Monsieur, je le veux bien.

ÉRASTE.

Vous êtes un coquin.

MASCARILLE.

D'accord.

ÉRASTE.

Et cette audace
Mériteroit cent coups de bâton sur la place.

MASCARILLE.

Vous avez tout pouvoir.

ACTE I, SCÈNE IV.

ÉRASTE.

Ah! Gros-René!

GROS-RENÉ.

Monsieur.

ÉRASTE.

Je démens un discours dont je n'ai que trop peur.

A Mascarille.)

Tu penses fuir?

MASCARILLE.

Nenni.

ÉRASTE.

Quoi! Lucile est la femme...?

MASCARILLE.

Non, monsieur, je raillois.

ÉRASTE.

Ah! vous railliez, infâme!

MASCARILLE.

Non, je ne raillois point.

ÉRASTE.

Il est donc vrai?

MASCARILLE.

Non pas.

Je ne dis pas cela.

ÉRASTE.

Que dis-tu donc?

MASCARILLE.

Hélas!

Je ne dis rien, de peur de mal parler.

ÉRASTE.

Assure
Ou si c'est chose vraie, ou si c'est imposture.

MASCARILLE.

C'est ce qu'il vous plaira : je ne suis pas ici

Pour vous rien contester.

ÉRASTE, tirant son épée.

Veux-tu dire? Voici,
Sans marchander, de quoi te délier la langue.

MASCARILLE.

Elle ira faire encor quelque sotte harangue.
Hé! de grâce, plutôt, si vous le trouvez bon,
Donnez-moi vitement quelques coups de bâton,
Et me laissez tirer mes chausses sans murmure.

ÉRASTE.

Tu mourras, ou je veux que la vérité pure
S'exprime par ta bouche.

MASCARILLE.

Hélas! je la dirai[1];
Mais peut-être, monsieur, que je vous fâcherai.

ÉRASTE.

Parle; mais prends bien garde à ce que tu vas faire.
A ma juste fureur rien ne te peut soustraire,
Si tu mens d'un seul mot en ce que tu diras[2].

MASCARILLE.

J'y consens, rompez-moi les jambes et les bras,
Faites-moi pis encor, tuez-moi, si j'impose,
En tout ce que j'ai dit ici, la moindre chose.

ÉRASTE.

Ce mariage est vrai?

MASCARILLE.

Ma langue, en cet endroit,
A fait un pas de clerc dont elle s'aperçoit.
Mais enfin cette affaire est comme vous la dites.

---

1. Texte vulg.: *je le dirai.*
2. Texte offic., texte vulg.: *à ce que tu diras.*

Et c'est après cinq jours de nocturnes visites,
Tandis que vous serviez à mieux couvrir leur jeu,
Que depuis avant-hier ils sont joints de ce nœud ;
Et Lucile depuis fait encor moins paroître
La violente amour [1] qu'elle porte à mon maître,
Et veut absolument que tout ce qu'il verra,
Et qu'en votre faveur son cœur témoignera,
Il l'impute à l'effet d'une haute prudence
Qui veut de leurs secrets ôter la connoissance [2].
Si, malgré mes serments, vous doutez de ma foi,
Gros-René peut venir une nuit avec moi,
Et je lui ferai voir, étant en sentinelle,
Que nous avons dans l'ombre un libre accès chez elle.

ÉRASTE.

Ote-toi de mes yeux, maraud !

MASCARILLE.

     Et de grand cœur.

(A part.)

C'est ce que je demande. *Il en tient, le monsieur,*
Comme ils vous ont tous deux avalé cette fable [3] *!*

(Il sort.)

ÉRASTE.

Quel coup il m'a porté, le bourreau détestable [4] !

---

1. Texte offic., texte vulg. : *Le violent amour.*
2. Ce vers et les trois qui précèdent sont omis dans le texte vulgaire. Ils existent dans les anciennes éditions. Le texte officiel indique la coupure.
3. Le texte vulgaire porte :

 Comme ils ont tous les deux avalé cette fable !

4. Ces vers remplacent ceux-ci de la pièce en cinq actes :

 C'est ce que je demande.
    ÉRASTE.
    Hé bien ?
  GROS-RENÉ.
       Hé bien, monsieur,
Nous en tenons tous deux, si l'autre est véritable.

Je vois trop d'apparence à tout ce qu'il a dit ;
Et ce qu'a fait Valère, en voyant cet écrit,
Marque bien leur concert, et que c'est une baie
Qui sert, sans doute, aux feux dont l'ingrate le paie.

SCÈNE V.

ÉRASTE, MARINETTE, GROS-RENÉ.

MARINETTE.

Je viens vous avertir que tantôt, sur le soir,
Ma maîtresse au jardin vous permet de la voir.

ÉRASTE.

Oses-tu me parler ? âme double et traîtresse !
Va, sors de ma présence ; et dis à ta maîtresse
Qu'avecque ses écrits[1] elle me laisse en paix,
Et que voilà l'état, infâme, que j'en fais !

(Il déchire la lettre et sort.)

MARINETTE.

Gros-René, dis-moi donc quelle mouche le pique.

GROS-RENÉ.

M'oses-tu bien encor parler ? femelle inique,
Crocodile trompeur, de qui le cœur félon

ÉRASTE.
Las ! il ne l'est que trop, le bourreau détestable.

Les vers refaits par l'arrangeur sont tout ce qui reste, depuis qu'on a supprimé la première scène additionnelle, pour expliquer la conduite de Mascarille et motiver l'accès de jalousie d'Éraste, dans la pièce en deux actes. C'est peu, assurément, et il faut que les spectateurs fassent bien attention à cet aparté de Mascarille. Mais la vérité est qu'ils ne s'occupent point de ce qui fait agir le valet de Valère. Ils savent plus ou moins vaguement, par la lecture, par la tradition, que la conduite de ce valet est motivée, et mieux même que par un simple mauvais tour joué à des amants heureux ; et cela leur suffit. C'est pourquoi l'on a fort bien fait de supprimer la scène d'augmentation d'Armand ou de Valville.

1. Texte offic. et texte vulg. : *Qu'avec tous ses écrits.*

Est pire qu'un satrape, ou bien qu'un Lestrigon !
Va, va rendre réponse à ta bonne maîtresse,
Et dis-lui bien et beau que, malgré sa souplesse,
Nous ne sommes plus sots, ni mon maître ni moi,
Et désormais qu'elle aille au diable avecque toi[1].

MARINETTE, seule.

Ma pauvre Marinette, es-tu bien éveillée ?
De quel démon est donc leur âme travaillée ?
Quoi ! faire un tel accueil à nos soins obligeants !
Oh ! que ceci chez nous va surprendre les gens !

---

1. Texte offic. et texte vulg. : *ainsi que toi.*

ACTE SECOND.

SCÈNE PREMIÈRE.
LUCILE, MARINETTE.

LUCILE.

Quoi! me traiter ainsi! Qui l'eût pu jamais croire,
Lorsqu'à le rendre heureux je mets toute ma gloire?
C'en est fait, *aujourd'hui je prétends* me venger,
Et si cette action a de quoi l'affliger[1],
C'est toute la douceur que mon cœur s'y propose[2].
Le dépit fait en moi cette métamorphose.
Je veux chérir Valère après tant de fierté,
Et mes vœux maintenant tournent de son côté.

MARINETTE.

La résolution, madame, est assez prompte.

LUCILE.

Un cœur ne pèse rien alors que l'on l'affronte;
Il court à sa vengeance, et saisit promptement
Tout ce qu'il croit servir à son ressentiment.
Le traître! faire voir cette insolence extrême!

MARINETTE.

Vous m'en voyez encor toute hors de moi-même;
Et quoique là-dessus je rumine sans fin,
L'aventure me passe, et j'y perds mon latin.
Car enfin, aux transports d'une bonne nouvelle

---

1. Texte vulg. : *m'affliger*.
2. Texte offic. et texte vulg. : *se propose*.

ACTE II, SCÈNE I.

Jamais cœur ne s'ouvrit d'une façon plus belle ;
De l'écrit obligeant le sien tout transporté
Ne me donnoit pas moins que de la déité ;
Et cependant jamais, à cet autre message,
Fille ne fut traitée[1] avecque tant d'outrage.
Je ne sais, pour causer de si grands changements,
Ce qui s'est pu passer entre ces courts moments.

LUCILE.

Rien ne s'est pu passer dont il faille être en peine,
Puisque rien ne le doit défendre de ma haine.
Quoi! tu voudrois chercher hors de sa lâcheté[2]
La secrète raison de cette indignité ?
Cet écrit malheureux, dont mon âme s'accuse,
Peut-il à son transport souffrir la moindre excuse ?

MARINETTE.

En effet, je comprends que vous avez raison,
Et que cette querelle est pure trahison.
Nous en tenons, madame : et puis, prêtons l'oreille
Aux bons chiens de pendards qui nous chantent merveille ;
Qui, pour nous accrocher, feignent tant de langueur ;
Laissons à leurs beaux mots fondre notre rigueur ;
Rendons-nous à leurs vœux, trop foibles que nous sommes !
Foin de notre sottise, et peste soit des hommes !

LUCILE.

Hé bien! bien! qu'il s'en vante[3] et rie à nos dépens,
Il n'aura pas sujet d'en triompher longtemps ;
Et je lui ferai voir qu'en une âme bien faite
Le mépris suit de près la faveur qu'on rejette.

---

1. Texte vulg. : *Elle ne fut traitée.*
2. Anc. édit., texte offic. et texte vulg. : *hors cette lâcheté.*
3. Anc. édit., texte offic. et texte vulg. : *Hé bien, quoiqu'il s'en vante.*

MARINETTE.

Au moins, en pareil cas, est-ce un bonheur bien doux,
Quand on sait qu'on n'a point d'avantage sur vous[1].
Marinette eut bon nez, quoi qu'on en puisse dire,
De ne permettre rien un soir qu'on vouloit rire.
Quelque autre, sous espoir de *matrimonion*[2],
Auroit ouvert l'oreille à la tentation;
Mais moi, *nescio vos*.

LUCILE.

Que tu dis de folies,
Et choisis mal ton temps pour de telles saillies!
Enfin je suis touchée au cœur sensiblement;
Et si jamais celui de ce perfide amant,
Par un coup de bonheur, dont j'aurois tort, je pense,
De vouloir à présent concevoir l'espérance
(Car le ciel a trop pris plaisir à m'affliger[3],
Pour me donner celui de me pouvoir venger)[4];
Quand, dis-je, par un sort à mes désirs propice,
Il reviendroit m'offrir sa vie en sacrifice,
Détester à mes pieds l'action d'aujourd'hui,
Je te défends, surtout, de me parler pour lui.
Au contraire, je veux que ton zèle s'exprime
A me bien mettre aux yeux la grandeur de son crime;
Et même si mon cœur étoit pour lui tenté
De descendre jamais à quelque lâcheté,
Que ton affection me soit alors sévère,
Et tienne comme il faut la main à ma colère.

---

1. Anc. édit., texte offic. et texte vulg.: *sur nous*, comme dans l'édition de 1682.
2. Anc. édit., texte offic. et texte vulg.: *sous l'espoir du matrimonium*.
3. Anc. édit., texte offic. et texte vulg.: *plaisir de m'affliger*.
4. Anc. édit., texte offic. et texte vulg.: *de pouvoir me venger*.

ACTE II, SCÈNE II.   35

MARINETTE.

Vraiment n'ayez point peur, et laissez faire à nous ;
J'ai pour le moins autant de colère que vous ;
Et je serois plutôt fille toute ma vie
Que mon gros traître aussi me redonnât envie.
*Il vient, retirons-nous ; laissons-les, croyez-moi,
Sans chercher de raison de leur mauvaise foi.*

(Elles vont pour sortir.)

SCÈNE II[1].

LUCILE, MARINETTE, GROS-RENÉ.

GROS-RENÉ, tenant une lettre.

*Ah ! madame, arrêtez, écoutez-moi, de grâce ;
Mon maître se désole, et ce n'est point grimace.
Le billet que voici va vous dire pourquoi...*

LUCILE.

Va, va, je fais état de lui comme de toi.
Qu'il me laisse tranquille.

(Elle sort.)

GROS-RENÉ.

Et toi donc, ma princesse,
A son exemple aussi feras-tu la tigresse ?

MARINETTE.

Allons, laisse-nous là, beau valet de carreau,
Penses-tu que l'on soit bien tenté de ta peau ?

(Elle sort.)

GROS-RENÉ.

*Fort bien ; pour compléter mon illustre ambassade,
Il ne me manque plus qu'un peu de bastonnade.*

1. Cette petite scène et la suivante sont celles, comme l'on voit, où l'arrangeur a eu le plus de part. Il a emprunté à Molière un vers et un hémistiche ; ce sont ceux que nous laissons en caractères romains.

SCÈNE III.

ÉRASTE, GROS-RENÉ.

GROS-RENÉ.

Ah! vous voilà, monsieur, vous venez à propos
Pour avoir la réponse.

ÉRASTE.

Allons, vite, en deux mots;
As-tu trouvé Lucile? As-tu remis ma lettre?
Dis, quel succès heureux puis-je enfin me promettre?

GROS-RENÉ.

Là, là, tout doucement; moins de vivacité
Conviendroit un peu mieux à l'amour molesté;
Le vôtre est dans ce cas, monsieur.

ÉRASTE.

Que veux-tu dire?

GROS-RENÉ.

Mais que vous auriez pu vous dispenser d'écrire,
Car voilà votre lettre.

ÉRASTE.

[1] Encore rebuté?

GROS-RENÉ.

Jamais ambassadeur ne fut moins écouté.
A peine ai-je voulu lui porter la nouvelle
Du moment d'entretien que vous souhaitiez d'elle
Qu'elle m'a répondu, tenant son quant-à-moi [2] :
« Va, va, je fais état de lui comme de toi ;
Dis-lui qu'il se promène ; » et, sur ce beau langage,

---

1. Ici nous revenons à la scène II du quatrième acte de la pièce en cinq actes.

2. Anc. édit., texte offic. et texte vulg. : *son quant à soi.*

Pour suivre son chemin, m'a tourné le visage.
Et Marinette aussi, d'un dédaigneux museau
Lâchant un : « Laisse-nous[1], beau valet de carreau, »
M'a planté là comme elle ; et mon sort et le vôtre
N'ont rien à se pouvoir reprocher l'un à l'autre.

ÉRASTE.

L'ingrate ! recevoir avec tant de fierté
Le prompt retour d'un cœur justement emporté !
Quoi ! le premier transport d'un amour qu'on abuse
Sous tant de vraisemblance est indigne d'excuse ?
Et ma plus vive ardeur, en ce moment fatal,
Devoit[2] être insensible au bonheur d'un rival ?
Tout autre n'eût pas fait même chose en ma place,
Et se fût moins laissé surprendre à tant d'audace ?
De mes justes soupçons suis-je sorti trop tard ?
Je n'ai point attendu de serments de sa part ;
Et, lorsque tout le monde encor ne sait qu'en croire,
Ce cœur impatient lui rend toute sa gloire,
Il cherche à s'excuser ; et le sien voit si peu
Dans ce profond respect la grandeur de mon feu !
Loin d'assurer une âme et lui fournir des armes
Contre ce qu'un rival lui veut donner d'alarmes,
L'ingrate m'abandonne à mon jaloux transport,
Et rejette de moi message, écrit, abord !
Ah ! sans doute un amour a peu de violence,
Qu'est capable d'éteindre une si foible offense ;
Et ce dépit si prompt à s'armer de rigueur
Découvre assez pour moi tout le fond de son cœur,
Et de quel prix doit être à présent à mon âme

---

1. Texte vulg. : *Laissez-nous*.
2. Texte vulg. : *Devroit*.

Tout ce dont son caprice a pu flatter ma flamme.
Non, je ne prétends plus demeurer engagé
Pour un cœur où je vois le peu de part que j'ai ;
Et, puisque l'on témoigne une froideur extrême
A conserver les gens, je veux faire de même.
GROS-RÉNÉ.
Et moi, de même aussi. Soyons tous deux fâchés,
Et mettons notre amour au rang des vieux péchés.
Il faut apprendre à vivre à ce sexe volage,
Et lui faire sentir que l'on a du courage.
Qui souffre ses mépris les veut bien recevoir[1].
Si nous avions l'esprit de nous faire valoir,
Les femmes n'auroient pas la parole si haute.
Oh ! qu'elles nous sont bien fières par notre faute !
Je veux être pendu si nous ne les verrions
Sauter à notre cou plus que nous ne voudrions,
Sans tous ces vils devoirs dont la plupart des hommes
Les gâtent tous les jours dans le siècle où nous sommes.
ÉRASTE.
Pour moi, sur toute chose, un mépris me surprend ;
Et, pour punir le sien par un autre aussi grand,
Je veux mettre en mon cœur une nouvelle flamme.
GROS-RENÉ.
Et moi, je ne veux plus m'embarrasser de femme ;
A toutes je renonce, et crois, en bonne foi,
Que vous feriez fort bien de faire comme moi.
Car, voyez-vous, la femme est, comme on dit, mon maître,
Un certain animal difficile à connoître,
Et de qui la nature est fort encline au mal :
Et comme un animal est toujours animal,

---

1. Anc. édit., texte offic. et texte vulg. : *veut bien les recevoir.*

ACTE II, SCÈNE III.

Et ne sera jamais qu'animal, quand sa vie
Dureroit cent mille ans ; aussi, sans repartie,
La femme est toujours femme, et jamais ne sera
Que femme, tant qu'entier le monde durera :
D'où vient qu'un certain Grec dit que sa tête passe
Pour un sable mouvant. Car, goûtez bien, de grâce,
Ce raisonnement-ci, lequel est des plus forts :
Ainsi que la tête est comme le chef du corps,
Et que le corps sans chef est pire qu'une bête ;
Si le chef n'est pas bien d'accord avec la tête,
Que tout ne soit pas bien réglé par le compas,
Nous voyons arriver de certains embarras ;
La partie brutale alors veut prendre empire
Dessus la sensitive, et l'on voit que l'un tire
A dia, l'autre à hurhaut ; l'un demande du mou,
L'autre du dur, enfin tout va sans savoir où [1] :
Pour montrer qu'ici-bas [2], ainsi qu'on l'interprète,
La tête d'une femme est comme la girouette [3]
Au haut d'une maison, qui tourne au premier vent.
C'est pourquoi le cousin Aristote souvent
La compare à la mer : d'où vient qu'on dit qu'au monde
On ne peut rien trouver de si stable que l'onde [4].
Or, par comparaison (car la comparaison
Nous fait distinctement comprendre une raison,
Et nous aimons bien mieux, nous autres gens d'étude,
Une comparaison qu'une similitude),

---

1. Ce vers et les huit précédents manquent dans le texte vulgaire, de sorte que le mot *forts* n'a point de rime correspondante. La coupure est indiquée par des guillemets dans les anciennes éditions.
2. Texte vulg. : *Pour montrer ici-bas.*
3. Anc. édit., texte offic. et texte vulg. : *comme une girouette,* ainsi que dans les éditions de 1673 et 1682.
4. Anc. édit., texte offic. et texte vulg. : *aussi mouvant que l'onde.*

Par comparaison donc, mon maître, s'il vous plaît,
Comme on voit que la mer, quand l'orage s'accroît,
Vient à se courroucer, le vent souffle et ravage,
Les flots contre les flots font un remu-ménage
Horrible; et le vaisseau, malgré le nautonier,
Va tantôt à la cave et tantôt au grenier :
Ainsi, quand une femme a sa tête fantasque,
On voit une tempête en forme de bourrasque,
Qui veut compétiter par de certains... propos ;
Et lors un... certain vent, qui, par... de certains flots,
De... certaine façon, ainsi qu'un banc de sable...
Quand... Les femmes enfin ne valent pas le diable.

ÉRASTE.

C'est fort bien raisonner.

GROS-RENÉ.

     Assez bien, Dieu merci.
Mais je les vois, monsieur, qui passent par ici.
Tenez-vous ferme, au moins.

ÉRASTE.

     Ne te mets pas en peine.

GROS-RENÉ.

J'ai bien peur que ses yeux resserrent votre chaîne.

SCÈNE IV.

ÉRASTE, LUCILE, MARINETTE, GROS-RENÉ.

MARINETTE.

Je l'aperçois encor, mais ne vous rendez point.

LUCILE.

Ne me soupçonne pas d'être foible à ce point.

MARINETTE.

Il vient à nous.

ACTE II, SCÈNE IV.

ÉRASTE.

Non, non, ne croyez pas, madame,
Que je revienne encor vous parler de ma flamme.
C'en est fait ; je me veux guérir, et connois bien
Ce que de votre cœur a possédé le mien.
Un courroux si constant pour l'ombre d'une offense
M'a trop bien éclairé de votre indifférence[1],
Et je dois vous montrer que les traits du mépris
Sont sensibles surtout aux généreux esprits.
Je l'avouerai, mes yeux observoient dans les vôtres
Des charmes qu'ils n'ont point trouvés dans tous les autres,
Et le ravissement où j'étois de mes fers
Les auroit préférés à des sceptres offerts[2].
Oui, mon amour pour vous, sans doute, étoit extrême ;
Je vivois tout en vous ; et, je l'avouerai même,
Peut-être qu'après tout j'aurai, quoique outragé,
Assez de peine encore à m'en voir dégagé :
Possible que, malgré la cure qu'elle essaie,
Mon âme saignera longtemps de cette plaie,
Et qu'affranchi d'un joug qui faisoit tout mon bien
Il faudra se résoudre à n'aimer jamais rien[3].
Mais enfin il n'importe ; et puisque votre haine
Chasse un cœur tant de fois que l'amour vous ramène[4],
C'est la dernière ici des importunités
Que vous aurez jamais de mes vœux rebutés.

1. Anc. édit., texte offic. et texte vulg. :

   M'a trop bien éclairci de votre indifférence,

comme dans l'édition de 1682.
2. Texte vulg. : *à des trônes offerts*.
3. Ce vers et les sept qui précèdent sont omis dans les anciennes éditions, le texte officiel et le texte vulgaire.
4. Anc. édit., texte offic. et texte vulg. :

   Chasse un cœur que l'amour tant de fois vous ramène.

LUCILE.

Vous pouvez faire[1] aux miens la grâce tout entière,
Monsieur, et m'épargner encor cette dernière.

ÉRASTE.

Hé bien! madame, hé bien! ils seront satisfaits.
Je romps avecque vous[2], et j'y romps pour jamais,
Puisque vous le voulez. Que je perde la vie
Lorsque de vous parler je reprendrai l'envie!

LUCILE.

Tant mieux : c'est m'obliger.

ÉRASTE.

Non, non, n'ayez pas peur
Que je fausse parole[3]; eussé-je un foible cœur
Jusques à n'en pouvoir effacer votre image,
Croyez que vous n'aurez jamais cet avantage
De me voir revenir.

LUCILE.

Ce seroit bien en vain.

ÉRASTE.

Moi-même de cent coups je percerois mon sein,
Si j'avois jamais fait cette bassesse insigne
De vous revoir après ce traitement indigne.

LUCILE.

Soit; n'en parlons donc plus[4].

ÉRASTE.

Oui, oui, n'en parlons plus;
Et, pour trancher ici tous propos superflus
Et vous donner, ingrate, une preuve certaine

---

1. Texte vulg. : *Vous pourriez faire.*
2. Anc. édit., texte offic. et texte vulg. : *Oui, je romps avec vous.*
3. Anc. édit., texte offic. et texte vulg. : *Je tiendrai ma parole.*
4. Anc. édit., texte offic. et texte vulg. : *Soit donc, n'en parlons plus.*

Que je veux, sans retour, sortir de votre chaîne,
Je ne veux rien garder qui puisse retracer
Ce que de mon esprit il me faut effacer.
Voici votre portrait : il présente à la vue
Cent charmes merveilleux [1] dont vous êtes pourvue ;
Mais il cache sous eux cent défauts aussi grands,
Et c'est un imposteur enfin que je vous rends.

GROS-RENÉ.

Bon.

LUCILE.

Et moi, pour vous suivre au dessein de tout rendre,
Voilà le diamant que vous m'aviez fait prendre [2].

MARINETTE.

Fort bien.

ÉRASTE.

Il est à vous encor, ce bracelet.

LUCILE.

Et cette agate à vous, qu'on fit mettre en cachet.

ÉRASTE lit :

« Vous m'aimez d'une amour extrême,
Éraste, et de mon cœur voulez être éclairci :
   Si je n'aime Éraste de même,
Au moins aimé-je fort qu'Éraste m'aime ainsi [3].
                                « LUCILE. »
Vous m'assuriez par là d'agréer mon service ;
C'est une fausseté digne de ce supplice.

(Il déchire la lettre.)

LUCILE lit :

« J'ignore le destin de mon amour ardente,

---

1. Anc. édit., texte offic. et texte vulg. : *Cent charmes éclatants*, comme dans l'édition de 1682.
2. Anc. édit., texte offic. et texte vulg. : *que vous m'avez fait prendre.*
3. Texte vulg. : *m'aime aussi.*

Et jusqu'à quand je souffrirai ;
Mais je sais, ô beauté charmante !
Que toujours je vous aimerai.

« ÉRASTE[1]. »

Voilà qui m'assuroit à jamais de vos feux ;
Et la main et la lettre ont menti toutes deux.

(Elle déchire la lettre.)

GROS-RENÉ.

Poussez.

ÉRASTE.

Elle est de vous[2]. Suffit, même fortune.

MARINETTE, à Lucile.

Ferme.

LUCILE.

J'aurois regret d'en épargner aucune.

GROS-RENÉ, à Éraste.

N'ayez pas le dernier.

MARINETTE, à Lucile.

Tenez bon jusqu'au bout.

LUCILE.

Enfin voilà le reste.

ÉRASTE.

Et, grâce au ciel, c'est tout.
Que sois-je exterminé[3] si je ne tiens parole !

LUCILE.

Me confonde le ciel si la mienne est frivole !

ÉRASTE.

Adieu donc.

---

1. Dans les anciennes éditions, le texte officiel et le texte vulgaire, les signatures *Lucile, Éraste,* sont omises.
2. Texte vulg. : *Elle est à vous.*
3. Anc. édit., texte offic. et texte vulg. : *Je sois exterminé.*

ACTE II, SCÈNE IV.

LUCILE.

Adieu donc.

MARINETTE, à Lucile.

Voilà qui va des mieux.

GROS-RENÉ, à Éraste.

Vous triomphez.

MARINETTE, à Lucile.

Allons, ôtez-vous de ses yeux.

GROS-RENÉ, à Éraste.

Retirez-vous après cet effort de courage.

MARINETTE, à Lucile.

Qu'attendez-vous encor?

GROS-RENÉ, à Éraste.

Que faut-il davantage?

ÉRASTE.

Ah! Lucile, Lucile, un cœur comme le mien
Se fera regretter; et je le sais fort bien.

LUCILE.

Éraste, Éraste, un cœur fait comme est fait le vôtre [1]
Se peut facilement réparer par un autre.

ÉRASTE.

Non, non; cherchez partout, vous n'en aurez jamais
De si passionné pour vous, je vous promets.
Je ne dis pas cela pour vous rendre attendrie;
J'aurois tort d'en former encore quelque envie.
Mes plus ardents respects n'ont pu vous obliger;
Vous avez voulu rompre: il n'y faut plus songer;
Mais personne, après moi, quoi qu'on vous fasse entendre,
N'aura jamais pour vous de passion si tendre [2].

1. Anc. édit., texte offic. et texte vulg. : *un cœur tout comme est fait le vôtre.*
2. Anc. édit., texte offic. et texte vulg. : *de passion plus tendre.*

LUCILE.

Quand on aime les gens, on les traite autrement :
On fait de leur personne un meilleur jugement.

ÉRASTE.

Quand on aime les gens, on peut, de jalousie,
Sur beaucoup d'apparence, avoir l'âme saisie :
*Mon rival satisfait dit qu'il est votre époux,
Et vous ne voulez pas que je sois en courroux?*

LUCILE.

*Non, et si votre amour eût été véritable,
Il n'auroit pas donné créance à cette fable;
Mais* votre cœur, Éraste, étoit mal enflammé[1].

ÉRASTE.

Non, Lucile[2], jamais vous ne m'avez aimé.

LUCILE.

Hé! Je crois que cela foiblement vous soucie.
Peut-être en seroit-il beaucoup mieux pour ma vie
Si je... Mais laissons là ces discours superflus;
Je ne dis point[3] quels sont mes pensers là-dessus.

ÉRASTE.

Pourquoi?

LUCILE.

Par la raison que nous rompons ensemble,

---

1. Ce vers et les quatre précédents, dans les anciennes éditions, le texte officiel et le texte vulgaire, remplacent ceux-ci de la comédie en cinq actes :

Mais alors qu'on les aime, on ne peut en effet
Se résoudre à les perdre; et vous, vous l'avez fait.
LUCILE.
La pure jalousie est plus respectueuse.
ÉRASTE.
On voit d'un œil plus doux une offense amoureuse.
LUCILE.
Non; votre cœur, Éraste, étoit mal enflammé.

La modification n'était guère utile, à ce qu'il nous semble.

2. Anc. édit., texte offic. et texte vulg. : *Ah! Lucile.*
3. Texte vulg. : *Je ne dis pas.*

Et que cela n'est plus de saison, ce me semble.
ÉRASTE.
Nous rompons?
LUCILE.
Oui, vraiment : quoi! n'en est-ce pas fait?
ÉRASTE.
Et vous voyez cela d'un esprit satisfait?
LUCILE.
Comme vous.
ÉRASTE.
Comme moi?
LUCILE.
Sans doute. C'est foiblesse
De faire voir aux gens que leur perte nous blesse.
ÉRASTE.
Mais, cruelle, c'est vous qui l'avez bien voulu.
LUCILE.
Moi? point du tout. C'est vous qui l'avez résolu.
ÉRASTE.
Moi? je vous ai cru là faire un plaisir extrême.
LUCILE.
Point; vous avez voulu vous contenter vous-même.
ÉRASTE.
Mais si mon cœur encor revouloit sa prison[1];
Si, tout fâché qu'il est, il demandoit pardon...?
LUCILE.
Non, non, n'en faites rien; ma foiblesse est trop grande :
J'aurois peur d'accorder trop tôt votre demande.
ÉRASTE.
Ah! vous ne pouvez pas trop tôt me l'accorder,

---

1. Anc. édit. et texte vulg. :

Mais si mon cœur vouloit rentrer dans sa prison.

48 LE DÉPIT AMOUREUX.

Ni moi sur cette peur trop tôt le demander :
Consentez-y, madame; une flamme si belle
Doit, pour votre intérêt, demeurer immortelle.
Je le demande, enfin; me l'accorderez-vous,
Ce pardon obligeant?

LUCILE.

Remenez-moi chez nous[1].

SCÈNE V.

MARINETTE, GROS-RENÉ.

MARINETTE.

O la lâche personne !

GROS-RENÉ.

Ah! le foible courage!

MARINETTE.

J'en rougis de dépit.

GROS-RENÉ.

J'en suis gonflé de rage.
Ne t'imagine pas que je me rende ainsi.

MARINETTE.

Et ne pense pas, toi, trouver ta dupe aussi.

---

1. Anc. édit., texte offic. et texte vulg. : *Ramenez-moi chez nous.*
Toujours et partout, nous avons entendu dire : *Ramenez-moi,* et Molière a écrit : *Remenez-moi.* La différence n'échappera pas à quiconque a l'oreille un peu délicate.
Dans les anciennes éditions de la pièce en deux actes, on avait jugé à propos d'intercaler ici ces quatre mauvais vers :

ÉRASTE.
Ah! si c'est à ce prix, très volontiers, madame.
LUCILE.
Mais soyez plus pour moi constant dans votre flamme ;
Qu'après tant de dépit un plus sincère amour
Couronne notre hymen, Éraste, dès ce jour.

ACTE II, SCÈNE V.

GROS-RENÉ.

Viens, viens frotter ton nez auprès de ma colère.

MARINETTE.

Tu nous prends pour une autre, et tu n'as pas affaire
A ma sotte maîtresse. Ardez le beau museau,
Pour nous donner envie encore de sa peau !
Moi, j'aurois de l'amour pour ta chienne de face?
Moi, je te chercherois? Ma foi ! l'on t'en fricasse
Des filles comme nous.

GROS-RENÉ.

Oui ! tu le prends par là?
Tiens, tiens, sans y chercher tant de façon, voilà
Ton beau galand de neige, avec ta nonpareille ;
Il n'aura plus l'honneur d'être sur mon oreille.

MARINETTE.

Et toi, pour te montrer que tu m'es à mépris,
Voilà ton demi-cent d'épingles de Paris[1],
Que tu me donnas hier avec tant de fanfare.

GROS-RENÉ.

Tiens encor ton couteau. La pièce est riche et rare :
Il te coûta six blancs lorsque tu m'en fis don.

MARINETTE.

Tiens tes ciseaux avec ta chaîne de laiton.

GROS-RENÉ.

J'oubliois d'avant-hier ton morceau de fromage,
Tiens. Je voudrois pouvoir rejeter le potage
Que tu me fis manger, pour n'avoir rien à toi[2].

---

1. Anc. édit., texte offic. et texte vulg. : *d'aiguilles de Paris*, comme dans l'édition de 1682.
2. Anc. édit., texte offic. et texte vulg. : *rien de toi*, comme dans l'édition de 1682.

MARINETTE.

Je n'ai point maintenant de tes lettres sur moi;
Mais j'en ferai du feu jusques à la dernière.

GROS-RENÉ.

Et des tiennes tu sais ce que j'en saurai faire?

MARINETTE.

Prends garde à ne venir jamais me reprier.

GROS-RENÉ.

Pour couper tout chemin à nous rapatrier [1],
Il faut rompre la paille. Une paille rompue
Rend, entre gens d'honneur, une affaire conclue [2].
Ne fais point les doux yeux; je veux être fâché.

MARINETTE.

Ne me lorgne point, toi, j'ai l'esprit trop touché.

GROS-RENÉ, *présentant une paille.*

Romps : voilà le moyen de ne s'en plus dédire;
Romps. Tu ris, bonne bête!

MARINETTE.

                    Oui, car tu me fais rire.

GROS-RENÉ.

La peste soit ton ris! Voilà tout mon courroux
Déjà dulcifié. Qu'en dis-tu? romprons-nous,
Ou ne romprons-nous pas [3] ?

MARINETTE.

            Vois.

GROS-RENÉ.

            Vois, toi.

MARINETTE.

                    Vois, toi-même.

---

1. Texte vulg. : *repatrier.*
2. Anc. édit., texte offic. et texte vulg. : *toute affaire conclue.*
3. Anc. édit., texte offic. et texte vulg. : *rompons-nous, ou ne rompons-nous pas?*

GROS-RENÉ.
Est-ce que tu consens que jamais je ne t'aime?
MARINETTE.
Moi? ce que tu voudras.
GROS-RENÉ.
Ce que tu voudras, toi. Dis.
MARINETTE.
Je ne dirai rien.
GROS-RENÉ.
Ni moi non plus.
MARINETTE.
Ni moi.
GROS-RENÉ.
Ma foi, nous ferons mieux[1] de quitter la grimace.
Touche, je te pardonne.
MARINETTE.
Et moi, je te fais grâce.
GROS-RENÉ.
Mon Dieu! qu'à tes appas je suis acoquiné!
MARINETTE.
Que Marinette est sotte après son Gros-René[2]!

---

1. Texte vulg. : *Ma foi, nous ferions mieux.*
2. Les anciennes éditions ajoutent ici ces quatre vers détestables :

> Mais de tous les amants telle est la sympathie :
> L'on s'aime, l'on se hait, l'on se réconcilie,
> Chacun, dans son dépit, se croit avoir raison ;
> L'on finit par l'hymen ou bien par le poison.

Ces vers ont été sagement supprimés dans le texte officiel et dans le texte vulgaire.

Le texte officiel, et le texte vulgaire après lui, constatent une tradition qui a prévalu dans ces derniers temps, et qui consiste à faire répéter burlesquement à Gros-René et à Marinette les derniers vers de la scène précédente :

GROS-RENÉ, *se mettant à genoux et contrefaisant son maître.*
Consentez-y, madame; une flamme si belle

GROS-RENÉ.

Allons chez le notaire, et qu'un bon mariage,
S'il en est, soit le fruit de ce rapatriage[1].

> Doit, pour votre intérêt, demeurer immortelle.
> Je le demande, enfin; me l'accorderez-vous,
> Ce pardon obligeant?
>
> MARINETTE.
> Ramenez-moi chez nous.

L'annotateur du texte officiel remarque toutefois que M. Coquelin ne se conforme point à cette tradition quand il joue le rôle de Gros-René; et il faut en féliciter M. Coquelin, car cette tradition est de mauvais goût et impertinente. On attribue ainsi à Molière un effet comique qu'il lui était facile d'indiquer, s'il l'avait voulu, et dont il s'est gardé avec raison. Cette tradition doit disparaître au plus vite, surtout de la scène de la Comédie française.

1. Les anciennes éditions, le texte officiel et le texte vulgaire, finissent par ces deux vers additionnels, qu'on peut, à la rigueur, conserver.

L'INTERESSE

COMEDIA

DEL SIG. NICOLO SECCHI[1]

---

1. *L'Interesse* (la Cupidité) a été composé vers le milieu du xvie siècle. La première édition connue est posthume, elle a pour titre : « *L'Interesse, comedia del signor Nicolo Secchi. Nuovamente posta in luce. Con privilegio. In Venetia, appresso Francesco Ziletti. MDLXXXI.* » La deuxième : « *L'Interesse, comedia del sig. Nicolo Secchi, nuovamente posta in luce. Con privilegio. In Venetia, appresso Fabio et Agostino Zoppini fratelli. MDLXXXVII.* » C'est cette dernière que nous reproduisons exactement. Louis Riccoboni (*Histoire du théâtre italien*, tome II, page 218), dit qu'il y a trois impressions de cette comédie.

LETTERA DEDICATORIA.

ALL' ILLUSTRE ET VIRTUOSISSIMA SIGNORA,

LA SIGNORA

VITTORIA PIISSIMA.

Sono tanto singolari, Illustre mia Signora, le doti, che i Cieli, et la natura hanno compartite con V. S. sì nell' haverla procreata con molta bellezza, et gratia, come nell' haverla dotata di così felice et divino intelletto; che con questo havendo potuto adornar l' animo suo di molte virtù, ha rese l' altre parti tanto ammirabili, che non solo à gl' ingegni più sublimi, che ò per fama, ò per vista l' hanno conosciute, ò conoscono, hanno dato, et danno tutta via campo ampissimo à chi in versi leggiadri di cantarle, et à chi in prose cultissime di descriverle, ma occasione ancora à gli huomini più Illustri di riverire in qualunque maniera la sua persona et honorarla. Dalle cui rare qualità, et da i cui maravigliosi effetti, non solo si comprende, quanto la fortuna (come i Savii hanno sempre tenuto) habbia potere nelle cose del mondo per la maggior parte, et come il più delle volte partorisca effetti contrarii à quello, che sarebbe il dovere: ma ancora si vede à quanta perfettione la virtù delle scienze possa condurre chi si essercita in quelle. Percioche, nell' una, convenendosi à parti così nobili, et degne d' ogni gran Donna, l' essere anco riguardevole per Dominio, non havendo l' invidiosa voluto accompagnarle, è restata di darle quello, ch' essa più convenevolmente meritava, et nell' altra, essendosi V. S. essercitata sotto la disciplina del suo prudentissimo genitore, che ne' quattordici anni della sua età gli lesse la Logica; et ne' sedici et diciotto l' Astrologia, e le parti tutte della Filosofia, s' ha di così rare virtù talmente illustrato l' animo, che oltre, che più tosto per maraviglia possono ammirarsi, che con stile, quantunque ornatissimo, nè anche adombrare, s' ode anco ne' suoi dilettevoli ragionamenti con tanto spirito, con tanta vivacità, con sì dolce eloquenza, con sì bella maniera, spiegare con voce gratissima, et con facilità incredibile, i più alti et divini concetti, che da intelletto humano possano essere imaginati ò descritti. Hora poi che con virtù tanto pregiate (le quali, sì perche più tosto di volumi, che d'una semplice lettera, sarebbono capaci, come per non dar sospetto d'adulatione, tutte adietro lascio) ha potuto vincere le injurie della fortuna, se non di dominar paesi, et signoreggiar popoli, di acquistarsi nome almen di splendida et magnifica, et imperare ad intelletti tanto dotti, et personaggi tanto illustri, movendo gli uni et gli altri ad essaltarla et riverirla; che maraviglia fia, se anch' io con l' occasione di dar fuori questa Comedia (che nuda essendomi capitata alle mani ho vestita del Prologo, et ornata del nome) degna fra tutte l'altre di molta lode, sì per il soggetto, come anco per lo stile: come quella, ch' è ricca di bella inventione, et di molti spiriti convenevoli à cosi fatto poema, mi son posto in questo modo ad honorarla? L'ho dunque al mondo, sotto il suo veramente vittorioso nome, publicata; non già perch' io sperassi poter' essaltarlo più di quel ch' ella stessa con molte sue prose et poesie; le quali forse insieme con quelle di tanti altri ingegni felici, potrebbono un giorno andar in luce, si habbia fatto; non essendo à tanto splendore conforme l' oggetto; ma perciochè, dovendo ella comparire nel cospetto d' ogn' uno, prendesse virtù, sotto cosi Illustre patrocinio uscendo, di restar illesa dalle calunnie di coloro, che d' opprimerla cercassero. Ricevi adunque V. S. questo picciolo pegno dell' ardente osservanza mia verso lei, la quale, stata sine hora rinchiusa dentro i confini della modestia, si è risoluta finalmente di uscire; et dimandarle perdono dell' offesa fatta alla persona sua nel non haver sodisfatto se stessa nel predicare le singolari qualità di lei, le quali come che sieno moltissime, et ciascuna per sè degna di segnalato scrittore, resteranno anche paghe, se tacendole hora più che mai, per non offuscarle, lascierò il carico ad esse medesime di aprirsi quella strada ogni giorno più, che si hanno già aperta alla immortalità, stanza già preparatale da' Cieli, et auguratale da gli huomini.

Di Venetia, a' 20. d'aprile M D LXXXI.
    Di V. S. Illust.
            Devotiss. Serv.
                Evangelista Ortense.

PERSONE CHE INTERVENGONO NELLA COMEDIA.

PANDOLFO, padre di Virginia et di Lelio. ⎫
RICCIARDO, padre di Fabio. ⎬ Vecchi.
TEBALDO, negotiator di Pandolfo. ⎪
HERMOGENE, pedante di Lelio. ⎭

FLAMINIO, innamorato di Virginia. ⎫
FABIO, innamorato della medesima. ⎪
LELIO, femina, vestita sempre da maschio, ⎬ Giovani.
   innamorata di Fabio. ⎪
ACHILLE, compagno di Flaminio. ⎭

VIRGINIA, innamorata di Flaminio.
LISETTA, roffiana.
TESTA, ⎫ servitori di Flaminio.
BRUSCO, ⎭
ZUCCA, servitor di Fabio.

PROLOGO.

Da poi che gli huomini, nobilissimi spettatori, cominciarono à lasciare la vita rozza partendosi dalle selve, et da i boschi, furono da i più savi indrizzati alla vita civile con diversi modi : et perche erano con costumi diversi, et contrarii alla ragione, furono introdotte molte vie, per tirar' i popoli al viver politico, et conforme alla conversatione dell' un' huomo con l'altro. Però i prudenti di quei secoli furono inventori di più cose; le quali tutte tendevano à questo fine di addolcire, insegnare, et ammaestrare gl' ingegni humani alla cognitione della vita civile. Da questo nacque l'origine della Satira, della Pastorale, della Favola, del Poema Heroico, et d' altre Rappresentationi. Queste, in somma, furono divise in due parti : l'una in publica, et l'altra in particolare. La publica dimostrava le cose degli huomini grandi, gli accidenti della fortuna intorno à gli atti loro, le venture et disaventure de i dominanti; et simili altre cose. Et questa fu chiamata Tragedia. L'altra, particolare, non attendeva ad altro fine che à dimostrare le attioni degli huomini, che giornalmente occorrevano nelle cose loro private. Et questa fu chiamata Comedia. Volendo mostrare et insegnare con i sopradetti ritrovati quali sieno le attioni humane, come varie, instabili, transitorie, et finalmente piene di vanità in tutte le cose del mondo, ammaestrando cosi i grandi, come i mezani et i piccioli, à vivere secondo il debito della ragione; à schivare gli inganni del mondo; à guardarsi dalla malitia di questo et di quello; et in fine à sapersi reggere et governare come si debbe. Ma percioche la Tragedia è più difficile componimento di tutti gli altri, et in consequenza più nobile, se bene non molto conforme al genio humano, per trattar cose meste et dolenti, fu meno essercitata che la Comedia, la quale, rappresentando cose festive et liete, può attrahere più le nostre menti ad ascoltarla, come quella che si confa molto più all' huomo, il quale di sua natura suol' essere più dedito al piacere e al riso che al dolore et al pianto. Di quì è, che molti antichi scrissero diverse comedie in differenti soggetti con molta maestria; fra i quali Menandro tenne il principato fra i Greci, et Terentio fra i Latini; insegnando l' uno et l' altro con cosi fatti poemi à i padri, che instituischino i figliuoli secondo che si conviene al debito loro; à i figliuoli, che osservino i padri, come è il dovere; à i patroni, che non si fidino del tutto de i servi; à i servi, che si portino giustamente co i patroni, et altre cose sì fatte, che in esse Comedie sogliono trattarsi. Nella qual Comedia, riguardandosi l' huomo quasi come in un specchio, può, se è di brutto animo, farsi bello, et se è di bell' animo, farsi molto più bello, come soleva dir Socrate. Di maniera che da essa se ne può trarre mirabil frutto, quand' ella sia ben trattata et intesa: come quella che in sostanza contiene in se le regole et la dottrina della vita nostra. Però, essendo di cosi fatto pregio, ve ne appresentiamo hoggi una, che non fia punto ingrata à quelle che riguardano all' utile, et al fine dell' ammaestrare altrui. Voi intanto, seguite ad osservar silentio, ch' io dò luogo a chi veggio uscire per darle principio.

ATTO PRIMO.

SCENA PRIMA.
PANDOLFO solo.

Non nacque mai huomo, ch' in maggiori affanni vivesse di me, perche l'haver figliuoli, ch' ad altrui suole parer' aventura, à me è di tanto travaglio, ch' io provo l'inferno in questo mondo. Troppo di me presunsi, quando per soverchia cupidità del guadagno pensai far forza alla natura, et di femina volsi far maschio. Ecco dove la cieca et avara voglia mi ha condotto; ecco che di stato felicissimo sono posto in manifesto periglio della roba, della vita, et dell' honore di casa mia; et m' è sì lontano ogni rimedio, che dove il tempo è medicina dell' altrui avversità, à me tanto maggior ruina minaccia, quanto più egli scorre. Io non cesso mai di procacciar rimedii alle piaghe mortali che mi si putrefanno nel cuore; ma ho per prova trovato, che tanto incrudiscono più, quanto più invecchiano. Non può la forza humana lungamente resistere al vero; si può meglio sepelire sotterra il vento, et far volar' le pietre per l' aria, che tener nascosta la verità delle cose. Et non solo gli huomini, ma la terra, gli animali, le piante fanno forza per scoprire, et far luce al vero. Horsù non voglio più viver' in questo affanno: vengo, Ricciardo, vengo a renderti il mal tolto, et chiederti perdono della fraude, ch' io ti feci: ma aspetterò prima Tebaldo, mio fidelissimo negociatore, che per il ragazzo hò fatto dimandare, per conferir seco quello che mi cruccia, et trattare del modo con che si hà da dir la cosa à Ricciardo; et tanto farò, quanto egli mi consigliarà. Ma ecco ch' egli esce fuori; me gli farò incontro.

SCENA SECONDA.
TEBALDO, ET PANDOLFO.

TEBALDO.

Buona sera, padrone, m'havete fatto dimandare; volete voi qualche cosa da me?

PANDOLFO.

Paggio, vattene in casa, rassetta la camera mia, apparecchia la tavola, et non ti partire, aspettami la sa. Tu sai, Tebaldo, come il tempo che hai speso in servirmi, non l' hai perduto : perche di servitore, ti feci partecipe del trafico ch' io facevo; confidando sempre in man tua il denaro, fondamento d'ogni mia facoltà : il che avenne per conoscer' io con quanta fede et amore tu mi servissi; perche nella tua industria pienamente confidatomi, ti diedi libertà di serar' mercati grossi, obligar' beni stabili, vendere, et disporre à tuo modo di quanto havevo al mondo.

TEBALDO.

E vero; ma questo rinovellare è un gettarmi in occhio quel bene, che m'havete fatto.

PANDOLFO.

Taci, non hebbi cosa mai, che occulta ti fosse, se non una, che per vergogna ti hò celata fin' hora, et adesso lo sprone della necessità mi constringe à dirtela, acciò mi consigli quello, che stimerai essere di utile, et di honor mio. N' è bisogna, che io ti preghi à tenerla segreta, che solo il sentirla ti avvertirà del prejudicio che si tirarebbe drieto, se ella si risapesse.

TEBALDO.

Dite, et non mi fate ingiuria col perdervi in proemi non necessarii.

PANDOLFO.

Tirati un poco più appresso. Tu sai che al tempo che tu per le cose mie stavi à Lione, com' è costume di noi mercatanti di venir facilmente alle scommesse de' casi futuri, ragionando un dì meco Ricciardo di alcune cose piacevoli, passò nel fatto di mia moglie, che allhora era gravida, et volea in ogni modo ch' ella partorisse femina, et io diceva che sarebbe maschio, et sopra ciò deposittammo due mila scudi.

TEBALDO.

Sò che me lo scrivesti, et vinceste li due mila scudi, et vi nacque allhora Lelio.

PANDOLFO.

Mi nacque, per farmi sempre mal contento, una femina.

TEBALDO.

Dunque perdesti : et dov' è questa figliuola ?

ATTO I, SCENA II.

PANDOLFO.

Perdei sì: ma l' ingordigia del guadagno m' indusse à sparger voce, che nato mi fosse un figliuolo.

TEBALDO.

Che? supponeste uno per un' altro? Lelio non è figliuolo vostro?

PANDOLFO.

Anzi è mia figlia.

TEBALDO.

Come? Lelio è femina?

PANDOLFO.

Così non fosse!

TEBALDO.

Lelio è vostro figliuolo, et è femina?

PANDOLFO.

Accostati un poco più quà, et dì più piano, di gratia, che non siamo uditi. Nacquemi allhora non maschio, come volevo io, ma femina, la quale feci batteggiare per maschio, et per nome chiamar Lelio.

TEBALDO.

Come speraste mai di poter' coprire cosa, ch' era sì difficile à tener nascosta?

PANDOLFO.

Mi fù in ciò assai favorevole la fortuna, che fra pochi mesi la Balia si morì affocata da catarro: così tra noi la cosa si restò, et è stata segreta fin' hora. Adesso l'età della figliuola ci mette à gran' rischio: onde io vorrei, che tu con bel modo tenessi via di fare, che Ricciardo si contenti ripigliarsi i suoi due mila scudi, che acquetato lui, non havendo alcun' altro che per proprio interesse ci dia fastidio, più facile ci si dimostrarà l' uscita di questo labirinto: che pensi tanto?

TEBALDO.

Penso che il vostro consiglio non mi piace: credete voi che un mercante, oltre modo avaro, si contentarà di riscattare il suo sì inavedutamente? credete ch' egli non vorrà gli altri due mila, che di ragion vinse? et di tutta la somma non vorrà egli l'interesse di tanti anni scorsi? Et havendovi, come si dice, il piè alla gola, potrete voi fuggire di non gli lo pagar' à suo modo; forsi ch' egli getta il suo, soffrirà, per mia fe, di succiarvi il vivo sangue dalle vene. Esser' in man sua, e lasciarsi à sua discretione radere il pelo : lassò, che che vi andranno insieme la pelle, la carne, l'ossa, et le midolle. A me pare, che sarebbe miglior partito, et più saggio, sendo, com' è ancora, la cosa occulta, temporeggiare, et veder quello che la sera porti : che questo che volete far' hora, si può far sempre; pur mi rimetto.

PANDOLFO.

Conosco esser vero quello che tu dici : ma il periglio in che mi veggo, mi tiene agghiacciato il sangue nelle vene; chi mi assicura che la mia figliuola, praticando frà tanti giovani con quella libertà che l' habito gli dà, non faccia quello che l' altre fanno, dall' occhio materno et da mura altissime ben costodite? chi mi assicura ch' ella inavedutamente non si scuopra? che si dirà quando ne gli anni della gioventù non se gli vedrà spuntar la barba? oltre che vi sono mille altri accidenti, che possono far palese à ciascuno la falsità mia.

TEBALDO.

Facciamo così; mettiamgli miglior guardia per hora intorno, et se io vi paio al proposito, non ricuso alcuna fatica, parmi poter prometter tale diligenza, che mi avederò di quello che n' andrà portando il giorno, et se fia bisogno, ve ne darò aviso di dì in dì : in ogni modo il rimedio di dirlo à Ricciardo non ci può mancare.

PANDOLFO.

Poi che così par' à te, andiamo in casa, ch' io commandarò à Lelio, che ti obbedischi com' à me, intenderemo anchora da lui se persona alcuna sospetta ch' egli sia femina.

TEBALDO.

Andiamo.

SCENA TERZA.

FABIO, ZUCCA servo suo.

FABIO.

Flaminio, quando hieri gli dissi che Virginia mi era moglie, si alterò di sorte, che si voleva in ogni modo ammazzar meco, et s' io non lo mitigavo con offerirmi di fargli vedere la prova, veniva senza dubbio meco al criminale : ma io lo scannai, quando gli dissi : Non tante parole, vieni, ò manda questa sera, che io ti chiarirò, et benche egli tenesse replicato che non credeva, nondimeno il meschino mezzo morto si rimase à vederne la prova. Hora, che dirà quando messer Achille e 'l Testa gli riferiranno quello che io gli feci vedere hieri sera? oh come ei sarà arrabiato! Con che viso credi tu ch' egli accettarà tal nova? E tu, Zucca, serai pur sicuro della pelle, che ti è sì cara; tu non ti farai già più fregare tanto la schena à venir meco la notte.

ZUCCA.

Di mille pericoli, ne quali l' huomo incorre la notte, ne habbiamo fuggito appunto uno, et non più.

FABIO.

Che diavolo di pericolo ci è, havendone levato da dosso costui? Tu sei più pauroso che la lepre. Non ci sarà già più, chi per proprio interesse ci dia noia, et à quello che ci può per disgratia avenire, si provederà con l'andare sopra di noi ben' armati. Fa buono animo, Zucca galante, et stà in cervello, che havendomi levato il rivale da canto, non stimo Orlando.

ZUCCA.

Eh, padroncino, sete anchora giovine, et non credete più oltre, come so io; perciò quando più voi assicurato dalla bonaccia del tempo, et spinto da un cieco desiderio, havete il timone della ragione lasciato in mano della fortuna, tanto maggior guardia bisogna che faccia io per voi.

FABIO.

Che cianci tu? credi tu che Virginia mia sia pazza, et che non sappia quello ch' ella fa? Tu vedi pur che la sperienza ci hà mostrato ch' ella è savia, et non si mette sì facilmente à pericolo. Di giorno mostra di non conoscermi, et la notte con tanti vezzi mi raccoglie. Attendi di gratia à vivere allegramente. Hor và in casa ad aspettarmi, ch' io vò à Gherardo mio compagno, che mi presti le sue scarpe di feltro per andare più leggiero la notte : odi, se mio padre ti dimanda di me, dilli che me ne sono ito al Monastero à vedere la Zia, sai.

ZUCCA.

Andate, così farò.

SCENA QUARTA.

ZUCCA solo.

Stiamo freschi, poi che per haver detto à Flaminio, che Verginia lo raccoglie di notte, et è sua moglie, et par havergliclo fatto conoscere per prova, ci pare di essere sicuri, altro ci vuole à fe, la mi và così al naso, che una sera ne sarà calcata la bambagia nel giuppone. Che diavolo è egli altro l'andare di notte, che uccellare gabelle, mercatantare unguento da rogna, impaniar brighe, pescare mal' anni, correre drietro à disgratie? che sia maladetto chi trovò questi datii! E pur meglio starsi al fuoco à cuocer castagne, e bere, et dir novelle, overo andarsi à letto à stendere la pelle, et fare la persona, che andare come allochi et pipistrelli al buio; et hora trovare uno cantone che ti fiacchi una spalla, hora un fallo di farti rompere il collo. Io dico il vero, non vò mai fuori di notte, che non mi paia vedermi sbudellare. Mi si appresentano subito quanti mai sono stati storpiati, feriti, morti: in fine non vi veggo guadagno, guardie, bargelli, rompicolli, inamorati, rubbatori di cappe; so bene quello che dico io, quando dico suppa. Se fossimo presi da birri, al padrone, perch' egli è ricco et bello, si farebbe gratia: al povero Zucca, *scursum in corda*. Non si fanno à nostri tempi le gride se non per poveri disgratiati: et se il male fosse per una sera, ò per due, sarei un' asino à non mi mettere à l'aventura con padrone, ma questa festa si fa ogni dì; et à lungo andare, gliè forza che diamo nella pania: che si Zucca, che una sera ti sono peste l'ossa; e tuo fia il danno. Venite quà padrone, ch' io voglio parlare con voi come se fossimo presenti: diffendete l' andar di notte, si? Ben raccontatemi un poco tutti quelli, che per andarvi hanno havuta aventura, che per uno, voglio darvene cento, che sono capitati male. — Oh non c' è pericolo, habbiamo intelligenza con Virginia, credi tù ch' ella non sappia quello ch' ella fà, et non guardi prima se le cose in casa sono bene sicure? — Non, che le donne non hanno intelletto per l'ordinario, et tanto meno poi quando sono innamorate. Mi fate così ridere, quando mi dite ch' ella ha ingegno: che ingegno, sottoporsi una giovine sì ben nata sì facilmente à voi, che non sapete se sete vivo. Io me per me non consigliarei un' amico che si fidasse nel cervello d' una donna, se fosse bene la Sibilla Ciurmana. Non è donna bella, che non habbi un' essercito di innamorati : questo è il loro traffico, questa è la loro mercantia; et se ben' è brutta, non gli mancano bionde, capegli posticci, lisci, acque, solimato, profumi, polvere da denti, filo, vetro, mocchette da levarsi i peli, rosso, biacca, tintura da ciglia, et mille altre diavolarie. Queste manifature non si fanno gia per piacer' à un solo, non certo. Venite quà, quando vedete al Natale da speciali far' quella bella mostra di cere bianche, di zuccari, confetti, conditi, marzapani, panpapati, cetronati, codognati, et tante frascherie, non fate voi subito concettura, che lo fà per venderle, et haver miglior spazzo? — Mai sì. — Così fò io quando la mattina veggo una donna pelarsi, farsi i ricci, specchiarsi, darsi il rosso, profumarsi, et hora acconciar quà, et hor là, et finalmente consumar tutto un dì per rassettarsi. Allhora dico, costei mette in vendita la mercantia; perche subito si vedono i mercatanti, che sono i giovini, come sete voi, padrone, che col farsegli innanti, et servirle, comprano sguardi, risi, cenni, saluti, lettere, chi più, chi manco : et rari sono della vostra età, che levino tutta la mercantia; et volete che Virginia si sia talmente data à voi, che altrui non gli ne habbia parte? — Ma aspetta, sta saldo, Zucca : andremmo con buona provisione di arme, et essendo ben' armati et huomini da bene, chi ci offenderà? — Vorrei saper' io se questi zacchi, et maniche, che con le dite si passano, riparanno le hastate, le bastonate, le punte, le palle di piombo, crocette, schioppi, accette, et altri diavoli, che non solo segnano mà ammazano gli huomini? Et poi, per dir' il vero, non mi dando il cuor' à far testa, à che saranno le armi? à non mi lassar fuggire per il carico. Volete ch' io vel dica à lettere di scattole, se io hassi tre arsenali in dosso, non aspettarei una stoccata, se mi fosse donnata la pala di San Marco e la mitra del Papa; *non tentabis*. Io non voglio essere di questi sfaccendati, impiastra cartelli, che per un cocomero si vogliono ammazzare con ogn' uno. — Oh, Zucca, tu serai tenuto poltrone. — Mi sia, pur ch' io mangi e bea; questi sottiventi, volta, volta sono in terra. Forsi ch' io debbo essere della costa d'Orlando, ò parente di Stoltofo, che con la lancia, et con la spada mi bisogni mantener nel grado lasciatomi da mei maggiori? A me basta servire il mio padrone; et s' egli vuol havere in casa spazza cantoni, mangia cadenazzi, caca maglie, che di notte l'accompagnino, se ne trovi; io in fine non vò brighe. Di dì, quando se gli vede, pur pur se fossimo su' l vantaggio, non vo dire che anch' io non facessi qualche cosa; mà al buio non mi ci coglierete; perche se io riparassi alto, mi potrebbe facilmente esser spiccata una gamba di sotto, et difendendo le gambe, eccoti uno roverscio d' alto che mi farebbe restare ò senza naso, ò senza ganasse. Io mi sono pur lasciato stracciare i panni alcune volte, et condur fuori, mà non mi sono già dimenticate le gambe à casa, ch' io stò sempre sù l' aviso con l' orecchie tese, nè sono il primo a ficcarmi nella calca; ond' io sò bene, che se non mi amazzano al primo colpo, non mi ci corrano più. Alla fè, alla fè, mangiarete per voi, padrone, la salsa che pestate à gli altri, ch' io non andarò dinanti mai. Mi raccomando.

SCENA QUINTA.

TEBALDO, ET LELIO femina.

TEBALDO.

Io ti dico, Lelio, ch' egli è difficil cosa l'ingannare un vecchio: l' alteration tua vien' da altro, che dal tuo andare vestito da maschio, sendo femina. Tu ti svegli fuori di tempo la notte; hai il sonno inquieto; l'animo non pesa, et sei molto più ardito, et molto più astuto del solito. Il colore delle guancie s' impallidisce, e ti è in tutto fuggita la voglia d'imparare, nè gusti cosa che ti piaccia. Senza dubbio sei innamorato.

LELIO.

Non credete voi che con l' età cresca l' affanno del mio vedermi sempre maschera?

TEBALDO.

Io dico che c' è anchora altro, et non stò saldo. Così fossi io sicuro, che questo amor tuo non si tirasse drieto la ruina della casa, come sò che non m' appongo al falso! Ma ecco il tuo compagno.

SCENA SESTA.

FABIO, LELIO, et TEBALDO.

FABIO.
Buon dì compagnia.

LELIO.
Buon dì messer Fabio gentile, che andate voi facendo per queste nostre contrade?

FABIO.
Vengo di piazza, et vommene verso casa; volete voi commandarmi niente?

LELIO.
Che mi vogliate bene, et sappiate ch' io sono vostro.

FABIO.
Basciovi la mano, à Dio.

LELIO.
Andate molto in fretta, à Dio.

FABIO.
A Dio, messer Tebaldo.

TEBALDO.
Mi raccomando, messer Fabio. Io vengo hora in maggior cognitione del vero : tu sei innamorata di questo giovine. A me, ah? ti festi di cenere, e poi di fuoco, col comparire ch' egli fè. Ti rassettasti per piacergli; ti offese à non si trattenere un pezzo teco. Malitiosetto che tu sei, à me vò nasconderlo? non si può tenere, Lelio, il fuoco coperto nella stoppa. Risolviti à dirmi il vero, altrimenti me ne vò hor' hora à tuo padre, e lo faccio risolvere che per salute delle cose sue si deliberi mandarti lungi mille miglia.

LELIO.
Deh, non fate, Tebaldo.

TEBALDO.
Dimmi dunque il vero.

LELIO.
Che volete voi ch' io vi dica?

TEBALDO.
Quel ch' io veggo, quel ch' io tocco con mano. Credi tu che io non veggo lume? nol puoi gia coprire.

LELIO.

Eh Dio, che il mal mio non ha riparo.

TEBALDO.

Non di manco dì.

LELIO.

Non veggo che terminare possa le mie miserie, salvo che la morte, la quale à me tanto maggiormente deve piacere, quanto io, più di ogn' altra persona, nacqui per non havere mai bene.

TEBALDO.

Il morire è sempre pronto in un' animo generoso, quando l' honore lo sforza, ma molti corrono à perpetuo biasmo, credendosi col morire acquistar gloria; perche non è mai saggio partito il morire, quando con altra via si può l'huomo schernire da gli assalti della fortuna. Aprimi prima una volta il seno, scoprimi le tue piaghe, et non piangere, che quando il male sia incurabile, non ti verrà mai manco il morire.

LELIO.

Voletemi voi dare la fede di non ridir' à mio padre cosa che io vi dica?

TEBALDO.

Non lo ridirò, s' io son' huomo da bene. Di allegramente, et non piangere, dì, il mio Lelio, dì di gratia.

LELIO.

Eh Dio!

TEBALD

Dì, dì, Lelio, sei innamorato?

LELIO.

Sì.

TEBALDO.

Di chi? Di Fabio eh?

LELIO.

Di Fabio, ohimè.

TEBALDO.

Che hai?

LELIO.

Eh Dio!

TEBALDO.

Dì, che hai? c' è anco di peggio? Tu sudi tutto.

ATTO I, SCENA VI.

LELIO.

Deh, lasciatemi stare.

TEBALDO.

Non voglio : deh, dimmi hormai il tutto, che, sù la fe mia, io ti sarò sì segreto, come se lo havessi posto la mano in questa pasta : dì, senza respetto.

LELIO.

Voi lo ridirete à mio padre.

TEBALDO.

Non, certo.

LELIO.

Poi che così mi promettete, io vi dirò: Entrommi questo giovine sì furiosamente addosso, et sì mi accese il petto dell' amor suo, che, per non morirmi, deliberai di trovar riparo.

TEBALDO.

Vogliano i cieli, che la rieschi in bene.

LELIO.

Amore, con chi io mi consigliava...

TEBALDO.

Siamo disfatti.

LELIO.

Mi insegnò quello che nè voi, nè altri in mille anni havreste saputo pensare.

TEBALDO.

Che consiglio fu?

LELIO.

Questo giovine ama oltra modo mia sorella; il che sapendo io, tenni via di fargli dire per una nostra vicina, di chi mi poteva fidare: « Virginia ti si raccomanda », à quel saluto egli scrisse una lettera, nella quale pregava mia sorella che una sera lo volesse udire. Io che altra cosa non desideravo che di essere con esso lui, gli riscrissi che venisse, ch' io l'attenderei all' uscio di drieto, et rubbatami dal maestro, presi le vesti di Virginia, et in quell' habito l'aspettai fin ch' ei vi venne. Egli ingannato dall' habito, et dall' amor grande che porta à mia sorella, ne potendomi riconoscere al buio, pigliommi per lei, et così mi sposò.

TEBALDO.

Fu fatto altro?

LELIO.

Pensatelo voi, tutta quella notte si giacque meco.

TEBALDO.

Dunque sei moglie di Fabio?

LELIO.

Sono, mà egli no 'l sa.

TEBALDO.

Chi vi era altro?

LELIO.

Un servitor suo, che continuando à pratticar fra noi, l'accompagnava.

TEBALDO.

Come havesti tanto animo? Stupisco à pensarvi, ma più che ti sia successo à contrafare Virginia. Iddio voglia ch' ei non ti habbi conosciuto!

LELIO.

Non, di ciò statevene sicuro, ch' egli tanto si tiene certo di havere sposata Virginia, quanto voi d'essere Tebaldo.

TEBALDO.

Chi ti acconciò l' habito indosso?

LELIO.

Amore di sua mano.

TEBALDO.

Chi ti diè tanto ardire?

LELIO.

Il medesimo.

TEBALDO.

Quanto hà che lo mettesti in casa?

LELIO.

Sono circa sei mesi, tanto appunto, che me ne potrei pentire.

TEBALDO.

Perche

LELIO.

Che sò io?

TEBALDO.

Ti senti forsi esser gravido?

LELI

Non lo sò.

TEBALDO.
Che ti senti dunque?
LELIO.
Crescer' il ventre.
TEBALDO.
Ohimè, se sei gravido, siamo ruinati; che si farà?
LELIO.
Non lo sò io, maladetto il dì ch' io nacqui!
TEBALDO.
Taci, non piangere, sai certo d'essere gravido?
LELIO.
Dico che no 'l sò, mà mi si ingrossa il ventre.
TEBALDO.
Poi che il disordine è seguito, io non vò fare quello che fanno i sciocchi, con gridi et minaccie tentare in vano di ritrarti da questo amore, ch' io so bene che le piaghe impresse in un cuor tenero com' il tuo sono talmente insanabili che le medicine ordinarie farebbono contrario effetto; perciò non è da perdere tempo. Voglio ben due cose da te, una che in questo amore tuo non facci, nè deliberi cosa altra, che io prima non lo sappi; l' altra che tu sii diligente in avertire à i segni et accidenti per li quali possa conoscersi se sei gravido, et io mi ingegnarò di trovare i rimedii, et provedere al tutto. Và in casa, et aspettami, che io vi pensarò un poco.
LELIO.
Di gratia pensate ad ogn' altra cosa ch' à ridirlo à mio padre.
TEBALDO.
Non farò, và, et fidati in me.

SCENA SETTIMA.

TEBALDO, solo.

Questa giovane per una goccia d'appetito, ci ha posti in un mare d'affanni, tanto tempestoso, che io temo che l' arte non ci potrà salvare; nè tanto biasimo lei (che lasciandosi tuttavia prattidcare con maschi, non poteva riuscire altrove) quanto il padre, che per guadagno inhonesto ha fatto come il tordo, che caca il vischio con che si piglia. Io non gliel vò dire, perche non si muoia, ma anderò provedendo al meglio ch' io saprò à quelle ruine, che minaccia il tempo : ben che s' ella è grossa, che diavolo di rimedio troverò io? et quando anco la non fosse, come si può tenere, ch' à lungo andare Fabio sciocco non riconosca Lelio? Et se pur ne fosse sì amico il Cielo, ch' egli resti ingannato un tempo, non dimandarà egli al fine la sua moglie alla scoperta? Dio, mettivi la tua santa mano, che ci puoi aiutare! io, poi che non posso fare meglio, non mi dilungarò da Lelio, ch' ei non facci nuovi disordini, et si vedrà da coprire la cosa più che si potrà.

ATTO SECONDO.

SCENA PRIMA.
PEDAGOGO ET LELIO.

PEDAGOGO.

Moscua, le vale, *inquit,* i, o la, in fatti quel, le, è falso, et non può stare la sillaba, *quandoque bonus dormitat Homerus.*

LELIO.

Buona sera, maestro.

PEDAGOGO.

Io hò lustrata tutta la città per trovarti. *Quid fit, Lœli?*

LELIO.

Io sto pensando alle cose che m'havete insegnate.

PEDAGOGO.

Egregie facis; io ti raccordo la scansione di Pilade, l'eleganze d'Agostin Dato; doveresti sempre per questa ruminatione portar' in seno qualche bella cosetta, et assiduamente teco meditando soccorrere alla labile reminiscentia.

LELIO.

Io lo fò, e hò sempre scolpito nella mente qualche bel detto dell'auttore ch'io amo più d'ogn'altro: ma ancora voi dovresti tradurmi à qualche altro studio, conoscendo la facilità et destrezza della mia benigna natura, nella quale ogni semente piglia radice, et germoglia, et fa frutto. In questo sò io già quel che si può sapere; et ch'egli sia vero, discorrete un poco meco delle concordanze, ch'io concordo, ogni volta ch'io voglio, il sostantivo garbatamente con quel che se gli affà.

PEDAGOGO.

Coll' adjettivo.

LELIO.

Benissimo sò mutare gli articoli di mascolino in feminino con dissegno, hò studiato i deponenti, et molto ben gustati quei verbi che depongòno l'attivo, et le sue fattioni fanno nel passivo; hò molte volte tocchi i personali, che nel principio mi paruero sì duri ch' io non gli potea masticare à mio modo, poi mi sono riusciti facili et dolci; hò scorso le varietà delle figure con gli ornamenti debiti; ho molte volte studiato i supini; non mi manca ortografia; perche io adopro ben la penna, nè fò fallo, quando l' hò in mano. Rimango solamente ne' gerondii, da i quali io uscirei volentieri, et impararei qualch' altra miglior cosa che mi si convenisse più, et certo sarebbe homai tempo di cavarsi la maschera, et darmi da conoscer al mondo, perch' in fin fine di questa professione sola io non ne posso sperare se non biasimo. Insegnatemi di gratia, maestro, qualche cosa più lodevole che questi latinucci magri.

PEDAGOGO.

Pian, pian, Lelio, tu scorri troppo; non sai tu che il frutto troppo precoce non perviene à maturità. *Pededentim, pededentim, per non mettere indigestum sup. indigesto.* Quando tu serai alquanto più grandiusculo, et i nervi tuoi ancor tenelli mi pareranno idonei, io ti leggerò la filosofia *in Cicerone, in Macrobio, in Aulo Gellio : mastica, et rumina bene* per adesso quello che io t' ho enucleato di Landino, et di Servio sopra le Bucoliche.

LELIO.

Non guardate all' età, ma alle prove, maestro; l' ardire dell' animo gagliardo è fatto tale che non temo più il fantasma, et tante volte venisse egli à tentarmi la notte, quanto à me darebbe il cuore di potere più di lui, et per ardito ch' egli venisse, di rimandarlo col capo basso. Più oltre, le forze del corpo sono sì cresciute da un pezzo in quà, ch' io hò per poco il sostener et portare due persone in un medesimo tempo. L' ingegno mi serve di modo ch' un dì guardando il proceder mio, il mondo stupirà vedendo com' io gli haverò girato il capo; sarà forsi ò Comedie, ò Tragedie del fatto mio. Et se non fosse, ch' io mi sento gonfiar un poco più del dover, non sarebbe persona più sicura, et più contenta di me : ma sappiate, maestro, come mi si fà dinanzi cosa che mi piaccia, io la ricevo con tanto diletto, ch' io me gli abbandono dentro, et non capisco poi nella pelle : à questo vorrei io medicina da voi.

PEDAGOGO.

Hai ragione, Lelio, che questi animi elati et ampullosi sono

ATTO II, SCENA I.

come crepiti di ventre, pieni di vento et puzza, più odiosi al mondo, che le fetide cimici. Di questi intende quel figmento poetico di Issione, che volle copularsi con Giunone, che altro non dinota, che Issione, cioè un' ambitioso et immoderato, si congionge con Giunone, cioè col vento; di che egli si gonfia : onde al fine condennato nell' infernal baratro, et girato da una indesinente rota, che lo essagita; perciò sarà meglio contenersi *intra pelliculam,* et stringersi nel suo modulo.

LELIO.

Mi stringo pur troppo, c' hora mi duole un fianco, et hora l' altro : et qualche volta non sò dov' io mi sia.

PEDAGOGO.

Dico comprimere l' animo elato : ma perch' io ti veggo tutto sitibundo anhelar alli filosofici documenti, presto, presto ti dichiarerò quelle serene notti Attice.

LELIO.

Il mio Fabio mi rasserena le notti quantunque torbide et oscure.

PEDAGOGO.

Che dici tu?

LELIO.

Dico che non vedrò cosa al mondo più volentieri che questo auttore; perche col pensar solo à lui, mi rallegro, mi struggo, nè vorrei udire ragionar mai d' altro.

PEDAGOGO.

Hai ragione, ch' io l' antepongo à tutti gli Neoterici, eccettuando sempre le Miscellanee del Politiano.

LELIO.

Et io lo preferisco ad ogn' uno, mettendovi anco Ganimede.

PEDAGOGO.

Diomede, Diomede Grammatico è veramente degno di essere portato sempre in seno.

LELIO.

Et la notte tenuto à dormir seco.

PEDAGOGO.

Andiamo in casa, accioche tu incombi allo studio, dando opera alle buone lettere, *ne transeat dies sine linea.*

LELIO.

Andate, ch' io vengo hor' hora.

SCENA SECONDA.

ACHILLE, TESTA.

ACHILLE.

Non credo che al mondo siano genti più piazze che gli innamorati. Che Diavolo di farnetico venne in capo à Fabio di dire à Flaminio che si provedesse d'altro amore, che Virginia era del tutto sua, et se voleva vederne la prova, andasse la seguente notte, seco, che glielo farebbe toccare con mano.

TESTA.

Che credete? non fù altro ch'una borasca di gelosia, che lo traportò; della quale nessuna altra cosa ha maggior forza ad inspiritare et indemoniar gli huomini.

ACHILLE.

Sò; ma perche haver gelosia, sendo, come habbiamo veduto per prova questa notte, in pacifico possesso di Virginia. Non gli era meglio godere, et tacere, et burlarsi del suo rivale sciocco, et non correre à dirgli ogni cosa per venire poi à prova sì vituperosa per sua donna. Che bestiuola! in fine mi risolvo che solo le pecore hanno aventura.

TESTA.

Sì almen con queste donne matte.

ACHILLE.

Et Flaminio poi lo dice à noi, et ci fà andar' à vedere l'aventure di Fabio. Perche non vi andar lui, et non mettere la infamia della sua donna in bocca di cento persone? Ma più pazzi mille volte noi, che vi siamo andati, et adesso ci bisogna dargli questa nuova, che gli sarà un tossico; ma che di tù del spettacolo? O infelici quelli che mettono speranza nelle promesse et nelle lusinghe delle donne! Chi non havrebbe giurato, che Virginia spasimasse, et sì fosse gettata da un verone per amor del tuo padrone?

TESTA.

Nessuno, che sappia che il mal foro non vuol festa. Signor Achille, le donne sono donne, e vogliono altro che fioretti, pennacchi, divise, saluti, sberettate, passegiamenti, et serenate. Quante volte io gli ho detto: Conchiudete, padrone, conchiudete;

questa giovine si consuma per voi; venite alle prese, et non vi pascete com' il cameleonte d'aria, et i guatteri del fumo del rosto; ma egli col differire, è andato cercando, come si dice, il freddo per il letto. Certo ch' adesso può dire quello che disse la Pasqua a i Buratelli: *Tarde venerunt*. Perche la buona giovine che si sentiva andar il pizzicore per la carne, è venuta alle strette con chi prima se gli è fatto arditamente innanzi. Il cativello di Fabio, più tristo che due assi, ha ben conosciuto il bisogno della meschina, et l' ha soccorso à tempo. Buon pro gli faccia, et che bocconcino, alla barba nostra, che stavamo fuori, come se fossimo stati proprio babioni. Quanti altri credete voi che s' affoghino nella bonaccia, com' ha fatto il mio padrone? tutti quelli, che sono favoriti, et non conchiudono. Che credete voi che vogliano dire in fatto le donne, quando fanno buona chiera al suo amante, se non : Mociccone, che fai? che non ti fai innanzi? sollecita, addimanda, rubba, sforza! Et quando à qualche galante donna à caso dà nelle mani un goffo, un peccorone, uno cacacalze, il quale, per nessuna sorte di favori che gli siano fatti, viene à conclusione, conosciuto il civettone, nè fà quella stima che fanno i fanciulli delle noci buse: et in vero la gli stà troppo bene; perche tanto par' à me, che sia l' esser favorito, et non conchiudere, quanto campeggiar una terra, ch' apri le porte, et non pigliarla : le donne belle sono le fortezze, anzi le dolcezze d' amore, che gli amanti bramano d' espugnare. Et quando elle vi affissano adosso il sguardo, et cortesemente mirano, fate conto che il portinaio, che tiene le chiavi della bocca, vi sia fatto amico. S' ella ascolta ambasciate, ò piglia lettere, dite che per la porticella del soccorso entrano i vostri ministri, che la persuadono à rendersi : come si lascia in alcun modo toccare, alhora dite : il ponte è calato, la porta è aperta, et le genti della rocca mi invitano à pigliar arditamente il possesso.

ACHILLE.

Tu mi riesci, Testa, questa sera mirabilmente, tocca via, se mi vuoi bene.

TESTA.

Io dico queste cose in colera, perche io non veggo à dì nostri fra la gioventù, se non una razza di tientibuoni, scrolla pennacchi, frusta scopete, orna cantoni, spazza contrade, piscia spade, et caca muschio, che sono nemici mortali delle conclusioni, che col far il dio d'Amore, et star sempre sù le sue, comprano a tanti contati la nemistà di quelle madone, che da principio gli davano speranza di concludere. Egli è verissimo, signor Achille, che il far l'amor è appunto come una guerra, dove non bisogna dar tempo al nemico, ma stringerlo, et combatterlo ogni volta, che ven'è data l'occasione. Donne, ah! non bisogna darmele conoscere à me. Non è alcuna di loro, per buona ch'ella sia, che non voglia la burla; insino le vecchie s'innamorano come simie. Non bisogna ingannarsi; che quando elle si sentono il pizzicore, egli è forza compiacerle, et non far tante garminelle. Ma bell'è, che il mio padrone è di maniera perduto nell'amor di costei, che giurarebbe che noi, per mettergliela in disgratia, habbiamo congiurato à dirgli quel che non è.

ACHILLE.

Che? non crede che Fabio fosse hiersera colto, et da lei introdotto in casa?

TESTA.

Non lo crede, nè crederà mai.

ACHILLE.

Ah, ah, ah! e forsi ch' ella non fece del vergognoso.

TESTA.

Sì, sì del vergognoso: gli increbbe, che fosse tardato tanto à venire, et che troppo per tempo si partisse.

ACHILLE.

Credimi, che quella tanta dimestichezza mostrò esservi lunghissima prattica frà loro.

TESTA.

Diciamogli la verità di gratia, et facciamo prova di levargli costei di capo.

ACHILLE.

Non dubitare ch' io mi ingegnarò in ogni modo di levarlo di questo inganno; ma ecco ch' ei viene.

SCENA TERZA.

FLAMINIO, ACHILLE, TESTA.

LAMINIO.

Ben venga messer Achille.

ATTO II, SCENA III.

ACHILLE.

Buona notte, signor Flaminio.

FLAMINIO.

Com' andò il negocio di questa notte passata

ACHILLE.

Ben per Fabio, et mal per noi.

FLAMINIO.

Perche?

ACHILLE.

Perch' egli entrò in casa, et noi, come quelli due che mai non entrano dentro, restammo di fuori.

FLAMINIO.

Per qual via entrò egli?

ACHILLE.

Per l' uscio di dietro, ch' ad un cenno gli fù aperto.

FLAMINIO.

Chi gli aprì?

ACHILLE.

Virginia.

FLAMINIO.

La vedeste voi?

ACHILLE.

E bene ch' io la viddi.

FLAMINIO.

Come la potesti vedere?

ACHILLE.

Si fece sù l' uscio, et introdusse Fabio, et allhora io non potei bene scorgerla, se non alle vesti; ma nel rimetterlo poi fuori, che per meglio chiarirmi me gli accostai un poco più, a conobbi di viso.

FLAMINIO.

Quanto eravate voi discosto?

ACHILLE.

Pochissimo.

FLAMINIO.

Venne ella assai fuori dell' uscio?

ACHILLE.

Non molto, ma ella sotto voce ragionò con Fabio, et lo baciò.

FLAMINIO.

Come la potessi conoscere?

ACHILLE.

All' habito, alla statura, alla chiera, alla voce.

FLAMINIO.

Gli vedeste il viso?

ACHILLE.

Quanto hora veggo voi.

FLAMINIO.

A che hora entrò Fabio?

ACHILLE.

Alle quattro sonate.

FLAMINIO.

Quando uscì?

ACHILLE.

Alle sette.

FLAMINIO.

Chi v' era altro con Virginia?

ACHILLE.

Fabio, e' l Zucca suo famiglio; ma di gratia non andate investigando più sottilmente, che tanto più trovarete quel che non vorrete, quanto più curioso vi dimostrarete nel dimandare.

FLAMINIO.

Io vorrei pur darvi campo di riconoscere il vero, et gittar' à terra sì espressa bugia.

ACHILLE.

Perche volete voi ch' io vi dica bugia?

FLAMINIO.

Se havete composto questa favola per ritrarmi dall' amor di Virginia, pensandovi di giovarmi, accetto ogni cosa come da fratello, in buona parte; ma vi prego bene che mi dichiate il vero, perche della mia Virginia non crederei mai sì fatta vigliaccaria, laquale io sò certo che non è, nè esser può.

ACHILLE.

Mi maraviglio di voi: s' io vi dico bugia, ch' io non habbia mai bene! Ah, signor Flaminio, bugia io?

FLAMINIO.

Ah, messer Achille, ricordatevi che sete nobile, et che non conviene à voi à dar biasimo ad una giovine honestissima.

ACHILLE.

Honestissima, ah! dimandatene al Testa.

FLAMINIO.

Che dici tu, Testa? dì il vero, et non mi ingannare, se ti è cara la gratia mia.

TESTA.

Eh, padrone, sò che sete sotto di bello io, poi che a sì caro compagno, et sì fedel servitore non credete quello ch' ambidue hanno veduto con gli occhi proprii, et il tutto è perchè questa nuova non fa per voi; è così?

FLAMINIO.

Ah, furfante, porco, ancora tu ti burli di me? tu menti falsamente per la gola, sfacciato che tu sei! Anzi io in quell' hora, et quasi tutta notte, mi sono trovato con Virginia à ragionamento alla ferrata, nè altro vi era in mezzo, oh poverina Virginia, parti, che con ragione si dolesse di quel traditor di Fabio, che gli attaccava i ciantolini alla falda, et gli tesseva calunnie adosso. Ben mi disse, che à quello istesso tempo s' era voluta trovar meco acciò che il ribaldo non si vantasse di farla parere quella che non era. Oh, com' ella fa bene, chi poteva mai purgar la sua innocenza. Se io à quel tempo non mi fossi trovato con essa lei, ò gran tradimento! Ma io nè pagarò l' inventore, se io vivo tutto dimane; scelerato, che per acquistarti credito, infami la più honesta giovine di questa città.

ACHILLE.

Udite, signor Flaminio, poi ch' io veggo ch' appò voi può più il senso che la ragione, et le mentite lusinghe delle donne trovano più luogo che il vero testimonio di un vostro amico, fate il caso vostro, ch' io farò il mio.

FLAMINIO.

Volesse Iddio ch' un pezzo prima io non mi fossi tanto fidato in voi, ch' io vi havrei mandato persona di maggior verità.

ACHILLE.

Chi è di maggior verità di me? per mia fè, che io sono tanto huomo da bene quanto alcun' altro, che sii in questa città.

TESTA.

Andiamo in quà, messer Achille, per vostra fè.

FLAMINIO.

Andate pure; ma tù, Testa, traditore, non mi venir più in casa, et guardatevi di non sparlare di Virginia, com' havete fatto meco.

TESTA.
Andiamo, vi dico.

ACHILLE.
Andiamo, ch' io voglio havere più intelletto di lui.

SCENA QUARTA.
FLAMINIO, solo.

Fabio, Fabio, tù non porterai di questa ribalderia il peccato sottera, ch' io te ne pagherò, ribaldo, maldicente, che tu sei. Tu pensi con sofisticarie levarmi dall' amore di Virginia, la non ti riuscirà. Sò che restavamo scherniti di bello, se la providenza di Virginia non mi faceva questa notte passata essere seco. Fortuna mandami questo impiccato per le mani. Ma ecco il suo servidore, sarà bene che me gli accosti un poco, forse che da lui ne caverò la macchia.

SCENA QUINTA.
FLAMINIO, ZUCCA, PAGGIO.

FLAMINIO.
O là, ò fratello, odi, ò fratello.

ZUCCA.
Son morto, Flaminio mi addimanda.

FLAMINIO.
Paggio, chiama quel servo, che passa là.

PAGGIO.
O là, ò là, fischio, udite, ò quell' huomo il mio padrone vi dimanda.

ZUCCA.
Non hò tempo ch' io hò facenda, un' altra volta.

FLAMINIO.
Non haver paura, ò compagno; aspetta, aspetta, una parola.

ZUCCA.
Chi mi comanda vostra signoria?

ATTO II, SCENA V.

FLAMINIO.

Ove è il tuo padrone?

ZUCCA.

In casa.

FLAMINIO.

Che fà?

ZUCCA.

Stassi.

FLAMINIO.

Dimmi, come fà egli con l' amore di Virginia?

ZUCCA.

Meglio ch' ei non merita.

FLAMINIO.

Perche?

ZUCCA.

Perch' egli hà havuto sorta senza durarvi molta fatica.

FLAMINIO.

Che sorte?

ZUCCA.

Quasi che di sua bocca non lo sappiate; anzi egli di mio consiglio ve lo disse, perch' io non voleva che diventasse vostro nemico.

FLAMINIO.

Dunque Fabio è in buona gratia di Virginia?

ZUCCA.

S' ella è sua moglie.

FLAMINIO.

Come? quando la sposò?

ZUCCA.

Ponno esser circa sei ò sette mesi.

FLAMINIO.

In presenza di chi?

ZUCCA.

Mia.

FLAMINIO.

A che hora?

ZUCCA.

Di notte.

FLAMINIO.
Eravi lume?
ZUCCA.
Al scuro.
FLAMINIO.
Come dunque conoscesti quella essere Virginia?
ZUCCA.
Potta di me, vorreste mai che il mio padrone havesse sposata una per un' altra, sò che la sarebbe bella io.
FLAMINIO.
In presenza di chi si fecero le parole?
ZUCCA.
Poche parole si fecero; ma tanti fatti che tutta quella notte non si sentì altro che dimenamenti, anheliti, calpestii, ch' io mi cacava sotto, che non fossero sentiti, et rilevassimo le nostre.
FLAMINIO.
Pur, tu non la vedesti già nel viso?
ZUCCA.
Non posso dire di haverla veduta così del chiaro; ma sò bene ch' ella è dessa.
FLAMINIO.
Come lo sai? per astrologia?
ZUCCA.
Credete voi che gli siamo stati una sol volta? gli hò una decina di volte tocca la mano, et riconosciuto le vesti, il viso, la statura, et gli ornamenti.
FLAMINIO.
Tu conchiudi in effetto che Virginia raccoglie di notte Fabio?
ZUCCA.
Così raccogliesse ella voi, che lo meritate più di lui.
FLAMINIO.
Quanto ha che non foste da lei?
ZUCCA.
Questa notte passata : chi 'l sà meglio del Testa vostro, et di messer Achille, che ci viddero entrare.
FLAMINIO.
Tu menti, manigoldo, tò piglia questo per antipasto.
ZUCCA.
Oih, oih, oih! perche battermi?

ATTO II, SCENA V.

FLAMINIO.
Perche dire quel che non è, manigoldo da forche.

ZUCCA.
Perdonatemi, ch'io mi credeva di non offendervi dicendo la verità.

FLAMINIO.
La verità, ah gaglioffo!

ZUCCA.
Oih, oih, oih.

FLAMINIO
Se mi fosse honore, asino da bastone, io ti trarrei il cuor del corpo; sò bene che tu dei essere l'inventore di questa falsità: ma lascia, che mi dia nelle mani quel traditore di tuo padrone, dove fuggi? Fermati, ch'io taglio le gambe al corpo.

ZUCCA.
Se mi volete ammazzare, dicendovi.

FLAMINIO.
Che? il vero.

ZUCCA.
Non dico così.

FLAMINIO.
E dunque il falso?

ZUCCA.
Come volete voi: ch'io non vi vò offender più.

FLAMINIO.
Non voglio così: dimmi, se non ch'io ti taglio quel mostaccio da pugni, chi v'aprì sta notte? Di sù presto.

ZUCCA.
Sarebbe meglio per me d'essere senza lingua.

FLAMINIO.
Vuoi tu dire, ò nò?

ZUCCA.
Non posso dir altro, se non che quella mano ci aprì hiersera, che ci apriva l'altre voltre.

FLAMINIO.
Di, chi è quella mano?

ZUCCA.
Eh, non mi sforzate à dir questo, di gratia.

FLAMINIO.

Io vò che tu mel dica, furfante.

ZUCCA.

Io non viddi Virginia in viso, ma di statura et di habito era sì somigliante à lei ch' io giurarei che fosse stata d' essa.

FLAMINIO.

Tu menti per la canna, poltrone, poltrone.

ZUCCA.

Non dico che fosse lei.

FLAMINIO.

Chi dunque altri?

ZUCCA.

Non lo sò, ma chi n' aperse è gravida, et il maggior affanno in che il patrone si trova è che à quella giovine se gli gonfia il ventre.

FLAMINIO.

Non sò che mi dire: altra femina non è in quella casa che Virginia e una vecchia. Questa è una cosa da comedia; questi ribaldi mi sforzano con le sue girandole à credere più ad altri ch' à me istesso. Vien quà, asino, dunque se Virginia non è gravida, tu concludi che non è lei.

ZUCCA.

Mi volete ad ogni modo condurre à qualche mal passo.

FLAMINIO.

Dì dunque.

ZUCCA.

Dico che quella persona con chi si trastulla il mio padrone, hà gonfio il ventre, et pensa d' essere gravida.

FLAMINIO.

Và alla mal' hora.

ZUCCA.

Mi vi raccomando, restate con la vostra credenza. S' io ci torno più, fammi il peggio, ch' io tel perdono; ti venghi il cancaro nelle mani.

FLAMINIO.

Voglio pur' anchora fare questa ultima prova, e vedere se Virginia è gravida; et se la è, com' io la stimo vergine, voglio in ogni modo per difesa dell' honor suo ammazzar' uno di questi calunniatori. Anderò à trovar la Lisetta, che vadi à lei.

ATTO TERZO.

SCENA PRIMA.
LISETTA, roffiana, FLAMINIO, padrone, BRUSCO, servo.

LISETTA.
Se questo è vero, poss' io diventar orba! Anzi ella non gli volse mai bene, et perche n' ero sicurissima, non hò voluto nominarglielo mai, quantunque voi per capriccio di gelosia me ne habbiate molte volte instato: perche giudicai sempre in amor esser gran fallo il mostrarsi geloso, et hò per prova veduto molti che hanno posto in gratia alle loro donne i suoi rivali, di che elle non ne facevano prima stima alcuna, et forsi non gli conoscevano, solamente con mostrarsi gelosi; perche col scoprire il sospetto, davano alle loro donne occasione di pensar che qualche buona parte ò rara qualità fosse nel giovine rivale, che conosciuta dallo amante, lo riducesse à dir mal di lui, et à sospettare et mettergli il cervello à partito. Perciò io non gliel nominai mai, come vi dico, per non gliel metter in gratia; ma vi giuro bene per quanto amore vi porto, ch' ella non ama altri che voi. Vorrei che sentiste una volta le pazzie ch' ella fà, quando vi sente nominare: io mi sono tal' hora trovata con lei alla finestra, quando passavate, et perche io gli haveva tuttavia l' occhio adosso, et avertiva ad ogni puntino, mi pareva che diventasse un fuoco, et uscisse de' sentimenti, in un' attimo si mutava in mille colori, sì che mi pare impossibile quel che dite, et al fin trovarete questa essere falsità manifesta, che non può essere altrimenti.

FLAMINIO.
Egli è il vero. Ma donde nascono queste girandole: non vi è dubbio alcuno, che quel tristo di Fabio è stato aperto in casa. Chi diavolo gli può havere aperto?

LISETTA.
Chi sà? potrebbe per qualche via havere havuta la chiave di quell' uscio, et haver posto qualche giovanetta dentro vestita

dell' habito di Virginia; la quale poi l'habbi ricevuto in presenza del compagno et servitore vostro; il che è facil cosa, perche quell' uscio è fuori di mano. Che mal' anno sò io? Il mondo è tanto sottile ch' io non credo se non quello ch' io veggo. E chi lo può meglio saper di voi? Non sete voi stato tutta notte à quella ferrata con lei? Non si tratenne Virginia con voi? Volete più creder alla falsità d'altrui ch' à voi stesso, che ve gli sete trovato?

FLAMINIO.

Come s' io me gli sono trovato.

LISETTA.

Perche dunque dubitare? Vi haveranno voluto far perder d' animo, accioche gliela lasciate : l' altra, tanto è Virginia gravida, quanto io son vergine. Foste così disposto voi à riparare alle mie necessità, quanto io sono sicura di levarvi di questo sospeto!

BRUSCO.

Sì, sì, aiutati pure per venir' al tuo disegno : mi maravigliavo che questa poltrona tardasse tanto à far qualche affronto.

FLAMINIO.

Vi son' io venuto mai manco di quel che mi havete addimandato? Non vi hò fatto portar à casa due sacchi di grano, che mi chiedeste? Non vi diede il famiglio due scudi per le legna?

BRUSCO.

Così fosse ella arsa, et che toccasse à me à dargli il fuoco!

LISETTA.

Signor si, e ve ne ringratio : ma hora io non ho vino in casa per due giorni, non ho sale, nè oglio, nè sostanza di questo mondo. Bisogna pur che viva anch' io, s' io vi debbo servire.

BRUSCO.

Col mal' anno che ti venga, porca!

FLAMINIO.

Io farò provisione, non dubitate.

BRUSCO.

Sì sì, l' entrate vostre non empirebbono la minima parte dell' ingordigia di questa sfacciata.

LISETTA.

Le vostre son parole : in tanto la necessità mi fa fare vigilie, che non sono commandate dal Piovano. Queste cosette sono

ATTO III, SCENA I.

niente al pari della grandezza vostra, et nondimeno danno la vita à una vostra servitrice.

BRUSCO.

Se il padrone fosse il più arguto huomo del mondo, questa ciurmaborse lo confonderebbe: ma mi conforto, ch' egli non ha un quattrino à lato; la non t' andarà, fatta gaglioffa, à questa volta.

FLAMINIO.

Non mi trovo denari à canto; ma pigliate questa collana, et impegnatela, ch' io la riscattarò poi.

BRUSCO.

La pigliarà sì, non dubitate, et la cappa, et la pelle anchora: ò che bagascia!

LISETTA.

Mi vergogno pigliarla, ma la necessità mi sforza. Tanto maggior' obligo, signor Flaminio.

BRUSCO.

O che vergognosa creatura, mirate come s' è arroscita, obligo si; all' altra il giuppone, ò la beretta, et i puntali: ohimè non gli pigliarebbe mai per vergogna, vergogna, la manigolda! ah, s' io non ti bastono un dì!...

FLAMINIO.

Non accade, non vi posso mancare; andate pur, e tornate bene risoluta del tutto, et io non solo voglio partire la roba mia con voi, ma se potessi, gli anni ancora della mia vita.

LISETTA.

Io ve ne ringratio, et prego i Cieli vi diano ogni maggior gratia.

BRUSCO.

Et à te diano il mal' anno, et la mala Pasqua, scroffaccia.

FLAMINIO.

Andate.

LISETTA.

Mi raccomando, signor Flaminio.

FLAMINIO.

Andate felice.

BRUSCO.

Queste offerte ultime, padrone, vi costaranno tanto se io non m' inganno, che sarebbe assai men male essere in tutela de' falsari, in gioco con marioli, à tavola con leccardi, in viaggio con cingari. Che dar sicurtà di se in questo modo à simili presontuosi? è forsi che la non gli sà essere. Vorrei più presto alloggiare Spagnuoli in casa à discretione, che havere tantin d' obligo à questa ribalda, mariuola, regina delle sfacciate, principessa delle presontuose.

FLAMINIO.

Lascia andare, pur ch' io esca di questo labirinto; ma andiamo, e troviamo più genti con noi, à tale che se costui ci dà nelle unghie, possiamo far quistione senza disavantaggio.

BRUSCO.

Andiamo pur, padrone, à far provisione di denari per la vecchia, che al ritorno gli parerà d' avanzar con voi.

FLAMINIO.

Diavola fà, che non si tenghi pagata.

BRUSCO.

Pagata! mi venghi l' anghinaglia, se quello che gli havete dato non è l' arra del resto. Egli è appunto come haver gettato una goccia di acqua al fuoco, ò una lente in bocca all' orso; conoscete mal queste bestie : roffiane, ah!

FLAMINIO.

A posta sua.

SCENA SECONDA.

LELIO femina, FABIO giovine.

LELIO.

Quant' hà Fabio, che veduto non hai l' amor tuo?

FABIO.

Devono essere tre dì.

LELIO.

Come puoi tu star tanto?

FABIO.

Servo questa mia donna più per trattenimento, che per passione ch' io habbia di lei.

LELIO.

Sei dunque innamorato di beffe? Felice te, che non hai chi di notte ti svegli.

ATTO III, SCENA II.

FABIO.

Ti dirò, mi trovo tanto lungi da riva, che la speranza non può pigliar radice nel cuor mio, et senza quella, pazzo è chi si imbarca.

LELIO.

Chi è costei, che non degna la servitù tua? se io fossi donna, non vorrei che con altro occhio Amore mi saettasse il cuore, che col tuo; sei bello, gentile, costumato, et hai certe labbra, che invitano le donne a fartì forza per basciarle.

FABIO.

Ti ringratio: ma se fosti donna, faresti come le altre, del grande; mi bisognarebbe servirti un anno pria che tu mostrasti di conoscermi. Non sò io per me che privilegio elle habbino, vorrei più presto esser una bella donna che l' Imperatore.

LELIO.

Tu vai di fuori, et non mi rispondi à proposito per non mi dir' il vero, tu dei essere certo nel colmo della felicità, ch' io ti veggo più contento del solito. Ma che hai, che tu diventi rosso?

FABIO.

Io mi vergogno di non essere quel galante innamorato, che tu mi dipingi. Ma come fai tu, Lelio, con l'amor tuo?

LELIO.

Con l'amor mio ho quest' avantaggio ch' io lo veggo ogn' hora ch' io voglio.

FABIO.

Sò che l' hai presente sempre, percioche tutto quel che vedi, ti par' esser lei, ma io non parlo da poeta.

LELIO.

Dico vederlo con questi occhi; ma ti voglio dir più, trovarmi col mio bene da solo à solo.

FABIO.

O, ò questa è qualche cortigiana.

LELIO.

Dico ch' è persona nobile, ricca, et nata di buon padre et madre, quanto alcun' altro di noi.

FABIO.

E giovane?

LELIO.

Della tua età.

FABIO.
E bella?
LELIO.
Viso dolce, et gratioso come il tuo.
FABIO.
Ti vuol gran bene?
LELIO.
Me ne vorrebbe molto più, se mi conoscesse.
FABIO.
Che non ti conosce, e ti trovi con lei? come può esser questo?
LELIO.
Con incanto.
FABIO.
Tu mi burli.
LELIO.
Dico da vero.
FABIO.
Stai fresco: poi che ami chi non ti conosce, perche non te gli scuopri?
LELIO.
Perche sarebbe la mia rovina, se me gli scoprissi.
FABIO.
Che? ti vorrebbe peggio, se ti conoscesse?
LELIO.
Anzi meglio, perche stando così, non m'ama punto, che non si può amare chi non si conosce.
FABIO.
Perche non te gli scuopri dunque?
LELIO.
Non ti ho detto che sarebbe la mia rovina à fatto?
FABIO.
Se ti vorrebbe meglio, come sarebbe la tua rovina?
LELIO.
Perche mi si troncarebbe quella commodità, ch'io ho di potermi trovar con lei.
FABIO.
Ti trovi dunque tal'hora seco?
LELIO.
Spesso.

ATTO III, SCENA II.

FABIO.

E non sa chi tu sei?

LELIO.

Non, ch' io vò travestito.

FABIO.

E la tocchi?

LELIO.

La tocco.

FABIO.

E l'abbracci?

LELIO.

L'abbraccio.

FABIO.

E la basci?

LELIO.

La bascio.

FABIO.

Sò che la deve esser' una bagascia, poi ch' ella tocca chi non conosce, et ama chi non vidde mai; ma in fatto non ti credo, et ti burli di me.

LELIO.

Poss' io morire se io t'inganno, ò dico cosa che non sia.

FABIO.

Come puoi basciarla, sendo maschera, vedi che io t'ho colto?

LELIO.

La maschera ch' io uso, non mi impedisce.

FABIO.

Nondimeno, perche non te la levi, et sia quel che si voglia.

LELIO.

Perche la si assomiglia tanto alla faccia humana, ch' ella non se n' avede, così mi piglia in scambio d'una persona, ch' ella ama estremamente.

FABIO.

Tu mi fai impazzire, non si sente quella scorza dura al viso, quando la basci.

LELIO.

Non, che il maestro, che mi diede la maschera ch' io uso, la temprò di sorte ch' ella cede al tutto, et hà del molle, come la carne.

FABIO.

Chi pensa chi tu sii? conosci tu quella persona, ch' ella sì ardentemente ama?

LELIO.

Sì, è un mio parente strettissimo.

FABIO.

Sà quel tuo parente, che questa persona ti ami tanto per suo conto, et pigli piacer teco, pensandosi di lui?

LELIO.

Appunto : nè io vorrei, che mi si farebbe nemico, perche gli rubbo quel diletto, che dovrebbe esser suo, anzi pur mio, perche amandola io, come fo, merito quel bene, et egli nò, ch' ei non vi pensa.

FABIO.

Che sì che ti conoscerà un dì; è impossibile durar sù queste tresche lungamente, ch' elle non si scuoprino.

LELIO.

Questo non ch' io sarei rovinato del mondo.

FABIO.

In che habito vai da lei?

LELIO.

In quel habito ch' usa quel mio parente.

FABIO.

Porti tu armi?

LELIO.

Non, che quel mio parente, ch' io mi sforzo d' imitare, è come un' agnello, pacifico et quieto.

FABIO.

Deve esser' una pecora, poi che ne li fatti d' amore và senza arme.

LELIO.

Non diresti questo, s' io ti dicessi chi egli è, ch' io sò che tu l' ami molto. Ma che dirai tu, chè là dove io vò, ci è una giovinetta tenera, et fresca, ch' è guasta di te, et ti sospira e brama molto più che la tua donna.

FABIO.

E bella?

ATTO III, SCENA II.

LELIO.

Si assomiglia molto à mia sorella, ma è più giovine di lei.

FABIO.

Certo?

LELIO.

Certo.

FABIO.

Perche non mi meni teco, che ci daremo il più bel tempo del mondo.

LELIO.

Non potrei havere compagnia più cara et più dolce di te; ma per molti rispetti non consentirebbe mai, ch' io te lo dicessi, et più perche hai volto l' animo ad altra donna, et ella il sà, et ne stà dolente, et perciò mette ogni cura, perche tu non la conosci.

FABIO.

Mostrimisi, ch'io l'adorarò; ma non mi deve volere quel gran bene, che tu mi dì.

LELIO.

Anzi è di te di tal maniera pregna, che non capisce nella camiscia, e quando ti vede, si altera tutta.

FABIO.

La poverina si potrà morire di spasimo, che non troverà chi la soccorra.

LELIO.

Ella ha per fermo, che l' amor suo debbia fare frutto, ch' ella non è senza ingegno et per vie indirette spera goder l'amor tuo.

FABIO.

Eh, che io non sono sì goffo, come quella che teco tutta notte stà, et non ti conosce. Accostarmisi una donna per un' altra? Sò che meritarei, che mi fosse dato da bere : ma come hai tu scoperto quest' amor suo verso di me?

LELIO.

Non ha persona con chi più liberamente apra il seno de' suoi segreti, che con essomeco : à pena fa un pensiero, che io di subito il sò.

FABIO.

Che ti dice di me?

LELIO.

Che sei bello, gentile, ben creato; solo riprende in te che tu ami chi non ti ama, et non conosci chi ti adora.

FABIO.

Che colpa ho io di questo? Se io servo ingrata, et non prezzo chi non conosco : ma dimmi, ti prego, chi è costei.

LELIO.

Non posso.

FABIO.

Se mi vuoi bene.

LELIO.

Tanto ne volesti à me.

FABIO.

Dimmi dunque chi è?

LELIO.

E giovine honestissima, che tal' hora si traveste per venir dove tu sei, con qualche rischio dell' honor suo.

FABIO.

Dimmi, di gratia, chi è : che io non paia seco villano, ch' io mostri di gradire l' amor suo.

LELIO.

Per hora non te lo posso dire, parlerò seco, et quando ella contenti, te lò diro : sappi al men questo ch' ella stà sì male, che ò bisogna, che in breve te lo dica, ò que scoppii, tanto è piena dell' amor tuo.

FABIO.

Và, essortala à fidarsi di me, che gli sarò servidore sempre.

LELIO.

Farò : ma ecco Tebaldo, che viene.

FABIO.

Io me ne vò.

LELIO.

Perche si presto?

FABIO.

Ho un poco di facenda : mi raccomando.

LELIO.

La Fortuna ti accompagni : ohimè, traditorello.

SCENA TERZA.

TEBALDO, LELIO, ET ZUCCA.

TEBALDO.

Buon dì, Lelio, io ti ho cerco buon pezzo.

LELIO.

Et io voi.

TEBALDO.

Ben, come vanno le cose? ti senti scarico niente.

LELIO.

Quel succo di quell' herba, che mi havete pesto con tanta prescia, ha sì cattivo odore che io non ne bevvi, se non poco, et quel poco non mi giovarà, sò certo. Mi par veder, che questa postema verrà à capo, nè si troverà alcuno rimedio, perch' io sia un' essempio delle humane miserie.

TEBALDO.

Tanto più accorti, et avisati ci convien' essere, quanto maggior rovina ci incalza, et io son sempre in questo, che quanto à te il ventre, tanto à me crescono doglie, et per molto che io mi sia affaticato in pensarvi, l' animo ancora non s' acqueta, tanto sono le cose disperate. E ben vero, senza fallo, che sei gravido, eh?

LELIO.

Così non fossi, le zucche non crescono ne gli horti tanto quanto à me il ventre.

TEBALDO.

Questo crescer di pancia non mi fà la cosa sì certa, quanto il vomito, che ti viene ogni mattina per l' ordinario, l' esser fiacco di continuo, l' appetito di cibi cattivi et strani, l' haver fastidio de' buoni, io lo tengo per fermo. Tratti un poco più quà. Potta di me, tu sei più pieno, che se tu havessi mangiato bacegli.

LELIO.

Non vedete voi, che il giuppone, benche m' affibbii et stringa quanto si può, non però giunge?

TEBALDO.

Non è ben havere bottoni, sarebbe meglio attacarvi ben gli uncini, che ti stringerebbero più, et non ti farebbono sì grosso;

questo sdruscir di giuppone à fianchi è quel che ti scoprirà gravido; e pur bisogna lasciarlo largo, ch' altramente caderesti in pericolo della vita d' ambidue.

ZUCCA.

Da quanto in quà messer Tebaldo è diventato sarto, e prattico di tuor la misura delle vestimenta? Guardati, Lelio.

LELIO.

Citto, citto.

TEBALDO.

Che c' è?

LELIO.

Non vedete voi, che il Zucca ci vede?

TEBALDO.

Ohimè tristi noi, che si ch' egli haverà inteso quanto habbiamo detto.

LELIO.

Non può essere altrimenti ch' io l' ho veduto ridere.

TEBALDO.

Hora sì, che siamo disfatti, se non gli provediamo. Chiamalo, ch' in peggiore stato non può esser la cosa, che lasciarla così.

LELIO.

O là, ò Zucca.

ZUCCA.

Che volete voi da me, signor Lelio galante?

TEBALDO.

Taci tu, lascia dir' à me. Quanto pensi tu, che quello ribaldello del tuo padrone andrà altiero del scorno che ci ha fatto: stiasi pur sicuro, che Lelio e Pandolfo gliene daran castigo conveniente, se dovessin ben perdere quanto hanno al mondo.

ZUCCA.

Che cosa c' è?

TEBALDO.

Quasi che tu nol sappi, schiuma di furfante.

ZUCCA.

Non certo.

TEBALDO.

Non hai tu sentito et veduto quel ch' è passato tra Lelio et me?

ATTO III, SCENA III.

ZUCCA.

Io vi ho veduto mettergli la mano in seno, et dirgli non sò che di gravido.

TEBALDO.

Ah forca, quasi che parlandosi tra noi di gravidanza, tu non intenda che Virginia è gravida, traditore. Se io fossi Lelio, ti darei delle stoccate. Con chi si è giacciuto Fabio le notti passate? dì, gaglioffò.

ZUCCA.

Che debbo saper' io di queste cose?

TEBALDO.

Non fingere impiccato non, che Virginia ci ha confessato il tutto, et sappiamo il come e 'l quando.

ZUCCA.

Perdonatemi, signor Lelio, ch' io non vì ho colpa; sapete bene che il servo è tenuto ad accompagnar' il padrone.

TEBALDO.

Tu non puoi scusarti, ch' io intendo che sei ito seminando il biasimo et vituperio nostro per tutta la città.

ZUCCA.

Io? Me ne guardi il Cielo; mai: perche sò quello che importa.

TEBALDO.

Guardati che il castigo non venghi tutto addosso à te, non ne far motto con persona che viva, che se col tempo non si medica questo male, intenderai di bello: et forse quello che tu non credi, et non piacerà ad ogn' uno; io sono stato il primo che mi sono aveduto che Virginia è grossa, et pur' hora mostravo à Lelio come gli stà il ventre.

ZUCCA.

Come intendete ch' io fiati di questa cosa, bastonatemi, fiaccatemi, fatemi dare de' calci à rovaio.

TEBALDO.

Và, e taci, nè ti intromettere à quello che non tocca à te, et lascia, che chi ha seminato, raccoglia.

ZUCCA.

Io vò, restate felici: posso far' un voto, io mi cacava nelle bracche per tema, che costoro non mi dessero quel che mi avanzò con Flaminio, non mi fermo certo. Mi raccomando.

LELIO.

Mirabil giudicio, et rimedio è stato il vostro in ciò; ei non sà più di quel che sapeva prima, et di più gli habbiamo posto addosso mosca di mulo, si guarderà molto bene di dirne parola; potessimo così noi sciorci dal resto.

TEBALDO.

Trovaremo via anchora à questo, ma andiamo in casa, che potremo ragionare più adagio et più sicuri; forse che la Fortuna ci sarà favorevole.

LELIO.

Là, ch' io vengo.

SCENA QUARTA.

IL ZUCCA, ET IL TESTA, servi.

ZUCCA.

Hor, Zucca, tu vedi dove ti trovi. Flaminio ti vuol' ammazzare, Tebaldo non ti vuol vivo, Lelio tace, et si rode l' unghie, per l' ingiura. Che partito pigliarai? Non m' incontra mai disgratia, ch' io non la senti un pezzo prima. Parti ch' io fossi indovino? sentivo già buona pezza nascere il bastone, che mi doveva rompere le braccia: et volesse la mia sorte, che la fosse concia in quattro, ò sei bastonate, et che la finisse. Ma ecco il Testa, che diavolo và egli farneticando? Sarà disperato del spettacolo di hiersera. Ben venga Testa carissimo, perche sei turbato? che ti disperi?

TESTA.

Non mi dare fastidio per tua fè.

ZUCCA.

Che diavolo hai? vuoi morire, perche il mio padrone prima del tuo è montato sù il fico? bestia.

TESTA.

Venga il cancaro al fico, et à chi gli vuol meglio di me: il mio padrone mi ha cacciato di casa per dirgli il vero di quel che ci feste veder hiersera; mira se egli ha perduto l' intelletto.

ZUCCA.

Taci, ch' io ti hò ingannato nel far la parte.

ATTO III, SCENA IV.

TESTA.

Perche?

ZUCCA.

Perche me n' è tocco la miglior parte : il tuo padrone ha fatto teco parole, et meco fatti, ch' ei mi diede due sorgozzoni per la medesima cagione.

TESTA.

Chi?

ZUCCA.

Flaminio tuo padrone.

TESTA.

Certo ?

ZUCCA.

Così fosse egli senza braccia? furfante.

TESTA.

Ancho senza gambe, et peggio, traditore.

ZUCCA.

Che sarà di te, se tu non stai più con esso lui?

TESTA.

Che sò io; voglio prima veder se questa pazzia gli passa, o quando perseveri, mi provederò d' altro, che non sii, ne possa essere innamorato, che venghi il cancaro à gl' innamorati.

ZUCCA.

Venga. Mi pare che faccino pur la gran pazzia ad innamorarsi; non sarebbe egli meglio darsi buon tempo per altre vie, che stare in queste tresche?

TESTA.

Come possiamo più star' al mondo noi altri poveri servidori : se tu non servi al padrone di qualche roffianesmo, sei sempre un furfante, un mazzacane da quattro carlini al mese, et li pedocchi ti scannano servendolo; ecco à che si viene.

ZUCCA.

A fè che tu dì bene, anch' io sono in travaglio perciò, ne sò come uscirne.

TESTA.

Che cosa hai?

ZUCCA.

Tebaldo, Lelio et Pandolfo hanno risaputo il fatto, et l' hanno ritrovata gravida.

TESTA.

Chi?

ZUCCA.

Virginia, et mi vogliono per huomo morto, che colpa n' ho io? che gli ho fatto io? potevo io mancare d'accompagnar il mio padrone? Son' io obligato à fare che le fanciulle si mantenghino vergini, et fare che il giuoco non gli piaccia? Bastarebbe che noi altri servitori fossimo tenuti à scontar gli errori che fanno li nostri padroni. Hor tu vedi, io non ho offeso alcuno, et mi trovo mille nemici, fin quel pazzo scatenato di tuo padrone mi batte, perche Virginia non gli vuol bene, come s' io fossi obligato di fare ch' ella l' ami. Che maladetto sia il mestiero!

TESTA.

Meglio sarebbe, sopra di me, che i padroni attendessero alle cortegiane, che infin fine quello delle gentildonne si tira drieto sempre qualche mal' anno.

ZUCCA.

Ci è da fare per tutte: ancho le cortegiane fanno la panata à trentadiavoli, ti mettono la mano nella borsa, nè si vedono mai satie; è bisogna rubbare la casa per dare loro, et quel ch' è peggio danno poi ricetto ad ogn' uno, non ne lasciano posta, et all' ultimo levano gioie et rubini franciosi, et ne fanno parte ad altrui. Non c' è di meglio che lasciarle tutte, che il fuoco le arda, et starsi in casa, se vuoi salvar te stesso et le cose tue.

TESTA.

Oh questa regola non mi dispiace in tutto, ma voleva dire che ad esse non si và per scalle di corda, nè per finestre, à pericolo di fiaccarsi il collo, non accade asconderi in luoghi putridi, non bisogna sforzarsi per parere valente, nè fare il quanquam per parere galante.

ZUCCA.

Sono nondimeno anch' esse tante sirene et streghe, che imbindano gli occhi à suoi clientuli, che, per eccitargli il gusto, gli apparecchiano subito l' insalata di risi, scherzi, carezze sì soavi che moverebbono le pietre: gli sono subito intorno con mille baci finti, et abbraciamenti simulati, per levargli l' anima col corpo; et perche pensi, che gli facciano tanti vezzi: Anima mia, cuor mio, speranza mia, gioia mia, Re, imperatore, signor mio, Io vi sono schiava, mi farei di polvere per voi, — se non per rubargli la borsa, una veste, un gioiello, un paio di pendenti, una collana.

TESTA.

E in casa di queste gentildonne si và con mille sospetti da hore incommode, carichi di arme come un' asino, et quando tu vi sei, la traditora paura ti agghiaccia il sangue nelle reni, et nel più bel menare delle mani, una gatta, un topo, una foglia ti fà mettere la berta in gabbia, et spesse volte à vele calate saltare d'una finestra, et mettere in compromesso la forma del giubbone.

ZUCCA.

E di più, far mille voti, sò ben com' aviene io anchora, che il vento, una mosca, la mia ombra mi ha qualche volta messo paura di far venir il brutto male, et all' ultimo si riesce à questo che siamo noi hora, che possino creppare quante se ne trovano.

TESTA.

Eh non tanto male.

ZUCCA.

Hora tu vedi, Testa, che siamo ambidue ridotti al verde, et che supplicio sia servire questi padroni bizarri, che non si contentano mai, et sono capitali nemici delle commodità di noi altri. Onde io loderei, che si risolvessimo à pigliar qualche partito à casi nostri.

TESTA.

Stiamo à vedere à che và la cosa, e se tra hoggi e dimane non si serena per noi, facciamo ciò che ti par meglio; io mi lasciarò guidar da te, che vuoi ch' io ti dica?

ZUCCA.

Sia in buon' hora. Ma ecco il mio padrone vecchio che viene; è d' esso, ò nò; esso è. Non sò se gli debbo dire questa cosa, sarà meglio che se ritiriamo quà di drieto, mentre delibero.

SCENA QUINTA.

RICCIARDO vecchio, ZUCCA, TESTA.

RICCIARDO.

Non si può homai guadagnare nulla: si sono di sorte ristrette le cose, et moltiplicati li mercanti, le navi che vengono da Levante; s' elle non levano corami, ò cottoni, ò feltro, non guadagnano un soldo.

ZUCCA.

Questo vecchio stittico, cacacristieri, è tanto diabolico che s'io glie lo dico, mi cacciarà di casa, et persevererà co 'l figliuolo. È meglio ch' io mi torni, che dici tù Testa?

RICCIARDO.

Si può cavare qualche tapedo d'Alessandria : ma bisogna poi tenergli dieci anni nel fondaco prima che si rimetta il danaio, et questo non fa per il mercante.

ZUCCA.

Gli vado ò non?

TESTA.

Fa buon' animo, và via.

ZUCCA.

Io vò. Al corpo di me, non voglio, che egli ha il Diavolo addosso.

RICCIARDO.

Non è città, dove si faccia il fatto suo meglio, ch' in Anversa. Buon per me se dal principio mi risolvevo d'andar là, et vi pensai; ma l' aria, i costumi, la lontananza mi fecero paura.

ZUCCA.

Gridi à sua posta, glie lo vò pur dire.

TESTA.

Sì, che è meglio sentire raggiare un' asino che correre pericolo, tu et il padron giovine; và via.

ZUCCA.

Io vò : ben venghi, padrone.

RICCIARDO.

Ove vai, Zucca?

ZUCCA.

Vengo à voi per una cosa, che molto importa.

RICCIARDO.

Che sarà?

ZUCCA.

Ma vorrei che non vi adiraste, ma che intendeste la cosa riposatamente, et la pigliaste per il suo dritto, ricordandovi che sete stato giovine ancho voi.

ATTO III, SCENA V.

RICCIARDO.

Che? Fabio haverà fatto qualche leggierezza, dì il vero? Ma tu sei capo d'ogni cosa, fin ch' io non t' assetto la beretta in testa.

ZUCCA.

Vedete, padrone, la cosa importa altro che parole, et io non ve la dirò, se non mi promettete di non vi adirare.

RICCIARDO.

Dì.

ZUCCA.

Promettete?

RICCIARDO.

Ti prometto, se non è più che gran cosa.

ZUCCA.

Non è tale che non importi molto più il saperla, per riparare al pericolo.

RICCIARDO.

Che pericolo? dove è Fabio?

ZUCCA.

Promettete?

RICCIARDO.

Prometto. Dì presto, che è di Fabio?

ZUCCA.

Io non lo sò; ma sò bene che è in pericolo manifesto della vita, se non se gli provede.

RICCIARDO.

Perche?

ZUCCA.

Perche l' hanno trovata gravida, e pur adesso Tebaldo, Lelio, et altre genti m' hanno assaltato, et s' io non mi difendevo prima con la spada, et poi col fuggire, mi ammazzavano. Hor penso che lo vadino cercando lui.

RICCIARDO.

Chi vanno cercando?

ZUCCA.

Fabio vostro.

RICCIARDO.

Chi lo cerca

ZUCCA.

Il fratello di Virginia figlia di Pandolfo.

RICCIARDO.

Perche?

ZUCCA.

Non vi ho io detto che Fabio gliel' ha ingravidata?

RICCIARDO.

Quando? et dove? Dimmi la cosa presto, et chiaro.

ZUCCA.

Fabio ha preso Virginia per moglie, et già sei, ò sette mesi si gode con lei : il fratello, perche ella è pregna, se n' è aveduto, et và cercando adesso Fabio per ammazzarlo, et ha seco gente.

RICCIARDO.

E dove è Fabio?

ZUCCA.

Non lo sò.

RICCIARDO.

Presto, corri in piazza : va per tutto dove suol pratticare, et fà ch' ei venghi à casa subito, ch' io in tanto trovarò Pandolfo, et farò prova di emendare le vostre pazzie, poltroni. Il buon tempo vi rompe il collo. Corri presto, che non incontrasse qualche disordine. Io intanto vedrò di trovare Pandolfo, del quale me ne viene la maggior compassione del mondo, perche in vero queste sono le strette, ch' ammazzano gli huomini. Nondimeno farò che Fabio, vogli, ò non vogli, sii seco huomo da bene; corri presto.

ZUCCA.

Io vò. Mi raccomando.

SCENA SESTA.

HERMOGENE pedagogo, LELIO.

PEDAGOGO.

Quante volte ti hò io detto, Lelio, che la florida et fervente età di questa tua adolescentia, et la indulgentia del tuo genitore, ti conducevano à immergere nel vasto mare delle illecebre di questo mondo? Ecco com' io divinavo, hai lasciata la via destra, ch' alla virtù ti conduceva, et piegandoti alla sinistra, hai estinti quelli igniculi, quelli seminarii di virtù, che à cose gloriose ti stimulavano: nè io posso aiutarti, perche Pandolfo tuo padre, da paterno amore acciecato, per non havere altro maschio che te, non patisce che per rivocarti in giro della ragione, ti si dia pur' una sbrigliata. O quanto ha gran torto, che col perdonar' alla ferula, perde la più bella indole, che si possi trovare! Non è tra gli effebi di questa città un' adolescente con faccia più ingenua, nè più liberale della tua, che ti assomigli appunto ad una virginella. Eri, povero te, poco innanzi tanto ben morigerato et ossequente, ch' io n' andavo elato. Adesso sei fatto discolo, et inverecondo, tu fuggi la scola, subsanni il precettore, floccipendi il padre, non incombi al studio. Ah quanto m' incresce di te, Lelio! *Actum est de te;* ho bene hoggi osservato che mi fuggi: s' io sono in casa, tu n' esci; s' io ti seguo, *quem fugis, ah, demens?* ti dilegui. Tu hai qualche Megera, qualche Erinni, che ti essagita. Ove sono i sali, et i lepori consueti? Ove il purpureo colore delle guance tue rosee? *quid habes illius?* Ah quanto sarebbe meglio, che tu tornassi in te, et non divenissi un nuovo Titio, che sempre un' augello ti habbi col rostro adunco à laniare le rinascenti fibre del cuore. *Resipisce tandem, et expergiscere, Leli.*

LELIO.

Havete gran torto à dolervi, maestro, di me; perche il frutto che presto vedrete nascere di me, vi mostrerà ch' io non ho così perduto il tempo, come voi dite.

PEDAGOGO.

Utinam!

LELIO.

Nè io vi fuggo, perche vi voglia male, ma dovete pensare che la mia età non può pigliarsi alcun diletto con un vecchio, come sete voi. Onde quasi per forza ricorro à compagnia più piacevole, et conforme alla mia età, che la vostra; perche noi giovani stimulati dal caldo, e vigore naturale, vogliamo l' apiacere spesso, et facciamo le cose nostre in fretta, siamo impatienti, perche subito si risolviamo, e compimo, et quasi da ogn' hora, da ogni stagione, il giuoco ci piace. Per contrario la vostra età, ò ha del tutto perduto il gusto delle cose dolci et dilettevoli, ò glie ne rimane sì poco, che non vogliono sollazzarsi più che una volta il mese, et quando vogliono la festa, stanno un gran pezzo à risolvere per la frigidità del sangue, perche non cosi al primo se gli distende il pensiero, perche in ogni loro facenda vogliono tempo, e commodità grande da deliberare. A noi altri piacciono sempre le burle, perche dove voi altri sete prudenti, pigri, et quasi immobili, noi siamo pazzi, presti, et più instabili che il passero di primavera. Hor sù, hor giù, batti, ribatti, guerre, paci, perciò s'io gioco queste carte della gioventù, com' elle vanno giocate come savio, dovete havermi per iscusato, et non mi tribuire à vitio quel ch' è ordinario dell' età mia.

PEDAGOGO.

Argutamente certo rispondi. Mà chi solo il presente risguarda, è come Jano bifronte, non vede ancho il futuro, passando l'adolescentia lasciviente in queste ineptie, non veste la subsequente virilità delle honorate vesti dell' optabile virtù : perciò non è miracolo ch' egli rimanghi à se stesso poco caro, di nissuna utilità alli amici, all' agnatione infruttuoso, indecoro alla patria. Perciò, Lelio mio, prima che venghi la sera et la festina età ti maturi il pelo, dei precavere di non diventare come il fuco fra le api, che non serve ad altro che à magnare il mele, che le meschine con tanta industria et sedulità distendono.

LELIO.

Non vi pigliate, di gratia, fastidio dell' età seguente, che s' io non vi riesco altra persona di quello che credete, dite poi ch' io sono una bestia. Perche pensate forsi ch' io voglia sempre stare in quest' habito? in questo modo di vivere? appunto : mi vedrete far' honorata metamorfosi, e tramutarmi del tutto; perche le cose molto dolci, et molto continuate satiano. Anzi vi voglio dire ch' io sono tante volte entrato sotto à questi apiaceri, che n' ho già piena la pancia, oppilate le vene, et sono, come si dice, gravido di questo cibo : intendete quel che voglio dire?

PEDAGOGO.

Come s' intendo : anzi con occhio linceo prevedevo, che tu volevi in questa nausea e satietà terminare; perche le voluptà altro frutto non producono in fine che penitentia. Ma ch' indugii, che non ti riconosci, e tramuti homai? non fare come il sciocco rustico, che per passare, aspetta che il fiume meni giù tutta l' acqua, et egli da indesinente scaturigine derivando, sempre con pieno alveo corre.

LELIO.

Non dubitate ch' io non posso lungamente durare in questo modo di vivere.

PEDAGOGO.

Andiamo in casa, poi che hai questo buon' animo.

LELIO.

Andiamo, ò pecora.

ATTO QUARTO.

SCENA PRIMA.

LISETTA roffiana, FLAMINIO, BRUSCO servo.

LISETTA.

Non dicevo io, signor Flaminio, che non era il vero quel che vi haveano detto questi ribaldi? Tanto è Virginia gravida, quanto sete voi. Io l' ho tocca sotto panno; non habbia mai bene, se non è più sottilotta, et più asciutta di ventre, che non son' io che son, comé vedete, se non la pelle et l' ossa. Tanto è vero questo è quanto à quel di hieri di notte, che gli venghi il mal' anno! Toccarebbe a voi, signor Flaminio, à non comportare ch' ella sia sì vituperata, tanto più che tutto questo gli aviene per l' amore ch' ella vi porta; tutta la confidanza sua è in voi; per che essa tien per certo che gli vogliate bene : et non è persona che meglio sappia il vero di voi, che per quel che et voi et ella mi dite, vi sete trovato seco tutta la notte passata a quelle hore appunto, che costoro dicono d' haverla veduta ricever Fabio.

FLAMINIO.

Me gli sono trovato sì, et sò che mentono per le canne della gola tutti quelli, che dicono di lei, et io ne farò presto presto tal dimostratione, ch' ella conoscerà il bene ch' io le voglio, et quanto mi sia caro l' honor suo. Vi ringratio di questa buona nuova.

BRUSCO.

Questo ringratiare non paga; mettete pur mano alla borsa, che questa ribalda vorrà altro che parole, vedrete se io sarò indovino.

LISETTA.

Ella vi prega, per tutto l' amore che gli portate, che non facciate quistione, perche se fosse bandito, il spasmo l' accorarebbe.

FLAMINIO.

Ben, ben, trovarò ben modo io, senza far quistione. Tornate

ATTO IV, SCENA I.

là di gratia, et pregatela, che venghi questa sera alla ferrata solita, ch' io gli voglio parlare in ogni modo.

LISETTA.

Anderò : ma vedete, signor Flaminio, io non ho nè scarpe, nè pianelle, che queste mi escono di piedi; servitemi d' un scudo per vostra fè, che almeno non vada co i pie scalzi.

BRUSCO.

Ecco che io l' ho indovinata, ò che bagascia senza vergogna!

FLAMINIO.

Pigliate, et andate, et basciategli la mano in mio nome.

LISETTA.

Gran mercè, vado hor' hora. Mi raccomando. Con questi si vuol' haver' à fare, questi son buoni per noi, forsi che s' è fatto pregare, grano, legne, collane, denari; chi sà, non è ancho fatto il becco all' occha.

BRUSCO.

Và, sfacciata, et nel ritorno, ricordati à dimandare qualche cosa, non ti dimenticare, vedi, vendemmia pure, mentre le vigne sono cariche. Che ne dite, padrone? par vi costei delle fine; apparecchiategli pur denari al ritorno, che sarà fra due hore.

FLAMINIO.

Lasciala fare; ch' importa à me cinquanta scudi più ò manco all' anno, et contentar l' animo mio?

BRUSCO.

Me lo saprete dire, se la cosa scorre un pezzo, la brina, il giuoco, la gola, la tempesta, l'usura, la guerra, il fuoco rovinano assai manco una casa che non fa una simile poltrona, che gli venghi il mal' anno, et la peste, gaglioffa. Non vedete voi che questi due dì gli havete dato più di venti scudi, et non bastano.

FLAMINIO.

Pensamo ad altro : s' io non mi vendico di quel traditore.

BRUSCO.

Vendicatevi di costei, che non havete maggiore nemico à questo mondo, di lei.

SCENA SECONDA.

PANDOLFO et RICCIARDO.

PANDOLFO.

Ricciardo mi ha fatto dire che mi vuol parlare : che diavolo può egli volere da me? se gli fosse mai venuto alle orecchie qualche cosa dell' inganno che gli feci, ò che siropo vuol' esser questo : ch' io non lo veggo mai, che l' anima non mi tremi nel corpo, che il cuore non mi si schianti, tanto aspramente il rimorso della conscienza mi punge. Io sudo, et agghiaccio tutto à un tempo, quando gli vò dinanzi; perche quel tormento perpetuo, quel carnefice crudele che di dentro mi rimorde et scarnifica, tanto più m' afflige et combatte, quanto più quello che per propria malitia ingannai mi si avicina. Mi parrà tuttavia, ragionando con esso lui, che rieschi à questa falsità. Ma ecco ch' ei viene; ingegno, aiutami; farò buon volto per non parere di haver paura di lui. Io vengo à te, Ricciardo; che vuoi tu da me?

RICCIARDO.

Buona notte, Pandolfo.

PANDOLFO.

Che c' è, Ricciardo?

RICCIARDO.

Io vorrei, Pandolfo, che tu fossi venuto con un' animo quieto, et non turbato, si che lo sdegno non ti trasportasse à far cosa indegna dell' età et gravità tua.

PANDOLFO.

Quando, ò dove feci io mai cosa indegna di me?

RICCIARDO.

Non dico così; dico ch' io non vorrei che tu fossi turbato per quella cosa che si è scoperta adesso di tua figliuola.

PANDOLFO.

Che cosa?

RICCIARDO.

Quasi che tu non la sapessi; vieni, di gratia, meco alla libera, et ragioniamo sù il fatto di tua figliuola, che già io ho risaputo il tutto, nè si può più tenere la cosa nascosa.

PANDOLFO.

Io non l' intendo; parla chiaro.

ATTO IV, SCENA II.

RICCIARDO.

Pensati, Pandolfo, ch' io non ti offesi mai, che per essere tu mercante del traffico, che sono io, di equali facoltà meco, nato in Firenze commune patria, et mio dimestico, mi spiacciono assai tutte le cose che portino pregiudicio, come questa, all' honor tuo.

PANDOLFO.

Che cosa? Dì homai.

RICCIARDO.

Non star sul duro, Pandolfo, che all' ultimo sarà peggio per te che per me, ch' à me non importa, se non di non lasciare publicar' una cosa sì vituperosa per te, nella quale vi và ogni cosa. Perciò non mi nascondere quel ch' io sò già; allargati meco, che provederemo al disordine al meglio, che potremo: di me, tu ti puoi promettere quanto sarà in mano mia per trarti d'affanno. Tu tremi, et sospiri. Non stare adirato, Pandolfo; parla meco.

PANDOLFO.

Dico ch' io non ti intendo, et sono huomo da bene, et che non è vero quel che tu vuoi inferire.

RICCIARDO.

Tu tremi tutto per la colera, la qual ti sforzi di simulare: ascolta, Pandolfo, ti dei raccordare che siamo in questa vita come quelli che giuocano à tavoliero, che se la sorte non dà loro quel punto di che hanno bisogno, devono con l'industria ingegnarsi di farlo men cattivo che possono. Fà conto d' haver gettato ambassi, bisognandoti dodici; basta che io non sono per aggravarti oltra il dovere nelle facoltà; et di quì conoscerai quanto mi doglia che sia seguito questo errore.

PANDOLFO.

Che errore?

RICCIARDO.

Quasi che tu nol sappia! Mi maraviglio di te: vien via da huomo da bene, che et nella quantità del danaio, et nella commodità del tempo da pagarlo, io la rimetto à te, che in nessun modo voglio la rovina tua.

PANDOLFO.

Che dinaro? che tempo? che rovina mentovi tu? Io non ti intendo anchora.

RICCIARDO.

Non sai tu quel che s' è scoperto di tua figliuola?

PANDOLFO.

Ohimè, qual figliuola?

RICCIARDO.

Come se n' havessi mille! Non sai che Fabio mio et Virginia si sono presi per moglie et marito da loro stessi? Che hai, che sospiri?

PANDOLFO.

Niente, bene.

RICCIARDO.

E la cosa è stata tra loro segreta un pezzo; non sospirare.

PANDOLFO.

C' è altro da dire?

RICCIARDO.

Ch' ella deve essere gravida: il che io sò che ti è venuto all' orecchie, et accioche per lo sdegno non ti venisse voglia di risentirti talhora contra Virginia, ò contra Fabio, hò voluto parlarti, et pregarti, che tu sii contento, poi che la sorte glie l'ha data, di lasciargliela, et non cercare di offender' alcuno di loro, perche à Fabio sono padre, à lei suocero, al figlio ch' ella hà nel ventre, avo. Tu gli stabilirai quella dote, ch' à te et à me sarà convenevole, et io l' accettarò in casa mia con honor tuo et mio; et non solo conservaremo l' amicitia, ma ci stringeremo in parentado.

PANDOLFO.

Non credo che Virginia habbia havuto ardire di maritarsi senza me, ma se pur sarà vero, non mancarò di fare quello che mi conviene. Non ti voglio per hora dare risposta, fin ch' io non parlo seco, et intendo la verità. Ti ringratio bene del buon' animo che mostri di volere fermarti meco in parentado et delle commodità che tu mi offeri; frà una hora ti risponderò, trovati qùi.

RICCIARDO.

Và ch' io non t' ho detto menzogna, et fa buona deliberatione.

PANDOLFO.

Mi raccomando.

RICCIARDO.

Son tutto tuo. In fatti queste sono le doglie, le strette, le angoscie della morte; questo pover'huomo è sì traffitto, et fuori di se, ch' io glie n' ho gran compassione, perche elle son cose che possono accadere ad ogn' uno. In fine chi mettesse da un lato della bilancia il piacere, dall' altro il dispiacere, che noi altri padri sentimo de' nostri figliuoli, trovaremmo che per un' oncia di diletto, habbiamo mille libre d' affanni, perche alle infermità, alle ferite et morti, alle infamie de' figliuoli, à i matrimonii ignobili et vituperosi, alle gravidanze delle figliuole senza marito, non è alcuna sorte di dolcezza, piacer veruno che si possa degnamente contraporre. Ma lasciamo star' un poco queste doglie principali, et queste incomparabili disgratie, et diciamo solo di quello che di giorno in giorno occorre. Qual' è quel padre, per ubidiente ch' egli habbi il figliuolo, che s' egli stà alquanto più dell' ordinario fuori di casa la sera, non stia con l' animo sospeso, et che subito non pensi che gli sii qualche male accaduto, la qual sospettione tanto più cresce, quanto più il figliuolo tarda à venire; in conclusione tanto è la cura, et il fastidio, che noi altri poveri padri pigliamo de' figliuoli, che soffriremo portarceli cusciti alla camiscia et alla carne. O quanto sarebbe meglio che noi potessimo pensare quel che le loro madri presumono di noi altri, quando ci vedono allhora solita non tornar' à casa. Subito corrono là, al ribaldo, al traditore, deve essere ito à sguazzare con compagni, egli è innamorato, sarà con qualche cortigiana, sò ben' io, mi sono bene accorta ch' egli da un pezzo in quà ha volto l' animo altrove et non mi stima più, elle sempre ci pongono in grembo delle gratie. Noi altri sempre pensiamo il peggio de' figliuoli, tal che possiamo ben dire, che mille volte il giorno i figliuoli, quantunque fossino buoni et costumati, ci travagliano l' animo: hor pensate quello che fanno i cattivi rubelli del padre. Dura certo, et stupenda è questa legge di natura, che ci conduce ad amare altrui più assai che non amiamo noi stessi.

SCENA TERZA.

FABIO, ZUCCA servo.

FABIO.

Perche diavolo sei tu sì di leggier corso à dirglielo?

ZUCCA.

Se haveste veduto il veleno, che mi sputò adosso Tebaldo, et con che rabbia si mordeva le mani Lelio, vi parrebbe ch' io havessi fatto bene.

FABIO.

Come ti assicurasti mai à dirgli una simil cosa, conoscendolo?

ZUCCA.

Mi feci far un salvocondutto prima ch' io gliel dicessi.

FABIO.

Che salvocondutto?

ZUCCA.

Una corazzina di promesse.

FABIO.

Con tutto ch' egli ti habbi obligato mille fedi, mi son molto maravigliato, conoscendo la intrattabile natura sua, che non gettasse fuoco, com' in effetto la gravità et l' importanza del negocio ricercava.

ZUCCA.

Fanno così tutti li padri troppo iracondi et severi, che gridano nelle frascherie et leggierezze de' figliuoli, tanto che non gli resta che dir poi nelle cose importanti.

FABIO.

Mi narrò solamente quello che tu gli havevi detto, cioè, quello ch' era passato tra lui et Pandolfo, et in che erano rimasti, et mi essortò à guardarmi fin che la cosa era anchor cruda et indigesta. In somma ei mi si mostrò sì facile, et sì dolce, che mi parebbe quasi haver la nave in porto, se non mi rimanesse anchora un mal passo. Del resto io son il più felice huomo che viva.

ZUCCA.

Che scoglio è questo, che vi rimane?

FABIO.

Che Virginia non sii corrucciata meco, et per questo, ò per vergogna, non nieghi la verità.

ZUCCA.

Voi cercate, padrone, la sabbia nel butiro, et il pelo nell' uovo. Come volete voi ch' ella nieghi, havendo l' accusator dinanzi sempre.

FABIO.
Che accusatore?

ZUCCA.
Il ventre. Ma ecco il suocero vostro, che esce di casa; vogliamo noi incontrarlo, ò fuggire?

FABIO.
Fuggiamo ti priego.

ZUCCA.
State saldo, ch' egli è solo, che vorrà mai fare? Non ha armi; vediamo quello che ci vuol dire.

FABIO.
Non mi dà l' animo.

ZUCCA.
Eh venite, et fate buona fronte; volete pigliare la moglie, e non vi basta l' animo d' affrontare un vecchio. Ma vedete ch' ei si torna à drieto, ci dee havere veduti, stiamo su l' aviso per nettarci, bisognando, ch' io intendo ch' egli è un mal vecchio, et potrebbe havere de gli huomini in casa : che diavolo sò io, le offese gravi, com' è questa, levano il più delle volte l' intelletto à gli huomini.

SCENA QUARTA.

PANDOLFO, VIRGINIA.

PANDOLFO.
Poi che tanti giuramenti et tanti segni mi fanno chiaro della tua innocenza, io vado per risentirmi del carico che costoro ci fanno. Sarà forse bisogno, che tu venghi presentialmente à difender l' honor nostro : mettiti all' ordine, perche tu ti trovi vestita, bisognando, hai inteso?

VIRGINIA.
Ho inteso, farò volentieri, mandate pur per me quando volete, ch' io verrò subito.

PANDOLFO.
Menerai teco la balia, non venir sola.

VIRGINIA.
Cosi farò.

SCENA QUINTA.

PANDOLFO, FABIO, ZUCCA.

PANDOLFO.

Non viddi mai audacia più notabile di questa, che per venir' à suo disegno, l'huomo si pigli sicurtà di tirar' à terra l'honore d'una fanciulla honesta et ben nata. Saremmo mai al bosco di Baccano, ò in Turchia ?

FABIO.

Gli è corrucciato, a fè ch' io non vengo.

ZUCCA.

Lasciatelo essere, poi ch' è solo, venite meco, tacete voi, et ascoltate, venite via. Buona sera, messer Pandolfo.

PANDOLFO.

Havete ardire di salutarmi, ah sfaciati.

ZUCCA.

Ah messer Pandolfo, non vi disregolate à questo modo con vostro genero; non vi lasciate vincere alla collera : tenete la briglia in mano, noi siamo huomini da bene.

PANDOLFO.

Che genero ? ah! ladro impiccato, tu fai fronte ? Tu dei essere l'inventore di questa ribalderia.

ZUCCA.

Io non trovai mai se non cose buone.

PANDOLFO.

Paionti cose buone infamar una giovine honesta, di, furfante, dì ?

ZUCCA.

Ch' infamia è questa ? Non s' ella data à un giovine costumato par suo, nobile, ricco, et bello ? Che diavolo di tradimento c' è quì ? Tradimento farete voi à non contentar due, che si amano tanto.

PANDOLFO.

Chi si è maritata ? mira che viso sfacciato, forse che si pente. Ringratia la tua Fortuna, ribaldo, ch' io non son giovine; ò come ti pestarei quel grugno di porco!

ATTO IV, SCENA V.

ZUCCA.
Non potete ascoltare un poco senza gridare.
PANDOLFO.
Che vuo' dire? dì.
ZUCCA.
Forse che il padron mio ha fatto con la vostra figliuola come molti altri, che promettono per fare il fatto loro, et poi piantano. Eccovelo apparecchiato ad honorarvi come padre, et fare ciò che volete.
PANDOLFO.
Che debbo io volere da lui altro, se non ch' ei non dica quello che non è. S' egli vuole mia figliuola, doveva venire alla libera, non con inganni, et darsi vanto di quel che non è.
ZUCCA.
Che non è Virginia sua moglie?
PANDOLFO.
Non è, nè sarà mai, mariuolo.
ZUCCA.
Piano, e s' ella è, glie la volete voi dare con amore, et con pace?
PANDOLFO.
Et se non è il vero, vuoi tu che ti rompi le braccia, reliquia di corvi.
ZUCCA.
Et farmi pistare, come si fa il pesce tedesco che chiamano stochfis.
PANDOLFO.
O che ciera d' aspetta forca, ò che fuggito da galea!
FABIO.
Se non trovate, messer Pandolfo, che Virginia è mia moglie, anch' io voglio essere tanagliato in sua compagnia.
PANDOLFO.
Ecco quest' altro sfacciatello; ò come sei buon discepolo del tuo maestro.
ZUCCA.
Veniamo in poco alla prova.
PANDOLFO.
Che prova vuoi fare, sbricaccio?

ZUCCA.

Parlar con lei.

PANDOLFO.

E s' ella niega?

ZUCCA.

Lasciate che noi parliamo seco, et voi promettetegli di non la sgridare, ò battere.

PANDOLFO.

E con tutto ciò, s' ella niega?

ZUCCA.

Non negarà, non, che ci è rimasto il segno.

PANDOLFO.

Pur, vuoi tu ch' io ti cavi gli occhi, s' ella il niega, mascalzone?

ZUCCA.

Sì, fatela venire, che non ho paura di perder gli occhi, nò.

PANDOLFO.

Tienti ben' à mente quel che tu dì, asinove. Paggio, và in casa, fà che Virginia esca. Voglio pur vedere dove ha da arrivare questa vostra sfacciataggine.

ZUCCA.

Eh, messer Pandolfo, v' ingannate da dovero, che quì non vi è fallacia, nè malitia: perche io già sette mesi ho accompagnatò quasi ogni notte il mio padrone à lei, et sò ch' io non m' inganno.

FABIO.

Non dice se non quel ch' è, così habbia felice fine ogni mio desiderio.

ZUCCA.

Perche vorreste, che noi dicessimo quel che non è?

PANDOLFO.

Mira che viso saldo fatti innanzi discepolo, odi bene, impara dal tuo maestro à far fronte, à far quintana e tavolazzo del viso. Guattalo bene, che chi mettesse mille ci vene ventose su quelle guancie da pugni, non ci correbbe per ciò una goccia di sangue, tanto ha fatto l' habito, et il callo di non arrossire mai di cosa mal fatta. Oh come ti farai il gentil figliuolo sotto la disciplina di tal precettore; ò che gentil creanza saria la tua : voglio rallegrarmi con tuo padre, com' io lo veggo.

FABIO.

Messer Pandolfo, havete il torto, che noi diciamo il vero, et venghi lei, che la prova mostrarà se noi siamo quelli che ci tenete.

ZUCCA.

Ecco ch' ella viene. Tacete un poco voi, et non gli fate cenno; lasciate dir' à noi.

PANDOLFO.

Son contento; ecco che mi volgo : dite sin di mane.

SCENA SESTA.

ZUCCA, VIRGINIA, FABIO, PANDOLFO.

ZUCCA.

Ben venghi, la signora Virginia : è pur venuto il tempo tanto desiderato di potervi godere con messer Fabio senza paure, et senza sospetti? Nè gli bisogna altro se non che diciate à vostro padre la cosa, come la stà in effetto, che del resto non vi è alcuna difficoltà.

VIRGINIA.

Che Fabio? che ho io à far con lui? Sete voi quel galante giovine, che si dà vanto di essere giacciuto meco, et di havermi sposata? Dite, quando faceste voi, ò vi sognaste di fare questi miracoli? et quando mi foste voi mai tanto d'appresso, quanto sete hora?

FABIO.

Anima mia, io sò che il Zucca fece male à dire questo senza vostra licenza; egli l' ha fatto, perche pensava che la cosa non potesse più stare coperta : non vi adirate per questo, di gratia; già Lelio et Tebaldo il sapevano.

VIRGINIA.

Ah, cattivo huomo, che voi sete, che ho io da far con voi?

FABIO.

Eh! ben mio, quando ben sia che il Zucca vi habbia offeso, che vi ho fatto io, che vi ho adorata sempre? et non sapevo di questa cosa alcuna : deh di gratia speranza non mi affligete col turbarvi meco.

VIRGINIA.

Non mi toccate : e dove fondate voi questa vostra famigliarità, che monstrate meco? volete voi forse far creder' à mio padre che ci può sentire, che sono vere le ribalderie che gli havete detto di me? bugiardo che voi sete, quando foste voi mai da me? Dite, rispondete, quando parlaste meco altra volta? et in presenza di chi?

ZUCCA.

Oh, signora Virginia, la cosa è già accommodata : vedete di gratia per un poco di vergogna, la quale all' ultimo non potete fuggire, di non tagliar la radice ad ogni vostro contento : dite la verità senza rispetto.

VIRGINIA.

Io son gravida ; ah, furfanti, traditori, nemici della mia quiete, così foste voi impiccati, com' io son tanto vergine quanto allhora che io nacqui.

ZUCCA.

Mi è forza ridere, ah, ah, ah.

VIRGINIA.

Che ridi tu, brutto asino?

ZUCCA.

Della vostra virginità.

VIRGINIA.

Foste così squartati, et mangiati da lupi, come io son vergine.

ZUCCA.

Ah, ah, ah.

VIRGINIA.

Tu l' hai da ridere, ladro da capestro. Non ti sarà sempre così concesso di metterti sotto piedi l'honore di una vergine honesta.

FABIO.

E di gratia, cuor mio, non vi persuadete che per darvi noia e farvi odosia à vostro padre facciamo questo : ch' io vorrei prima esser morto che pur' una volta offendervi; ma il tutto si fa per liberarvi da servitù, et se con questo dimostrare di non conoscerci, non guastate il disegno, hoggi senza fallo mi venite per sempre in braccio.

VIRGINIA.

Non fui mai, nè voglio esser vostra : andate, ch' io mi mara-

ATTO IV, SCENA VI.

viglio della presontion vostra : con che garbo ; quasi che habbino già gran tempo meco una gran sicurtà che vi venghi la peste.

FABIO.

Ohimè, non mi fate morir, di gratia, col vostro corrucciarvi meco, vita mia.

ZUCCA.

Oh, signora Virginia, ci havete burlati, et scherniti assai ; non state più su il duro, quest' è pur il vostro Fabio diletto, et io sono pur quel Zucca, che mi sono esposto à tanti pericoli insoliti per voi.

VIRGINIA.

Il mal' anno, che ti venga, imbriaco! Dì un poco, dove mi hai tu più parlato?

ZUCCA.

Il ventre, come stà? Vi sete fasciata sotto ben stretta, per parer men grossa ; eh, venite, venite alla reale.

VIRGINIA.

Non ti dar cura s' io sono larga ò stretta, puzza de gli huomini : che se non ci è altro mal che questo, presto presto vi farò rimaner bugiardi ; ma dimmi un poco tu che mostri tanta dimestichezza meco, dove mi parlasti mai, ò festi parlar in altro luogo che quì?

ZUCCA.

Mi maraviglio di voi, quante volte ci havete voi aperto l' uscio di drieto?

VIRGINIA.

Mi venga la peste, et il fuoco dal cielo, se io passate le vintiquattro hore, mi avicinai mai à dieci braccia à quell' uscio.

ZUCCA.

Et à me venga il mal francioso su il naso, s' io non vi ho veduta cento volte, passate le ventisei.

VIRGINIA.

Possa creppare, chi dice bugia di noi.

ZUCCA.

Possa morire chi mente.

VIRGINIA.

Vorresti tu, che il fuoco ti abbrusciasse il mostaccio, se tu dì bugia?

ZUCCA.

Mi sì; et voi vorreste che il diavolo vi portasse via adesso, se havete negato il vero?

VIRGINIA.

Et questo, et peggio.

PANDOLFO.

Che dite voi hora, asini? che dite, ribaldi? havete bene tolto il constituto, l'havete bene crivellata? trovate che siano vere le ghiottonerie vostre?

VIRGINIA.

Toccate, messer padre, perche costoro dicono che mi sono fasciata sotto per parer sottile. Toccate, di gratia, se io sono fasciata: ah, manigoldi, che vi sia così lecito di villaneggiar una innocente?

PANDOLFO.

Vattene in casa, non piagnere.

VIRGINIA.

Pigliar' un tal sfacciato per marito? Traditore, voglio più presto esser monacha, ò pigliar' un mendico, et un che voghi la gondola: sia maladetta la mia disgratia.

PANDOLFO.

Che dici tu hora, falcon da cucina, senza vergogna; hai tu perduto gli occhi?

ZUCCA.

Affè, messer Pandolfo, che la vergogna non gli lascia dir' il vero.

PANDOLFO.

Affè che la vergogna à te non leva l'audacia di mentire; ma io ti pagherò di queste ingiurie con l'usura à peso di fave frante.

ZUCCA.

Se io vi ho detto bugia, possa sconfondermi.

PANDOLFO.

Se io non ti castigho, lamentati di me.

ZUCCA.

Se io vi dò due testimoni, che ci hanno veduto entrar di notte per quell'uscio?

PANDOLFO.

S'io ti metto intorno due, che ti facciano fumare le cusciture della camiscia, e ti pestino l' ossa, fin che te n' eschi il fiato.

ZUCCA.

Conoscete voi messer Achille, che stà su 'l campo dalle Gatte, et il Testa, servo di messer Flaminio?

PANDOLFO.

Conosci tu la forca, che si fa tra le due colonne di San Marco, et il boia, che ti farà campeggiarvi sopra?

ZUCCA.

Questi hier di notte videro la vostra Virginia, che tenete per santa Veridiana, aprirci in casa.

PANDOLFO.

Questi due ancora presto presto, perderanno mezzo giorno di facenda per venirti à veder' appiccare.

ZUCCA.

Et per segno, Flaminio ch' è innamorato di Virginia, hoggi mi diede due mostazzate.

PANDOLFO.

Et per segno tu la porti scolpita in quella fronte da berlina, et non ti può mancare, se io non ti fò far fine più horrevole.

ZUCCA.

Non vi lasciate tanto imbarcar dalle menzogne di vostra figliuola, che non crediate à due huomini da bene, ch' io vi allego.

PANDOLFO.

Non confidar tanto, che la forca ti habbi à levar à un tratto dalle pene di questo mondo, che tu non pensi di far molte penitenze prima, che tu vi arrivi.

ZUCCA.

A proposito.

PANDOLFO.

Vuoi tu levarmiti dinanzi? Porcone, aspetta, aspettami un poco quì, ch' io torno hor' hora.

ZUCCA.

Hora sì, che io convengo fuggire; vedete, mio padrone, dove io sono capitato per voi.

FABIO.

Anzi tu sei la mia rovina. Perche diavolo dir quello, che nessuno sapeva : ti venghi il cancaro nella lingua traditora; tu mi hai levato da ogni mia allegrezza, et mi hai posto in ogni affanno con il tuo cicalare; sia maladetto, chi mi ti parò dinanzi; tu non sei buono se non da mangiare, bere, dormire, et cianciare : vatti nascondi. Andiamo mò ad impiccarsi.

ZUCCA.

Che colpa ne ho io, se già Tebaldo et Lelio lo sapevano.

FABIO.

Tanto più lo dovevi negare : che nessun altra cosa ha fatto sdegnar Virginia, che il confessare : vedi che Pandolfo non lo sapeva.

ZUCCA.

Maladetto sia la mia sorte; se io ho fatto il peccato, son' anche in pericolo di farne la penitenza, ch' ogn' uno mi rode, et ho comincio hoggi à toccare caparra di quello che ha da venire : et tutto è per amor vostro, et far bene à voi. Ma andiamo via di quì, che questo vecchio rimbambito non ritorni con gente.

FABIO.

Non gli dire villania.

ZUCCA.

Sì, sì, tenete la sua ragione, che n' havete causa per l' honore, che ci hà fatto hoggi. Andiamo vi dico, che non voglio più star quì.

FABIO.

Tu hai paura di morire : et io vorrei già esser morto, per uscir d' affanni.

ZUCCA.

Mi raccomando; non voglio più aspettare.

FABIO.

Aspetta, ch' io vò venire anch' io.

ZUCCA.

Venite dunque.

FABIO.

Andiamo.

ATTO QUINTO.

SCENA PRIMA.
LELIO, TEBALDO.

LELIO.
Come potrò io mai pagarvi questa sì buona nuova. Fortuna, tu mi hai pur guardato una volta con occhio diritto! A pena vi credo; come sete voi cosi entrato in ragionamento seco?

TEBALDO.
La salute nostra è stata non haver più in che sperare, che quando io hoggi intesi, ch' erano stati à contesa Pandolfo et Ricciardo : et che Ricciardo addimandava Virginia per sua nuora, veggendo che la cosa sin quì tenuta coperta, era per scoprirsi, me ne uscì solo di casa, per riparar l' ultima rovina nostra : et non fui lungi quattro passia, che la buona sorte mi menò Ricciardo dinanzi, il quale si fermò, et tratenne meco dolendosi; che havendo la sorte dato, che suo figliuolo Fabio havesse sposata Virginia, tuo padre si gravasse à dargliela. Io escusavo Pandolfo, dicendo, che questa subita novità gli pareva specie d' affronto, et gli haveva di modo turbato l' animo, che non si haveva potuto risolvere : et che questa era la natura di tutti i gravi et inaspettati mali, di non cosi facilmente sofferire. Cosi entrati di un ragionamento in un' altro, gli addimandai di che somma si sarebbe contentato per la dote di Virginia : ei mi rispose, di quattro mila scudi. Et se te ne facesse dar sei mila, rispondo io, da un' altro non men ricco et nobile di Pandolfo? et ti mettessi innanzi una figliuola egualmente bella et giovine, non te ne contentaresti più ?— Oh diceva egli, l' accettarei, quando questo matrimonio tra Fabio et Virginia si potesse rompere.—Et quando io trovo via di scioglierlo senza peccato, et oltre la dote delli sei mila scudi, ti faccia guadagnare con buona conscienza per via indiretta, due altri mila contanti, che sarà ?—Sarei pazzo, rispose egli, à non gli pigliare. — Et quando appresso à tutte queste

cose gli fosse appiccata una speranza quasi certa di hereditare per 25 ò 30 mila scudi, non ti piacerebbe egli molto più il partito? et non perdonaresti à costui, che ti havesse à dar la figliuola, s' ei ti havesse ben morto il padre?—Et la madre anchora, disse egli, et che più bel padre et madre sarebbe di costui? Allhora io assicurato dalle sue parole, et spinto dalla necessità urgente, gli andai scoprendo la prattica; et tanta era la sua cecità che quantunque io gli dicessi il filo della tua historia intiero non di manco non l' intendeva, ma poi che seppe che tu sei femina, et che non Virginia, ma te haveva sposato Fabio, et fatta gravida, si risolse in un rider sì grande, ch' io non lo potevo acquetare. Cessato il riso, siamo rimasi, che tu et io diciamo il tutto à tuo padre; et lo facciamo contentar di stabilirgli sei mila scudi per dote, et restituirgliene altri due mila, benche la speranza di hereditare la metà del nostro, gli hà così occupato il senso, et addolcito il cuore, che al fine disse di contentarsi di quello che Pandolfo con sua commodità può fare. Resta che parliamo noi à tuo padre, il quale non solo consentirà, ma ne levarà le mani al Cielo, et ne ringraziarà Iddio, che l' habbi liberato di così grave peso : che il vero da poco in quà non h havuto mai un' hora di bene.

LELIO.

O Tebaldo mio da bene, ò mediatore di tutte le consolationi nostre, quanto sono le obligationi mie con voi, quanto saranno quelle di mio padre! Il Cielo, che hà voluto ch' io vi sia tanto obligato, mi porga modo et occasione di mostrarvi segno del mio grato animo; mà che dirà il volgo del mio essere gravida, prima ch' io fossi donna?

TEBALDO.

O, ò, che io mi scordava di dirti, quello che importa più ei leva ogni difficoltà, il tuo socero si contenta di dire ad ogn' uno, che non fu fatto mai tra lui et tuo padre deposito alcuno, et che fu una burla, che fece tuo padre così da scherzo.

LELIO.

Che si dirà dunque, perche io sia stata tanto tempo travestita?

TEBALDO.

Diremo che non potendo tuo padre havere maschio, volse

ingannare se stesso col vederti in quell' habito scherzare per casa; tanto più, che di ciò glie ne seguiva di poterti allevare tra letterati senza risguardo, ò sospetto alcuno : et poi dica chi vuole, in capo di quindici giorni non ne sarà altro.

LELIO.

Dunque hoggi si può serrar' il mercato?

TEBALDO.

Si potrebbe sì; ma mi rimane un poco di scrupulo.

LELIO.

Che?

TEBALDO.

Che essendo tu la seconda genita, non mi par honesto che tu sii la prima maritata.

LELIO.

Perche, non diamo Virginia hoggi anchora à Flaminio, che la pigliarà senza dubbio, parte perche n'è innamorato, parte perche le facoltà sono cresciute, non vi essendo maschio alcuno; in modo che ancho senza esserne innamorato, la piglierebbe : et à lei non si può far maggior piacere.

TEBALDO.

O non è honesto che noi lo facciamo invitare; toccarebbe à lui.

LELIO.

Ben dite, ma facciamo così : quando parlaremo à mio padre, trattiamo anchora di questo partito di Flaminio per Virginia, et quando gli piaccia, voi lo trovarete con qualche colore di altra cosa, et pian piano lo condurrete nel successo delle cose mie. Sò ch' egli, udita la favola, metterà il fatto suo in campo : et se lo trovate (com' io penso) disposto à pigliarla, conchiudete sanz' altro.

TEBALDO.

Bene stà; ma bisogna bene ch' io pigli il ragionamento ben' appostato, et ch' io mi tenghi sù l' ali, ch' egli non si pensi ch' io gli sia andato à parlar' à posta.

LELIO.

O non vi mancarà arte nò, sò bene quanto vale il mio Tebaldo. Andiamo pur dentro, et facciamo presto.

TEBALDO.

Andiamo.

SCENA SECONDA.

RICCIARDO solo.

Ah, ah, ah, ohimè, mi dogliono i fianchi per il soverchio ridere: questo Tebaldo mio ha havuto hoggi à far scoppiare. Non fù mai udita la più piacevole novella di questa. Potta di mia madre, vi sono dentro mille capi, che ciascuno per se moverebbe à riso quel che piangeva sempre. Io sono in fine di parer contrario degli altri vecchi, che concludono, che il mondo vadi peggiorando. A me pare che ogni dì si affini più. Sanno più hora i fanciulli di dieci, ò quindici anni, che non sapevano à tempo di mio padre quelli di trenta; hanno più ardire, più inventioni. Ohimè, che cose da Comedia! non veggo l'hora d'haver la riposta per correre ad abbracciare et basciare questa mia nuora gentille, che ha si ben' ingannato il mondo, et con tanta destrezza. Non poteva già abbattermi meglio, che haver' uno spirito così raro et così vivo in casa. Ha buone lettere, governa ben libri da mercanti, ha del gracioso in ogni sua attione, questa sarà il mio sollazzo, il mio giardino, il mio contento, il mio riposo. Ma ecco li mei soldati che vengono. Ah, ah, ah: non mi posso tener da ridere, ogni volta ch'io penso com' ella habbi scorti questi due babioni, et come sono sì pazzi, sì trascurati, che anchora vogliono haver sposata Virginia. Non devono anchora saper nulla; sarà bene ch' io gli burli, et non mi lasci vedere, fin che intendo quel che vanno cercando.

SCENA TERZA.

ZUCCA, FABIO, TESTA.

ZUCCA.

Non vidi già huomo mai, che si governasse più alla disperata di voi. Dove diavolo ci menate, padrone? à punto in man di coloro che ci vanno cercando: ci possete così anco ammazzare di vostra mano. A che proposito tentar vespe, maneggiar le urtiche, stucciar le orecchie alla disgratia che dorme? Diamo volta, fate à mio modo, che costoro vi mandaranno à casa carta

ATTO V, SCENA III.

bianca, se gli creppasse il cuore, et in questi principii, mentre che sono disperati, non è bene tirarsegli addosso à posta.

FABIO.

Non posso star' à casa; tanto son disperato in quanto loro, et ho sì poco da perdere come loro. Se vogliono far quistione, facciamola. Forsi ch' eglino ci penseranno, come ne vedino risoluti. Voglio pur vedere se questi tagliacantoni mi vogliono ammazzare, come mio padre mi dice che minacciano di fare.

TESTA.

Andiamo, Zucca; poi che la fortuna vuol così. Se saranno più di noi, fuggiremo; se saranno manco, non ci daranno fastidio; se saranno del pari, qualche cosa sarà habbiamo anchora noi due braccia, due mani, et due buone gambe, che domine sarà?

ZUCCA.

Eh di gratia, non mi dar questi consigli, che se sono huomini com' io gli tengo, ci tolgono in mezzo, et ci tagliano à pezzi, come lasagne, et ci pesteranno come l' agliata. Torniamo à casa, vi dico, et stiamo à vedere che piega piglia la cosa.

FABIO.

Sì, sì, mettiamoci à giacere, che la torta ci saltarà in bocca da per se, et la ventura ne verrà à trovare, huomo da poco.

TESTA.

Tanto è, Zucca, il voler regger con ragione la gioventù innamorata, quanto volere che un pazzo habbi senno. Credi tu forse che si adoperi sempre il giudicio, la prudenza et il discorso, quando un giovine innamorato delibera di far qualche cosa? Nò nò, perciò non possono far cosa buona, l' avedimento non entra nel loro consiglio, et manco la providenza; ma per loro consiglieri entrano appetiti, furori, capricci, pazzie, et perciò non ti maravigliare, quando vedi il tuo padrone pigliar un partito periglioso, com' è questo: et pensati che poi che il Senato, che se gli raguna nell' intelletto, ha deliberato ch' è bene passar di qui, non basterebbe un savio di Terra ferma à farlo mutar proposto.

ZUCCA.

E la Quarantia tutta col Dose non basterebbe à farmi entrar in pericolo della vita. Son ben contento di non mi pelare della sentenza di questo Senato rompicollo, quando delibera d' un poco di fatica di più ò d'un poco di sconcio : ma dove và la forma del giuppone, et la conserva del pane, questi suoi consiglieri senza sale non mi potran commandare, s' io potrò mai.

FABIO.

Io non sò tanto consigliare, nè far tanti Senati. Io dico che voglio passar per qui, s' io vi dovessi lasciar la vita. Non feci mai bene, quando tu mi consigliasti : queste rovine, et queste disdette, in ch' io mi trovo con Virginia, che le hà causate, se non il tuo poco intelletto? Et voi ch' io ti creda? vieni se vuoi venire; se non, vattene à casa à serbar la pancia à fichi.

ZUCCA.

Potete dir quello che volete, che mi sete padrone; ma quello che io fò, il fò più per tema di voi che di me. Et se pur volete andare, facciamo così. Il Testa non è conosciuto per huomo nostro. Mandiamolo innanzi, et quando egli incontrarà gente, fischiarà : et noi, udito il segno, andremo su l' aviso per salvarci, bisognando.

FABIO.

Acconciala come tu voi, pure ch' andiamo.

ZUCCA.

Và dunque innanzi tu, Testa, et, di gratia, non andar civettando. Và con l' occhio à casa, et dacci tanto tempo ch' in ogni caso ci pòtiamo salvare.

TESTA.

Et se io non conoscessi talhora quelli che venissero per offendervi; perche non potrebbono haver fatti venir forastieri per far l' effetto?

ZUCCA.

Tu di bene; ma come tu vedi gente, sia chi si voglia, da il segno, che noi andremo più col piede di piombo, et con maggior avertenza.

TESTA.

Farò; e me nè vò.

ZUCCA.

Testa, di gratia, guarda bene.

TESTA.

Fischio.

ZUCCA.

Eccoci già nell' imboscata, padrone; tornate indrieto, fate à mio modo.

TESTA.

Venite, venite, ch' egli è vostro padre.

ZUCCA.

Lodata sia la sorte, che lo manda à tempo, che non gli piacerà questo andar à stucciar' il naso all' orso.

SCENA QUARTA.

RICCIARDO, FABIO, ZUCCA, TESTA.

RICCIARDO.

Dove andate voi così carichi d' arme?

FABIO.

Non mi havete voi detto ch' io mi guardi?

RICCIARDO.

E di che sorte. Ti sò ben dire che tu l' hai attaccata con un garzone, che ti bisognerà menar le mani.

ZUCCA.

Maladetta sia la mia disgratia, conoscevo ben' io il pericolo.

FABIO.

Chi è costui.

RICCIARDO.

Lelio, fratello di Virginia; il conosci tu?

FABIO.

Quell' imbratto la vuol meco?

RICCIARDO.

La vuol sì, et per quel ch' io intendo, da solo à solo, et non ti valerà à menar teco genti.

ZUCCA.

Fortuna aiutaci; non può essere se non valente, poi che non mette altrui in compromesso.

FABIO.

Taci tu, et lascia dire à me; chi vi hà detto questo?

RICCIARDO.

Un huomo da bene mio amico, che lo può sapere.

FABIO.

Che gli havete voi risposto?

RICCIARDO.

Io gli ho detto ch' io credevo che tu non l' havresti ricusato.

FABIO.

Ricusar? sò ch' io meritarei delle stivalate, se io no accettassi di combattere con quel fraschetta.

RICCIARDO.

Dice di più quel mio amico, ch' il disfido sarà in camisia, senza armature, senza altro.

FABIO.

Con che armi in mano?

RICCIARDO.

Con le sue solite, et tu con le tue.

FABIO.

Benissimo, in che luogo?

RICCIARDO.

Aspetto la risposta : e sendo egli di questa voglia, vi condurrete in un luogo segreto : et quì venirete alle mani. Ricordati allhora di star sopra di te, et andare ritenuto, perch' io intendo che questo Lelio ha un modo di ficcarsi sotto, et venir alle prese, et avinchiarti in modo le gambe et le braccia, et di modo stringerti, che ti farà ingrossare il fiato, et perder le forze, et non ti lasciarà fin che tu non sputi il vivo sangue. Et più intendo ch' egli hà una lena di rompere la schena ad ogni gagliardo huomo. Di gratia, non te ne far beffe, et stima l' inimico.

FABIO.

Mi vorreste metter paura, eh?

RICCIARDO.

Non certo, odi, il pugnale ti bisognerà più ch' altra arma, non te lo smenticare per niente per quelle prese ch' io dico.

FABIO.

Lasciate pur l' affanno à me, se non mi mette di sotto questo animaletto alla prima; et s' io lo vinco, haverò io Virginia?

RICCIARDO.

Apunto, à quella non pensare in alcun modo, che tu sei più vicino à sposare un maschio che Virginia.

ATTO V, SCENA IV.

TESTA.

Poi che non havete più bisogno di me, andarò à trovar il mio padrone, et gli darò la nuova di questo combattimento : sò che egli haverà piacere di trovarvisi.

RICCIARDO.

Di chi è servidore costui?

FABIO.

Di Flaminio.

RICCIARDO.

Sì, sì, và pure.

TESTA.

Basciovi la mano, messer Fabio.

FABIO.

A Dio, Testa.

RICCIARDO.

Ah, ah, ah.

FABIO.

Perche ridete?

RICCIARDO.

Chi non riderebbe, vedendo il Zucca sì armato?

ZUCCA.

Venga il cancaro à chi trovò la foggia. Io non le ho anchora portate un' hora, et sono tutto rotto, et son sì legato, che mi par d' essere in ceppi.

RICCIARDO.

Ah, ah, ah.

FABIO.

Voi non ridete del Zucca altrimenti.

RICCIARDO.

Che vuoi tu far di questo tavolazzo sotto, bestia?

ZUCCA.

Ne havessi io un' altro di drieto : è pur buono per riparar le bastonate.

RICCIARDO.

Ah, ah, ah.

FABIO.

Voi non potete tenervi da ridere : dite, se mi amate, perche ridete?

RICCIARDO.

Andiamo verso casa di Pandolfo, ch' io te lo dirò. Va in casa tu, Zucca, et metti giù la soma. Dalli anchora tù quella rotella.

FABIO.

E se incontrassimo costoro?

RICCIARDO.

Non ci è pericolo, perche ti mandaranno il disfido prima : et per questo voglio che intendiamo se vogliono pace ò guerra.

ZUCCA.

E per amor di Dio fate pace, che io son satio già de tante quistioni : e finite homai queste prattiche pericolose.

RICCIARDO.

Và porta in casa quelli targoni, et vien poi verso casa di Pandolfo.

ZUCCA.

Io vò; ma da tornar da quelle bande non prometto, se non si mutano le cose in meglio.

FABIO.

Ditemi, che havete da rider tanto? Io non vi viddi mai sì allegro quanto hora : qualche cosa c' è?

RICCIARDO.

Io aspetto che Tebaldo esca, che mi ha promesso di risolverci. Andiamo, che non può essere che non lo incontriamo, et intenderai cose che tu non pensi.

FABIO.

Che sarà? pur che non mi assassinano à tradimento, et con superchiaria, io non gli stimo un fico; ma ecco Tebaldo, Flaminio, il Testa; che diavolo hanno, che ridono?

RICCIARDO.

Ah, ah, ah. Il Testa gli haverà dato nuova di questa tua battaglia con Lelio : andiamo da loro.

FABIO.

Andiamo.

SCENA QUINTA.

FLAMINIO, TEBALDO, TESTA, RICCIARDO, FABIO.

FLAMINIO.

Ah, ah, ah.

ATTO V, SCENA V.

TEBALDO.

Ah, ah, ah.

TESTA.

Voi vi burlate di questa nuova ch' io vi ho data?

FLAMINIO.

Và, Testa, che tu sei il primo huomo del mondo, tu hai dato il zucarro alla torta con questa tua nuova, ah, ah, ah; al corpo di me, se il riso mi moltiplica come hà fatto fin quì, io mi crepparò. Voi, Tebaldo, col dirmi il misterio delle cose passate mi havete fatto stupire: et poi che havete liberata Virginia da infamia, et dettomi che messer Pandolfo si contenta di darmela per moglie, mi havete tutto ripieno di gioia. Adesso il Testa, con questa nuova del duello di Fabio et Lelio, acconcia il tutto. Che dici tu in fatti, Testa, che Fabio et Lelio verranno alle mani in camiscia?

TESTA.

Signor, sì. Ecco che viene messer Ricciardo suo padre, che vi chiarirà del tutto.

FLAMINIO.

Ah, ah, ah.

TEBALDO.

Ah, ah, ah.

RICCIARDO.

Buon dì, compagnia, che ridete voi?

FLAMINIO.

Buon dì, e buon' anno, messer Ricciardo. Bisognarebbe havere il petto di bronzo à non si smascellare delle risa in mezo di tante nuove piene di facetie. Ditemi, è vera la nuova, che il Testa ci ha data, che Fabio combatterà à solo à solo in camiscia con Lelio?

RICCIARDO.

Verissimo. Pure ogni cosa stà nella riposta, che mi ha à dar quì messer Tebaldo.

TEBALDO.

Tutto quel che fin quì è occorso in diversi accidenti, è passato con grandissimo mio affanno, solo questa nuova del Testa mi ha di modo rallegrato, che sono disposto di far che se Fabio vuole, Lelio lo basciarà di gratia, et l' abbracciarà, et farà seco pace volentieri.

RICCIARDO.

E Pandolfo, come ne rimarrà contento?

TEBALDO.

Non vede l' hora, et di dentro ci aspetta per questo.

FABIO.

Mi vuol dare Virginia, ò nò?

TEBALDO.

Ti vuol dar quella che hai sposata, non ti piacerà, non ti contentarai tu?

FABIO.

Nò io voglio altra.

RICCIARDO.

Andiamo dunque dentro.

FLAMINIO.

Virginia non toccherà à te, Fabio, ma à me, che vi ho più ragione di te.

FABIO.

Io non vengo, se Virginia non mi si dà per moglie.

TEBALDO.

Andiamo dentro, che quella, che tu ti hai presa, quella haverai.

FABIO.

A questo modo sì. Andiamo.

PERSONA NUOVA.

GENTILISSIMI SPETTATORI,

Quì di dentro è ogn' uno, Flaminio, Fabio, Ricciardo, et madonna Lelia ha mutato l' habito, et stà sì bene che Fabio non si gravarà di pigliarla, et lasciar Virginia. Io direi che veniste à nozze; ma questi diavoli di Firentini sono più scarsi che le donne vedove, et vi trattarebbono più alla dimestica che non fanno i maestri di scola i suoi discepoli che vivono alla sua tavola: perciò sarà meglio che facciate applauso alla novella, e vene andiate à casa; che la Fortuna vi accompagni!

IL FINE

LES

PRÉCIEUSES RIDICULES

COMÉDIE EN UN ACTE

18 novembre 1659

NOTICE PRÉLIMINAIRE.

La véritable carrière du poète commence avec *les Précieuses ridicules*. Molière est de retour à Paris, il a obtenu du roi un théâtre, et déjà il a établi, par les succès de *l'Étourdi* et du *Dépit amoureux* apportés de province, la réputation de sa troupe. Il s'agit de se frayer une route nouvelle et de faire faire un pas décisif à la comédie. Molière va renoncer aux intrigues italiennes ; il veut mettre sur la scène, non plus des personnages de convention et des aventures chimériques, mais les mœurs et les hommes de son temps. A qui adressera-t-il ses premiers coups? A quel travers, à quelle puissance s'attaquera d'abord la satire comique?

Un peu d'incertitude sur l'objet comme sur la justice de cette première œuvre est née de la confusion des dates historiques. Le premier élan donné par la haute société du xviie siècle vers la grandeur des sentiments, la noblesse de l'expression, la politesse du langage, fut incontestablement salutaire, et c'est à bon droit que des historiens ont signalé un progrès dans ce mouvement. Les efforts de la belle compagnie, vers la fin du règne de Louis XIII, pour corriger la grossièreté et la licence que les époques antérieures avaient transmises à la littérature aussi bien qu'aux mœurs, méritaient d'être applaudis. Les salons, où des femmes illustres donnaient exemple et tenaient école de bon goût et de bon ton, remplirent une mission vraiment civilisatrice et contribuèrent à perfectionner l'esprit français : ils eurent une part considérable dans « l'heureuse révolution qui faisait succéder en France, comme dit M. Cousin, à la barbarie des guerres civiles le goût des choses de l'esprit, des plaisirs délicats, des occupations élégantes. Ce goût est le trait distinctif du xviie siècle ; c'est là la pure et noble source d'où sont sorties tant de merveilles ». Aussi peut-on rappeler, sans y contredire, l'éloge que Fléchier, dans l'Oraison funèbre de l'abbesse d'Hyères, faisait de Mme de Rambouillet, qui eut la plus grande part à cette heureuse révolution : « Souvenez-vous, mes frères, de ces cabinets que l'on regarde encore avec tant de vénération, où l'esprit se purifioit, où la vertu étoit révérée sous le nom de l'*incomparable Arthénice,* où se rendoient tant de personnages de qualité et de mérite qui composoient une cour choisie, nombreuse sans confusion, modeste sans contrainte, savante sans orgueil, polie sans affectation. » Mais, entre ce qui se passait de 1620 à 1640 et la situation telle qu'elle existait vers 1660 et se prolongea jusqu'à la fin du siècle, la différence est grande. La révolution mondaine et littéraire qui avait reçu son impulsion de l'hôtel de Rambouillet et des salons de l'aristocratie était accomplie, et tendait à dégénérer. La bonne cabale, comme on disait alors, devenait une dangereuse coterie. Les initiateurs de jadis n'étaient plus que des retardataires.

Ce qui avait été primitivement une question de forme finit, comme toujours, par usurper le fond et le supprimer. On se préoccupa moins de bien parler que de ne pas parler comme tout le monde. On tomba de l'élégance et de la délicatesse dans le galant, l'ingénieux, le subtil et le maniéré ; bref, la ligue aristocratique, qui avait eu pour but d'élever l'esprit national, et qui n'avait pas été du reste sans résultats efficaces, aboutit à le gâter et à le corrompre.

Une observation aide surtout à expliquer cette décadence. Dans tout cercle, académie ou école, ce sont non pas les grands hommes, mais les gens médiocres dont l'influence l'emporte à la longue. D'Urfé, Malherbe, Racan, Balzac, Voiture, qui fut poète à ses heures, eurent pour successeurs Chapelain, Scudéry, Ménage et l'abbé Cotin, qui ne fut que « le père de l'énigme françoise ». Non-seulement le foyer principal dégénérait, mais les salons inférieurs qui s'étaient formés à son image hâtaient le déclin. Toute femme, quelle que fût sa fortune, quelle que fût son éducation, voulut avoir sa petite cour lettrée. La ville et la province possédèrent leurs ruelles, qui cherchaient à imiter le langage des beaux esprits, et qui, obligées de l'emprunter aux livres, le défiguraient et l'exagéraient jusqu'au ridicule. Les romans de Madeleine Scudéry, la Sapho de l'hôtel de Rambouillet, devinrent des bibles mondaines qu'on étudiait pour se former l'esprit et le cœur, et sur lesquelles on tâchait même de régler sa conduite. Mille prétentions extravagantes passèrent parmi les têtes affolées de pédanterie. Des femmes se réunirent entre elles pour réformer l'orthographe, mieux encore, pour « retrancher des mots les syllabes vilaines ». On affecta une ardeur de néologisme qui finit par créer presque une langue à part. C'est des sociétés de cette seconde période qu'il faut entendre ce que dit La Bruyère : « L'on a vu, il n'y a pas longtemps, un cercle de personnes des deux sexes liées ensemble par la conversation et par un commerce d'esprit. Ils laissoient au vulgaire l'art de parler d'une manière intelligible; une chose dite entre eux peu clairement en entraînoit une autre encore plus obscure, sur laquelle on enchérissoit par de vraies énigmes, toujours suivies de longs applaudissements. Par tout ce qu'ils appeloient délicatesse, sentiments et finesse d'expression, ils étoient enfin parvenus à n'être plus entendus et à ne s'entendre pas eux-mêmes. Il ne falloit, pour servir à ces entretiens, ni bon sens, ni mémoire, ni la moindre capacité; il falloit de l'esprit, non pas du meilleur, mais de celui qui est faux et où l'imagination a trop de part. »

Cette page curieuse de l'histoire de la société et de la littérature française est représentée par le mot *précieux;* on disait le goût précieux, le style précieux, et aussi les précieux et les précieuses pour désigner ceux qui faisaient profession de ce goût et de ce style. Le mot fut d'abord admis à titre de compliment et de louange. C'est ainsi que l'emploie Segrais, dans ses vers à Mme de Châtillon :

> Obligeante, civile, et surtout précieuse,
> Quel seroit le brutal qui ne l'aimeroit pas?

Plus tard, ce mot partagea les vicissitudes de la coterie qui l'avait mis à la mode.

Lorsque Molière fut de retour à Paris, en 1658, on en était à ce point où tout ce qu'il y avait pu avoir d'opportun et de salutaire dans la puissance des salons était épuisé, où ils ne favorisaient plus que l'affectation et la pédanterie, et n'exerçaient plus qu'une influence funeste sur les lettres et sur le langage. Cette influence était encore très grande. Nul parmi les poètes n'y échappait : Pierre Corneille la subissait toutes les fois qu'il était abandonné par ce lutin qui, suivant un mot attribué à Molière, lui dictait ses vers sublimes. L'Académie appartenait tout entière à l'illustre coterie. Tout ce qui restait de l'ancienne cour et du règne de Louis XIII, tout ce qui avait une renommée acquise et une haute position faite s'y rattachait plus ou moins directement. Par là elle se confondait presque avec l'ordre établi, et ses coryphées, suivant le penchant commun à toutes les sectes florissantes, étaient fort disposés à croire que les attaquer, c'était attaquer le trône et l'autel.

Toutefois, comme la satire dans notre pays est éveillée de bonne heure, ou plutôt n'est jamais complètement endormie, les ridicules de l'école avaient prêté déjà à de piquantes railleries. Les rudes esprits du vieux temps avaient d'abord dit leur mot sur toutes ces coquetteries qu'ils voyaient poindre : Agrippa d'Aubigné se fit leur interprète dans le curieux livre intitulé *les Aventures du baron de Fœneste*. La fronde prosaïque du bon sens bourgeois n'avait jamais été non plus réduite au silence. Bien des parodies, telles que *le Berger extravagant*, de Sorel, s'étaient inspirées aussi du roman de Cervantès. Pour en arriver à ce qui touche plus spécialement la secte des précieuses, elles trouvèrent des railleurs parmi leurs plus dévoués partisans. Ce furent des « alcovistes » qui commencèrent à tourner en ridicule les maladroites et sottes copies des « divines et incomparables personnes » dont ils recherchaient les suffrages. L'abbé Cotin, notamment, fut un des plus prompts à la critique : il y a telle de ses lettres où il se moque agréablement « d'une précieuse qui avoit failli s'évanouir à la vue d'un chien tout nu ». L'abbé de Pure alla plus loin, il composa dans des intentions ironiques un roman intitulé *la Précieuse ou le Mystère de la ruelle*[1]. Tout en dirigeant ses épigrammes contre le genre précieux, il tâche, il est vrai, de s'en rapprocher le plus possible, de sorte qu'en beaucoup de pages on ne sait plus si l'on a affaire à un panégy-

---

1. Chez Guillaume de Luyne, 4 vol., 1656-1658.

rique ou à une satire. Ce même abbé de Pure fournit aux acteurs italiens un canevas comique qui n'a pas été conservé, ou qui du moins est introuvable. On accusa Molière de l'avoir dévalisé : « Molière eut recours, disait l'auteur des *Nouvelles nouvelles,* aux Italiens ses bons amis, et accommoda au théâtre françois *les Précieuses,* qui avoient été jouées sur le leur, et qui leur avoient été données par un abbé des plus galants. » L'opposition satirique s'était donc fait jour jusque sur la scène. Signalons encore le tableau de la société des précieuses tracé par la Grande Mademoiselle dans ses *Portraits*; et n'oublions pas non plus les plaintes, entremêlées de flatteries, que faisait entendre le pauvre Scarron, et, en particulier, ces vers de la deuxième épître chagrine que nous avons transcrits dans notre Étude générale.

Toutes ces petites manifestations hostiles, qu'il est juste de constater, ne suffisaient pas à ébranler l'ascendant de la faction littéraire. Les écrivains continuaient de suivre, presque sans exception, la voie où les attendaient des succès faciles. Le tour d'esprit à la mode se substituait au génie de la nation; et s'il n'est pas douteux que celui-ci dût à la fin l'emporter, il était urgent néanmoins qu'une vigoureuse initiative vînt trancher une trop longue hésitation et assurer la destinée de notre littérature. C'est le rôle dont s'empara ce comédien nouvellement débarqué de province, et pour exécuter son dessein il ne lui fallut qu'une pièce en un acte en prose, presque une farce encore, « un de ces petits divertissements dans lesquels on vouloit bien reconnoître sa supériorité », *les Précieuses ridicules.*

Quoique sa moquerie eût été, comme nous venons de le reconnaître, précédée par d'autres moqueries, son œuvre fut comme une révélation, tant elle mit en pleine lumière les travers qu'on n'avait fait qu'entrevoir jusque-là. Aussi l'effet en fut-il décisif; tout changea de face. Nous ne voulons pas dire que les grands hommes des ruelles furent convertis subitement et brûlèrent, suivant le conseil de Ménage, ce qu'ils avaient adoré. On ne saurait prétendre que l'affectation fut vaincue et le faux goût à jamais banni. Le genre précieux est immortel, et de même qu'il avait existé bien avant l'hôtel de Rambouillet, il lui survécut; mais il fut interrompu dans le développement particulier qu'il avait pris à cette époque. Les critiques se formulèrent nettement; les yeux du grand nombre s'ouvrirent. Les jeunes auteurs échappèrent à l'influence jusqu'alors souveraine. S'il resta une contagion à laquelle fort peu d'écrivains réussirent encore à se soustraire entièrement, au moins le péril était écarté. Le mouvement allait se décider en un autre sens plus avorable au génie national.

C'est pour cela que cette petite comédie des *Précieuses ridicules* marque une date importante dans notre histoire littéraire, et demeure pour nous ce qu'elle fut pour les contemporains, un événement.

Nous avons raconté ailleurs les circonstances et les suites de la première représentation. Le fait qui mérite d'attirer principalement l'attention est celui d'une interdiction momentanée de la pièce. Elle fut suspendue en effet du 18 novembre au 2 décembre. On lit dans le *Dictionnaire des Précieuses*[1], de Somaize, parmi *les prédictions touchant l'empire des précieuses*: « En 1659, grand concours au Cirque (au théâtre) pour y voir ce que l'on y joue sous leur nom. Elles intéresseront les galants à prendre leur parti. Un alcoviste de qualité interdira ce spectacle pour quelques jours. Nouveau concours au Cirque lorsqu'elles reparoîtront. » Ces *prédictions* de Somaize, faites après coup, sont de l'histoire. Molière éprouva donc immédiatement quel était le crédit des personnes qui pouvaient se croire l'objet de sa satire. Il chercha à détourner leurs ressentiments dans la préface qu'il mit en tête de l'édition de sa comédie; puis il commanda à M. Gilbert, un auteur estimé du temps, et représenta sur son théâtre une comédie intitulée *la Vraie et la Fausse Précieuse*. « *Gallus* (M. Gilbert), dit encore Somaize dans ses *prédictions*, voudra faire paroître au Cirque un ouvrage à la louange des précieuses, mais le succès de la satire sera plus heureux que celui du panégyrique. » Il est douteux que ces efforts du poète, plus habiles peut-être que sincères, aient atteint leur but. Les précieuses sentirent de plus en plus le coup qui les avait frappées. Elles essayèrent en vain de se débaptiser, elle voulurent changer leur nom de précieuses en

---

[1]. Édition Livet, 2 vol. in-16, 1856.

celui d'*illustres;* mais leur règne était fini, et nul ne songea même plus à jouer les *illustres* ni à écrire contre elles.

M. Despois fait remarquer que Molière ne paraît pas avoir prévu un succès aussi grand que le fut celui des *Précieuses ridicules*. La petite pièce ou farce fut donnée à la suite de *Cinna*, sans augmentation du prix des places, contrairement à l'usage, dit-il, pour les représentations d'œuvres nouvelles. La recette de la soirée est de 533 livres; elle dépasse la moyenne des recettes du théâtre du Petit-Bourbon, mais n'indique pas qu'on ait fait de grands frais d'affiche, ni qu'on ait cherché très vivement à provoquer l'attention du public. L'examen du registre de La Grange diminue beaucoup la portée de ces observations. Nous ne voyons pas, sur ce registre, que l'usage de jouer les pièces nouvelles au double ou à l'extraordinaire fût dès lors établi. *Le Cocu imaginaire* est joué également au simple, avec *Nicomède*, et produit le premier soir 350 livres. *Don Garcie* est joué au simple, et produit 600 livres (au Palais-Royal). *L'École des Maris* est jouée au simple, et produit 410 livres. De même pour les pièces des autres auteurs : elles ne sont point représentées pour la première fois à l'extraordinaire. *La Vraie et la Fausse Précieuse,* de Gilbert, fait une première recette de 500 livres; *Pylade,* de M. Coqueteau de La Clairière, 540 livres; *Don Guichot,* raccommodé par Mlle Béjart, 300 livres; *Zénobie,* pièce nouvelle de M. Magnon, 125 livres (hélas!), etc. On voit que ce qui eut lieu pour *les Précieuses* est exactement, est parfaitement conforme à tout ce qui se passa pendant les premières années qui suivirent le retour de Molière à Paris, et qu'il n'y a rien, par conséquent, à en conclure. Le succès se dessine surtout à la deuxième représentation, qui est jouée à l'extraordinaire et qui produit 1,400 livres. La troisième donne 1,004 livres. Relevons encore quelques-unes des plus belles recettes :

```
Samedi     6 décembre . . . . . . . . .   730 livres.
Dimanche   7       —       . . . . . . .  1,000   —
Mardi      9       —       . . . . . . .    867   —
Vendredi  26       —       . . . . . . .  1,200   —
Vendredi   9 janvier 1660 . . . . . . .     838   —
Mardi     13       —       . . . . . . .    910   —
Dimanche  25       —       . . . . . . .    800   —
Vendredi   6 février (avec *l'Étourdi*). . 1,100  —
```

Ce sont des chiffres tout à fait remarquables pour le temps, et dont aucune autre pièce n'approche. Les recettes se traînaient alors de 150 à 200 livres, et pouvaient passer pour très belles quand elles s'élevaient au-dessus de 300 livres. Du 28 avril 1659, où commence le registre de La Grange, jusqu'au 11 octobre 1660, où la troupe quitte le théâtre du Petit-Bourbon, c'est-à-dire dans l'espace d'un an et demi, nous en avons compté quatre-vingt-six, y compris celles des *Précieuses* et de *Sganarelle,* qui égalent ou dépassent ce chiffre.

La pièce fut-elle exactement à la première représentation ce qu'elle est aujourd'hui? On pourrait en douter, d'après le récit qu'en fit immédiatement Mlle Desjardins (depuis Mme de Villedieu), récit que nous reproduisons à la suite de la pièce de Molière. On remarquera en effet que, si l'on s'en rapporte à Mlle Desjardins, on assistait, dans cette première représentation, à la scène entre les deux gentilshommes et les deux précieuses, scène qu'à présent on ne voit plus. D'après ce récit, la première scène aurait été celle qui est maintenant la troisième, où Gorgibus demande à Marotte où sont ses maîtresses. Au lieu de reprocher à ses filles d'avoir reçu les prétendants avec trop de froideur, Gorgibus leur annonçait la visite de ceux-ci, lesquels en effet se présentaient tout de suite : « Les précieuses, dit Mlle Desjardins, bâillèrent mille fois; elles demandèrent autant quelle heure il étoit, et elles donnèrent enfin tant de marques du peu de plaisir qu'elles prenoient dans la compagnie de ces aventuriers qu'ils furent contraints de se retirer, très mal satisfaits de la réception qu'on leur avoit faite, et fort résolus de s'en venger. » Alors avait lieu la scène v, qui était la deuxième entre Gorgibus et ses filles.

Mais Mlle Desjardins s'excuse, dans la préface de son récit, de l'avoir écrit sur le rapport d'une autre personne, dans un temps où elle n'avait pas vu encore *les Précieuses,* et fait justement remarquer que c'est pour cela que l'ordre des faits qu'elle a retracés est un peu différent de celui de la pièce. Pourtant on l'a soupçonnée d'avoir bien vu la pièce et de n'avoir pris ce biais que pour dissimuler, de complicité avec Molière, une transformation opérée par l'auteur entre la première et la deuxième représentation. Il nous paraît bien douteux, quant à nous, que cette scène entre les deux gentilshommes et les deux précieuses ait jamais existé. Elle est, en effet, d'une exécution presque impossible. Si vous voulez figurer sur la scène des personnes qui s'ennuient et qui bâillent, d'autres qui souffrent et qui s'impatientent d'un froid accueil, vous communiquerez cette impression, cette sensation à toute la salle. La moindre expérience du théâtre devait faire prévoir et éviter cet infaillible résultat. Aussi, quoique la supposition de modifications faites par Molière entre la première et la deuxième représentation ne puisse être absolument contestée, peut-être est-il préférable d'accepter simplement l'aveu de la narratrice. Il en est de même de l'hypothèse de représentations en province avant 1659. Il faut attendre, pour lui accorder quelque valeur, de plus sérieux témoignages que celui de Grimarest, lorsque ce témoignage est formellement contredit par les auteurs de la préface de l'édition de 1682.

Il nous reste à présenter ici quelques observations sur le style dont la comédie de Molière nous offre le singulier modèle. Les précieuses, à force de chercher des façons de parler extraordinaires et délicates, de substituer la métaphore à l'expression simple et la périphrase au mot propre, s'étaient créé, disions-nous tout à l'heure, un jargon à part. Cette recherche fit naître pêle-mêle un grand nombre de locutions, la plupart baroques et nuisibles, quelques-unes heureuses et utiles. L'usage, qui prend son bien où il le trouve, a fait un tri parmi ces locutions nouvelles : il a rejeté les unes, adopté les autres. Lorsque nous ouvrons le *Grand Dictionnaire des Précieuses ou la Clef de la langue des ruelles*, de Somaize, nous voyons, parmi les expressions qui y sont recueillies, à côté de façons de parler incroyablement bizarres, d'autres qui n'ont plus rien de choquant et qui sont devenues tout à fait françaises. Si aujourd'hui nous aurions mauvaise grâce à appeler le soleil « l'aimable éclairant, le plus beau du monde, l'époux de la nature »; si l'on s'exposerait à ne plus être compris en disant de quelqu'un qu'il a « des quittances d'amour » pour dire qu'il a des cheveux gris, nous employons couramment les expressions suivantes : « châtier son style, dépenser une heure, revêtir ses pensées d'expressions nobles et vigoureuses, être brouillé avec le bon sens, et avoir les cheveux d'un blond hardi ».

De ce travail lentement accompli par l'usage, il s'ensuit que le « haut style » que Molière prête aux filles de Gorgibus ne ressort plus tout à fait aujourd'hui comme au moment où il les introduisit sur son théâtre. Certains tours de phrase nous semblent plus exagérément ridicules qu'ils ne devaient le paraître aux contemporains. D'autres, au contraire, nous semblent plus simples et plus naturels, parce qu'ils sont à présent reçus et consacrés. Pour pénétrer dans toutes les intentions de l'auteur comique, il faut donc signaler ces variations du langage, et le commentaire philologique a ici plus d'importance que dans les autres ouvrages de Molière.

L'idée du travestissement, qui forme le nœud de la comédie, peut avoir été suggérée à Molière par un ouvrage d'un auteur aujourd'hui oublié, Samuel Chapuzeau. Cet ouvrage, intitulé *le Cercle des Femmes, entretiens comiques,* fut publié, disent les frères Parfait, à Lyon, en 1656. On y voit une jeune veuve nommée Émilie, qui recherche la conversation des savants; elle reçoit toutefois assez mal la déclaration amoureuse de l'un d'eux. Celui-ci, pour se venger, fait habiller magnifiquement son pensionnaire Germain, un pauvre hère dont il ne saurait se faire payer. Germain, ainsi vêtu, est accueilli avec faveur par la jolie veuve, jusqu'au moment où des archers viennent le prendre et l'emmènent en prison. On aperçoit les traits de ressemblance assez éloignée qui existent entre les deux fables. « Mais, dit Auger, peu importe que Molière doive à Chapuzeau cette légère intrigue, qui n'est rien ; il ne doit qu'à lui-même son dialogue, qui est tout. »

Le succès des *Précieuses* ne fut pas moindre à la cour qu'il l'avait été à la ville, lorsque la cour fut revenue du voyage des Pyrénées. La Grange inscrit sur son registre :

A la date du 29 juillet, au bois de Vincennes, pour le roi, *l'Étourdi* et *les Précieuses;*

Le 30 août, pour Monsieur, au Louvre, *les Précieuses* et *le Cocu;*

Le 21 octobre, pour le roi, au Louvre, *l'Étourdi* et *les Précieuses;*

Le 26 octobre, « *l'Étourdi* et *les Précieuses* chez Son Éminence M. le cardinal Mazarin, qui estoit malade dans sa chaize:

NOTICE PRÉLIMINAIRE.

le roy vit la comédie debout, incognito, appuyé sur le dossier de la chaize de Son Éminence. Sa Majesté gratifia la troupe de trois mille livres ». Et en marge : « Nota que le roi vit la comédie incognito, et qu'il rentroit de tems en tems dans un grand cabinet. »

Ainsi le goût du jeune roi pour la troupe nouvelle et pour l'auteur comique qui la dirigeait était ouvertement marqué; la fortune de Molière était en bon chemin. A la ville, *les Précieuses* furent représentées cinquante-trois fois, jusqu'à la démolition de la salle du Petit-Bourbon, c'est-à-dire dans l'espace d'un an et demi. Il est vrai qu'ensuite elles ne sont plus jouées que trois fois (26, 28 et 30 mars 1666) pendant la vie de Molière. Elles sont reprises en 1680 (19 juillet, etc.), et dès lors elles reviennent à leur tour sur la scène française parmi les chefs-d'œuvre du poète.

Voici la distribution actuelle de la pièce (1er avril 1880) :

MASCARILLE................	MM. COQUELIN.
JODELET...................	COQUELIN cadet.
GORGIBUS..................	BARRÉ.
LA GRANGE.................	PAUL RENEY.
DU CROISY.................	DAVRIGNY.
PREMIER PORTEUR...........	VILLAIN.
SECOND PORTEUR............	
UN MUSICIEN...............	TRONCHET.
MAGDELON..................	Mmes J. SAMARY.
CATHOS....................	BIANCA.
MAROTTE...................	MARTIN.

Molière fut obligé de faire imprimer sa pièce, sous peine de la voir dérober et publier malgré lui. Il nous le déclare dans sa préface, et tout porte à croire que ce n'est pas ici une simagrée de douce violence, comme tant d'autres l'ont jouée depuis. Ce qui se passa pour les pièces qui succédèrent aux *Précieuses* prouve assez que le danger dont il se dit menacé n'était nullement chimérique. On s'explique d'ailleurs l'intérêt qu'il y avait pour un directeur de théâtre à retarder la publication de ses œuvres, alors que cette publication jetait celles-ci dans le domaine public.

L'édition *princeps* porte le titre suivant : « *Les Précieuses ridicules*, comédie représentée au Petit-Bourbon. A Paris, chez Guillaume de Luyne, libraire juré, dans la salle des Merciers, à la Justice. » Le privilège, partagé par G. de Luyne avec Ch. de Sercy et Cl. Barbin, est du 19 janvier 1660. L'ouvrage a été achevé d'imprimer le 29 janvier 1660. C'est ce texte que nous reproduisons fidèlement.

Nous donnons les variantes de l'édition de 1673 et de l'édition de 1682.

A la suite de la pièce de Molière, nous donnons d'abord une « mascarade » intitulée *la Déroute des Précieuses,* et qui constate immédiatement (elle a la date de 1659) la défaite du parti; puis le *Récit de la farce des Précieuses,* dont nous venons de parler. Ce compte rendu de la première représentation, par Mlle Desjardins, est un des premiers comptes rendus de ce genre que nous ayons, et c'est aussi un des premiers qui aient été faits sur le rapport d'autrui, et non *de visu,* si l'on en croit l'auteur. Mais, qu'elle ait été absente ou présente le soir du 18 mars, le *Récit* nous montre bien que Mlle Desjardins était parfaitement renseignée, et c'est un document fort curieux.

Il courut d'abord en copies manuscrites, comme cela se pratiquait alors. On croit que c'est une de ces copies primitives que nous possédons dans le Recueil de Conrart (à la Bibliothèque de l'Arsenal). Il fut ensuite imprimé par Claude Barbin[1], sous ce titre : « *Récit en proze et en vers de la farce des Précieuses*. A Paris, chez Claude Barbin, dans la grande salle du Palais, au signe de la Croix. MDCLX. Avec privilège du roi. » C'est un petit in-12 de 32 pages chiffrées, et 4 pages pour le titre et la préface; il s'en trouve, depuis peu, un exemplaire à la Bibliothèque nationale.

La copie de Conrart diffère notablement de l'imprimé. Nous n'emprunterons toutefois à cette copie qu'un petit nombre de

---

1. Il paraît toutefois, par la préface de l'auteur, que c'est Guillaume de Luyne, l'éditeur des *Précieuses ridicules*, qui fit cette publication ; il associa sans doute, pour le *Récit*, comme pour la pièce, Claude Barbin et Charles de Sercy à son privilège.

variantes, car nous ne voulons pas multiplier les notes sur ces textes accessoires.

Le succès des *Précieuses ridicules* suscita à Molière, comme nous l'avons dit dans notre étude générale, un ennemi qui ne trouva rien de mieux, pour décrier le nouvel auteur comique, que de l'imiter de toutes façons. Antoine Baudeau, sieur de Somaize, se mit à exploiter à outrance la veine ouverte par le succès de la nouvelle comédie. Il mit en vers cette comédie « pour qu'elle soit en état, dit-il modestement, de mériter avec un peu plus de justice les applaudissements qu'elle a reçus de tout le monde, plutôt par bonheur que par mérite ». Et il obtint un privilège pour la faire ainsi imprimer[1]. Il refit la pièce en prose sous le titre de : *les Véritables Précieuses*[2], et c'est même par là qu'il avait commencé. La première édition fut achevée d'imprimer le 7 janvier; le privilège fut accordé le 12 du même mois[3]. Il n'avait guère fallu qu'un mois et demi à l'auteur pour accoucher de ce pastiche. Et notez qu'il paraît avoir été encouragé à suivre cette voie par l'accueil du public, puisqu'une seconde édition des *Véritables Précieuses* fut publiée au mois de septembre suivant.

Somaize composa, en outre, le *Procès des Précieuses en vers burlesques,* comédie (1660) ; la *Pompe funèbre d'une Précieuse avec toutes les cérémonies du convoi* (non retrouvée); le *Grand Dictionnaire des Précieuses ou la Clef de la langue des ruelles* (1660); le *Dialogue de deux Précieuses sur les affaires de leur communauté,* qui parut dans la seconde édition des *Véritables Précieuses.*

Des productions enfantées coup sur coup par Somaize, nous donnons en appendice la première, *les Véritables Précieuses,* qui montre ce que le même sujet devient selon les écrivains qui le traitent. On y trouvera, de plus, des indications intéressantes tant sur les singularités de langage que Molière a raillées que

---

1. Le privilège est du 3 mars 1660, et l'achevé d'imprimer du 12 avril.
2. « *Les Véritables Précieuses*, comédie. A Paris, chez Jean Ribou, sur le quay des Augustins, à l'image Saint-Louis. MDCLX. Avec privilège du roy. »
3. Molière n'eut son privilège que le 19 janvier, et sa pièce ne fut imprimée qu'à la fin du mois, de sorte que *les Véritables Précieuses* auraient devancé *les Précieuses ridicules* au moins en librairie. Cependant Somaize parle de la préface des *Précieuses* dans sa propre préface.

sur les mœurs littéraires de l'époque. Nous donnons enfin l'épître dédicatoire et la préface des *Précieuses ridicules mises en vers*, et le *Dialogue de deux Précieuses sur les affaires de leur communauté*.

L. M.

PRÉFACE

C'est une chose étrange qu'on imprime les gens malgré eux. Je ne vois rien de si injuste, et je pardonnerois toute autre violence plutôt que celle-là.

Ce n'est pas que je veuille faire ici l'auteur modeste, et mépriser par honneur ma comédie. J'offenserois mal à propos tout Paris, si je l'accusois d'avoir pu applaudir à une sottise : comme le public est le juge absolu de ces sortes d'ouvrages, il y auroit de l'impertinence à moi de le démentir; et, quand j'aurois eu la plus mauvaise opinion du monde de mes *Précieuses ridicules* avant leur représentation, je dois croire maintenant qu'elles valent quelque chose, puisque tant de gens ensemble en ont dit du bien. Mais, comme une grande partie des grâces qu'on y a trouvées dépendent de l'action et du ton de voix, il m'importoit qu'on ne les dépouillât pas de ces ornements; et je trouvois que le succès qu'elles avoient eu dans la représentation étoit assez beau pour en demeurer là. J'avois résolu, dis-je, de ne les faire voir qu'à la chandelle, pour ne point donner lieu à quelqu'un de dire le proverbe[1]; et je ne voulois pas qu'elles sautassent du théâtre de Bourbon dans la Galerie du Palais[2]. Cependant je n'ai pu l'éviter, et je suis tombé dans la disgrâce de voir une copie dérobée de ma pièce entre les mains des libraires, accompagnée d'un privilége obtenu par surprise. J'ai eu beau crier : O temps, ô mœurs ! On m'a fait voir une nécessité pour moi d'être imprimé ou d'avoir un procès ; et le dernier mal est encore pire que le premier. Il faut donc se laisser aller à la destinée, et consentir à une chose qu'on ne laisseroit pas de faire sans moi.

Mon Dieu ! l'étrange embarras qu'un livre à mettre au jour ! et qu'un auteur est neuf la première fois qu'on l'imprime ! Encore si l'on m'avoit donné du temps, j'aurois pu mieux songer à moi, et j'aurois pris toutes les précautions que messieurs les auteurs, à présent mes confrères, ont coutume de prendre en semblables occasions. Outre quelque grand seigneur que j'aurois été prendre malgré lui pour protecteur de mon ouvrage, et dont j'aurois tenté la libéralité par une épître dédicatoire bien fleurie[3], j'aurois tâché de faire une belle et docte préface; et je ne manque point de livres qui m'auroient fourni tout ce qu'on peut dire de savant sur la tragédie et la comédie,

---

1. On disait proverbialement d'une femme : « Elle est belle à la chandelle, mais le grand jour gâte tout. »

2. La Galerie du Palais était l'endroit où se trouvaient les boutiques d'un grand nombre de libraires, et notamment celle de l'éditeur des *Précieuses ridicules,* Guillaume de Luyne, à l'enseigne de *la Justice.*

3. Ce dernier membre de phrase manque ou a été supprimé dans deux des tirages de l'édition originale.

PRÉFACE.   157

l'étymologie de toutes deux, leur origine, leur définition, et le reste.

J'aurois parlé aussi à mes amis, qui, pour la recommandation de ma pièce, ne m'auroient pas refusé ou des vers françois, ou des vers latins. J'en ai même qui m'auroient loué en grec; et l'on n'ignore pas qu'une louange en grec est d'une merveilleuse efficace à la tête d'un livre[1]. Mais on me met au jour sans me donner le loisir de me reconnoître; et je ne puis même obtenir la liberté de dire deux mots pour justifier mes intentions sur le sujet de cette comédie. J'aurois voulu faire voir qu'elle se tient partout dans les bornes de la satire honnête et permise; que les plus excellentes choses sont sujettes à être copiées par de mauvais singes qui méritent d'être bernés; que ces vicieuses imitations de ce qu'il y a de plus parfait ont été de tout temps la matière de la comédie; et que, par la même raison que les véritables savants* et les vrais braves ne se sont point encore avisés de s'offenser du Docteur

---

* Dans la plupart des éditions originales, l'une des deux conjonctions *que* est omise; on trouve tantôt : *et par la même raison que les véritables savants;* tantôt : *et que, par la même raison, les véritables savants.* Cette dernière formule est même donnée par l'édition *princeps* d'après G. de Luyne. Les exemplaires signés de Sercy reproduisent les deux *que*, et, malgré la complication de la phrase, il faut indubitablement les maintenir l'un et l'autre.

L'édition de 1682 n'en donne qu'un; celle de 1697 donne les deux.

1. Molière se raille des auteurs de son temps, « à présent ses confrères », qui avaient cette sotte coutume, dit Furetière,

<blockquote>
Par des vers mendiés de grossir un volume,
De quêter de l'encens chez des amis flatteurs,
D'avoir diversité de langues et d'auteurs...
(*Le Jeu de boule des Procureurs,* satire.)
</blockquote>

de la comédie et du Capitan; non plus que les juges, les princes et les rois de voir Trivelin[1] ou quelque autre, sur le théâtre, faire ridiculement le juge, le prince ou le roi; aussi les véritables précieuses auroient tort de se piquer lorsqu'on joue les ridicules, qui les imitent mal. Mais enfin, comme j'ai dit, on ne me laisse pas le temps de respirer, et M. de Luyne veut m'aller relier de ce pas* : à la bonne heure, puisque Dieu l'a voulu.

* Var. *Veut m'aller faire relier de ce pas* (1682).

1. Le *Docteur* et le *Capitan* étaient des personnages traditionnels de la comédie italienne; leur caractère n'a pas besoin d'être expliqué. *Trivelin*, après avoir été le nom d'un acteur populaire, était devenu également un de ces masques comiques qui se représentaient dans toutes les pièces de la *commedia dell' arte*. Molière indique ici sa spécialité : les juges, les princes, les rois.

LES
PRÉCIEUSES RIDICULES

PERSONNAGES.   ACTEURS.

LA GRANGE,   }   { LA GRANGE.
DU CROISY,   } amants rebutés . . . . { DU CROISY.
GORGIBUS, bon bourgeois. . . . . L'ÉPY.
MADELON, fille de Gorgibus, }   { Mlle DEBRIE.
CATHOS, nièce de Gorgibus, } précieuses ridicules.{ ..... [1]
MAROTTE, servante des précieuses ridicules. . . . . MADELEINE BÉJART.
ALMANZOR, laquais des précieuses ridicules[2] . . . .
LE MARQUIS DE MASCARILLE, valet de La Grange. . .   MOLIÈRE.
LE VICOMTE DE JODELET, valet de Du Croisy. . . . . JODELET.
DEUX PORTEURS DE CHAISE.
VOISINES.
VIOLONS.

1. M. A. Martin cite ici Mlle Duparc, qui n'a pu jouer le rôle de Cathos : elle ne rentra dans la troupe de Molière avec son mari qu'après Pâques de l'année 1660.
2. Ce rôle est attribué, dans les éditions modernes, à l'acteur Debrie ; mais l'appellation de *petit garçon*, que Madelon emploie en s'adressant à son laquais, nous fait tenir cette attribution pour erronée. Debrie, qui jouait La Rapière dans *le Dépit amoureux*, et en général les rôles de bretteur, de commissaire ou de gendarme, n'aurait pu être désigné de la sorte.
Le lieu de la scène est suffisamment indiqué à la scène VII ; c'est une salle basse de la maison de Gorgibus. Le manuscrit de Mahelot donne seulement ces indications : « Il faut une chaise de porteurs, deux fauteuils, deux battes. »

LES
PRÉCIEUSES RIDICULES

COMÉDIE

SCENE PREMIÈRE.

LA GRANGE, DU CROISY.

DU CROISY.

Seigneur La Grange.

LA GRANGE.

Quoi?

DU CROISY.

Regardez-moi un peu sans rire.

LA GRANGE.

Hé bien!

DU CROISY.

Que dites-vous de notre visite? En êtes-vous fort satisfait?

LA GRANGE.

A votre avis, avons-nous sujet de l'être tous deux?

DU CROISY.

Pas tout à fait, à dire vrai.

LA GRANGE.

Pour moi, je vous avoue que j'en suis tout scandalisé.

A-t-on jamais vu, dites-moi, deux pecques[1] provinciales faire plus les renchéries que celles-là, et deux hommes traités avec plus de mépris que nous? A peine ont-elles pu se résoudre à nous faire donner des sièges. Je n'ai jamais vu tant parler à l'oreille qu'elles ont fait entre elles, tant bâiller, tant se frotter les yeux, et demander tant de fois : Quelle heure est-il? Ont-elles répondu que oui et non à tout ce que nous avons pu leur dire? et ne m'avouerez-vous pas enfin que, quand nous aurions été les dernières personnes du monde, on ne pouvoit nous faire pis qu'elles ont fait?

DU CROISY.

Il me semble que vous prenez la chose fort à cœur.

LA GRANGE.

Sans doute, je l'y prends, et de telle façon que je veux me venger de cette impertinence. Je connois ce qui nous a fait mépriser. L'air précieux n'a pas seulement infecté Paris, il s'est aussi répandu dans les provinces, et nos donzelles ridicules en ont humé leur bonne part. En un mot, c'est un ambigu de précieuse et de coquette que leur personne. Je vois ce qu'il faut être pour en être bien reçu; et, si vous m'en croyez, nous leur jouerons tous deux une pièce qui leur fera voir leur sottise, et pourra leur apprendre à connoître un peu mieux leur monde.

DU CROISY.

Et comment encore?

LA GRANGE.

J'ai un certain valet, nommé Mascarille, qui passe, au sentiment de beaucoup de gens, pour une manière de bel

---

1. *Pecque,* suivant Auger, a la même origine et le même sens que *pécore.* Nous ne citerons pas les différentes étymologies qu'on a trouvées à ce mot; il s'entend fort bien.

esprit : car il n'y a rien à meilleur marché que le bel esprit maintenant. C'est un extravagant qui s'est mis dans la tête de vouloir faire l'homme de condition. Il se pique ordinairement de galanterie et de vers, et dédaigne les autres valets, jusqu'à les appeler brutaux¹.

DU CROISY.

Hé bien! qu'en prétendez-vous faire?

LA GRANGE.

Ce que j'en prétends faire? Il faut... Mais sortons d'ici auparavant.

SCÈNE II.

GORGIBUS, DU CROISY, LA GRANGE.

GORGIBUS².

Hé bien! vous avez vu ma nièce et ma fille? Les affaires iront-elles bien? Quel est le résultat de cette visite?

LA GRANGE.

C'est une chose que vous pourrez mieux apprendre d'elles que de nous. Tout ce que nous pouvons vous dire, c'est que nous vous rendons grâce de la faveur que vous nous avez faite, et demeurons vos très humbles serviteurs.

DU CROISY.

Vos très humbles serviteurs.*

* Cette répétition des mots : « vos très humbles serviteurs, » ne se trouve ni dans l'édition de 1660 ni dans l'édition de 1673. Elle n'est donnée que par l'édition de 1682; mais La Grange, l'auteur de cette édition, devait savoir mieux que personne comment cette pièce se jouait, et il a probablement consigné ici une tradition de théâtre autorisée par Molière. Cette répétition très expressive, et qui fait bien sentir le mécontentement des deux amants rebutés, est passée à bon droit dans le texte, et nous avons dû nous borner à signaler son origine.

1. Ce mot était tout à fait de la langue des précieuses. (Voyez page 143.)
2. *Gorgibus*, comme Palaprat nous l'apprend dans la préface de ses

GORGIBUS, seul.

Ouais! il semble qu'ils sortent mal satisfaits d'ici. D'où pourroit venir leur mécontentement? Il faut savoir un peu ce que c'est. Holà!

SCÈNE III.

GORGIBUS, MAROTTE.

MAROTTE.

Que désirez-vous, monsieur?

GORGIBUS.

Où sont vos maîtresses?

MAROTTE.

Dans leur cabinet.

GORGIBUS.

Que font-elles?

MAROTTE.

De la pommade pour les lèvres.

GORGIBUS.

C'est trop pommadé; dites-leur qu'elles descendent.

SCÈNE IV.

GORGIBUS, seul.

Ces pendardes-là, avec leur pommade, ont, je pense, envie de me ruiner. Je ne vois partout que blancs d'œufs, lait virginal, et mille autres brimborions que je ne connois point. Elles ont usé, depuis que nous sommes ici, le lard d'une douzaine de cochons pour le moins; et

---

OEuvres, était le nom d'un emploi de l'ancienne comédie. L'acteur L'Épy, frère de Jodelet, qui créa ce rôle, avait une voix de Stentor : c'est là peut-être ce qui fit choisir par Molière ce nom de *Gorgibus*.

quatre valets vivroient tous les jours des pieds de mouton qu'elles emploient[1].

SCÈNE V.

MADELON, CATHOS, GORGIBUS.

GORGIBUS.

Il est bien nécessaire vraiment de faire tant de dépense pour vous graisser le museau! Dites-moi un peu ce que vous avez fait à ces messieurs, que je les vois sortir avec tant de froideur? Vous avois-je pas commandé de les recevoir comme des personnes que je voulois vous donner pour maris?

MADELON.

Et quelle estime, mon père, voulez-vous que nous fassions du procédé irrégulier[2] de ces gens-là?

CATHOS.

Le moyen, mon oncle, qu'une fille un peu raisonnable se pût accommoder de leur personne?

GORGIBUS.

Et qu'y trouvez-vous à redire?

MADELON.

La belle galanterie que la leur! Quoi! débuter d'abord par le mariage?

GORGIBUS.

Et par où veux-tu donc qu'ils débutent? par le con-

---

1. Gorgibus exagère sans doute la consommation de lard et de pieds de mouton que font ses filles. Il est un peu rustre, et il forme un rude contraste avec les deux précieuses « qu'il a sur les bras », pour parler son langage. L'art de Molière consiste principalement dans ces oppositions vigoureuses de caractères.

2. Il y avait, dès ces premières paroles, une affectation qui n'est plus aussi sensible pour nous qu'elle l'était au xviie siècle.

cubinage¹ ? N'est-ce pas un procédé dont vous avez sujet de vous louer toutes deux aussi bien que moi ? Est-il rien de plus obligeant que cela ? Et ce lien sacré où ils aspirent n'est-il pas un témoignage de l'honnêteté de leurs intentions?

MADELON.

Ah ! mon père, ce que vous dites là est du dernier bourgeois. Cela me fait honte de vous ouïr parler de la sorte, et vous devriez un peu vous faire apprendre le bel air des choses.

GORGIBUS.

Je n'ai que faire ni d'air ni de chanson. Je te dis que le mariage est une chose sainte et sacrée, et que c'est faire en honnêtes gens que de débuter par là.

MADELON.

Mon Dieu ! que, si tout le monde vous ressembloit, un roman seroit bientôt fini ! La belle chose que ce seroit, si d'abord Cyrus épousoit Mandane, et qu'Aronce de plain-pied fût marié à Clélie²!

GORGIBUS.

Que me vient conter celle-ci?

MADELON.

Mon père, voilà ma cousine qui vous dira aussi bien que moi que le mariage ne doit jamais arriver qu'après les autres aventures. Il faut qu'un amant, pour être agréable, sache débiter les beaux sentiments, pousser le

---

1. Cette verte réplique est un de ces « coups de fouet », pour nous servir du terme technique, auxquels le spectateur ne résiste pas, et qui l'enlèvent dès le début d'une pièce.

2. *Cyrus* et *Mandane* sont les deux principaux personnages d'*Artamène ou le Grand Cyrus*; *Aronce* et *Clélie*, les deux principaux personnages de *Clélie;* grands et célèbres romans de Mlle de Scudéry.

doux, le tendre et le passionné[1], et que sa recherche soit dans les formes. Premièrement, il doit voir au temple, ou à la promenade, ou dans quelque cérémonie publique, la personne dont il devient amoureux; ou bien être conduit fatalement chez elle par un parent ou un ami, et sortir de là tout rêveur et mélancolique. Il cache un temps sa passion à l'objet aimé, et cependant lui rend plusieurs visites, où l'on ne manque jamais de mettre sur le tapis une question galante qui exerce les esprits de l'assemblée. Le jour de la déclaration arrive, qui se doit faire ordinairement dans une allée de quelque jardin, tandis que la compagnie s'est un peu éloignée : et cette déclaration est suivie d'un prompt courroux, qui paroît à notre rougeur, et qui, pour un temps, bannit l'amant de notre présence. Ensuite il trouve moyen de nous apaiser, de nous accoutumer insensiblement au discours de sa passion, et de tirer de nous cet aveu qui fait tant de peine. Après cela viennent les aventures, les rivaux qui se jettent à la traverse d'une inclination établie, les persécutions des pères, les jalousies conçues sur de fausses apparences, les plaintes, les désespoirs, les enlèvements, et ce qui s'ensuit. Voilà comme les choses se traitent dans les belles manières; et ce sont des règles dont, en bonne galanterie, on ne sauroit se dispenser[2]. Mais en venir de but en blanc à l'union conjugale, ne faire l'amour qu'en faisant le contrat de mariage, et prendre justement le roman par la queue; encore un

---

1. Manière de parler que les précieuses affectionnaient particulièrement. Scarron, se disposant à partir pour l'Amérique, disait en se raillant qu'il y était surtout *poussé* par l'incommode engeance des *pousseurs de beaux sentiments*.

2. C'est là justement une analyse des romans de Mlle de Scudéry; Molière n'a pas oublié un seul point important, et *Sapho* pouvait être satisfaite du style de Madelon.

coup, mon père, il ne se peut rien de plus marchand que ce procédé; et j'ai mal au cœur de la seule vision que cela me fait.

GORGIBUS.

Quel diable de jargon entends-je ici? Voici bien du haut style.

CATHOS.

En effet, mon oncle, ma cousine donne dans le vrai de la chose. Le moyen de bien recevoir des gens qui sont tout à fait incongrus en galanterie! Je m'en vais gager qu'ils n'ont jamais vu la carte de Tendre, et que Billets-Doux, Petits-Soins, Billets-Galants et Jolis-Vers, sont des terres inconnues pour eux[1]. Ne voyez-vous pas que toute leur personne marque cela, et qu'ils n'ont point cet air qui donne d'abord bonne opinion des gens? Venir en visite amoureuse avec une jambe tout unie, un chapeau désarmé de plumes, une tête irrégulière en cheveux, et

---

1. On trouve la carte de Tendre dans la première partie du roman de *Clélie. Billets-Doux, Billets-Galants, Petits-Soins* et *Jolis-Vers* sont des villages qu'on y voit inscrits. « On sera peut-être bien aise, dit Auger, de prendre ici une idée de cette puérile invention. Trois fleuves coupent le pays de Tendre : l'un s'appelle *Reconnaissance;* l'autre, *Estime;* le troisième, qui est le plus considérable et qui occupe le milieu, se nomme *Inclination.* Sur ces trois fleuves, non loin de leur embouchure commune dans la *mer Dangereuse,* sont situées trois villes de Tendre, qui joignent à ce nom celui du fleuve qui les traverse : *Tendre-sur-Inclination, Tendre-sur-Estime, Tendre-sur-Reconnaissance.* A gauche du fleuve d'*Inclination* se trouve la *mer d'Inimitié,* et à droite le *lac d'Indifférence.* De nombreux villages semés sur la carte sont dénommés et placés de manière à figurer les divers degrés par où l'on arrive aux divers sentiments que ce lac, cette mer et ces villes, représentent. Au delà de la *mer Dangereuse* sont situées des *terres inconnues;* et, pour compléter l'imitation, on aperçoit, à l'un des coins de la carte, une *échelle* divisée en *lieues d'amitié.* » L'idée de cette carte parut si ingénieuse qu'on en fit de nombreuses contrefaçons. C'est ainsi qu'on vit paraître la *carte du royaume d'Amour,* la *description du royaume de Coquetterie,* et même une *carte du Jansénisme,* sur le modèle de la carte de Tendre, sans parler de la carte du *Pays de Braquerie,* dressée par Conti et Bussy.

SCÈNE V.

un habit qui souffre une indigence de rubans; mon Dieu! quels amants sont-ce là! Quelle frugalité d'ajustement, et quelle sécheresse de conversation[1]! On n'y dure point, on n'y tient pas. J'ai remarqué encore que leurs rabats[2] ne sont pas de la bonne faiseuse, et qu'il s'en faut plus d'un grand demi-pied que leurs hauts-de-chausses[3] ne soient assez larges.

GORGIBUS.

Je pense qu'elles sont folles toutes deux, et je ne puis rien comprendre à ce baragouin. Cathos, et vous, Madelon...

MADELON.

Eh! de grâce, mon père, défaites-vous de ces noms étranges, et nous appelez autrement.

GORGIBUS.

Comment, ces noms étranges? Ne sont-ce pas vos noms de baptême?

MADELON.

Mon Dieu! que vous êtes vulgaire[4]! Pour moi, un de mes étonnements, c'est que vous ayez pu faire une fille si spirituelle que moi. A-t-on jamais parlé, dans le beau style, de Cathos ni de Madelon, et ne m'avouerez-vous pas que ce seroit assez d'un de ces noms pour décrier le plus beau roman du monde?

---

1. De ces deux expressions, la première est restée insolite et bizarre, tandis que la seconde s'est accréditée.

2. Le rabat n'était primitivement autre chose que le col de la chemise rabattu en dehors sur le vêtement. Plus tard on eut des rabats postiches, d'une toile fine et empesée, qui étaient quelquefois garnis de dentelle, et que l'on nouait par devant avec deux cordons à glands. Tous les hommes, dans la jeunesse de Louis XIV, portaient le rabat.

3. Le *haut-de-chausses* est ce qu'on nomme *culotte* aujourd'hui.

4. Mot renouvelé par Mme de Staël, et qui, depuis elle, est resté de bon usage. (P. CHASLES.)

CATHOS.

Il est vrai, mon oncle, qu'une oreille un peu délicate pâtit furieusement à entendre prononcer ces mots-là; et le nom de Polixène¹ que ma cousine a choisi, et celui d'Aminte que je me suis donné, ont une grâce dont il faut que vous demeuriez d'accord².

GORGIBUS.

Écoutez : il n'y a qu'un mot qui serve. Je n'entends point que vous ayez d'autres noms que ceux qui vous ont été donnés par vos parrains et marraines; et pour ces messieurs dont il est question, je connois leurs familles et leurs biens, et je veux résolûment que vous vous disposiez à les recevoir pour maris. Je me lasse de vous avoir sur les bras, et la garde de deux filles est une charge un peu trop pesante pour un homme de mon âge.

CATHOS.

Pour moi, mon oncle, tout ce que je puis vous dire, c'est que je treuve* le mariage une chose tout à fait choquante. Comment est-ce qu'on peut souffrir la pensée de coucher contre un homme vraiment nu³ ?

* VAR. Je trouve (1674, 1682).

1. La Polyxène est le titre d'un roman d'un sieur de Molière, qui eut trois éditions en 1630, 1631, 1632, après la mort de l'auteur.
2. C'était un usage parmi les précieuses de changer de nom et d'en prendre un poétique et romanesque. Catherine de Vivonne, marquise de Rambouillet, avait donné l'exemple en adoptant le nom d'Arthénice (anagramme de Catherine), sous lequel elle fut célébrée par Malherbe et par la plupart des écrivains de son temps.
3. La fausse délicatesse des précieuses aboutissait souvent à la grossièreté. « Voici d'autres merveilles, écrit Mlle de Gournay ; ce sonnet, disent-elles, est bien pensé, lorsqu'elles veulent avertir qu'il est bien *conçu*. Leur raison de cette insigne manière de parler, c'est que le terme *conçu* met de laides images dans l'esprit. O personnes impures! Faut-il que les ruisseaux argentés, clairs et vierges, du Parnasse se convertissent en cloaques en tombant dans vos infâmes imaginations! »

MADELON.

Souffrez que nous prenions un peu haleine parmi le beau monde de Paris, où nous ne faisons que d'arriver. Laissez-nous faire à loisir le tissu de notre roman, et n'en pressez point tant la conclusion.

GORGIBUS, à part.

Il n'en faut point douter, elles sont achevées[1]. (Haut.) Encore un coup, je n'entends rien à toutes ces balivernes : je veux être maître absolu; et, pour trancher toutes sortes de discours, ou vous serez mariées toutes deux avant qu'il soit peu, ou, ma foi, vous serez religieuses; j'en fais un bon serment[2].

SCÈNE VI.

CATHOS, MADELON.

CATHOS.

Mon Dieu, ma chère[3], que ton père a la forme enfoncée dans la matière! que son intelligence est épaisse, et qu'il fait sombre dans son âme!

MADELON.

Que veux-tu, ma chère? j'en suis en confusion pour

1. *Achevées*, complétement folles. On aurait dit au xvie siècle : « achevées de peindre. » C'était, dirions-nous à présent, avoir reçu le coup de grâce.
2. Cette scène est comme une ébauche de la fameuse scène des *Femmes savantes* entre Chrysale, Philaminte et Bélise. Celle-ci ne pouvait manquer d'être supérieure à la première. Un mari tremblant devant sa femme et hardi seulement contre sa sœur est bien autrement comique qu'un père et un oncle parlant ferme à sa fille et à sa nièce. Gorgibus n'en est pas moins un excellent personnage. En tout, on peut considérer *les Précieuses ridicules* comme une esquisse chaude et spirituelle, d'après laquelle Molière a exécuté par la suite son admirable tableau des *Femmes savantes*. (AUGER.)
3. *Chère* était une appellation caractéristique qui n'a plus pour nous la valeur qu'elle avait alors. On disait une *chère*, de même qu'on disait une précieuse. Ce mot, avec son acception distincte, servait dans la cabale féminine comme d'un signe de reconnaissance.

lui. J'ai peine à me persuader que je puisse être véritablement sa fille, et je crois que quelque aventure un jour me viendra développer une naissance plus illustre[1].

CATHOS.

Je le croirois bien; oui, il y a toutes les apparences du monde; et, pour moi, quand je me regarde aussi...

SCÈNE VII.

CATHOS, MADELON, MAROTTE.

MAROTTE.

Voilà un laquais qui demande si vous êtes au logis, et dit que son maître vous veut venir voir.

MADELON.

Apprenez, sotte, à vous énoncer moins vulgairement. Dites : Voilà un nécessaire qui demande si vous êtes en commodité d'être visibles[2].

MAROTTE.

Dame! je n'entends point le latin; et je n'ai pas appris, comme vous, la filofie dans le grand Cyre[3].

MADELON.

L'impertinente! le moyen de souffrir cela! Et qui est-il, le maître de ce laquais?

MAROTTE.

Il me l'a nommé le marquis de Mascarille.

---

1. L'impertinence de ce vœu montre que ce qui gâte l'esprit corrompt aussi le cœur. Cathos et Madelon vont recevoir une leçon sévère; mais elles l'auront méritée à plus d'un titre.
2. On trouve dans le *Dictionnaire* de Somaize la justification de toutes ces tournures forcées de langage, et même, pour beaucoup d'entre elles, le nom du personnage qui les mit le premier en vogue.
3. *Artamène ou le Grand Cyrus.*

MADELON.

Ah! ma chère, un marquis!* Oui, allez dire qu'on nous peut voir. C'est sans doute un bel esprit qui aura ouï parler de nous.**

CATHOS.

Assurément, ma chère.

MADELON.

Il faut le recevoir dans cette salle basse, plutôt qu'en notre chambre. Ajustons un peu nos cheveux au moins, et soutenons notre réputation. Vite, venez nous tendre ici dedans le conseiller des grâces.

MAROTTE.

Par ma foi, je ne sais point quelle bête c'est là; il faut parler chrétien, si vous voulez que je vous entende.

CATHOS.

Apportez-nous le miroir, ignorante que vous êtes, et gardez-vous bien d'en salir la glace par la communication de votre image.

(Elles sortent.)

SCÈNE VIII.

MASCARILLE, Deux Porteurs.

MASCARILLE[1].

Holà! porteurs, holà! Là, là, là, là, là, là. Je pense que ces marauds-là ont dessein de me briser, à force de heurter contre les murailles et les pavés.

---

* Var. *Ah! ma chère, un marquis! un marquis!* (1682.)
** Var. *Qui auroit ouï parler de nous* (1673).
Qui a ouï parler de nous (1682).

1. C'était Molière qui jouait ce personnage; son costume extravagant est décrit dans le *Récit* de Mlle Desjardins.

PREMIER PORTEUR.

Dame! c'est que la porte est étroite. Vous avez voulu aussi que nous soyons entrés jusqu'ici[1].

MASCARILLE.

Je le crois bien. Voudriez-vous, faquins, que j'exposasse l'embonpoint de mes plumes aux inclémences de la saison pluvieuse, et que j'allasse imprimer mes souliers en boue? Allez, ôtez votre chaise d'ici.

DEUXIÈME PORTEUR.

Payez-nous donc, s'il vous plaît, monsieur.

MASCARILLE.

Hem?

DEUXIÈME PORTEUR.

Je dis, monsieur, que vous nous donniez de l'argent, s'il vous plaît.

MASCARILLE, lui donnant un soufflet.

Comment, coquin, demander de l'argent à une personne de ma qualité!

DEUXIÈME PORTEUR.

Est-ce ainsi qu'on paye les pauvres gens? et votre qualité nous donne-t-elle à dîner?

MASCARILLE.

Ah! ah! ah! je vous apprendrai à vous connoître! Ces canailles-là s'osent jouer à moi!

PREMIER PORTEUR, prenant un des bâtons de sa chaise.

Çà, payez-nous vitement[2].

1. La grammaire aurait exigé : *que nous entrassions jusqu'ici*. Mais le premier porteur n'a point vis-à-vis de l'imparfait du subjonctif autant de courage que Mascarille.
2. M. Jules Janin raconte (*Journal des Débats*, 10 mars 1862) que Lekain eut une fois la fantaisie de jouer le rôle du premier porteur de chaise, celui qui dit d'un ton bourru : « Çà, payez-nous vitement! » et qu'avec ces trois mots il donnait le frisson aux spectateurs. On ne sait où M. Janin avait puisé cette anecdote.

SCÈNE IX.

MASCARILLE.

Quoi?

PREMIER PORTEUR.

Je dis que je veux avoir de l'argent tout à l'heure.

MASCARILLE.

Il est raisonnable.*

PREMIER PORTEUR.

Vite donc!

MASCARILLE.

Oui-da! tu parles comme il faut, toi; mais l'autre est un coquin qui ne sait ce qu'il dit. Tiens, es-tu content?

PREMIER PORTEUR.

Non, je ne suis pas content; vous avez donné un soufflet à mon camarade, et... (levant son bâton.)

MASCARILLE.

Doucement; tiens, voilà pour le soufflet. On obtient tout de moi quand on s'y prend de la bonne façon. Allez, venez me reprendre tantôt pour aller au Louvre, au petit coucher[1].

SCÈNE IX.

MAROTTE, MASCARILLE.

MAROTTE.

Monsieur, voilà mes maîtresses qui vont venir tout à l'heure.

* Var. *Il est raisonnable celui-là* (1682).

1. Cette charmante scène met dans tout son jour l'impudence et la lâcheté de Mascarille. Elle fait songer à d'autres scènes, moins brutales sans doute, qui se jouent constamment dans la société, où il est si commun de voir ménager et bien traiter les méchants qu'on redoute, et réserver toutes les duretés et les insolences pour les bonnes gens qui n'inspirent aucune crainte.

MASCARILLE.

Qu'elles ne se pressent point; je suis ici posté commodément pour attendre.

MAROTTE.

Les voici.

SCÈNE X.

MADELON, CATHOS, MASCARILLE, ALMANZOR.

MASCARILLE, après avoir salué.

Mesdames, vous serez surprises sans doute de l'audace de ma visite; mais votre réputation vous attire cette méchante affaire, et le mérite a pour moi des charmes si puissants que je cours partout après lui.

MADELON.

Si vous poursuivez le mérite, ce n'est pas sur nos terres que vous devez chasser.

CATHOS.

Pour voir chez nous le mérite, il a fallu que vous l'y ayez amené.

MASCARILLE.

Ah! je m'inscris en faux contre vos paroles[1]. La renommée accuse juste en contant ce que vous valez; et vous allez faire pic, repic et capot tout ce qu'il y a de galant dans Paris.

MADELON.

Votre complaisance pousse un peu trop avant la libéralité de ses louanges; et nous n'avons garde, ma cousine et moi, de donner de notre sérieux dans le doux de votre flatterie.

---

1. Cette expression est une de celles qui n'ont plus pour nous rien d'affecté ni de hasardé, parce qu'elles ont été admises par l'usage.

SCÈNE X.

CATHOS.

Ma chère, il faudroit faire donner des sièges.

MADELON.

Holà, Almanzor[1] !

ALMANZOR.

Madame.

MADELON.

Vite, voiturez-nous ici les commodités de la conversation.

MASCARILLE.

Mais, au moins, y a-t-il sûreté ici pour moi?

(Almanzor sort.)

CATHOS.

Que craignez-vous?

MASCARILLE.

Quelque vol de mon cœur, quelque assassinat de ma franchise[2]. Je vois ici des yeux* qui ont la mine d'être de fort mauvais garçons, de faire insulte aux libertés, et de traiter une âme de Turc à More. Comment diable! D'abord qu'on les approche, ils se mettent sur leur garde meurtrière[3]. Ah! par ma foi, je m'en défie! et je m'en vais gagner au pied, ou je veux caution bourgeoise[4] qu'ils ne me feront point de mal.

* VAR. *Je vois ici deux yeux* (1682).

1. Ce nom d'Almanzor a sans doute été donné à ce laquais par les précieuses. La servante Marotte, qui veut qu'on lui « parle chrétien », ne se sera pas laissé débaptiser.
2. *Franchise,* dans le sens de liberté. Les poètes et les prosateurs du temps offrent encore des exemples de ce mot pris ainsi dans son acception primitive:

> Mon cœur de sa franchise avoit perdu l'usage.
> (CORNEILLE, *la Veuve.*)

3. Métaphore outrée empruntée à la langue de l'escrime.
4. *Caution bourgeoise,* caution valable et facile à discuter, dit Fure-

MADELON.

Ma chère, c'est le caractère enjoué.

CATHOS.

Je vois bien que c'est un Amilcar[1].

MADELON.

Ne craignez rien : nos yeux n'ont point de mauvais desseins, et votre cœur peut dormir en assurance sur leur prud'homie.

CATHOS.

Mais, de grâce, monsieur, ne soyez pas inexorable à ce fauteuil qui vous tend les bras il y a un quart d'heure : contentez un peu l'envie qu'il a de vous embrasser.

MASCARILLE, après s'être peigné et avoir ajusté ses canons[2].

Eh bien! mesdames, que dites-vous de Paris?

MADELON.

Hélas! qu'en pourrions-nous dire? Il faudroit être l'antipode de la raison, pour ne pas confesser que Paris est le grand bureau des merveilles, le centre du bon goût, du bel esprit et de la galanterie.

MASCARILLE.

Pour moi, je tiens que hors de Paris il n'y a point de salut pour les honnêtes gens.

CATHOS.

C'est une vérité incontestable.

MASCARILLE.

Il y fait un peu crotté; mais nous avons la chaise[3].

---

tière, comme serait celle d'un bon bourgeois; « on ne veut point, ajoute-t-il, prêter aux grands seigneurs sans caution bourgeoise ».

1. *Amilcar* est un personnage du roman de *Clélie*, qui vise à l'enjouement, mais dont les prétentions sont assez peu justifiées.

2. Les canons étaient une large bande d'étoffe que l'on attachait au-dessous du genou, et qui couvrait la moitié de la jambe en l'entourant.

3. Les chaises à porteurs étaient alors du meilleur ton. La mode en

MADELON.

Il est vrai que la chaise est un retranchement merveilleux contre les insultes de la boue et du mauvais temps.

MASCARILLE.

Vous recevez beaucoup de visites? Quel bel esprit est des vôtres?

MADELON.

Hélas! nous ne sommes pas encore connues; mais nous sommes en passe de l'être; et nous avons une amie particulière qui nous a promis d'amener ici tous ces messieurs du Recueil des pièces choisies[1].

CATHOS.

Et certains autres qu'on nous a nommés aussi pour être les arbitres souverains des belles choses.

MASCARILLE.

C'est moi qui ferai votre affaire mieux que personne; ils me rendent tous visite, et je puis dire que je ne me lève jamais sans une demi-douzaine de beaux esprits.

MADELON.

Hé! mon Dieu! nous vous serons obligées de la dernière obligation si vous nous faites cette amitié; car enfin il faut avoir la connoissance de tous ces messieurs-là si l'on veut être du beau monde. Ce sont ceux qui donnent*

---

* VAR. *Ce sont eux qui donnent* (1682).

avait été apportée d'Angleterre, sous le règne de Louis XIII, par le marquis de Montbrun, fils légitimé du duc de Bellegarde.

1. Il est probable que Molière fait allusion ici au recueil publié en 1653 par de Sercy, sous le titre de *Poésies choisies de MM. Corneille, Benserade, de Scudéry, Boisrobert, Sarrazin, Desmarets, Baraud, Saint-Laurent, Colletet, Lamesnardière, Montreuil, Viguier, Chevreau, Malleville, Tristan, Testu, Maucroy, de Prade, Girard, et de L'Age.* Depuis le commencement du siècle il avait paru un grand nombre de ces recueils, qui faisaient les délices des gens à la mode.

le branle à la réputation dans Paris; et vous savez qu'il y en a tel dont il ne faut que la seule fréquentation pour vous donner bruit de connoisseuse, quand il n'y auroit rien autre chose que cela. Mais, pour moi, ce que je considère particulièrement, c'est que, par le moyen de ces visites spirituelles, on est instruite de cent choses qu'il faut savoir de nécessité, et qui sont de l'essence d'un bel esprit. On apprend par là chaque jour les petites nouvelles galantes, les jolis commerces de prose et de vers.* On sait à point nommé : un tel a composé la plus jolie pièce du monde sur un tel sujet; une telle a fait des paroles sur un tel air; celui-ci a fait un madrigal sur une jouissance[1]; celui-là a composé des stances sur une infidélité; monsieur un tel écrivit hier au soir un sixain à mademoiselle une telle, dont elle lui a envoyé la réponse ce matin sur les huit heures; un tel auteur a fait un tel dessein; celui-là en est** à la troisième partie de son roman; cet autre met ses ouvrages sous la presse. C'est là ce qui vous fait valoir dans les compagnies; et si l'on ignore ces choses, je ne donnerois pas un clou de tout l'esprit qu'on peut avoir[2].

* Var. *Les jolis commerces de prose ou de vers* (1673, 1682).
** Var. *Celui-là est* (1673).

1. Une faveur. Une *jouissance*, une *infidélité*, sont le sujet et le titre de beaucoup de pièces de poésie de cette époque.

2. Voici la définition des précieuses telle qu'elle est donnée dans la préface du *Dictionnaire* de Somaize, avec l'intention de contredire Molière : «Il est des femmes qui, ayant un peu plus de bien ou un peu plus de beauté que les autres, tâchent de se tirer hors du commun, et pour cet effet elles lisent tous les romans et tous les ouvrages de galanterie qui se font. Toutes sortes de personnes sont bien venues chez elles; elles reçoivent des vers de tous ceux qui leur en envoient; et elles se mêlent bien souvent d'en juger, bien qu'elles n'en fassent pas, s'imaginant qu'elles les connoissent parfaitement parce qu'elles en lisent beaucoup. Elles ne sauroient souffrir ceux qui ne savent ce que c'est que galanterie, et, comme elles tâchent de

SCÈNE X.

CATHOS.

En effet, je trouve que c'est renchérir sur le ridicule, qu'une personne se pique d'esprit, et ne sache pas jusqu'au moindre petit quatrain qui se fait chaque jour; et, pour moi, j'aurois toutes les hontes du monde s'il falloit qu'on vînt à me demander si j'aurois vu quelque chose de nouveau que je n'aurois pas vu.

MASCARILLE.

Il est vrai qu'il est honteux de n'avoir pas des premiers tout ce qui se fait; mais ne vous mettez pas en peine : je veux établir chez vous une académie de beaux esprits, et je vous promets qu'il ne se fera pas un bout de vers dans Paris que vous ne sachiez par cœur avant tous les autres. Pour moi, tel que vous me voyez, je m'en escrime un peu quand je veux; et vous verrez courir de ma façon, dans les belles ruelles de Paris[1], deux cents chansons, autant de sonnets, quatre cents épigrammes, et plus de mille madrigaux, sans compter les énigmes et les portraits.

---

bien parler, disent quelquefois des mots nouveaux sans s'en apercevoir, qui, étant prononcés avec un air dégagé et avec toute la délicatesse imaginable, paroissent souvent aussi bons qu'ils sont extraordinaires; et ce sont ces aimables personnes que Mascarille (Molière) a traitées de ridicules dans ses *Précieuses,* et qui le sont en effet sur son théâtre, par le caractère qu'il leur a donné, qui n'a rien qu'une personne puisse faire naturellement à moins que d'être folle ou innocente. » L'auteur de cette préface, qui n'est autre, selon toute apparence, que Somaize lui-même, ne s'aperçoit pas qu'il confirme de tout point le portrait tracé par le poète comique.

1. Les *ruelles* étaient les lieux de réception ordinaires de ce temps-là. Les précieuses s'attribuaient l'invention des alcôves, sortes de petites chambres ménagées dans une plus grande. Le lit s'y trouvait placé et exhaussé sur une estrade : c'était couchées que les dames attendaient les visiteurs. Les familiers, sous le nom d'alcovistes, faisaient les honneurs de la chambre. Les abbés de Bellebat et Dubuisson ont, dans le *Dictionnaire* de Somaize, le titre de *grands introducteurs des ruelles.*

MADELON.

Je vous avoue que je suis furieusement pour les portraits : je ne vois rien de si galant que cela[1].

MASCARILLE.

Les portraits sont difficiles, et demandent un esprit profond : vous en verrez de ma manière qui ne vous déplairont pas.

CATHOS.

Pour moi, j'aime terriblement les énigmes[2].

MASCARILLE.

Cela exerce l'esprit, et j'en ai fait quatre encore ce matin, que je vous donnerai à deviner.

MADELON.

Les madrigaux sont agréables, quand ils sont bien tournés.

MASCARILLE.

C'est mon talent particulier; et je travaille à mettre en madrigaux toute l'histoire romaine[3].

MADELON.

Ah! certes, cela sera du dernier beau; j'en retiens un exemplaire au moins, si vous le faites imprimer.

---

1. Ce genre de littérature, dans lequel on se peint soi-même ou l'on peint les autres, était fort à la mode. On trouve près de soixante-dix portraits à la suite des Mémoires de Mlle de Montpensier. La plupart des gens d'esprit de ce siècle s'adonnèrent à cet exercice littéraire; on sait ce que le portrait est devenu sous la plume de La Bruyère et de Saint-Simon.

2. « Les précieuses, dit l'abbé Cotin, s'envoyoient visiter par un rondeau ou par une énigme, et c'est par là que commençoient toutes les conversations. » Pour la facilité de ce commerce, il publia un recueil d'énigmes. Il y définit l'énigme : « un discours obscur de choses claires et connues; » et il se donne pour « le père de l'énigme parmi les poètes françois ».

3. Ce trait paraît dirigé contre les romans où Mlle de Scudéry travestissait en Céladons les héros de l'histoire ancienne. Une telle idée était si bien dans l'esprit de l'école que, dix-sept ans plus tard, Benserade publia *les Métamorphoses d'Ovide mises en rondeaux :* il n'avait pas profité de la leçon de Molière.

SCÈNE X. 183

MASCARILLE.

Je vous en promets à chacune un, et des mieux reliés. Cela est au-dessous de ma condition ; mais je le fais seulement pour donner à gagner aux libraires, qui me persécutent.

MADELON.

Je m'imagine que le plaisir est grand de se voir imprimé.

MASCARILLE.

Sans doute. Mais, à propos, il faut que je vous die un impromptu que je fis hier chez une duchesse de mes amies que je fus visiter : car je suis diablement fort sur les impromptus.

CATHOS.

L'impromptu est justement la pierre de touche de l'esprit.

MASCARILLE.

Écoutez donc.

MADELON.

Nous y sommes de toutes nos oreilles.

MASCARILLE.

Oh! oh! je n'y prenois pas garde :
Tandis que, sans songer à mal, je vous regarde,
Votre œil en tapinois me dérobe mon cœur!
Au voleur! au voleur! au voleur! au voleur[1]*!*

---

1. M. Éd. Fournier a rapproché du burlesque madrigal de Mascarille ce couplet qu'il a trouvé dans la *Fleur des chansons nouvelles,* Paris, 1614, in-12 :

>   Ah! je le vois, je le vois!
>   Arrêtez-le, mes amis.
>   Dans ce logis il s'est mis ;
>   La dame l'aime, je crois.
>   Son sein est le recéleur

CATHOS.

Ah! mon Dieu! voilà qui est poussé dans le dernier galant.

MASCARILLE.

Tout ce que je fais a l'air cavalier; cela ne sent point le pédant.

MADELON.

Il en est éloigné de plus de deux mille lieues.

MASCARILLE.

Avez-vous remarqué ce commencement? *Oh! oh!* Voilà qui est extraordinaire, *oh! oh!* Comme un homme qui s'avise tout d'un coup, *oh! oh!* La surprise, *oh! oh!*

MADELON.

Oui, je trouve ce *oh! oh!* admirable.

MASCARILLE.

Il semble que cela ne soit rien.

CATHOS.

Ah! mon Dieu! que dites-vous? Ce sont là de ces sortes de choses* qui ne se peuvent payer.

* VAR. *Que dites-vous là? Ce sont de ces sortes de choses* (1682).

> De ses larcins entrepris.
> O voleur! ô voleur! ô voleur!
> Rends-moi mon cœur que tu m'as pris!

De tous temps, cette métaphore a été fort usitée. M. Victor Fournel en a recueilli de nombreux exemples depuis Charles d'Orléans jusqu'à nos jours. (*La Littérature indépendante et les écrivains oubliés*, page 89-90.) Citons les vers suivants que Mascarille n'aurait pas eu besoin de parodier : Le Virbluneau, sieur d'Ofayel, s'exprime ainsi fort sérieusement dans un sonnet :

> Alarme, alarme, alarme! et au secours!
> On m'a volé mon cœur dans ma poitrine!

Et un madrigal du Recueil de Sercy dit non moins agréablement :

> Depuis assez de temps, je conservois un cœur...
> L'auriez-vous point pris par mégarde?
> Faites du moins qu'on y regarde :
> Je crois, sans y penser, l'avoir laissé chez vous.

SCÈNE X.

MADELON.

Sans doute; et j'aimerois mieux avoir fait ce *oh! oh!* qu'un poëme épique.

MASCARILLE.

Tudieu! vous avez le goût bon.

MADELON.

Eh! je ne l'ai pas tout à fait mauvais.

MASCARILLE.

Mais n'admirez-vous pas aussi *je n'y prenois pas garde? je n'y prenois pas garde,* je ne m'apercevois pas de cela; façon de parler naturelle, *je n'y prenois pas garde.* Tandis que, *sans songer à mal,* tandis qu'innocemment, sans malice, comme un pauvre mouton, *je vous regarde,* c'est-à-dire je m'amuse à vous considérer, je vous observe, je vous contemple; *votre œil en tapinois...* Que vous semble de ce mot *tapinois?* n'est-il pas bien choisi?

CATHOS.

Tout à fait bien.

MASCARILLE.

Tapinois, en cachette; il semble que ce soit un chat qui vienne de prendre une souris, *tapinois.*

MADELON.

Il ne se peut rien de mieux.

MASCARILLE.

Me dérobe mon cœur, me l'emporte, me le ravit. *Au voleur! au voleur! au voleur! au voleur!* Ne diriez-vous pas que c'est un homme qui crie et court après un voleur pour le faire arrêter? *Au voleur! au voleur! au voleur! au voleur*[1]*!*

---

1. Mascarille, lisant son impromptu « pour une duchesse de ses amies » et le commentant, fait tout de suite penser à Trissotin lisant son sonnet

MADELON.

Il faut avouer que cela a un tour spirituel et galant.

MASCARILLE.

Je veux vous dire l'air que j'ai fait dessus.

CATHOS.

Vous avez appris la musique?

MASCARILLE.

Moi? Point du tout.

CATHOS.

Et comment donc cela se peut-il?

MASCARILLE.

Les gens de qualité savent tout sans avoir jamais rien appris[1].

MADELON.

Assurément, ma chère.

MASCARILLE.

Écoutez si vous trouverez l'air à votre goût. *Hem, hem. La, la, la, la, la.* La brutalité de la saison a furieusement outragé la délicatesse de ma voix; mais il n'importe, c'est à la cavalière. (Il chante.)

Oh! oh! je n'y prenois pas... [2]

---

pour la princesse Uranie. C'est absolument la même situation. Mais Molière, dont on peut dire qu'il crée de nouveau les choses plutôt qu'il ne les répète, a marqué chacune des deux scènes d'un trait particulier qui la distingue et la différencie. Mascarille commente et développe lui-même les beautés de son impromptu, avec l'intrépide vanité d'un homme qui dédaigne les artifices de la fausse modestie. Trissotin, bel esprit de profession, jouit en silence, avec un orgueil sournois et hypocrite, des ridicules témoignages d'admiration qu'excite son génie. (AUGER.)

1. Mascarille entre ici parfaitement dans l'esprit de son rôle.
2. L'air sur lequel on chante habituellement aujourd'hui l'impromptu de Mascarille est emprunté à un motif de Monsigny dans *le Déserteur*, que M. Fr. Régnier a adapté, en le modifiant, aux vers de Mascarille.

SCÈNE X.

CATHOS.

Ah! que voilà un air qui est passionné! Est-ce qu'on n'en meurt point[1]?

MADELON.

Il y a de la chromatique là-dedans[2].

MASCARILLE.

Ne trouvez-vous pas la pensée bien exprimée dans le chant? *Au voleur!...** Et puis, comme si l'on crioit bien fort, *au, au, au, au, au, au voleur!* Et tout d'un coup, comme une personne essoufflée, *au voleur!*

MADELON.

C'est là savoir le fin des choses, le grand fin, le fin du fin. Tout est merveilleux, je vous assure; je suis enthousiasmée de l'air et des paroles.

CATHOS.

Je n'ai encore rien vu de cette force-là.

MASCARILLE.

Tout ce que je fais me vient naturellement, c'est sans étude.

MADELON.

La nature vous a traité en vraie mère passionnée, et vous en êtes l'enfant gâté.

* VAR. *Au voleur! au voleur!* (1682.)

1. On rencontre de ces formules d'admiration affectée dans *les Aventures du baron de Fœneste* : « Cette cruelle, cette rebelle rend-elle point les armes à ce beau front, à cette moustache bien troussée? et puis cette belle grève... c'est pour en mourir! »
— Régnier dit, en parlant d'un fat :

Laissons-le discourir,
Dire cent et cent fois : *Il en faudroit mourir!*
(*Satire* VIII, 39 et 40.)

2. *Chromatique* est à présent du genre masculin. « Le chromatique consiste dans une suite de chant qui procède par demi-tons, tant en montant qu'en descendant. »

MASCARILLE.

A quoi donc passez-vous le temps?*

CATHOS.

A rien du tout.

MADELON.

Nous avons été jusqu'ici dans un jeûne effroyable de divertissements.

MASCARILLE.

Je m'offre à vous mener l'un de ces jours à la comédie, si vous voulez; aussi bien on en doit jouer une nouvelle que je serai bien aise que nous voyions ensemble.

MADELON.

Cela n'est pas de refus.

MASCARILLE.

Mais je vous demande d'applaudir comme il faut, quand nous serons là: car je me suis engagé de faire valoir la pièce, et l'auteur m'en est venu prier encore ce matin. C'est la coutume ici, qu'à nous autres, gens de condition, les auteurs viennent lire leurs pièces nouvelles, pour nous engager à les trouver belles et leur donner de la réputation; et je vous laisse à penser si, quand nous disons quelque chose, le parterre ose nous contredire! Pour moi, j'y suis fort exact; et quand j'ai promis à quelque poète, je crie toujours : Voilà qui est beau! devant que les chandelles soient allumées.

MADELON.

Ne m'en parlez point : c'est un admirable lieu que Paris; il s'y passe cent choses, tous les jours, qu'on ignore dans les provinces, quelque spirituelle qu'on puisse être.

CATHOS.

C'est assez; puisque nous sommes instruites, nous

---

* VAR. *A quoi donc passez-vous le temps, mesdames?* (1682.)

SCÈNE X.

ferons notre devoir de nous écrier comme il faut sur tout ce qu'on dira.

MASCARILLE.

Je ne sais si je me trompe; mais vous avez toute la mine d'avoir fait quelque comédie.

MADELON.

Eh! il pourroit être quelque chose de ce que vous dites.

MASCARILLE.

Ah! ma foi, il faudra que nous la voyions. Entre nous, j'en ai composé une que je veux faire représenter.

CATHOS.

Hé, à quels comédiens la donnerez-vous?

MASCARILLE.

Belle demande! Aux grands comédiens[1] :* il n'y a qu'eux qui soient capables de faire valoir les choses; les autres sont des ignorants qui récitent comme l'on parle; ils ne savent pas faire ronfler les vers et s'arrêter au bel endroit; et le moyen de connoître où est le beau vers, si

---

* Var. *Aux comédiens de l'hôtel de Bourgogne* (1682). Cette variante a son explication dans la date même où fut faite l'édition de La Grange et Vinot. En 1680, la troupe de l'hôtel de Bourgogne était venue se fondre dans la troupe du roi, alors installée rue Mazarine, vis-à-vis de la rue Guénégaud. Il devenait nécessaire de préciser davantage ce qui n'était plus qu'un souvenir historique.

1. Voici le premier trait de satire que Molière dirige contre ses rivaux de l'hôtel de Bourgogne. Il y avait un peu plus d'un an que, dans la représentation d'essai qui eut lieu au Louvre, il leur adressait un compliment de bienvenue et un éloge délicat. Les choses avaient, comme l'on voit, changé de face. A quels mauvais procédés répondirent les perfides louanges de Mascarille? On l'ignore. Ce qui est certain, c'est que la critique de Molière était fondée, que la déclamation de ces acteurs était outrée et emphatique. Molière fait ici, à leurs dépens, une protestation en faveur du débit naturel et de l'art véritable, qui consiste justement à « réciter comme l'on parle ».

le comédien ne s'y arrête et ne nous avertit par là qu'il faut faire le brouhaha?

CATHOS.

En effet, il y a manière de faire sentir aux auditeurs les beautés d'un ouvrage; et les choses ne valent que ce qu'on les fait valoir.

MASCARILLE.

Que vous semble de ma petite oie[1]? La trouvez-vous congruente à l'habit?

CATHOS.

Tout à fait.

MASCARILLE.

Le ruban est bien choisi.

MADELON.

Furieusement bien. C'est Perdrigeon tout pur[2].

MASCARILLE.

Que dites-vous de mes canons?

MADELON.

Ils ont tout à fait bon air.

MASCARILLE.

Je puis me vanter au moins qu'ils ont un grand quartier plus que tous ceux qu'on fait.

---

1. La petite oie était l'ensemble des rubans, dentelles, plumes, et des menues garnitures de l'habillement.

> Ne vous vendrai-je rien, monsieur? des bas de soie,
> Des gants en broderie ou quelque petite oie?
> (CORNEILLE, la Galerie du Palais.)

2. Perdrigeon était un fameux marchand mercier de ce temps-là, comme l'atteste ce vers de l'Académie des femmes, comédie jouée au théâtre du Marais en 1661 :

> . . . Qu'en dis-tu? La seule petite oie
> Me coûte cinq cents francs, tout en belle monnoie;
> Car je paye comptant, demande à Perdrigeon.

Perdrigeon était encore renommé en 1692, comme on le voit dans une pièce du Théâtre italien de Gherardi, Arlequin Phaéton, acte II, scène v.

SCÈNE X.

MADELON.

Il faut avouer que je n'ai jamais vu porter si haut l'élégance de l'ajustement.

MASCARILLE.

Attachez un peu sur ces gants la réflexion de votre odorat.

MADELON.

Ils sentent terriblement bon[1].

CATHOS.

Je n'ai jamais respiré une odeur mieux conditionnée.

MASCARILLE.

Et celle-là? (Il donne à sentir les cheveux poudrés de sa perruque.)

MADELON.

Elle est tout à fait de qualité; le sublime[2] en est touché délicieusement.

MASCARILLE.

Vous ne me dites rien de mes plumes, comment les trouvez-vous?

CATHOS.

Effroyablement belles[3].

MASCARILLE.

Savez-vous que le brin me coûte un louis d'or? Pour

---

1. Scarron a écrit dans une lettre : « Une telle bonté me donne à vous terriblement, pour parler à la mode. » (Littré, *Dictionnaire*.)

2. *Le sublime*, le cerveau. Voir le *Dictionnaire* de Somaize.

3. Cet abus des adverbes que font les précieuses remontait assez haut, puisque d'Aubigné le critiquait déjà dans *les Aventures du baron de Fœneste*. « Aujourd'hui court *furieusement*, dit-il, jusqu'à dire : *il est sage, il est doux furieusement...* On use mal aussi de plusieurs autres adverbes à la cour, comme : *je vous aime horriblement;* on dit même : *grandement petit.* » Boileau fit aussi la guerre à ces prétentieuses façons de parler. Dans son *Dialogue des héros de roman*, Sapho, commençant le portrait de Tisiphone, dit : « L'illustre fille dont j'ai à vous entretenir a, en toute sa personne, je ne sais quoi de si furieusement extraordinaire et de si terriblement merveilleux que je ne suis pas médiocrement embarrassée quand je songe à vous en tracer le portrait. »

moi, j'ai cette manie de vouloir donner généralement sur tout ce qu'il y a de plus beau.

MADELON.

Je vous assure que nous sympathisons, vous et moi. J'ai une délicatesse furieuse pour tout ce que je porte; et jusqu'à mes chaussettes, je ne puis rien souffrir qui ne soit de la bonne ouvrière. *

MASCARILLE, s'écriant brusquement.

Ahi! ahi! ahi! doucement. Dieu me damne, mesdames, c'est fort mal en user; j'ai à me plaindre de votre procédé, cela n'est pas honnête.

CATHOS.

Qu'est-ce donc? qu'avez-vous?

MASCARILLE.

Quoi! toutes deux contre mon cœur en même temps! M'attaquer ** à droite et à gauche! ah! c'est contre le droit des gens : la partie n'est pas égale, et je m'en vais crier au meurtre.

CATHOS.

Il faut avouer qu'il dit les choses d'une manière particulière.

MADELON.

Il a un tour admirable dans l'esprit.

CATHOS.

Vous avez plus de peur que de mal, et votre cœur crie avant qu'on l'écorche.

MASCARILLE.

Comment diable! il est écorché depuis la tête jusqu'aux pieds[1].

---

* Var. *Qui ne soit de la bonne faiseuse* (1682).
** Var. *M'attaquant* (1673).

1. L'image est violente. Marivaux a mis dans la bouche d'un de ses per-

SCÈNE XI.

CATHOS, MADELON, MASCARILLE, MAROTTE.

MAROTTE.

Madame, on demande à vous voir.

MADELON.

Qui?

MAROTTE.

Le vicomte de Jodelet.

MASCARILLE.

Le vicomte de Jodelet?

MAROTTE.

Oui, monsieur.

CATHOS.

Le connoissez-vous?

MASCARILLE.

C'est mon meilleur ami.

MADELON.

Faites entrer vivement.

MASCARILLE.

Il y a quelque temps que nous ne nous sommes vus, et je suis ravi de cette aventure.

CATHOS.

Le voici.

---

sonnages, sans vouloir le rendre ridicule, une expression qui vaut bien celle-là : « Frappez fort, mon cœur a bon dos. »

Cette scène dixième forme à elle seule presque le tiers de la pièce, et elle n'est autre chose qu'un entretien privé d'action; mais le ridicule des trois personnages, quoique le même au fond, est si plaisamment varié dans ses détails que la scène, toute longue qu'elle est, n'a point de longueurs, et qu'elle fait rire d'un bout à l'autre. (AUGER.)

SCÈNE XII.

CATHOS, MADELON, JODELET, MASCARILLE, MAROTTE, ALMANZOR.

MASCARILLE.

Ah! vicomte!

JODELET, s'embrassant l'un l'autre.

Ah! marquis!

MASCARILLE.

Que je suis aise de te rencontrer!

JODELET.

Que j'ai de joie de te voir ici!

MASCARILLE.

Baise-moi donc encore un peu, je te prie¹.

MADELON, à Cathos.

Ma toute bonne, nous commençons d'être connues; voilà le beau monde qui prend le chemin de nous venir voir.

MASCARILLE.

Mesdames, agréez que je vous présente ce gentilhomme-ci : sur ma parole, il est digne d'être connu de vous.

JODELET.

Il est juste de venir vous rendre ce qu'on vous doit; et vos attraits exigent leurs droits seigneuriaux sur toutes sortes de personnes.

MADELON.

C'est pousser vos civilités jusqu'aux derniers confins de la flatterie.*

---

* VAR. *Jusqu'aux derniers confins de flatterie* (1673, 1682).

1. A cette époque les hommes de la cour, surtout les jeunes gens, avaient

LES PRÉCIEUSES RIDICULES.

SCÈNE XI.

Garnier frères Éditeurs

SCÈNE XII.

CATHOS.

Cette journée doit être marquée dans notre almanach comme une journée bienheureuse.

MADELON, à Almanzor.

Allons, petit garçon, faut-il toujours vous répéter les choses? Voyez-vous pas qu'il faut le surcroît d'un fauteuil?

MASCARILLE.

Ne vous étonnez pas de voir le vicomte de la sorte; il ne fait que sortir d'une maladie qui lui a rendu le visage pâle comme vous le voyez[1].

JODELET.

Ce sont fruits des veilles de la cour et des fatigues de la guerre[2].

MASCARILLE.

Savez-vous, mesdames, que vous voyez dans le vicomte

---

la ridicule habitude, lorsqu'ils se rencontraient, de s'embrasser à plusieurs reprises, avec de grands gestes et des paroles fort bruyantes. C'est ce que Molière appelle ailleurs « la fureur de leurs embrassements ».

1. Ce rôle fut créé par Julien Bedeau (voyez *Dictionnaire* de Jal), dit *Jodelet*, qui était entré dans la troupe à Pâques de cette année 1659. Cet acteur avait coutume de s'enfariner le visage. Les commentateurs ont longtemps persisté à expliquer ce trait par la pâleur de Brécourt, qui ne fit partie de la troupe qu'au mois de juin 1662. Les nombreuses et trop ingénieuses applications qu'a faites Aimé Martin de ce rôle à cet acteur sont donc autant de méprises. Le registre de La Grange ne laisse subsister aucun doute à cet égard.

Le vicomte de Jodelet figure un homme de l'ancienne cour; il est d'âge très mûr (l'acteur n'avait guère alors moins de soixante-dix ans); vêtu avec quelque sévérité, sérieux, traînant la voix et parlant du nez, il forme contraste avec le sémillant Mascarille. Les lourdes bévues que commet ce faux homme de guerre s'accordaient avec les grotesques souvenirs de fanfaronnerie poltronne qu'avaient laissés les rôles écrits pour lui par Scarron et par Thomas Corneille.

2. La chronique scandaleuse, que Tallemant des Réaux ne nous a pas laissé ignorer, attribuait à tout autre chose qu'aux veilles de la cour et aux fatigues de la guerre la mauvaise santé de Jodelet. (E. Despois.)

un des vaillants hommes du siècle? C'est un brave à trois poils ¹.

JODELET.

Vous ne m'en devez rien, marquis, et nous savons ce que vous savez faire aussi.

MASCARILLE.

Il est vrai que nous nous sommes vus tous deux dans l'occasion.

JODELET.

Et dans des lieux où il faisoit fort chaud.

MASCARILLE, les regardant toutes deux.

Oui, mais non pas si chaud qu'ici. Hai, hai, hai!

JODELET.

Notre connoissance s'est faite à l'armée, et la première fois que nous nous vîmes, il commandoit un régiment de cavalerie sur les galères de Malte ².

MASCARILLE.

Il est vrai; mais vous étiez pourtant dans l'emploi avant que j'y fusse, et je me souviens que je n'étois que petit officier encore, que vous commandiez deux mille chevaux.

JODELET.

La guerre est une belle chose; mais, ma foi, la cour récompense bien mal aujourd'hui les gens de service comme nous.

1. Cette façon de parler proverbiale fait, selon les uns, allusion aux deux pointes affilées de la moustache et à la *royale* qui partageait le menton. D'autres y voient une assimilation d'un brave accompli avec le velours, le satin *à trois poils,* qui était le meilleur. Saint-Simon dit : « un brave à quatre poils. » Les poils étaient des lignes jaunes marquées sur le liséré.

2. Ce régiment de cavalerie, si singulièrement placé, prouve tout d'abord quelle témérité le vicomte de Jodelet a dans l'imagination.

On peut comparer les compliments mutuels que se font ces deux prétendus gentilshommes avec ceux que s'adressent Trissotin et Vadius dans *les Femmes savantes.*

SCÈNE XII.

MASCARILLE.

C'est ce qui fait que je veux pendre l'épée au croc.

CATHOS.

Pour moi, j'ai un furieux tendre pour les hommes d'épée[1].

MADELON.

Je les aime aussi; mais je veux que l'esprit assaisonne la bravoure.

MASCARILLE.

Te souvient-il, vicomte, de cette demi-lune que nous emportâmes sur les ennemis au siège d'Arras[2]?

JODELET.

Que veux-tu dire avec ta demi-lune? C'étoit bien une lune tout entière[3].

MASCARILLE.

Je pense que tu as raison.

JODELET.

Il m'en doit bien souvenir, ma foi! j'y fus blessé à la jambe d'un coup de grenade dont je porte encore les marques. Tâtez un peu, de grâce : vous sentirez quel coup c'étoit là[4].

---

1. Mascarille a marqué quelque préférence pour Madelon. Cathos, qui est assez nulle et qui ne fait guère que répéter ce que dit sa cousine en renchérissant sur elle, prend bravement son parti, et se montre toute disposée à admirer plus particulièrement le vicomte.

2. Le siège d'Arras avait eu lieu en 1654; Turenne avait fait lever ce siège au prince de Condé, qui servait dans l'armée espagnole.

M. Despois croit qu'il s'agit plutôt du siège de 1640, depuis lequel Arras est resté à la France. « Les mots *demi-lune emportée*, non pas *reprise*, dit-il, se rapportent mieux à des assiégeants qu'à des assiégés, » mais il ne faut peut-être pas regarder de si près aux paroles de Mascarille.

3. L'ignorance unie à la fanfaronnerie ne s'est jamais trahie par une bévue plus comique. (AUGER.)

4. Il y a dans l'édition originale : *quelque coup, c'étoit là*. On a généralement cru à une faute d'impression. La réponse de Cathos ne nous paraît laisser aucun doute à ce sujet.

CATHOS, après avoir touché l'endroit.

Il est vrai que la cicatrice est grande.

MASCARILLE.

Donnez-moi un peu votre main, et tâtez celui-ci, là, justement au derrière de la tête. Y êtes-vous?

MADELON.

Oui, je sens quelque chose.

MASCARILLE.

C'est un coup de mousquet[1] que je reçus, la dernière campagne que j'ai faite.

JODELET, découvrant sa poitrine.

Voici un autre coup qui me perça de part en part à l'attaque de Gravelines[2].

MASCARILLE, mettant la main sur le bouton de son haut-de-chausses.

Je vais vous montrer une furieuse plaie[3].

MADELON.

Il n'est pas nécessaire : nous le croyons sans y regarder.

MASCARILLE.

Ce sont des marques honorables qui font voir ce qu'on est.

CATHOS.

Nous ne doutons point de ce que vous êtes.

---

1. Quelques anciens acteurs avaient imaginé de faire dire à Mascarille : « C'est un coup de cotret... » sur quoi il se reprenait vivement : « C'est un coup de mousquet, veux-je dire, etc. » Depuis longtemps, cette mauvaise tradition a disparu.

2. En 1658, le maréchal de La Ferté avait pris cette ville sur les Espagnols.

3. La véritable condition de Jodelet et de Mascarille explique seule ces familiarités malséantes : il n'y avait que de petites sottes de province qui fussent capables de les prendre pour des gentillesses.

SCÈNE XII.

MASCARILLE.

Vicomte, as-tu là ton carrosse?

JODELET.

Pourquoi?

MASCARILLE.

Nous mènerions promener ces dames hors des portes[1], et leur donnerions un cadeau[2].

MADELON.

Nous ne saurions sortir aujourd'hui.

MASCARILLE.

Ayons donc les violons pour danser.

JODELET.

Ma foi! c'est bien avisé.

MADELON.

Pour cela, nous y consentons; mais il faut donc quelque surcroît de compagnie.

MASCARILLE.

Holà! Champagne, Picard, Bourguignon, Cascaret, Basque, la Verdure, Lorrain, Provençal, la Violette! Au diable soient tous les laquais! Je ne pense pas qu'il y ait gentilhomme en France plus mal servi que moi. Ces canailles me laissent toujours seul.

MADELON.

Almanzor, dites aux gens de monsieur[*] qu'ils aillent quérir des violons, et nous faites venir ces messieurs et

---

[*] VAR. *Dites aux gens de monsieur le marquis* (1682).

1. Paris avait encore ses portes et ses vieilles fortifications.
2. Fête, collation, partie de plaisir, donnée surtout à la campagne, et aussi d'ordinaire avec quelque chose d'inattendu pour les personnes qui les reçoivent; tel était le sens de ce mot, qui depuis lors a changé. M. Castil-Blaze le dérive du mot italien *accaduto,* ce qui tombe des nues; et M. Chasles rappelle le mot anglais *Godsend* (envoyé par Dieu), qui a la même signification.

ces dames d'ici près, pour peupler la solitude de notre bal.

(Almanzor sort.)

MASCARILLE.

Vicomte, que dis-tu de ces yeux?

JODELET.

Mais toi-même, marquis, que t'en semble?

MASCARILLE.

Moi, je dis que nos libertés auront peine à sortir d'ici les braies nettes[1]. Au moins, pour moi, je reçois d'étranges secousses, et mon cœur ne tient plus qu'à un filet.*

MADELON.

Que tout ce qu'il dit est naturel! Il tourne les choses le plus agréablement du monde.

CATHOS.

Il est vrai qu'il fait une furieuse dépense en esprit.

MASCARILLE.

Pour vous montrer que je suis véritable, je veux faire un impromptu là-dessus. (Il médite.)

CATHOS.

Eh! je vous en conjure de toute la dévotion de mon cœur, que nous ayons quelque chose** qu'on ait fait pour nous.

JODELET.

J'aurois envie d'en faire autant; mais je me trouve un peu incommodé de la veine poétique, pour la quantité des saignées que j'y ai faites ces jours passés.

---

* VAR. *Ne tient qu'à un filet* (1673, 1682).

** VAR. *Que nous oyons quelque chose* (1673).
Que nous oyions quelque chose (1682).

1. Dans cette locution, la trivialité se joint à l'amphigouri, et c'est justement sur ce propos que la précieuse Madelon se récrie : « Que tout ce qu'il dit est naturel! »

MASCARILLE.

Que diable est cela?[*] Je fais toujours bien le premier vers; mais j'ai peine à faire les autres. Ma foi, ceci est un peu trop pressé; je vous ferai un impromptu à loisir, que vous trouverez le plus beau du monde.

JODELET.

Il a de l'esprit comme un démon.

MADELON.

Et du galant, et du bien tourné [1].

MASCARILLE.

Vicomte, dis-moi un peu : y a-t-il longtemps que tu n'as vu la comtesse?

JODELET.

Il y a plus de trois semaines que je ne lui ai rendu visite.

MASCARILLE.

Sais-tu bien que le duc m'est venu voir ce matin, et m'a voulu mener à la campagne courir un cerf avec lui?

MADELON.

Voici nos amies qui viennent.

SCÈNE XIII.

LUCILE, CÉLIMÈNE, CATHOS, MADELON, MASCARILLE, JODELET, MAROTTE, ALMANZOR, Violons.

MADELON.

Mon Dieu! mes chères, nous vous demandons pardon.

---

[*] Var. *Que diable est-ce là?* (1673, 1682.)

1. Madelon arrive rapidement à l'enthousiasme. Mascarille achève de lui porter le dernier coup en faisant parade des brillantes relations qu'il possède.

Ces messieurs ont eu fantaisie de nous donner les âmes des pieds; et nous vous avons envoyé querir pour remplir les vides de notre assemblée.

LUCILE.

Vous nous avez obligées, sans doute.

MASCARILLE.

Ce n'est ici qu'un bal à la hâte; mais, l'un de ces jours, nous vous en donnerons un dans les formes. Les violons sont-ils venus?

ALMANZOR.

Oui, monsieur; ils sont ici.

CATHOS.

Allons donc, mes chères, prenez place.

MASCARILLE, dansant lui seul comme par prélude.

La, la, la, la, la, la, la, la.

MADELON.

Il a tout à fait la taille élégante.*

CATHOS.

Et a la mine de danser proprement[1].

MASCARILLE, ayant pris Madelon pour danser.

Ma franchise va danser la courante aussi bien que mes pieds. En cadence, violons; en cadence. Oh! quels ignorants! il n'y a pas moyen de danser avec eux. Le diable vous emporte! ne sauriez-vous jouer en mesure? La, la, la, la, la, la, la, la. Ferme. O violons de village!

JODELET, dansant ensuite.

Holà! ne pressez pas si fort la cadence : je ne fais que sortir de maladie[2].

* VAR. *Il a la taille tout à fait élégante* (1682).

1. *Danser proprement* était alors une expression recherchée. Elle serait plutôt familière aujourd'hui.
2. Mascarille reproche aux violons de ne pas jouer en mesure, parce qu'il

SCÈNE XIV.

DU CROISY, LA GRANGE, CATHOS, MADELON, LUCILE, CÉLIMÈNE, JODELET, MASCARILLE, MAROTTE, Violons.

LA GRANGE, un bâton à la main.

Ah! ah! coquins! que faites-vous ici? Il y a trois heures que nous vous cherchons.

MASCARILLE, se sentant battre.

Ahi! ahi! ahi! vous ne m'aviez pas dit que les coups en seroient aussi.

JODELET.

Ahi! ahi! ahi!

LA GRANGE.

C'est bien à vous, infâme que vous êtes, à vouloir faire l'homme d'importance!

DU CROISY.

Voilà qui vous apprendra à vous connoître.

SCÈNE XV.

CATHOS, MADELON, LUCILE, CÉLIMÈNE, MASCARILLE, JODELET, MAROTTE, Violons.

MADELON.

Que veut donc dire ceci?

JODELET.

C'est une gageure.

---

ne danse pas en mesure lui-même, et Jodelet se plaint de ce qu'ils pressent trop la cadence, parce qu'il n'est pas assez leste pour la suivre : tous ces détails sont vrais, sont comiques, et prouvent que Molière ne négligeait pas le moindre trait dans la peinture de ses personnages. (AUGER.)

CATHOS.

Quoi! vous laisser battre de la sorte[1]!

MASCARILLE.

Mon Dieu! je n'ai pas voulu faire semblant de rien : car je suis violent, et je me serois emporté.

MADELON.

Endurer un affront comme celui-là en notre présence!

MASCARILLE.

Ce n'est rien : ne laissons pas d'achever. Nous nous connoissons il y a longtemps; et, entre amis, on ne va pas se piquer pour si peu de chose.

SCÈNE XVI.

DU CROISY, LA GRANGE, MADELON, CATHOS, CÉLIMÈNE, LUCILE, MASCARILLE, JODELET, MAROTTE, Violons.

LA GRANGE.

Ma foi, marauds, vous ne vous rirez pas de nous, je vous le promets. Entrez, vous autres.

(Trois ou quatre spadassins entrent.)

MADELON.

Quelle est donc cette audace, de venir nous troubler de la sorte dans notre maison?

DU CROISY.

Comment, mesdames! nous endurerons que nos laquais soient mieux reçus que nous; qu'ils viennent vous faire l'amour à nos dépens, et vous donnent le bal?

---

1. Cette fois Cathos, qui a un tendre pour les gens d'épée, parle la première. Cathos et Madelon ne sont pas encore détrompées, mais elles laissent éclater ce mépris que les femmes ont naturellement pour les hommes lâches, et qui est fondé sur le besoin qu'elles ont d'être défendues.

SCÈNE XVI.

MADELON.

Vos laquais!

LA GRANGE.

Oui, nos laquais : et cela n'est ni beau ni honnête de nous les débaucher comme vous faites.

MADELON.

O ciel! quelle insolence!

LA GRANGE.

Mais ils n'auront pas l'avantage de se servir de nos habits pour vous donner dans la vue; et si vous les voulez aimer, ce sera, ma foi, pour leurs beaux yeux. Vite, qu'on les dépouille sur-le-champ.

JODELET.

Adieu notre braverie [1].

MASCARILLE.

Voilà le marquisat et la vicomté à bas.

DU CROISY.

Ah! ah! coquins, vous avez l'audace d'aller sur nos brisées! Vous irez chercher autre part de quoi vous rendre agréables aux yeux de vos belles, je vous en assure.

LA GRANGE.

C'est trop que de nous supplanter, et de nous supplanter avec nos propres habits.

MASCARILLE.

O Fortune! quelle est ton inconstance!

---

1. *Braverie,* dans le sens de parure, beaux habits. « Pour moi, dit ailleurs Molière, je tiens que la braverie, que l'ajustement est la chose qui réjouit le plus les filles. » (*Amour médecin,* acte J, scène I.) Ce mot s'emploie encore en ce sens dans les campagnes du nord de la France; on dit surtout usuellement : « Comme elle est brave! la voilà bien brave! » pour dire : Comme elle est bien mise, bien parée!

206   LES PRÉCIEUSES RIDICULES.

DU CROISY.

Vite, qu'on leur ôte jusqu'à la moindre chose¹.

LA GRANGE.

Qu'on emporte toutes ces hardes, dépêchez. Maintenant, mesdames, en l'état qu'ils sont, vous pouvez continuer vos amours avec eux tant qu'il vous plaira; nous vous laissons* toute sorte de liberté pour cela, et nous vous protestons, monsieur et moi, que nous n'en serons** aucunement jaloux².

SCÈNE XVII.

MADELON, CATHOS, JODELET,
MASCARILLE, Violons.

CATHOS.

Ah! quelle confusion!

MADELON.

Je crève de dépit³.

UN DES VIOLONS, au marquis.

Qu'est-ce donc que ceci? Qui nous payera, nous autres?

MASCARILLE.

Demandez à monsieur le vicomte.

---

* Var. *Nous vous laisserons* (1673, 1682).
** Var. *Que nous ne serons* (1674, 1682).

1. Il y a ici un jeu de scène dont l'origine paraît remonter assez haut. Jodelet, pour dissimuler sa maigreur, a mis un grand nombre de gilets qu'on lui enlève successivement. Il paraît enfin en chef de cuisine, tire de sa ceinture un bonnet blanc dont il se coiffe, et s'agenouille devant Cathos, qui le repousse avec horreur.

2. Il y a excès sans doute dans la punition. Mais l'exagération est souvent nécessaire au théâtre, et sert à rendre la leçon plus saisissante.

3. La précieuse Madelon recouvre tout à coup beaucoup de naturel dans son langage.

SCÈNE XVIII.

UN DES VIOLONS, à Jodelet.

Qui est-ce qui nous donnera de l'argent?

JODELET.

Demandez à monsieur le marquis.

SCÈNE XVIII.

GORGIBUS, MADELON, CATHOS, JODELET, MASCARILLE, VIOLONS.

GORGIBUS.

Ah! coquines que vous êtes, vous nous mettez dans de beaux draps blancs, à ce que je vois; et je viens d'apprendre de belles affaires, vraiment, de ces messieurs qui sortent!*

MADELON.

Ah! mon père, c'est une pièce sanglante qu'ils nous ont faite.

GORGIBUS.

Oui, c'est une pièce sanglante, mais qui est un effet de votre impertinence, infâmes! Ils se sont ressentis du traitement que vous leur avez fait, et cependant, malheureux que je suis, il faut que je boive l'affront.

MADELON.

Ah! je jure que nous en serons vengées, ou que je mourrai en la peine. Et vous, marauds, osez-vous vous tenir ici après votre insolence?

MASCARILLE.

Traiter comme cela un marquis! Voilà ce que c'est que du monde! la moindre disgrâce nous fait mépriser de ceux qui nous chérissoient. Allons, camarade, allons cher-

---

* VAR. *Et je viens d'apprendre de belles affaires, vraiment, de ces messieurs et de ces dames qui sortent* (1682).

cher fortune autre part; je vois bien qu'on n'aime ici que la vaine apparence, et qu'on n'y considère point la vertu toute nue. (Ils sortent tous deux.)

SCÈNE XIX.

GORGIBUS, MADELON, CATHOS, VIOLONS.

UN DES VIOLONS.

Monsieur, nous entendons que vous nous contentiez, à leur défaut, pour ce que nous avons joué ici.

GORGIBUS, les battant.

Oui, oui, je vous vais contenter; et voici la monnoie dont je vous veux payer. Et vous, pendardes, je ne sais qui me tient que je ne vous en fasse autant. Nous allons servir de fable et de risée à tout le monde; et voilà ce que vous vous êtes attiré par vos extravagances. Allez vous cacher, vilaines; allez vous cacher pour jamais[1]. (Seul.) Et vous, qui êtes cause de leur folie, sottes billevesées, pernicieux amusements des esprits oisifs, romans, vers, chansons, sonnets et sonnettes[2], puissiez-vous être à tous les diables!

---

1. L'apostrophe s'adressait à toute la coterie des précieuses, et prédisait sa prochaine dispersion.

2. Gorgibus, à qui ce quolibet échappe dans son humeur, ne fait guère que répéter une boutade de Malherbe. Ce grand poète ayant fait un sonnet où les règles n'étaient pas toutes observées : « Ce n'est pas là un sonnet, lui dit-on; on ne le recevra pas pour tel. — Eh bien! répondit-il, si ce n'est pas un sonnet, ce sera une sonnette. »

FIN DES PRÉCIEUSES RIDICULES.

LA DÉROUTE
DES PRÉCIEUSES

MASCARADE

1659

LA DÉROUTE
DES PRÉCIEUSES[1]

PREMIÈRE ENTRÉE.

L'Amour, voyant que ses lois, qui avoient toujours été fort respectées de tout le monde, n'étoient plus en si grande considération, et que le pouvoir qu'il avoit eu jusqu'ici sur les cœurs commençoit à se diminuer depuis que les précieuses s'étoient introduites dans les compagnies, d'où lles avoient résolu de le bannir entièrement, entra dans une colère dont on n'eût jamais cru qu'un enfant eût été capable, et jura de se venger d'elles à quelque prix que ce fût, et voulut même engager ses fidèles sujets en cette occasion, leur ordonnant de se déclarer ouvertement contre ces ennemies communes : ce qui leur fit chercher un moyen de contenter leur petit dieu, et crurent ne le pouvoir pas mieux faire qu'en les décréditant parmi le peuple, dépeignant dans un almanach leurs figures grotesques et leurs belles occupations, ce qui fut aussitôt fait.

Pour l'AMOUR dépité.

J'ai toujours fait sentir aux cœurs les plus rebelles
Ce que peuvent les traits du puissant dieu d'Amour :
Les laides ont appris, aussi bien que les belles,
Qu'il faut que, tôt ou tard, chacun aime à son tour.

J'aperçois cependant que certaines cruelles,
De dépit de se voir déjà sur le retour

---

1. Cette petite pièce, d'un auteur inconnu, parut chez Alexandre Lesselin, rue de la Vieille-Draperie, proche le Palais, 1659, in-4°. On ne peut dire si elle a été représentée. Elle a été réimprimée par M. V. Fournel, dans le tome deuxième des *Contemporains de Molière*. Si l'on s'en rapporte à la date, 1659, elle a dû suivre de très près la comédie de Molière, et elle est le premier document qui traduit et constate le sentiment général de la défaite des précieuses.

Sans s'être encor soumis quelques amants fidèles,
Empêchent la plupart de me faire leur cour.

Mais, pour bien me venger des fières précieuses
Qui, pour rendre mes lois en tous lieux odieuses,
M'appellent un enfant, un aveugle, un badin,

Je veux que désormais on n'en voie pas une
Qui ne brûle en secret pour quelque beau blondin,
Et que pas un blondin jamais n'en aime aucune.

ENTRÉE II.

Ces almanachs ayant été imprimés, deux COLPORTEURS, chargés de plusieurs pièces nouvelles, courent dans les rues avec une précipitation tout à fait grande, et crient à plein gosier l'*Almanach des précieuses*, dont ils font un grand débit.

Pour le COLPORTEUR, criant les almanachs.

Ma foi, je n'ai point de sujet
De déclamer contre les précieuses :
Je veux bien que partout on les trouve orgueilleuses;
Pour moi, j'en suis fort satisfait,
Car leur figure non commune
Va faire ma bonne fortune.

Pour le COLPORTEUR, portant des vers contre les précieuses.

Je cours depuis longtemps et je perds tous mes pas :
A présent un chacun se rit de a Gazette;
Mais je vais mettre en montre une pièce secrète
Que tout le monde n'aura pas.

ENTRÉE III.

Dans cet intervalle de temps, trois PRÉCIEUSES viennent à passer, qui, voyant ces colporteurs entourés de monde, et s'entendant nommer, veulent savoir ce que ces gens regardent et achètent avec tant d'empressement; mais, quand elles aperçoivent que c'est une pièce que l'on a faite pour se moquer d'elles, le dépit les saisit, et elles entrent en une telle furie qu'elles prennent leurs buscs pour battre ces colporteurs, qui sont obligés de s'enfuir.

ENTRÉE IV.

Pour les PRÉCIEUSES.

Lorsque nous commencions d'établir notre empire,
Qu'on recevoit nos lois ainsi que nos beaux mots,
Tout d'un coup contre nous on fait une satire,
  Et partout l'on nous donne à dos.
Mes chères, pourrons-nous après cela paroître,
Sans qu'on nous montre au doigt et qu'on coure après nous ?
  Il nous faut épouser un cloître,
  N'ayant pu rencontrer d'époux.

ENTRÉE IV.

Il se rencontre là, par hasard, un POÈTE qu'elles reconnoissent, à qui elles font toutes les amitiés possibles pour l'obliger à se déclarer de leur parti, et lui promettent merveille s'il veut s'engager de faire des vers contre cet *Almanach* ; mais, au lieu de se laisser aller à leurs prières, il se met à chanter la chanson que l'on a faite contre elles, et à se réjouir du désordre où il les voit.

CHANSON.

Précieuses, vos maximes
Renversent tous nos plaisirs ;
Vous faites passer pour crimes
Nos plus innocents désirs.
Votre erreur est sans égale.
Quoi ! ne verra-t-on jamais
L'Amour et votre cabale
Faire un bon traité de paix ?

Vous faites tant les cruelles
Que l'on peut bien vous nommer
Des jansénistes nouvelles
Qui veulent tout réformer ;
Vous gâtez tout le mystère,
Mais j'espère, quelque jour,
Que nous verrons dans Cythère
Une Sorbonne d'amour.

Pour le POÈTE.

Dieux ! qu'une précieuse est un sot animal !
  Que les auteurs ont eu de mal,

Tandis que ces vieilles pucelles
Ont régenté dans les ruelles;
Pour moi, je n'osois mettre au jour
Ni stance, ni rondeau sur le sujet d'amour,
Et je crois que si ces critiques
Eussent eu vogue plus longtemps,
Je perdois toutes mes pratiques
Et restois sans avoir à mettre sous mes dents.

ENTRÉE V.

Les GALANTS n'ont pas plus tôt appris la consternation où se trouvent les précieuses qu'ils font paroître le contentement que leur donne cette heureuse nouvelle, dans l'espérance qu'ils ont de rétablir bientôt leur commerce avec les coquettes, sans crainte que ces critiques, qui trouvoient toujours à redire à leur façon d'agir, osent dorénavant les censurer.

Pour les GALANTS.

Bannissons la mélancolie,
Et formons de nouveaux désirs :
Ces critiques et leur folie
N'empêcheront plus nos plaisirs.
On n'entendra plus que fleurettes,
Et chacun criera tour à tour :
Vivent l'Amour et les coquettes!
Tous les galants sont de retour.

ENTRÉE VI.

Ensuite l'HYMEN, voyant que l'on avoit banni les prudes, qui, n'étant plus en état de donner dans le mariage, pour mieux dissimuler leur dépit, conseilloient à tout le monde de ne se mettre jamais en cet engagement, ne peut se tenir de sauter de joie, voyant que ses autels vont être en leur première vénération, et que ses sacrifices ne seront plus interrompus par les impertinents censeurs de ces ridicules réformations.

Pour l'HYMEN.

Ce n'est pas sans sujet que je parois content :
Je m'en vais désormais rétablir mon empire.

ENTRÉE VI.

Les belles qui m'en vouloient tant
Et qui prétendoient me détruire
Sont à présent en fuite, et ne paroissent plus;
Mais puisque, comme moi, l'Amour a le dessus,
Il faut tous deux nous joindre ensemble
Pour unir mille amants avec mille beautés,
Qui, par nos doux liens se voyant arrêtés,
Béniront à jamais le nœud qui les assemble,
Et chanteront de tous côtés,
Dedans cette heureuse journée :
Vive le dieu d'Amour et celui d'Hyménée!

FIN DE LA DÉROUTE DES PRÉCIEUSES.

RÉCIT

EN PROSE ET EN VERS

DE LA

FARCE DES PRÉCIEUSES

[PAR Mlle DESJARDINS]^1

---

1. Voyez la notice préliminaire, page 152.

PRÉFACE

~~~~~~

Si j'étois assez heureuse pour être connue de tous ceux qui liront le *Récit des Précieuses*, je ne serois pas obligée de leur protester qu'on l'a imprimé sans mon consentement, et même sans que je l'aie su; mais, comme la douleur que cet accident m'a causée, et les efforts que j'ai faits pour l'empêcher, sont des choses dont le public est assez mal informé, j'ai cru à propos de l'avertir que cette Lettre fut écrite à une personne de qualité[1], qui m'avoit demandé cette marque de mon obéissance dans un temps où je n'avois pas encore vu sur le théâtre *les Précieuses;* de sorte qu'elle n'est faite que sur le rapport d'autrui, et je crois qu'il est aisé de connoître cette vérité par l'ordre que je tiens dans mon *Récit,* car il est un peu différent de celui de cette farce. Cette seule circonstance sembloit suffire pour sauver ma lettre de la presse; mais M. de Luyne en a autrement ordonné, et, malgré des projets plus raisonnables, me voilà, puisqu'il plaît à Dieu, imprimée par une bagatelle[2]. Cette aventure est assurément fort fâcheuse pour une personne de mon humeur; mais il ne tiendra qu'au public de m'en consoler, non pas en m'accordant son approbation (car j'aurois mauvaise opi-

---

1. Mme de Morangis, d'après le manuscrit de Conrart, de la Bibliothèque de l'Arsenal (n° 902, tome IX, page 1017).

2. Mlle Desjardins se plaint, comme Molière, de subir la violence de ce terrible monsieur de Luyne, et de part ni d'autre il n'y a, croyons-nous, dans ces plaintes beaucoup de sincérité.

nion de lui s'il la donnoit à si peu de chose), mais en se persuadant que je n'ai appris l'impression de ma lettre que dans un temps où il n'étoit plus en mon pouvoir de l'empêcher. J'espère cette justice de lui, et le prie de croire que, si mon âge[1] et ma façon d'agir lui étoient connus, il jugeroit plus favorablement de moi que cette lettre ne semble le mériter.

1. Mlle Desjardins, née en 1632, avait vingt-huit ans.

RÉCIT EN PROSE ET EN VERS

DE LA
FARCE DES PRÉCIEUSES

Madame, je ne prétends pas vous donner une grande marque de mon esprit en vous envoyant ce *Récit des Précieuses*, mais au moins ai-je lieu de croire que vous le recevrez comme un témoignage de la promptitude avec laquelle je vous obéis, puisque je n'en reçus l'ordre de vous qu'hier au soir, et que je l'exécute ce matin. Le peu de temps que votre impatience m'a donné doit vous obliger à souffrir les fautes qui sont dans cet ouvrage, et j'aurai l'avantage de les voir toutes effacées par la gloire qu'il y a de vous obéir promptement. Je crois même que c'est par cette raison que je n'ose vous faire un plus long discours.

Imaginez-vous donc, madame, que vous voyez un vieillard vêtu comme les paladins françois, et poli comme un habitant de la Gaule celtique,

> Qui d'un sévère et grave ton
> Demande à la jeune soubrette
> De deux filles de grand renom :
> « Que font vos maîtresses, fillette? »

Cette fille, qui sait bien comme se pratique la civilité, fait une profonde révérence au bonhomme, et lui répond humblement :

> « Elles sont là-haut dans leur chambre,
> Qui font des mouches et du fard,
> Des parfums de civette et d'ambre,
> Et de la pommade de lard. »

Comme ces sortes d'occupations n'étoient pas trop en usage du temps du bonhomme, il fut extrêmement étonné de la réponse de la soubrette, et regretta le temps où les femmes portoient des escofions au lieu de perruques, et des pantoufles au lieu de patins;

> Où les parfums étoient de fine marjolaine,
> Le fard de claire eau de fontaine;
> Où le talc et le pied de veau
> N'approchoient jamais du museau;
> Où la pommade de la belle
> Étoit du pur suif de chandelle.

Enfin, madame, il fit mille imprécations contre les ajustements superflus, et fit promptement appeler ces filles pour leur témoigner son ressentiment. « Venez, Magdelon et Cathos, leur dit-il, que je vous apprenne à vivre. » A ces noms de Magdelon et de Cathos, ces deux filles firent trois pas en arrière, et la plus précieuse des deux lui répliqua en ces termes :

> « Bon Dieu, ces terribles paroles
> Gâteroient le plus beau roman.
> Que vous parlez vulgairement!
> Que ne hantez-vous les écoles,
> Et vous apprendrez dans ces lieux
> Que nous voulons des noms qui soient plus précieux.
> Pour moi, je m'appelle Climène,
> Et ma cousine, Philimène[1]. »

Vous jugez bien, madame, que ce changement de noms vulgaires en noms du monde précieux ne plut pas à l'ancien Gaulois; aussi s'en mit-il fort en colère contre nos dames, et, après les avoir excitées à vivre comme le reste du monde et à ne pas se tirer du commun par des manies si ridicules, il les avertit qu'il viendroit à l'instant, deux hommes les voir, qui leur faisoient l'honneur de les rechercher. Et en effet, madame, peu de temps après la sortie de ce vieillard, il vint deux galants offrir leurs services aux demoiselles; il me semble même qu'ils s'en acquittoient assez bien. Mais aussi je ne suis pas précieuse, et je l'ai connu par la manière dont ces deux illustres filles reçurent nos

---

1. Dans *les Précieuses*, Madelon prend le nom de Polyxène, et Cathos celui d'Aminte (scène v).

protestants[1] : elles bâillèrent mille fois ; elles demandèrent autant quelle heure il étoit, et elles donnèrent enfin tant de marques du peu de plaisir qu'elles prenoient dans la compagnie de ces aventuriers, qu'ils furent contraints de se retirer très mal satisfaits de la réception qu'on leur avoit faite, et fort résolus de s'en venger (comme vous le verrez par la suite). Sitôt qu'ils furent sortis, nos précieuses se regardèrent l'une l'autre, et Philimène, rompant la première le silence, s'écria avec toutes les marques d'un grand étonnement :

« Quoi ! ces gens nous offrent leurs vœux !
Ha ! ma chère, quels amoureux !
Ils parlent sans afféteries,
Ils ont des jambes dégarnies,
Une indigence de rubans,
Des chapeaux désarmés de plumes,
Et ne savent pas les coutumes
Qu'on pratique à présent au pays des romans. »

Comme elle achevoit cette plainte, le bonhomme revint pour leur témoigner son mécontentement de la réception qu'elles avoient faite aux deux galants. Mais, bon Dieu, à qui s'adressoit-il ?

« Comment, s'écria Philimène,
Pour qui nous prennent ces amants,
De nous conter d'abord leur peine ?
Est-ce ainsi que l'on fait l'amour dans les romans ?

« Voyez-vous, mon oncle, poursuivit-elle, voilà ma cousine qui vous dira comme moi qu'il ne faut pas aller ainsi de plain pied au mariage. — Et voulez-vous qu'on aille au concubinage ? interrompit le vieillard irrité. — Non sans doute, mon père, répliqua Climène ; mais il ne faut pas aussi prendre le roman par la queue. Et que seroit-ce si l'illustre Cyrus épousoit Mandane dès la première année, et l'amoureux Aronce la belle Clélie ? Il n'y auroit donc ni aventures, ni combats ! Voyez-vous, mon père, il faut prendre un cœur par les formes, et, si vous voulez m'écouter, je m'en vais vous apprendre comme on aime dans les belles manières. »

1. Peut-être *nos prétendants*.

RÈGLES DE L'AMOUR.

I

Premièrement, les grandes passions
Naissent presque toujours des inclinations;
Certain charme secret que l'on ne peut comprendre
Se glisse dans les cœurs sans qu'on sache comment,
Par l'ordre du destin; l'on s'en laisse surprendre,
Et sans autre raison l'on s'aime en un moment.

II

Pour aider à la sympathie
Le hasard bien souvent se met de la partie.
On se rencontre au cours, au temple, dans un bal :
C'est là que du roman on commence l'histoire
Et que les traits d'un œil fatal
Remportent sur un cœur une illustre victoire.

III

Puis on cherche l'occasion
De visiter la demoiselle :
On la trouve encore plus belle,
Et l'on sent augmenter ainsi sa passion.
Lors on chérit la solitude,
L'on ne repose plus la nuit,
L'on hait le tumulte et le bruit,
Sans savoir le sujet de son inquiétude.

IV

On s'aperçoit enfin que cet éloignement,
Loin de le soulager, augmente le tourment;
Lors on cherche l'objet pour qui le cœur soupire.
On ne porte que ses couleurs;
On a le cœur touché de toutes ses douleurs,
Et ses moindres mépris font souffrir le martyre.

V

Puis on déclare son amour,
Et, dans cette grande journée,
Il se faut retirer dans une sombre allée,
Rougir et pâlir tour à tour,

DES PRÉCIEUSES.

Sentir des frissons, des alarmes,
Enfin, se jeter à genoux,
Et dire, en répandant des larmes,
A mots entrecoupés : Hélas! je meurs pour vous!

VI

Ce téméraire aveu met la dame en colère;
Elle quitte l'amant, lui défend de la voir.
Lui, que ce procédé réduit au désespoir,
Veut servir par la mort le vœu de sa misère[1].
Arrêtez, lui dit-il, objet rempli d'appas!
Puisque vous prononcez l'arrêt de mon trépas,
Je vous veux obéir; mais apprenez, cruelle,
Que vous perdrez dedans ce jour
L'adorateur le plus fidèle
Qui jamais ait senti le pouvoir de l'amour.

VII

Une âme se trouve attendrie
Par ces ardents soupirs et ces tendres discours;
On se fait un effort pour lui rendre la vie,
De ce torrent de pleurs on fait cesser le cours,
Et d'un charmant objet la puissance suprême
Rappelle du trépas par un seul : Je vous aime.

« Voilà comme il faut aimer, poursuivit cette savante fille, et ce sont des règles dont en bonne galanterie l'on ne peut jamais se dispenser. » Le père fut si épouvanté de ces nouvelles maximes qu'il s'enfuit en protestant qu'il étoit bien aisé d'aimer dans le temps qu'il faisoit l'amour à sa femme, et que ces filles étoient folles avec leurs règles.

Sitôt qu'il fut sorti, la suivante vint dire à ses maîtresses qu'un laquais demandoit à leur parler. Si vous pouviez concevoir, madame, combien ce mot de laquais est rude pour des oreilles précieuses, nos héroïnes vous feroient pitié. Elles firent un grand cri, et, regardant cette petite créature avec mépris : « Malapprise! lui dirent-elles, ne savez-vous pas que cet officier se nomme un

---

1. Le texte original a ici une faute d'impression évidente : *leuez*. La contrefaçon éditée par M. Fournier donne *le vœu*, qui n'est probablement pas le mot écrit par l'auteur. M. Despois propose de lire :

Veut guérir par la mort l'excès de sa misère.

nécessaire? » La réprimande faite[1], le nécessaire entra, qui dit aux précieuses que le marquis de Mascarille, son maître, envoyoit savoir s'il ne les incommoderoit point de les venir voir. L'offre étoit trop agréable à nos dames pour la refuser; aussi l'acceptèrent-elles de grand cœur, et, sur la permission qu'elles en donnèrent, le marquis entra, dans un équipage si plaisant que j'ai cru ne vous pas déplaire en vous en faisant la description.

Imaginez-vous donc, madame, que sa perruque étoit si grande qu'elle balayoit la place à chaque fois qu'il faisoit la révérence, et son chapeau si petit qu'il étoit aisé de juger que le marquis le portoit bien plus souvent dans la main que sur la tête; son rabat se pouvoit appeler un honnête peignoir, et ses canons sembloient n'être faits que pour servir de caches aux enfants qui jouent à la cligne-musette. Et en vérité, madame, je ne crois pas que les tentes des jeunes Massagètes[2] soient plus spacieuses que ses honorables canons. Un brandon de galants lui sortoit de sa poche comme d'une corne d'abondance, et ses souliers étoient si couverts de rubans qu'il ne m'est pas possible de vous dire s'ils étoient de roussi, de vache d'Angleterre, ou de maroquin; du moins sais-je bien qu'ils avoient un demi-pied de haut, et que j'étois fort en peine de savoir comment des talons si hauts et si délicats pouvoient porter le corps du marquis, ses rubans, ses canons et sa poudre. Jugez de l'importance du personnage sur cette figure, et me dispensez, s'il vous plaît, de vous en dire davantage; aussi bien faut-il que je passe au plus plaisant endroit de la pièce, et que je vous dise la conversation que notre précieux et nos précieuses eurent ensemble :

---

1. Dans la copie de Conrart ce passage est différent. « La réprimande faite, le nécessaire leur vient demander la permission de la part du marquis de Mascarille de venir leur rendre ses devoirs. Le titre et le nom étoient trop précieux pour qu'il ne fût pas bien reçu. Elles commandèrent qu'on le fît entrer; mais, en attendant, elles demandèrent une soucoupe inférieure et le conseiller des Grâces. Vous ne serez pas fort surprise quand je vous dirai que la soubrette ne les entendit pas : car j'imagine que vous ne l'entendez pas vous-même. Aussi cette pauvre fille les pria-t-elle bien humblement de parler chrétien, et qu'elle n'entendoit pas ce langage. Elles se résolurent à démétaphoriser et nommer les choses par leur nom. Après quoi Mascarille entra, et leur fit une révérence qui faisoit bien connoître qu'il étoit du monde plaisant et qu'il alloit du bel air. »

La « soucoupe inférieure » paraît bien risquée. Cette plaisanterie existait-elle en effet dans la pièce telle qu'elle fut représentée le 18 novembre 1659?

2. Souvenir du *Cyrus*, où figurent les Massagètes et leur reine.

DIALOGUE

DE MASCARILLE, DE PHILIMÈNE ET DE CLIMÈNE

CLIMÈNE.

L'odeur de votre poudre est des plus agréables,
Et votre propreté, des plus inimitables.

MASCARILLE.

Ah! je m'inscris en faux; vous voulez me railler :
A peine ai-je eu le temps de pouvoir m'habiller.
Que dites-vous pourtant de cette garniture?
    La trouvez-vous congruente à l'habit?

CLIMÈNE.

C'est Perdrigeon tout pur.

PHILIMÈNE.

              Que monsieur a d'esprit!
L'esprit paroît même dans la parure.

MASCARILLE.

Ma foi, sans vanité, je crois l'entendre un peu.
Madame, trouvez-vous ces canons du vulgaire?
Ils ont du moins un quart de plus qu'à l'ordinaire;
Et, si nous connoissons le beau couleur de feu,
Que dites-vous du mien?

PHILIMÈNE.

             Tout ce qu'on en peut dire.

CLIMÈNE.

Il est du dernier beau; sans mentir, je l'admire.

MASCARILLE.

Aïe! aïe! aïe! aïe!

CLIMÈNE.

      Hé, bon Dieu! qu'avez-vous?
Vous trouvez-vous point mal?

MASCARILLE.

           Non, mais je crains vos coups.

Frappez plus doucement, mesdames, je vous prie.
Vos yeux n'entendent pas la moindre raillerie.
Quoi, sur mon pauvre cœur toutes deux à la fois !
Il n'en falloit point tant pour le mettre aux abois.
Ne l'assassinez plus, divines meurtrières.

CLIMÈNE.

Ma chère, qu'il sait bien les galantes manières !

PHILIMÈNE.

Ah ! c'est un Amilcar, ma chère, assurément.

MASCARILLE.

Aimez-vous l'enjoué ?

PHILIMÈNE.

Oui, mais terriblement.

MASCARILLE.

Ma foi, j'en suis ravi, car c'est mon caractère ;
On m'appelle Amilcar aussi pour l'ordinaire.
A propos d'Amilcar, voyez-vous quelque auteur ?

CLIMÈNE.

Nous ne jouissons pas encor de ce bonheur ;
Mais on nous a promis les belles compagnies
 Des auteurs des *Poésies choisies.*

MASCARILLE.

 Ah ! je vous en veux amener :
Je les ai tous les jours à ma table à dîner ;
C'est moi seul qui vous puis donner leur connoissance.
Mais ils n'ont jamais fait de pièces d'importance.
J'aime pourtant assez le rondeau, le sonnet ;
J'y trouve de l'esprit, et lis un bon portrait
Avec quelque plaisir. Et vous, que vous en semble ?

CLIMÈNE.

Lorsque vous le voudrez nous en lirons ensemble ;
Mais ce n'est pas mon goût ; et je m'y connois mal,
Où vous aimeriez mieux lire un beau madrigal.

MASCARILLE.

Vous avez le goût fin. Nous nous mêlons d'en faire.
Je vous en veux dire un qui vous pourra bien plaire :
 Il est joli, sans vanité,

Et dans le caractère tendre.
Nous autres gens de qualité
Nous savons tout sans rien apprendre.
Vous allez en juger, écoutez seulement.

MADRIGAL DE MASCARILLE.

Ho! ho! je n'y prenois pas garde :
Alors que sans songer à mal je vous regarde,
Votre œil en tapinois vient dérober mon cœur.
O voleur! ô voleur! ô voleur! ô voleur!

CLIMÈNE.

Ma chère, il est poussé dans le dernier galant,
Il est du dernier fin, il est inimitable,
Dans le dernier touchant ; je le trouve admirable :
Il m'emporte l'esprit. . . . .

MASCARILLE.

Et ces voleurs, les trouvez-vous plaisants?
Ce mot de *tapinois?*

CLIMÈNE.

Tout est juste, à mon sens.
Aux meilleurs madrigaux il peut faire la nique,
Et ce ho! ho! vaut mieux qu'un poème épique.

MASCARILLE.

Puisque cet impromptu vous donne du plaisir,
J'en veux faire un pour vous tout à loisir :
Le madrigal me donne peu de peine,
Et mon génie est tel, pour ces vers inégaux,
Que j'ai traduit en madrigaux,
Dans un mois, l'histoire romaine.

Si les vers ne me coûtoient pas davantage à faire qu'au marquis de Mascarille, je vous dirois, dans ce genre d'écrire, tous les applaudissements que les précieuses donnèrent au précieux. Mais, madame, mon enthousiasme commence à me quitter, et je suis d'avis de vous dire en prose qu'il vint un certain vicomte remplir la ruelle des précieuses, qui se trouva le meilleur des amis du marquis : ils se firent mille caresses, ils dansèrent ensemble, ils cajolèrent les dames; mais enfin leurs divertissements furent interrompus par l'arrivée des amants maltraités, qui malheureusement étoient les maîtres des précieux. Vous jugez bien de la douleur que cet accident causa, et la honte des précieuses lorsqu'elles se virent ainsi bernées. Suffit que la farce finit de cette sorte, et que je finis aussi ma longue lettre, en vous protestant que je suis avec tout le respect imaginable,

Madame,

Votre très humble et très obéissante
servante,

D D D D D D[1].

1. La fin de cette lettre est autre dans la copie de Conrart : « Si les vers ne me coûtoient pas plus à faire qu'au marquis de Mascarille, je vous dirois en rime de quelle manière les précieuses applaudirent les vers du précieux. Mais mon enthousiasme commence à me quitter ; et vous trouverez bon, madame, s'il vous plaît, que je vous dise en prose que Mascarille conta ses exploits à ces dames et leur dit qu'il avoit commandé deux mille chevaux sur les galères de Malte. Un de ses intimes amis survint, qui lui dit qu'il avoit eu un coup de mousquet dans la tête, et qu'il avoit rendu sa balle en éternuant. Enfin il se trouve que les précieux sont valets des deux amants maltraités, et que les précieuses sont bernées. Voilà comme finit la farce et voilà comme finit celle-ci. Je suis, etc. »

La bouffonnerie de la balle éternuée, si elle a réellement existé, n'a pas été conservée par Molière.

FIN DU RÉCIT DE LA FARCE DES PRÉCIEUSES.

LES
VÉRITABLES PRÉCIEUSES

COMÉDIE

[PAR BAUDEAU DE SOMAIZE] [1]

---

[1]. Voyez la Notice préliminaire, page 153.

PRÉFACE[1]

Depuis que la modestie et l'insolence sont deux contraires, on ne les a jamais vues mieux unies qu'a fait dans sa Préface l'auteur prétendu des *Précieuses ridicules :* car si nous examinons ses paroles, il semble qu'il soit assez modeste pour craindre de faire mettre son nom sous la presse. Cependant il cache sous cette fausse vertu tout ce que l'insolence a de plus effronté, et met sur le théâtre une satire qui, quoique sous des images grotesques, ne laisse pas de blesser tous ceux qu'il a voulu accuser; il fait plus que critiquer, il s'érige en juge, et condamne à la berne les singes, sans voir qu'il prononce un arrêt contre lui en le prononçant contre eux, puisqu'il est certain qu'il est singe en tout ce qu'il fait, et que non seulement il a copié *les Précieuses* de M. l'abbé de Pure, jouées par les Italiens, mais encore qu'il a imité, par une singerie dont il est seul capable, *le Médecin volant,* et plusieurs autres pièces des mêmes Italiens, qu'il n'imite pas seulement en ce qu'ils ont joué sur leur théâtre, mais encore en leurs postures, contrefaisant sans cesse sur le sien et Trivelin et Scaramouche; mais qu'attendre d'un homme qui tire toute sa gloire des *Mémoires* de Guillot Gorju, qu'il a achetés de la veuve, et dont il s'adopte tous les ouvrages?

Mais c'est assez parler des *Précieuses ridicules,* il est temps de dire un mot des *vraies,* et tout ce que j'en dirai, c'est seulement que je leur ai donné ce nom parce qu'elles parlent véritablement le langage qu'on attribue aux précieuses, et que je n'ai

---

1. Cette préface est précédée d'une épître dédicatoire à monseigneur Louis Habert de Montmort, par le libraire Jean Ribou, épître tout à fait dépourvue d'intérêt.

pas prétendu par ce titre parler de ces personnes illustres qui sont trop au-dessus de la satire pour faire soupçonner que l'on ait dessein de les y insérer. J'ai encore eu d'autres raisons de les nommer ainsi, qui n'étant connues de personne ne sauroient être condamnées ; que si l'on m'accuse de condamner la satire, et pourtant d'en composer, je ne m'en défendrai pas ici, puisqu'elle est toujours permise contre ceux qui font profession de l'exposer en public.

Il ne peut plus rester qu'un scrupule dans l'esprit du lecteur : savoir, pourquoi je fais que mes acteurs parlent tantôt en insensés et tantôt en gens tout à fait raisonnables. Mais qui examinera bien les personnages qu'ils représentent discernera aisément que ce qu'ils disent de juste, c'est seulement par ouï-dire, et qu'en ce qu'ils disent d'eux-mêmes ils ne démentent point leurs caractères.

LES
VÉRITABLES PRÉCIEUSES
COMÉDIE.

PERSONNAGES.

ARTÉMISE }
ISCARIE } précieuses.
LE BARON DE LA TAUPINIÈRE.
BÉATRIX, suivante d'Artémise.
ISABELLE, suivante d'Iscarie.
FLANQUIN, valet de La Taupinière.
PICOTIN, poète.
M. GREVAL, bourgeois, voisin d'Iscarie.

La scène est à Paris.

SCÈNE PREMIÈRE.
ISCARIE, ISABELLE.

ISCARIE.

Que l'attente d'Artémise me cause de chagrin ; je suis la personne du monde la plus impatiente. Allez lui dire que je suis dans le dernier emportement de ne la point voir.

ISABELLE.

Je vais vous obéir, madame ; mais la voici qui vient.

SCÈNE II.
ISCARIE, ARTÉMISE, BÉATRIX, ISABELLE.

ISCARIE.

Vraiment, ma chère, je suis en humeur de pousser le dernier

rude¹ contre vous ; vous n'avez guère d'exactitude dans vos promesses, le temps a déjà marqué deux pas² depuis que je vous attends.

ARTÉMISE.

Ah ! ma chère, il faut que vous sachiez qu'un certain marquis m'est venu voir.

ISCARIE.

Hé ! comment s'appelle-t-il, ce marquis ?

ARTÉMISE.

Il s'appelle le marquis de Mazarcantara ; il sait tout à fait l'air de la ruelle ; c'est un galant de plain-pied³ qui s'explique sans aucune incertitude⁴, et je n'ai jamais vu d'homme qui dise les choses plus congrûment. J'ai pourtant remarqué un défaut en lui, qui m'a pensé faire perdre mon sérieux⁵.

ISCARIE.

Hé, quel ?

ARTÉMISE.

Il ne peut s'empêcher de faire la révérence en point d'Hongrie.

ISCARIE.

Ah ! ma chère, il ressemble donc au marquis de Mascarille.

ARTÉMISE.

Ce que vous dites est une vérité toute pure.

ISCARIE.

Je crois que vous avez dessein de faire bien des assauts d'appas⁶, je vous trouve dans votre bel aimable⁷, l'invincible n'a pas encore gâté l'économie de votre tête⁸ ; vous ne fûtes jamais mieux sous les armes⁹ que vous êtes ; que vos taches avantageuses sont bien placées¹⁰ ; que vos grâces donnent d'éclat

---

1. De me mettre en colère. (Ces explications sont en marge du texte de Somaize.)
2. Deux heures.
3. Bien fait.
4. Hésiter.
5. Rire.
6. Des conquêtes.
7. Belle.
8. Le vent n'a point défrisé vos cheveux.
9. Habillée.
10. Vos mouches.

à votre col¹, et que les ténèbres² qui environnent votre tête relèvent bien la blancheur de ce beau tout!

ARTÉMISE.

Ah! ma chère, vous faites trop de dépense en beau discours³ pour me dauber sérieusement⁴ ; mais n'importe, tout vous est licite, et l'empire que vous avez sur mon esprit fait que je n'excite pas mon fier contre vous⁵.

ISCARIE.

Ce que vous me dites là est du dernier obligeant; mais si vous voulez que je vous donne un quart d'heure de divertissement, entrons dans mon cabinet, je vous ferai voir un innocent⁶ que l'on m'a envoyé, dont l'encombrement du style est capable de faire changer l'assiette de votre âme.

SCÈNE III.

BÉATRIX, ISABELLE.

BÉATRIX.

Dites-moi donc ; quelle langue est-ce que parlent nos maîtresses? Ma foi, je n'entends point ce jargon, et s'il faut qu'elles continuent à parler de la sorte, elles seront contraintes de nous donner un maître pour apprendre ce langage et de nous remettre à l'a, b, c.

ISABELLE.

Que vous avez peu de lumière et que votre esprit est opaque! Est-il possible que vous ayez demeuré si longtemps chez une précieuse, et que vous n'ayez pas encore pris aucune teinture de l'élégance de leur style?

BÉATRIX.

Vous êtes donc aussi folle qu'elles, à ce que je vois, et vous affectez aussi de dire des mots à longue queue.

ISABELLE.

Ah! plût à Dieu que je pusse être l'inventrice, comme je ne

---

1. Vos perles.
2. Vos coiffes.
3. Dites trop de belles choses.
4. Pour me railler.
5. Que je ne me mets pas en colère.
6. Poulet.

suis que l'écho, de ces mots graves et ampoulés qui, par un sens mystérieux, étalent la vraie et pure signification des choses.

BÉATRIX.

Hé bien, puisque vous avez cette pensée, l'envie me prend de disputer contre vous : aussi bien, puisque ce langage n'est inventé que par la fantaisie de certaines femmes, une femme peut bien disputer contre sans que cela paroisse extraordinaire, et pour vous montrer qu'il n'y a rien de plus extravagant que cette façon de parler, je m'en vais vous dire de certains mots que j'ai retenus, qui choquent tout à fait notre langue naturelle.

ISABELLE.

Votre engagement est inconsidéré ; mais j'ai assez d'indulgence pour vous tirer de l'erreur où vous a précipitée l'épaisseur de votre esprit.

BÉATRIX.

Bon, je suis ravie que vous ayez des indulgences chez vous ; j'avois fait dessein d'en aller querir à Rome, mais vous m'épargnez cette peine.

ISABELLE.

Voilà une superfluité dite à contre-temps ; venez à votre dispute, et n'alambiquez point mon esprit de fadaises.

BÉATRIX.

Çà, dites-moi s'il y a rien de plus ridicule que de nommer un lavement le bouillon des deux sœurs. A-t-on jamais ouï dire qu'un médecin est un bâtard d'Hippocrate? Voilà bien honorer la médecine, ma foi, et c'est là le moyen d'encourager ces messieurs les médecins à nous tirer des bras du vieil rêveur, ou plutôt de l'empire de Morphée, ou, pour mieux m'expliquer, du lit, à qui vos savantes ont donné ces noms. C'est encore assez bien débuter que de nommer les pieds les chers souffrants, le boire le cher nécessaire, et d'appeler le potage l'union des deux éléments. A quoi bon toutes ces obscurités, et pourquoi dire en quatre mots ce que nous disons en deux? Est-ce qu'il ne seroit pas mieux dit : soufflez ce feu ! que : excitez cet élément combustible ; donnez-moi du pain, que : apportez le soutien de la vie ; voilà une maison, que de dire : voilà une garde nécessaire? et seriez-vous bien assez opiniâtre pour me vouloir soutenir que le pot de chambre, que vous nommez l'urinal virginal, l'est

SCÈNE III.

encore quand les filles et les garçons ont donné dans l'amour permis, qui est, selon le langage de vos précieuses, le mariage?

ISABELLE.

En vérité, votre désordre est terrible et me jette dans une souffrance inconcevable.

BÉATRIX.

Il n'est pas encore temps de m'interrompre, et je n'ai pas encore fini.

ISABELLE.

Poursuivez donc, et rendez vite votre discours complet.

BÉATRIX.

Je vous dis encore que, quoi que vous puissiez dire, qu'il n'y a rien de plus insupportable que de nommer les dents un ameublement de bouche, et de dire, pour faire voir que l'on a longtemps balancé à faire une chose, qu'il est monté des incertitudes à la gorge. Dites-moi un peu, y a-t-il aucun sens à cela, non plus que de dire qu'une femme a des absences de raison pour expliquer qu'elle est jeune, et dites-moi enfin s'il y a rien de plus extravagant que d'appeler des traîtres les paravents, le miroir un peintre de la dernière fidélité, un éventail un zéphir, et une porte la fidèle gardienne. Si par hasard un jaloux qui auroit fermé une porte sur sa femme, et en auroit la clef, étoit trompé par un galant qui en auroit une fausse, doit-il, venant à savoir la chose, appeler encore la porte la fidèle gardienne? Je pourrois vous en dire encore quantité; mais je méprise si fort cette façon de parler que je ne m'en saurois donner la peine.

ISABELLE.

Ah! je vais bien vous montrer... Mais voici Flanquin, le précieux.

BÉATRIX.

Quoi! le valet du baron de La Taupinière, qui vous fait les doux yeux, est donc aussi de ce nombre? Vraiment il mérite qu'on l'écoute, et c'est une chose assez divertissante à mon avis que d'entendre un valet parler précieux.

SCÈNE IV.

ISABELLE, BÉATRIX, FLANQUIN.

FLANQUIN.

Ah! ma chère, ma tout aimable, que je suis heureux de vous voir !

ISABELLE.

Qui t'amène ici ?

FLANQUIN.

Je viens savoir si votre maîtresse est en pouvoir de recevoir visite.

ISABELLE.

Je m'en vais m'en instruire, et dans peu ma réponse désembarrassera ton âme de cette affaire.

(Elle sort.)

FLANQUIN.

Il faut avouer que la méthode de s'exprimer dont on se sert maintenant est une chose qui sert merveilleusement à nous distinguer du commun, et est tout à fait dégagée de la matière, et, à dire le vrai, c'est quelque chose de bien satisfaisant de pouvoir fendre la presse et de faire quelque nombre parmi les gens canonisés dans les ruelles.

BÉATRIX.

Tirez-moi d'erreur; ce que vous me venez de dire, n'est-ce point un compliment que votre maître a composé pour dire en quelque ruelle, et dont vous avez lu le brouillon?

FLANQUIN.

Je vois bien que vous n'êtes pas encore instruite de ce que je vaux, et que la pauvreté de mes habits vous fait juger à mon désavantage de celle de mes pensées (Isabelle rentre); mais je vous dépersuaderai une autre fois. Voici l'enthousiasme de mes yeux, l'aimant de mon cœur, en un mot mon unique; il faut que je lui fasse connoître qu'elle m'encapucine l'âme et qu'elle m'encendre le cœur[1].

1. Qu'elle m'enflamme.

SCÈNE IV.

ISABELLE.

Ton maître viendra quand il lui plaira.

FLANQUIN.

Ah! mon ange, que vous avez bien fait de rapporter en ce lieu le mérite qui s'en étoit éloigné; que nous avions besoin, dans l'opacité de cette salle, que vos yeux vinssent servir de supplément au soleil : non que leurs chaleurs ne réduisent mon corps à une sécheresse qui m'apprend qu'un bain intérieur me seroit fort utile.

BÉATRIX.

La plaisante façon de demander à boire.

FLANQUIN.

Oui, un bain intérieur, ou l'agrément donné entre les deux sœurs[1], peuvent maintenant empêcher la métempsycose de mon âme, qui va bientôt s'émanciper de sa demeure, si l'on ne la secourt par l'un de ces remèdes, ou si vous ne souffrez que je goûte avec vous la volupté de l'amour permis[2].

ISABELLE.

Voyez, ma compagne, qu'il a bien sucé tout ce que la carte de coquetterie lui a pu dogmatiser de tendresse.

FLANQUIN.

Quoi! point de quartier ni de trêve, toujours cette jupe modeste m'empêchera de contempler la friponne[3].

BÉATRIX.

Ce n'est pas une petite joie de voir un valet précieux faire l'amour.

ISABELLE.

Vraiment, vous êtes aujourd'hui sur votre grand fécond.

FLANQUIN.

Il est vrai, je n'en finesserai point avec vous. Mon estime est trop superlative à votre égard pour ne pas transiger avec vous d'une vérité constante, qui est que mon cœur est enfrangé de mouvements[4].

---

1. Lavement.
2. Du mariage.
3. Cette jupe de dessus m'empêchera de voir celle de dessous.
4. Plein de trouble.

ISABELLE.

Il faut tomber d'accord que l'amour a terriblement défriché[1] votre cœur.

FLANQUIN.

N'auroit-il point défriché le vôtre? Mais que j'applique la réflexion de ma bouche sur cette belle mouvante[2]. Ah! Dieu, faut-il qu'un gant du dernier fendu[3] me fasse un si outrageant obstacle! Ouf! une de vos sangsues m'a piqué extrêmement peu.

BÉATRIX.

La drôle de sangsue qu'une épingle!

FLANQUIN.

Mais je m'oublie, à l'opposite de vos appas, que la lenteur de mes chers souffrants peut faire bouillonner le benin cerveau de mon maître. Je m'en vais donc faire faire diète à mes yeux de leurs astres tutélaires.

ISABELLE.

Je pâtirai beaucoup par le contre-coup de ce quittement[4].

BÉATRIX.

Adieu, beau précieux.

FLANQUIN.

Adieu, l'hétéroclite du beau langage.

SCÈNE V.

ARTÉMISE, ISCARIE, BÉATRIX, ISABELLE.

ARTÉMISE, tenant un papier à la main.

Quelle pauvreté, ma chère; il n'y a pas une chose raisonnable là-dedans.

ISCARIE.

Ah! pour moi, c'est l'effroi des effrois, et il faut que je vous avoue que les bras m'en tombent[5]. Quoi! scander cinq ou six stances sans y trouver un mot de pompeuse mesure!

---

1. Attendri.
2. Main.
3. Coupé.
4. La rigueur de ce quittement.
5. Que j'en suis fort surprise.

SCÈNE V.

ARTÉMISE.

Il est vrai que cela n'est point digérable, et surtout la pénultième ou avant-dernière stance de cet insupportable portrait ne fournit rien à l'oreille qui puisse exercer son avidité. Voyez plutôt encore une fois si cela n'est pas du dernier inintelligible.

ISCARIE, prenant le papier.

Je me serois contentée du chagrin de la première lecture; mais pour vous, je veux bien faire ce passe-avant. Aussi bien, à quoi tuerions-nous notre Saturne [1] dans l'expectation que nous faisons ici du baron de La Taupinière.

ARTÉMISE.

Lisez donc.

ISCARIE lit.

Puis, lorsque ton pinceau, d'une légère touche,
Aura tracé ses yeux, tu traceras sa bouche;
Là d'un doux coloris l'agréable rougeur
Par sa vivacité démentira la rose,
Et s'il y manque quelque chose,
Pour en peindre l'éclat tu prendras mon ardeur.

(Elle poursuit.)

Peut-on voir des vers plus indigestes, et ne connoît-on pas bien à les voir que la sévérité des capables n'y a pas passé, et que ce petit vers qui menace de la fin pourroit seul gâter le plus bel ouvrage? Ah! ne m'avouerez-vous pas que ceux-ci, qui dépeignent le langage des beaux yeux d'une belle, ont toute une autre pompe?

(Elle lit.)

Par une avidité qui tient de la divine,
Elle chante partout quelle est son origine;
Son langage pourtant n'a rien que de muet;
Ses sourcilleux ardents font toutes ses harangues;
Elle brave avec eux les plus rapides langues,
Et leurs seuls branlements composent son caquet.

Pour moi, je suis pour ces sortes de vers qui s'éloignent du vulgaire; mais nous contemplerons le reste à loisir, car voici monsieur le baron.

1. Temps.

SCÈNE VI.

LE BARON DE LA TAUPINIÈRE, ISCARIE, ARTÉMISE, ISABELLE, BÉATRIX.

LE BARON, les saluant.

Vous aurez sujet, mesdames, de trouver mon procédé audacieux ; mais il est bien difficile de ne pas visiter souvent l'extrait de l'esprit humain [1].

ISCARIE.

Ah! monsieur, c'est nous mettre trop avant dans le rang favori de votre pensée, et nous sommes trop sensibles à la gratitude de vos termes de ruelles.

LE BARON.

Ce n'est pas d'aujourd'hui que je sais que vous faites les choses justes aimablement [2], que vous possédez entièrement le vent du bureau, et que devant vous les plus beaux esprits ne sauroient faire feu.

ARTÉMISE.

Votre louange se distancie trop de notre mérite, pour hasarder le paquet sérieux [3] contre vous.

ISCARIE.

Ma commune [4]?

ISABELLE.

Plaît-il, madame?

ISCARIE.

Fournissez-nous ici les trônes de la ruelle [5].

(Isabelle apporte des fauteuils.)

ARTÉMISE.

Monsieur, prenez figure [6], s'il vous plaît.

(Ils s'assient tous.)

LE BARON.

Avez-vous grande foule d'alcovistes [7] chez vous? Qui préside? qui est de quartier?

1. L'abrégé.
2. Bien.
3. Les compliments.
4. Suivante.
5. Fauteuils.
6. Asseyez-vous.
7. De galants.

SCENE VI.

ISABELLE.

Nous en avons plusieurs, et de la vieille roche[1], même des femmes de la petite vertu [2]; et quoique nous ayons quelques diseuses de pas vrai[3], nous n'avons point de ces diseuses d'inutilités[4], qui ignorent la force des mots, le friand du goût.

LE BARON.

Sans doute quantité de celles qui vous viennent voir vous servent de mouches[5], et l'on y en pourroit trouver aussi dont la neige du visage se fond[6].

ARTÉMISE.

Il est vrai que l'on y en pourroit trouver qui lustrent leur visage[7]; mais outre que celles-là sont graves par leur antiquité, les troupes auxiliaires de leur esprit soutiennent assez leurs ambiguïtés d'appas.

LE BARON.

Il faut avouer, mesdames, qu'il y a grand plaisir à faire figure dans le monde [8] !

ISCARIE.

Vous l'y faites sans doute bien avantageusement, puisque vous avez dix mille livres de rente en fonds d'esprit, qu'aucun créancier ne peut saisir ni arrêter[9].

LE BARON.

De grâce, arrêtez là ce discours obligeant, car je me verrois réduit dans l'incapacité de vous répondre. Mais j'oubliois à vous dire qu'un de mes amis m'a amené ce matin un certain poète nouveau qui fait des vers scientifiquement bien, et comme il avoit deux pièces à me lire, je lui ai promis de l'écouter, après avoir donné à nature les nécessités méridionales[10]. Flanquin le doit conduire ici dès qu'il sera venu, afin que nous prenions ensemble les extasiants divertissements de cette lecture.

1. Et de nobles.
2. Galantes.
3. Menteuses.
4. Paroles superflues.
5. Sont moins belles que vous.
6. De vieilles.
7. Qui se fardent.
8. A être estimé.
9. Puisque vous avez beaucoup d'esprit.
10. Dîné.

ISCARIE.

Ma chère et moi aimons si démesurément les poèmes dramatiques que nous ne trouvons point de paroles assez énergiques pour vous rendre des grâces conformes à une obligation qui est dans un degré superlatif.

LE BARON.

Ce discours continue à me faire voir la magnifique élévation de votre esprit. Mais à propos, je fus, il y a quelque temps, chez madame ***. Que dites-vous d'elle?

ARTÉMISE.

C'est une personne qui a des lumières éloignées [1].

ISCARIE.

Pour moi, je tiens qu'elle a l'âme mal demeurée [2].

LE BARON.

Et moi, je ne sais qu'en croire; il y a une quantité de gens qui tiennent qu'elle a un œuf caché sous la cendre [3].

ARTÉMISE.

Si vos sentiments sont partialisés là-dessus, vous devez au moins avouer qu'elle a les miroirs de l'âme [4] fort doux, la bouche bien façonnée [5], qu'elle est d'une vertu sévère [6], et qu'elle articule bien sa voix [7].

ISCARIE.

Mais ce qui est de plus fâcheux, c'est qu'elle est unie à un inquiet [8], et qu'elle est de la petite portion [9].

LE BARON.

Je voudrois bien la voir ici, car je ne l'ai jamais vue qu'avec l'instrument de la curiosité sur le visage [10].

ISCARIE.

C'est une chose qui est de la dernière impossibilité, car elle ressent à présent les contre-coups de la volupté permise [11].

---

1. Des connoissances confuses.
2. Qu'elle n'a point d'esprit.
3. Qu'elle a de l'esprit et qu'elle n'en a pas la clef.
4. Les yeux.
5. Belle.
6. Que l'on n'obtient rien d'elle.
7. Qu'elle chante bien.
8. Un homme d'affaires.
9. Peu de bien.
10. Un masque.
11. Elle est en couches.

LE BARON.

Mais il me semble que notre poète devroit être ici, puisque j'ai ordonné qu'on l'amenât dans mes quatre corniches tirées par deux de mes pluches[1].

ARTÉMISE.

Vous n'avez pas mal fait, car le troisième élément[2] qui tombe sur l'éminence de grès[3], l'auroit fait d'un illustre un poète crotté.

ISCARIE.

Ce poète n'est donc pas Normand, puisqu'il n'a point de carrosse.

LE BARON, entendant heurter.

On fait parler le muet[4]; sans doute le voici; oui, c'est lui-même que Flanquin amène.

SCÈNE VII.

LE BARON DE LA TAUPINIÈRE, ISCARIE, ARTÉMISE, ISABELLE, BÉATRIX, FLANQUIN, LE POÈTE.

LE POÈTE.

Ah! vraiment, monsieur, je ferai chanter à ma Calliope en vers bien montés, et d'une veine bien guindée, les remerciements que je vous dois de l'heureuse et inespérée connoissance que vous me procurez de ces deux divinités charmeresses dont les beaux yeux vont éclairer mon esprit, et embraser mon Uranie d'un feu plus dévorant que n'est celui de ce mont si renommé dans la Sicile, où le vieux boiteux tenoit jadis sa forge, et bien plus endoctrinant que celui qu'Apollon inspire aux neuf sœurs.

ISCARIE.

On connoît bien, monsieur, que vous avez à commandement l'eau d'Hippocrène, et que vous êtes le frère aîné des neuf sœurs.

ARTÉMISE.

Je vous l'avouerai, je n'ai jamais ouï de style plus pompeux, et qui fasse plus de tour dans l'oreille que le vôtre.

---

1. Mon carrosse tiré par deux de mes chevaux. — Le baron, qui n'est autre qu'un bateleur du temps, comme on le verra tout à l'heure, fait ici une confusion assez plaisante entre le langage précieux et l'argot. (L. M.)
2. La pluie.
3. Les pavés.
4. On heurte.

LE POÈTE.

Je sais parler amphibologiquement; le langage des dieux m'est ordinaire, et je ne me plains point quand on me dit que l'on ne m'entend pas, car c'est signe que je parle en oracle.

(Ils s'assisent.)

FLANQUIN, se mettant en un coin.

Moi, je m'en vais me mettre ici pour faire inventaire des grands mots qui se diront. Çà, n'en laissons point passer qu'ils ne soient enregistrés sur nos tablettes, et jouons bien notre rôle.

LE BARON.

Dites-nous donc un peu, monsieur, au net, votre sentiment sur les pièces qui se sont jouées depuis peu de temps : car j'en ai fort peu vu; même je fus l'autre jour aux *Précieuses* de Bourbon, mais je ne les pus entendre, parce que je ne pouvois régler aucune posture [1].

FLANQUIN.

Bon, en voilà un.

LE POÈTE.

Pour ce qui est des *Précieuses,* comme ce n'est qu'un ouvrage en prose, je vous en dirai mon sentiment en peu de mots. Premièrement, il faut que vous sachiez qu'elle est plus âgée de trois ans que l'on ne pense, et que dès ce temps-là les comédiens italiens y gagnèrent deux mille écus, et cela sans faire courre le billet, comme les Bourbonnois en ont amené la coutume.

LE BARON.

Le bruit commun m'a déjà donné quelque légère connoissance de cela; mais Mascarille pourtant soutient n'avoir imité en rien celle des Italiens.

LE POÈTE.

Ah! que dites-vous là? C'est là même chose : ce sont deux valets tout de même qui se déguisent pour plaire à deux femmes, et que leurs maîtres battent à la fin; il y a seulement cette petite différence que, dans la première, les valets le font à l'insu de leurs maîtres, et que, dans la dernière, ce sont eux qui le leur font faire. Je ne pus m'empêcher de lui en dire mon sentiment chez un marquis de mes amis, qui loge au quartier du

---

1. J'étois trop pressé.

Louvre, où il la lut avec son *Don Garcie*[1], avant que l'on la jouât.

ISCARIE.

Ce que vous nous dites est furieusement incroyable, car il me souvient bien que, dans ses *Précieuses*, il improuve ceux qui lisent leurs pièces avant qu'on les représente, et par là vous me diriez qu'il s'est tourné lui-même en ridicule.

LE POÈTE.

Il est vrai que je n'aurois pas pensé qu'il eût brigué comme il fait; mais je sais de bonne part qu'il a tiré des limbes son *Dépit amoureux,* à force de coups de chapeau et d'offrir des loges à deux pistoles.

LE BARON.

C'est assez parler de sa méthode, et puisque vous avez ouï lire son *Don Garcie,* dites-nous un peu ce que c'est.

LE POÈTE.

Ma foi, si nous consultons son dessein, il a prétendu faire une pièce sérieuse ; mais si nous en consultons le sens commun, c'est une fort méchante comédie, car l'on y compte plus d'incidents que dans son *Étourdi*.

LE BARON.

Mais, monsieur...

ARTÉMISE.

Ah! c'est trop d'interruptions. Brisons là nos interrogations, et sachons au long, de monsieur, son sentiment sur toutes les pièces que l'on a jouées cet hiver.

LE BARON.

Volontiers.

FLANQUIN, à demi-bas.

Nous aurons tantôt de quoi faire une autre précieuse.

LE POÈTE.

Je veux bien, mesdames, vous obéir en cette rencontre, et malgré cette animosité que le destin du Parnasse a semée entre les poètes, je les vois trop au-dessous de moi pour appréhender aucunement de vous être suspect en parlant d'eux. Je vous dirai

---

1. Cette mention de *Don Garcie*, qui ne fut représenté que le 4 février 1661, est à noter. (L. M.)

donc en quel ordre il faut les mettre et le cas qu'il en faut faire. Il y en a de certains qui ne méritent pas d'être mentionnés dans le catalogue des illustres, pour n'être venus au monde qu'incognito, n'y avoir paru qu'en passant, et avoir fait naufrage avant que d'avoir été en pleine mer. Il y en a d'autres aussi dont la voix publique parle assez sans que j'en dise mot, et parmi les dramatiques dont est question, Corneille l'aîné tient seul cette place. Il n'en va pas tout à fait de même de son cadet, et quoique ce soit une divinité parmi les comédiens, les encens qu'on lui donne ne sont pas si généraux que ceux de son frère. Ne croyez pourtant pas que j'en veuille dire du mal; au contraire, je tiens que c'est celui de tous les auteurs qui pense le plus profondément, et sans doute l'envie avouera elle-même que son *Stilicon*[1] est tout à fait beau. Nous avons encore vu cet hiver le *Frédéric*[2], qui a fort réussi, et c'est sans doute avec quelque raison, puisqu'il ne part rien de la veine de son auteur qui ne soit plein de feu, témoin sa *Clotilde,* où la boutade est bien exprimée. Ces deux pièces ont été accompagnées de la *Stratonice*[3], dont le style est tout différent, l'auteur de cette pièce ne s'attachant qu'à faire des vers tendres, où il réussit fort bien. Quoique je ne me sois engagé qu'à vous parler des auteurs dont l'on a joué les pièces cet hiver, je ne me puis empêcher de vous dire que le théâtre a perdu l'illustre abbé de Bois-Robert, qui, par générosité, s'en est retiré lui-même, de peur que ses pièces n'étouffassent celles des fameux auteurs qui se sont remis au théâtre depuis peu. Il y en a encore un dont je n'ai point parlé, qui joint l'épée à la plume : il sait faire des vers mieux qu'Homère, et se bat aussi bien qu'Alexandre. On a joué cet hiver, au Petit-Bourbon, une pièce de lui nommée *Zénobie*[4].

ARTÉMISE.

Il est vrai que j'ai ouï dire qu'il y avoit de fort beaux vers.

LE POÈTE.

Comment, de beaux vers! Nos plus grands auteurs en met-

---

1. *Stilicon,* joué et imprimé en 1660. Loret en parle dans sa lettre du 31 janvier. (L. M.)
2. De Boyer. (L. M.)
3. De Quinault. (L. M.)
4. *Zénobie,* de J. Magnon, fut représentée, par la troupe de Molière, le 12 décembre 1659. (L. M.)

troient moins dans une douzaine qu'il n'y en a dans celle-là. On y remarquoit pourtant un grand défaut.

ISCARIE.

Hé! quel défaut?

LE BARON.

Ah! je sais quel est ce défaut mieux que personne, et un de mes amis le dit plaisamment à son auteur. Il fut jusques chez lui le trouver; lui, ne le connoissant point, lui demanda ce qu'il souhaitoit; mais il fut bien surpris quand il entendit qu'on avoit trouvé un grand défaut dans sa pièce, qui n'étoit inconnu à personne.

ISCARIE.

Ah! ne nous tenez plus en langueur, dites-le-nous vite.

LE BARON.

Ce défaut est, en un mot, que les comédiens ne jouoient rien qui vaille, et qu'ils ne sont bons à rien qu'à jouer la farce.

LE POÈTE.

Il est tout vrai que si l'hôtel de Bourgogne eût joué cette pièce, elle eût extrêmement réussi : car c'est un merveilleux assaisonnement à une pièce que les bons comédiens; et tels, malgré toute la fortune de leur nom, tels, malgré la force de leur brigue, ne réussiroient pas comme ils font, si l'on jouoit leurs pièces à Bourbon,

ARTÉMISE.

Quoi! monsieur, il ne brigue donc point du tout?

LE POÈTE.

Point du tout, et il n'a jamais lu sa pièce qu'à deux' de ses amis; encore les y a-t-il fait entrer pour rien.

LE BARON.

Mais, monsieur, c'est assez parler des autres, et je crois que ces dames sont dans une furieuse impatience d'entendre la lecture de vos pièces, et qu'elles sont déjà assez persuadées de votre mérite pour vous promettre avec moi, même sans les entendre, d'y applaudir de la belle manière quand on les représentera.

ISCARIE.

Sans doute.

LE POÈTE.

Je vous dirai donc, pour entrer d'abord en matière, que j'ai fait deux pièces de style différent, car l'une est une tragédie nommée *la Mort de Lusse-tu-cru.*

ARTÉMISE.

Le sujet est bien du temps.

ISCARIE.

Mais quelle en est la catastrophe? Car c'est là la pierre d'achoppement des tragédies.

LE POÈTE.

Je le fais lapider par les femmes.

LE BARON.

Ah! mesdames, qu'il a bien rencontré! qu'elle est bien imaginée! qu'il s'est bien dévulgarisé! Ah! cela me met dans la dernière démangeaison de savoir le nom de votre comédie.

LE POÈTE.

Je l'intitule *les Noces de Pantagruel.*

LE BARON.

Il ne s'est point démenti; ce titre est incomparable.

ISABELLE.

Cela stupéfie mon âme.

ARTÉMISE.

Pour moi, cela m'enlève jusqu'au troisième ciel.

LE POÈTE.

Je m'en vais donc commencer.

LA MORT DE
LUSSE-TU-CRU LAPIDÉ PAR LES FEMMES

TRAGÉDIE [1].

ACTE I.

SCÈNE PREMIÈRE.

LUSSE-TU-CRU, seul, ouvre le théâtre.

LUSSE-TU-CRU.

Jamais l'hydre fécond en mille et mille têtes
N'excita tant de bruit ni de telles tempêtes

---

1. Chaque année avait son mot en vogue. Lustucru ou L'eusses-tu cru? avait alors cet honneur. La lettre du 31 janvier 1660 de Loret est divisée en couplets qui tous

SCÈNE VII.

Que cause de douleurs en moi, Lusse-tu-cru,
La femme acariâtre et gueuse de vertu.
Par sa langue maudite et toujours empestée,
A me persécuter on la voit aheurtée.
Je l'ai voulu changer; mais, ô grands dieux, hélas!
Bien loin d'en retirer profit, los, ou soulas,
La mauvaise me suit de taverne en taverne,
Me frappe, m'injurie, égratigne et me berne;
J'en ai partout la fièvre, et je ne sais pas où,
Pour pouvoir me fourrer, je puis trouver un trou.

LE BARON.

Ah! monsieur, arrêtez, et donnez-nous le loisir de nous extasier sur la magnificence de vos signifiantes expressions.

ISCARIE.

Il faut avouer que ces vers sonnent délicatement bien.

LE POÈTE.

Ils parlent un peu contre le sexe, mais dans mon *Pantagruel,* je le justifie comme il faut.

ARTÉMISE.

Ah! que j'ai d'empressement d'ouïr ce qui est fait pour nous.

LE BARON.

Je crois que vous avez raison : car, aussi bien, il faut avoir plus de temps pour lire une pièce sérieuse.

LE POÈTE.

Hé bien! je commence sans façonner.

se terminent par *L'eusses-tu cru?* — On trouve au cabinet des estampes de la Bibliothèque nationale (T. F. 2, pages 26 et 38) deux gravures représentant Lustucru. Dans la première, Lustucru est sur un trône, tenant à la main, au lieu de sceptre, le marteau avec lequel il réforme la tête des femmes. A gauche se pressent des maris chargés d'argent qu'ils apportent à un singe, trésorier de Lustucru. A droite, on voit l'atelier de l'opérateur céphalique : ainsi le nomme la deuxième gravure. De tous côtés sont les têtes de femmes qu'il doit corriger.

Dans la deuxième, Lustucru est à l'œuvre : il tient d'une main, sur une enclume, une tête qu'il frappe de l'autre à coups de marteau. En tête se lisent des quatrains explicatifs peu piquants; au bas, cette enseigne : « Céans maître Lustucru a un secret admirable qu'il a apporté de Madagascar pour reforger et repolir, sans faire mal ni douleur, les têtes des femmes acariâtres, bigeardes, diablesses, etc. Le tout à prix raisonnables, aux riches pour de l'argent, et pauvres gratis. » (*Note de l'édition Livet.*)

Dans une affiche des comédiens du Marais publiée en fac-simile par M. Nuitter (*le Moliériste,* 1er juillet 1880), on lit : « *Le Chevalier de Fin Matois* est une si plaisante comédie que nous ne pouvons pas douter qu'il n'y ait une grande et belle assemblée ce vendredi XIIIe jour de février à la représentation que nous vous en donnerons, et pour vous faire connoître que nous cherchons vos plaisirs avec empressement, vous aurez, à l'issue, la farce de *l'Usse tu cru.* Nous ne prendrons que l'ordinaire ». Cette affiche est certainement de l'année 1660, où le 13 février fut, en effet, un vendredi.

PANTAGRUEL entre avec un confident, et dit :
Où sont les violons? As-tu vu Dulcinée,
Pour qui mon âme est, fut, et sera calcinée?

LE BARON.

Calcinée, que ce mot est emphatique!

LE CONFIDENT.

Les violons sont prêts, et vous allez dans peu
OEillader comme il faut l'objet de votre feu.

PANTAGRUEL.

Ah! que de tourbillons excite dans mon âme
La bouillonnante ardeur de ma flottante flamme.
Ah! je sens que l'amour, ce frétillant nabot,
Dresse dedans mon cœur comme les pois en pot;
Il virvolte, il se tourne, il y fait la patrouille,
Sautille comme en l'eau feroit une grenouille;
Il regimbe, il s'étend comme un cheval fougueux,
Qui prend le mors aux dents et bondit furieux;
Il va, monte et descend dans la chambre et le bouge,
Il furte tous les coins, et si jamais ne bouge.

ISCARIE.

Ah! laissez-moi admirer ces similitudes; je trouve ces vers-là tout à fait épais[1].

LE POÈTE.

Hé! de grâce, ne m'interrompez point; ces sortes de choses veulent de larges poumons, et, pour les faire paroître, il ne faut pas s'arrêter au milieu.

ARTÉMISE.

Ah! vous les lisez à pleine bouche[2].

LE POÈTE.

Sans mon écoulement de nez[3], je les aurois lues d'un ton bien plus fortifié.

FLANQUIN, à part.

Elles donnent dans le panneau.

1. Ampoulés.
2. Gravement.
3. Mon rhume.

SCÈNE VIII ET DERNIÈRE.

LE BARON DE LA TAUPINIÈRE, ISCARIE,
ARTÉMISE, BÉATRIX, ISABELLE, FLANQUIN,
LE POÈTE, MONSIEUR GREVAL.

ISABELLE.

Madame, voilà monsieur de Greval qui vient.

ISCARIE.

Il peut entrer.

LE POÈTE, en se levant.

Ah! qu'il vient mal à propos empêcher mon apologie d'éclater : car j'en suis à cet endroit.

ISCARIE.

Monsieur, vous pourrez poursuivre : bien que ce soit un bourgeois, il n'est pas façonnier, et ce n'est point un esprit de marguillier[1].

ARTÉMISE.

C'est une âme du premier ordre[2].

FLANQUIN, à part.

Je n'oublierai pas ceux-ci.

ISCARIE, à sa suivante.

Ne vous éloignez pas de la portée de ma voix[3].

GREVAL, les ayant salués et se tournant devers le poète.

Mesdames, que faites-vous donc de cet honnête homme ici?

LE POÈTE, à part.

Tout est gâté.

FLANQUIN, à part.

La mèche est découverte.

ISCARIE, montrant le baron.

C'est un grand poète que monsieur nous a amené, et qui nous a charmées des beaux vers qu'il nous a récités.

GREVAL.

Vous voulez m'en donner; c'est le valet de feu monsieur Durier; je l'ai vu cent fois chez lui.

---

1. Sombre et vulgaire.
2. Grande âme.
3. Ne vous en allez pas.

LE POÈTE.

Ma foi, puisque vous me connoissez si bien, je vais vous dire la vérité de la chose : mon maître étant mort, je me trouvai fort embarrassé de ma personne, parce que je me trouvois fort gueux, et que je n'avois gagné à son service que la méthode de faire des vers *coci, coci*. Le sieur de La Force, dit Gilles le Niais, voyant que je ne savois où donner de la tête et que je lui pouvois être utile dans sa troupe, me pria d'y entrer; j'y résistai d'abord, ne voulant point passer pour un farceur; mais il me représenta que toutes les personnes les plus illustres de Paris alloient tous les jours voir la farce au Petit-Bourbon, et me persuada si bien que les siennes étoient aussi honnêtes que plusieurs de celles que Mascarille a faites, que je me laissai vaincre et que j'entrai dans sa troupe. Quelque temps après, voyant que Bourbon nous ôtoit tous nos chalands, il fit dessein de jouer dans un lieu fermé, de me faire composer quelques comédies, de mettre de bonnes farces au bout, et d'y prendre de l'argent de même que les autres; et comme il savoit que le succès des pièces ne dépendoit pas tant de leur bonté que de la brigue de leurs auteurs, il a trouvé le moyen de m'introduire dans les compagnies, et il y a déjà plus de deux cents personnes qui sont infatuées de mes pièces.

ISCARIE.

Eh quoi! monsieur, souffrez-vous sans l'assommer qu'un coquin vous joue de la sorte? Car enfin c'est vous qui avez été le premier dupé.

LE BARON.

Dites, dites plutôt qu'il n'y a que vous seules, et pour vous le persuader, apprenez que je suis La Force, dit Gilles le Niais en mon nom de théâtre; que je vous ai rendu trois ou quatre visites pour connoître votre humeur, et qu'ayant vu que vous étiez faciles à décevoir, nous nous sommes enquis, mon camarade et moi, de la réputation de tous les auteurs, de leurs pièces nouvelles. Nous avons appris quelques mots précieux, et nous sommes après demeurés d'accord qu'il viendroit ici quand je serois avec vous, qu'il liroit ses pièces, et que j'admirerois tout pour vous faire donner dans le panneau. Flanquin, que voilà avec moi, et qui est de notre troupe, a bien joué aussi son rôle, et en contrefaisant le précieux a bien su duper la suivante.

ARTÉMISE.

Je demeure muette d'étonnement.

GREVAL.

Ce trait est hardi, et s'il étoit arrivé à quelques autres qu'à vous j'en rirois de bon cœur.

ISCARIE.

Un farceur chez moi! Ah! si vous ne fuyez!...

LE BARON.

Nous craignons peu vos menaces, et nous sommes tous trois bien résolus de nous défendre si l'on nous attaque; sachez donc, avant que je sorte, que puisque Mascarille vous rend visite, vous devez bien me souffrir; que s'il s'est acquis par ses farces la réputation d'avoir de l'esprit, que j'en fais aussi bien que lui sans l'aide des Italiens, et qu'enfin si la veuve de Guillot Gorju, mon maître et le sien, ne lui eût vendu les Mémoires de son mari, ses farces ne lui eussent jamais donné tant de gloire.

ISCARIE.

Ah! je me lasse de vous entendre, et, si vous ne sortez, j'enverrai quérir un mauvais ange des criminels[1].

LE BARON.

Puisque mon rôle est achevé, il faut bien que je sorte. Allons, mes compagnons. Adieu, mesdames.

FLANQUIN, à part, en tirant Isabelle.

Si tu veux venir dans notre troupe, nous gagnerons bien de l'argent, car nous allons jouer *les Trois Docteurs*[2] et *les Précieuses ridicules*[3].

---

1. Un sergent.
2. Voyez tome II, page VII. (L. M.)
3. La seconde édition contient un avis final ainsi conçu :

« Il faut que je vous confesse, ami lecteur, que le succès de cette pièce a beaucoup dépassé mon attente, et que je ne croyois pas que vous la dussiez faire retourner chez l'imprimeur. Mais, puisqu'il est ainsi, je crois être obligé de vous dire que j'ai retranché dans cette édition ce qu'il y avoit de *Lusse-tu-cru* dans la première, non pas que je l'estimasse mauvais, quoique tout à fait populaire (puisque j'aurois mal fait de mettre quelque chose de meilleur dans la bouche de ceux qui en parloient), mais parce que ce qui est bon dans un temps feroit une mauvaise plaisanterie dans un autre, et que *Lanturelu*, qui a autrefois diverti les personnes les plus spirituelles, ne seroit pas maintenant reconnu des plus stupides, à moins que l'on ne fît son histoire. » (L. M.)

LES
PRÉCIEUSES RIDICULES

MISES EN VERS[1]

[PAR BAUDEAU DE SOMAIZE.]

A MADEMOISELLE
MADEMOISELLE MARIE DE MANCINI.

MADEMOISELLE,

Encore que je sache avec toute la France que vous n'êtes née que pour les grandes choses, et qu'il n'appartient qu'à ceux du sang dont vous sortez de mettre la dernière main à tout ce qui paroît impossible, et qu'ainsi, soit pour vous divertir, soit pour vous louer, on est toujours téméraire, quoi qu'on ose entreprendre, je ne laisse pas, mademoiselle, de vous faire un présent vulgaire en vous offrant cette comédie, qui, quelque réputation qu'elle ait eue en prose, m'a semblé n'avoir pas tous les agréments qu'on lui pouvoit donner, et c'est ce qui m'a fait résoudre à la tourner en vers, pour la mettre en état de mériter avec un peu plus de justice les applaudissements qu'elle a reçus de tout le monde, plutôt par bonheur que par mérite. Je sais bien qu'il doit sembler étrange de me voir abaisser une chose que j'ose vous offrir; mais je ne prétends pas qu'elle me doive ni sa gloire ni son abaissement, et je ne réglerai l'estime que j'en dois faire qu'au jugement que vous en ferez. Que si je lui laisse maintenant

---

1. Nous avons dit, dans la Notice préliminaire (page 153), que *les Précieuses ridicules* avaient été mises en vers par Somaize. L'œuvre parut sous ce titre : « *Les Précieuses ridicules*, comédie représentée au Petit-Bourbon, nouvellement mises en vers. Paris, chez Jean Ribou..., MDCLX. » Le privilège qui permet au sieur de Somaize de faire imprimer... *les Prétieuses ridicules* mises en vers, représentées au Petit-Bourbon (la désignation, comme on le voit, est bien formelle), est du 3 mars 1660, et l'achevé d'imprimer du 12 avril. Nous ne reproduisons pas cette version, qui n'apprendrait rien au lecteur, sinon la complète insuffisance du versificateur. Nous donnons seulement l'épître dédicatoire et la préface, qui sont curieuses.

quelques avantages des acclamations publiques qu'elle a reçues et en italien et en françois, ce n'est que parce qu'ils me fournissent l'occasion de vous donner une preuve de mon respect en mettant cette version que j'en ai faite sous votre protection. Je ne suis pas assez vain pour m'imaginer que ce foible hommage m'acquitte de ce que je vous dois [1], ou qu'il ait rien de proportionné à ce mérite, qui vous met autant au-dessus du commun par son éclat que vous l'êtes déjà par celui du rang que vous donne votre naissance. Je sais trop bien comme vous savez juger de tout ce que peuvent produire les plus beaux génies, pour vous offrir comme un ouvrage considérable une satire qui doit sa plus grande réussite à ce certain courant des choses qui les fait recevoir, de quelque nature qu'elles soient, et que nous appelons la mode; et, lorsque je vous l'offre, je ne fais qu'imiter les Romains, qui présentoient autrefois des lauriers aux vainqueurs, non pour payer leurs victoires, mais seulement pour témoigner qu'ils connoissoient ce qui leur étoit dû, et pour servir comme de prélude à la pompe des triomphes qui leur étoient destinés. Je ne me permets, mademoiselle, que ce que ces maîtres du monde accordoient à leurs moindres citoyens, et je vous présente une bagatelle comme le dernier Romain avoit la liberté d'offrir des branches de laurier. Je laisse, dis-je, à des plumes plus savantes et plus hardies à disposer des ornements dont on peut composer votre panégyrique, de même que le peuple laissoit au sénat le pouvoir et le soin de décerner des triomphes à ceux dont les grandes actions en méritoient. Je ne me sens pas assez fort pour une si haute entreprise, et je borne mes plus vastes projets à celui d'obtenir de vous la permission de me dire,

Mademoiselle,

Votre très humble et très obéissant serviteur,

SOMAIZE.

1. Somaize était secrétaire de la connétable Colonna, sœur Marie Mancini.

PRÉFACE

L'usage des préfaces m'a semblé si utile à ceux qui mettent quelque chose en public qu'encore que je sache qu'il n'est pas généralement approuvé, je n'ai pourtant pu m'empêcher de le suivre, résolu, quoi qu'il arrive, de prendre pour garant de ce que je fais la coutume qui les a jusques ici autorisées.

Ce n'est pas que je veuille suivre celle de ces auteurs avides de louanges, qui, craignant qu'on ne leur rende pas tout l'honneur qu'ils croient mériter, y insèrent eux-mêmes leurs panégyriques, et font souvent leurs apologies avant qu'on les accuse. Mon but est de divertir le lecteur et de me divertir moi-même; toutefois, comme il s'en peut trouver d'assez scrupuleux pour croire que c'est trop hasarder d'exposer aux yeux de tout le monde un ouvrage aussi rempli de défauts que celui-ci sans leur donner du moins quelques apparentes excuses, je veux bien en cet endroit dire quelque chose pour le contenter.

Je dirai d'abord qu'il semblera extraordinaire qu'après avoir loué[1] Mascarille[2], comme je l'ai fait dans *les Véritables Précieuses,* je me sois donné la peine de mettre en vers un ouvrage dont il se dit auteur, et qui, sans doute, ne lui doit quelque chose, si ce n'est par ce qu'il a ajouté de son estoc au vol qu'il en a fait aux Italiens, à qui M. l'abbé de Pure les avoit données, du moins pour y avoir ajouté beaucoup sur son jeu, qui a plu à assez de gens pour lui donner la vanité d'être le premier farceur de France. C'est toujours quelque chose d'exceller en quelque métier que ce soit, et, pour parler selon le vulgaire, il vaut

---

1. Ne faudrait-il pas lire plutôt *joué?*
2. Molière.

PRÉFACE.

mieux être le premier d'un village que le dernier d'une ville, bon farceur que méchant comédien. Mais quittons la parenthèse, et retournons aux *Précieuses*.

Elles ont été trop généralement reçues et approuvées pour ne pas avouer que j'y ai pris plaisir, et qu'elles n'ont rien perdu en françois de ce qui les fit suivre en italien ; et ce seroit faire le modeste à contre-temps de ne pas dire que je crois ne leur avoir rien dérobé de leurs agréments en les mettant en vers : même, si j'en voulois croire ceux qui les ont vues, je me vanterois d'y en avoir beaucoup ajouté ; mais quand je le dirois, l'on ne seroit pas forcé de s'en rapporter à moi, et quand mon lecteur me donneroit un démenti, il seroit de ceux qui se souffrent sans peine et qui ne coûtent jamais de sang. Aussi ne veux-je pas les louer, et, bien loin de le faire, je dis ingénument que ce n'est en bien des endroits que de la prose rimée, qu'on y trouvera plusieurs vers sans repos et dont la cadence est fort rude ; mais le lecteur verra aisément que ce n'est qu'aux endroits où j'ai voulu conserver mot à mot le sens de la prose, et lorsque je les ai trouvés tout faits. L'on y verra encore des vers dont le sens est lié, et qui sont enchaînés les uns avec les autres comme de pauvres forçats, et d'autres enfin dont les rimes n'ont pas toute la richesse qu'on leur pourroit donner ; je n'en donnerai pourtant point d'excuse, ne croyant pas être obligé de suivre dans une comédie comme celle-ci une règle que les meilleures plumes n'observent pas dans leurs ouvrages les plus sérieux ; enfin je ne dirai rien des *Précieuses* en vers qui puisse exiger de ceux qui les verront une bonté forcée. Je ne veux rien que le plaisir du lecteur, et serois bien fâché d'ôter le moyen de critiquer à ceux qui se plaisent à le faire. Ainsi, quoiqu'il me fût bien aisé de dire bien des choses pour justifier mes défauts, et que je n'eusse qu'à m'étendre sur la difficulté qu'il y a de mettre en vers mot à mot une prose aussi bizarre que celle que j'ai eue à tourner ; que je pense facilement faire voir que tout le plaisant des *Précieuses* consistoit presque en des mots aussi contraires à la douceur des vers que nécessaires aux agréments de cette comédie, je laisse pourtant toutes ces choses pour laisser le lecteur en liberté, et je proteste ici que la critique ne m'épouvante point, et que je serois fort marri de dire le moindre mot pour l'éviter ;

PRÉFACE. 263

et non seulement je la souffre pour cette version, mais je consens que l'on s'en serve encore à l'égard du *Procès des Précieuses*[1], qui est de mon invention pure, et qui, si tout le monde est de mon sentiment, divertira fort[2] : au moins ne l'ai-je fait que dans cette pensée.

Cette préface auroit à peu près la longueur qu'elle devroit avoir, et je la finirois volontiers en cet endroit, s'il ne me restoit encore un peu de papier qu'il faut remplir de quoi que ce puisse être, quand ce ne seroit que pour grossir le livre. Toutefois, pour ne me pas éloigner de mon sujet, je dirai, quoique sans dessein de me défendre, que j'aurois eu bien plus de facilité de traduire une pièce de toute autre langue en vers françois que d'y mettre une prose faite en ma propre langue. Dans toute autre, j'aurois assez fait de rendre les pensées de mon auteur; les termes auroient été à ma discrétion, et tout auroit presque dépendu de mon choix; mais ici, pour rendre la chose fidèlement, je n'ai pas seulement été contraint de mettre les pensées : il m'a fallu mettre aussi les mêmes termes. Que si j'ai ajouté ou diminué selon que les rimes m'y ont obligé, je n'ai rien à répondre à cela, sinon que, pour les rendre comme elles étoient, il falloit les laisser en prose. Peut-être qu'au sentiment de plusieurs j'aurois mieux fait que de les mettre en rimes; peut-être aussi qu'au jugement de ceux qui aiment les vers j'aurai bien réussi. Tout cela est douteux, mais il est certain que ce n'est pas là mon plus grand chagrin, et que, si ceux pour qui je les ai faites les trouvent à leur gré, il m'est bien indifférent que les autres les condamnent ou les approuvent. En tout cas, que ceux qui ne s'y divertiront pas aient recours au *Dictionnaire des Précieuses* ou à la satire. Comme tout dépend du caprice, peut-être qu'ils y trouveront mieux leur compte, et, pour moi, je serai content pourvu qu'ils se divertissent de quelque manière que ce soit.

Il faut que les procès plaisent merveilleusement aux libraires du Palais[3], puisqu'à peine le *Dictionnaire des Précieuses* est en

---

1. *Le Procès des Précieuses en vers burlesques*, à Paris, chez Estienne Loyson, au Palais, MDCLX.

2. *Le Procès des Précieuses* est un long dialogue en vers de huit syllabes, dont la lecture est insupportable.

3. Le libraire de Somaize, en effet, était Jean Ribou, qui demeurait sur le quai des Augustins, *à l'Image de saint Louis*, « dans un lieu, dit la préface qui précède le

vente, et cette comédie achevée d'imprimer, que de Luyne, Sercy et Barbin, malgré le privilège que monseigneur le chancelier m'en a donné avec toute la connoissance possible, ne laissent pas de faire signifier une opposition à mon libraire : comme si jusques ici les versions avoient été défendues, et qu'il ne fût pas permis de mettre le *Pater noster* françois en vers.

Grand Dictionnaire, où l'on n'avoit jamais rien fait imprimer de nouveau ». — On lit ensuite : « Après que les premières éditions ont été vendues, les libraires du Palais se sont accommodés avec celui de M. Somaize, afin d'avoir part aux secondes. » C'est par cet accord sans doute que se termina le procès. De Luyne, Sercy et Barbin, qui avaient le privilège des *Précieuses* de Molière, abandonnèrent à J. Ribou le droit de débiter *les Précieuses* en vers, à condition qu'il les associerait à la seconde édition du Grand Dictionnaire. Cette seconde édition n'a été faite que par M. Ch.-L. Livet, en 1856.

DIALOGUE DE DEUX PRÉCIEUSES

SUR LES AFFAIRES DE LEUR COMMUNAUTÉ[1]

[PAR BAUDEAU DE SOMAIZE.]

ISTÉRIE.

Oui, ma chère, je vous le dis encore, je ne veux plus passer pour précieuse, et quelque puissantes raisons que vous me puissiez apporter, je hais maintenant ce nom à l'égal de ce que je l'ai aimé autrefois.

AMALTHÉE.

Certes, il faut que je vous avoue que ma surprise n'a point de limites, et que quand j'aurois l'esprit du monde le plus pénétrant je ne pourrois qu'à peine m'imaginer pourquoi vous méprisez ce que je vous ai vu aimer avec tant d'ardeur.

ISTÉRIE.

C'est (si vous en voulez savoir la cause) que je n'aime pas à servir de divertissement à toute la France, et que j'ai un dépit qui n'est pas concevable quand je vois les libraires qui font arrêter les passants devant leurs boutiques en leur criant : *Messieurs, voilà les Précieuses ridicules nouvellement mises en vers. Voilà le Grand Dictionnaire des Précieuses et leur Procès, qui n'est imprimé que de cette semaine !* Dites-moi, je vous prie, si ce n'est pas là le moyen d'obscurcir la gloire des précieuses : puisque dès lors qu'une chose devient populaire elle perd beaucoup de son éclat, et n'est plus ce qu'elle étoit auparavant.

AMALTHÉE.

Ah! que dites-vous là, ma toute bonne? Si nous n'avions point d'esprit, l'on ne parleroit pas tant de nous. Ne savez-vous pas bien que c'est une nécessité que les choses extraordinaires

---

1. Cette pièce ne se trouve que dans la seconde édition des *Véritables Précieuses* (Paris, Estienne Loyson, 1660, in-12).

s'épandent dans le monde, et qu'elles le font avec tant d'impétuosité que, pendant un certain espace de temps, les gens de toutes sortes d'états en parlent tous ensemble? Ne savez-vous pas bien aussi que le peuple tient conseil d'État au coin des rues et sur le Pont-Neuf? qu'il y marie les plus grands du royaume? qu'il y ordonne à son gré du bâtiment du Louvre? et qu'il y gouverne non seulement la France, mais encore toute l'Europe? et qu'enfin il est de la dernière impossibilité de l'empêcher de parler.

ISTÉRIE.

J'aimerois mieux qu'il eût parlé de nous de son propre mouvement que d'avoir été jouées sur le théâtre du Petit-Bourbon; il nous auroit peut-être décrites plus avantageusement, au lieu que l'on nous a tellement défigurées qu'à présent nous ne nous connoissons plus du tout.

AMALTHÉE.

Ce n'est pas nous aussi que l'auteur a voulu décrire, ce ne sont que des campagnardes qui se sont exposées à la raillerie d'un chacun pour nous avoir mal imitées, et vous pouvez bien juger que sans cela ils n'auroient jamais donné le nom de ridicules à des précieuses.

ISTÉRIE.

Cela n'a pas toutefois laissé que de nous faire grand tort, puisque ceux qui ne savoient qui nous étions, et qui ne connoissoient que notre nom, se sont attachés à ce qu'ils ont vu représenter, et ont cru que les précieuses étoient toutes ridicules; et pour vous persuader cette vérité, je n'ai qu'à vous dire que l'on a imprimé des *Précieuses* à qui l'on a donné le titre de *véritables,* qui, par l'extravagance de leurs mots, m'ont paru encore plus ridicules que celles que l'on a jouées sur le théâtre du Petit-Bourbon, et à qui l'on a donné le nom de *ridicules*.

AMALTHÉE.

Ce que vous dites est véritable, mais ne croyez pas pour cela que l'auteur se soit trompé : il savoit bien qu'elles étoient tout à fait ridicules; mais il ne l'a fait que par un motif caché et que pour faire pièce à certaines personnes qui ne valent pas la peine d'être nommées, et si vous voulez vous donner le loisir de lire *le Procès des Précieuses,* nouvellement mis au jour par le même auteur, vous verrez de quelle manière il parle des précieuses, et comme, dans le plaidoyer que fait une d'entre elles pour défendre leur parti, elle confond tous ceux qui parlent contre l'illustre et nouveau langage des précieuses.

ISTÉRIE.

Je ne sais que trop que les véritables précieuses sont femmes d'esprit.

AMALTHÉE.

C'est une chose que l'on ne peut nier; mais elles se sont trop tôt alarmées quand elles ont vu représenter des précieuses qui ne leur ressembloient en rien, et si l'on les a reconnues et si l'on s'est moqué d'elles, ce n'est qu'à cause du dépit qu'elles ont montré de ce que l'on en représentoit qui portoient leur nom, ce qui a fait connoître qu'il y avoit des précieuses, dont plusieurs doutoient, et ce qui a même fait penser à quantité de gens qu'elles étoient toutes ridicules, ce que vous confirmez aujourd'hui en publiant hautement que vous ne voulez plus être précieuse.

ISTÉRIE.

Tout ce que vous me dites n'est pas suffisant pour me faire changer de volonté, et j'ai peur qu'après avoir fait notre procès l'on ne nous fasse mourir.

AMALTHÉE.

Il est vrai que l'on travaille à une pièce qui aura pour titre *la Pompe funèbre d'une Précieuse*[1], mais et notre procès et nos funérailles ne serviront qu'à augmenter notre réputation et à nous faire vivre plus longtemps dans le temple de Mémoire.

ISTÉRIE.

Si nous en croyons le bruit commun, l'on nous promet un second Dictionnaire, qui fera plus de bruit que toutes ces pièces ensemble.

AMALTHÉE.

Je sais ce que vous voulez dire, il y a déjà longtemps que l'on y travaille : cet ouvrage sera tout à fait mystérieux, et renfermera plus de choses que l'on ne croit.

ISTÉRIE.

Je vous prie que j'en puisse voir une des premières.

---

1. Cet ouvrage, dans le genre de *la Pompe funèbre de Voiture*, — *de Scarron*, — *de La Calprenède*, ne semble pas avoir été imprimé, au moins à part, et jusqu'ici nous l'avons vainement cherché dans les recueils. (Ch.-L. L.)

AMALTHÉE.

Je ne manquerai pas de satisfaire votre curiosité ; mais ce ne sera pas encore sitôt, puisque l'on ne commence qu'à le mettre sous la presse[1].

ISTÉRIE.

Il faut avouer que voilà bien des choses que l'on fait sur nous.

AMALTHÉE.

Vous ne devez pas vous en étonner, notre sexe en fournit la matière, et le fonds des femmes est inépuisable.

ISTÉRIE.

Mais je crois qu'il est heure d'aller au cours si nous y voulons aller aujourd'hui.

AMALTHÉE.

Nous descendrons quand il vous plaira ; les chevaux sont au carrosse.

ISTÉRIE.

Allons donc, ma chère, sans différer davantage.

AMALTHÉE.

Allons, ma toute bonne, je vous suis.

---

1. *Le Grand Dictionnaire des Précieuses,* historique, poétique, géographique, cosmographique, chronologique et armoirique, où l'on verra leur antiquité, coutumes, devises, éloges, études, guerres, hérésies, jeux, lois, langage, mœurs, mariages, morale, noblesse ; avec leur politique, prédictions, questions, richesses, réduits et victoires ; comme aussi les noms de ceux et de celles qui ont jusques ici inventé des mots précieux. — Dédié à monseigneur le duc de Guise, — par le sieur de Somaize, secrétaire de Mme la connétable Colonna. A Paris, chez J. Ribou, MDCLXI. » En deux volumes. Le privilège est du 15 février, l'achevé d'imprimer (joint au tome Ier), du 28 juin 1661. — Cet ouvrage avait été précédé d'un vocabulaire fort mince, intitulé *le Grand Dictionnaire des Précieuses ou la Clef de la langue des ruelles,* — privilège du 3 mars 1660, achevé d'imprimer du 12 avril 1660 (comme ceux des *Précieuses ridicules mises en vers*), — qui n'était qu'une esquisse rapide, un premier essai fait à la hâte pour profiter de la vogue que ce sujet devait à la comédie de Molière. (L. M.)

SGANARELLE

ou

LE COCU IMAGINAIRE

COMÉDIE EN UN ACTE

28 mai 1660

NOTICE PRÉLIMINAIRE.

Six mois environ après l'éclatant succès des *Précieuses ridicules,* Molière représente sur le théâtre du Petit-Bourbon une nouvelle comédie intitulée *Sganarelle, ou le Cocu imaginaire.* Ce sujet lui avait été, dit-on, fourni par un canevas italien intitulé *Il Ritratto, ovvero Arlichino cornuto per opinione* (le Portrait, ou Arlequin cornu en imagination). Voici l'analyse de cette pièce italienne telle que la donne Cailhava :

« Magnifico veut marier sa fille Éléonora avec le Docteur, qu'elle n'aime point. Éléonora, seule sur la scène, se plaint de l'absence de Célio, prend le portrait de son amant, s'attendrit, se trouve mal, et laisse tomber le médaillon. Arlequin vient au secours d'Éléonora, et l'emporte chez elle. Camille, femme d'Arlequin, arrive à son tour et ramasse le portrait de Célio. Arlequin revient au moment où sa femme admire la beauté du jeune homme que la miniature représente, et il lui arrache ce portrait.

« Dans l'instant même survient Célio, qui, voyant son portrait entre les mains d'Arlequin, demande à celui-ci comment ce portrait se trouve en sa possession. Arlequin répond qu'il l'a pris à sa femme : colère d'Arlequin, qui reconnoît Célio pour l'original du portrait; désespoir de Célio, qui croit Éléonora mariée à Arlequin; Célio abandonne la scène.

« Éléonora cependant a, de sa fenêtre, aperçu Célio ; elle accourt, et, ne le voyant pas, elle demande ce qu'il est devenu. Arlequin répond qu'il n'en sait rien, mais qu'il a des preuves certaines que ce personnage est l'amant de sa femme Camille. Éléonora, en apprenant la prétendue trahison de Célio, consent à épouser le Docteur; mais, se repentant aussitôt de sa promesse, elle veut prendre la fuite. Arlequin, de son côté, se résout de quitter sa femme ; il se déguise avec des habits empruntés à Éléonora. Célio, trompé par le déguisement d'Arlequin, l'enlève. Pêle-mêle et ahurissement général. Enfin l'imbroglio se dénoue, l'équivoque du portrait s'explique, et le Docteur, pour qui Célio a exposé sa vie, lui cède Éléonora. »

Il y a beaucoup de conformité entre cette pièce et la comédie de Molière. Il faudrait, toutefois, que les dates fussent bien établies pour qu'on pût déterminer exactement quelle est la part qu'il convient de faire à l'imitation, et c'est ce qu'il est impossible d'obtenir, puisque le canevas italien n'est pas imprimé. Qui peut dire si cette arlequinade n'a pas été modifiée elle-même par la pièce de Molière, et si, lorsqu'on la jouait à Paris en 1716, ce n'étaient point les imités d'autrefois qui, sur beaucoup de points, se faisaient les imitateurs? Admettons que le sujet de la nouvelle œuvre de Molière, l'idée première et l'intrigue ont été empruntées à la *commedia dell' arte* ; elles portent assez visiblement, en effet, la marque de cette origine. Mais c'est là tout ce qu'il est permis d'affirmer. S'il est vrai que les emprunts, quelque multipliés qu'ils puissent être, ne sauraient diminuer en rien le génie de Molière, encore est-il bon d'examiner les documents qu'on allègue d'ordinaire, et d'en préciser la valeur. On a accepté trop aisément, il nous semble, toutes les assertions de Riccoboni et des érudits qui ont marché sur ses traces.

Mais, si l'on ne peut guère douter que l'intrigue de la nouvelle comédie ne provienne de la source ordinaire des méprises et des quiproquos comiques, c'est-à-dire du théâtre italien, en revanche rien n'est plus français que l'esprit et la gaieté qui animent d'un bout à l'autre le dialogue. On y trouve toute la piquante saveur, toute la verve ironique des contes et des fabliaux. Ceux à qui notre ancienne littérature est familière y reconnaissent non seulement le tour naïf de la plaisanterie, les libres traditions de la satire du moyen âge, mais même des réminiscences nombreuses des vieux auteurs, de Noël du Fail, de Rabelais, des *Quinze Joies de mariage,* des *Cent Nouvelles nouvelles.* Par exemple : la scène où Sganarelle armé s'efforce en vain d'avoir le courage de venger son honneur, reproduit, en l'atténuant beaucoup, il est vrai, la situation grotesque de la quatrième des *Nouvelles du roi Louis XI* : « Le mercier se fait armer d'un grand, lourd et vieil harnois, prend sa salade, ses gantelets, et en sa main une grande hache; or, est-il bien en point, Dieu le sait, et semble bien que aultres fois il ait veu hutin, etc. » Nous ne rappelons pas l'aventure. Nous avons mentionné ailleurs le premier chapitre des *Baliverneries d'Eutrapel*. Nous signalerons d'autres traits au courant du commentaire.

On a beaucoup discuté pour savoir s'il y avait dans Sganarelle une leçon morale. M. Nisard se prononce pour l'affirmative : « Sganarelle, dit-il, nous fait honte de la jalousie dans le ménage; il nous rend moins chatouilleux aux apparences, et cherche à prouver que la confiance entre époux est un des principaux éléments du bonheur domestique. » Sans doute, c'est la moralité qu'on peut tirer de l'ouvrage, et Molière ne l'a pas négligée :

> De cet exemple-ci, ressouvenez-vous bien,
> Et quand vous verriez tout, ne croyez jamais rien.

Mais il est évident que le principal but de l'auteur a été d'amuser et de faire rire le public, de le faire rire avec les angoisses triviales, avec les tourments et les déboires d'un mari vulgaire et ridicule, comme cela se pratiquait depuis des siècles sur notre sol gaulois. Le comique a évidemment dans cet ouvrage beaucoup plus de part que le philosophe.

L'observation n'y était pas, toutefois, aussi éloignée de la réalité que nous serions peut-être disposés à le croire aujourd'hui. La preuve, c'est qu'il existe, à propos de cette comédie, une de ces anecdotes fort peu authentiques, il est vrai, mais ayant une importance significative par le seul fait qu'elles eurent cours. C'est Grimarest qui la raconte : « Un bon bourgeois de Paris, vivant bien noblement, mais dans les chagrins que l'humeur et la beauté de sa femme lui avoient assez publiquement causés, s'imagina que Molière l'avoit pris pour l'original de son Cocu imaginaire. Ce bourgeois crut devoir s'en offenser; il en marqua son ressentiment à un de ses amis. « Comment! lui dit-il, un « petit comédien aura l'audace de mettre impunément sur le « théâtre un homme de ma sorte! » (Car le bourgeois s'imagine être beaucoup plus au-dessus du comédien que le courtisan ne croit être élevé au-dessus de lui.) « Je m'en plaindrai, ajouta-« t-il; en bonne police, on doit réprimer l'insolence de ces

« gens-là : ce sont les pestes d'une ville ; ils observent tout pour
« le tourner en ridicule. » L'ami, qui étoit homme de bon sens,
et bien informé, lui dit : « Monsieur, si Molière a eu intention
« sur vous en faisant *le Cocu imaginaire,* de quoi vous plaignez-
« vous ? Il vous a pris du beau côté ; et vous seriez bien heu-
« reux d'en être quitte pour l'imagination. » Le bourgeois, quoique peu satisfait de la réponse de son ami, ne laissa pas d'y faire
quelque réflexion, et ne retourna plus voir la pièce. »

Le mot, un peu rude à nos oreilles, qui se trouve dans le titre
et qui est fréquemment répété dans le cours de l'ouvrage, était
encore, du temps de Molière, toléré dans la meilleure compagnie. On le rencontre dans la plupart des auteurs contemporains, dans les Lettres de Mme de Sévigné, dans les Mémoires du
cardinal de Retz. « Nous devons citer, dit M. Taschereau, pour
donner une juste idée de l'innocence, nous allions dire du crédit
de cette expression, une réponse d'une dame Loiseau, bourgeoise
riche et renommée pour la vivacité de ses saillies. Le roi, l'apercevant un jour à son cercle et voulant mettre ce talent à
l'épreuve, dit à la duchesse *** de l'attaquer. « Quel est l'oiseau
« le plus sujet à être cocu ? lui demande aussitôt la duchesse,
« équivoquant sur le nom de la bonne dame.—C'est le duc, ma-
« dame », répliqua la bourgeoise ; et il ne paraît pas que la question ainsi formulée ait, en aucune façon, choqué la cour ni le
roi, et les ait empêchés d'applaudir à la repartie. »

« Sans examiner, dit Auger à ce propos, si les disgrâces des maris
sont plus rares ou plus communes qu'elles ne l'étaient autrefois,
ce qu'il y a de certain, c'est que, dans le langage décent, il n'y
a plus de terme pour exprimer ce que Sganarelle croyait être. »

Nous avons raconté, dans notre Étude générale sur Molière, de
quelle façon étrange cette pièce vit le jour. Neufvillenaine, qui
s'en fit spontanément l'éditeur, l'enrichit d'une glose qu'on retrouve telle quelle dans la plupart des éditions qui se succédèrent
depuis 1660 jusqu'à 1673. A partir de l'édition de 1682, les éditeurs s'accordent à dégager la petite comédie de cet appareil
inutile. Les arguments de Neufvillenaine sont, en effet, très
médiocres : aucune finesse d'observation, aucune grâce de style
n'en relèvent l'insipidité. On doit se borner à en extraire ce qui
peut s'y rencontrer de plus curieux.

L'édition *princeps* est de 1660 : « *Sganarelle ou le Cocu imaginaire,* comédie, avec les arguments de chaque scène ; à Paris, chez Jean Ribou, sur le quay des Augustins, à l'image Saint-Louis. » Avec privilège du roi daté du 26 juillet 1660, au nom du sieur de Neufvillenaine, et « défenses sont faites à tous autres de l'imprimer ny vendre d'autre édition que celle de l'exposant ». Achevé d'imprimer le 12 août 1660.

Sur les registres de la Compagnie des libraires, à la date du 31 août 1660, on lit : « Ce jourd'hui, le sieur Ribou, libraire, nous a présenté un privilège obtenu sous le nom du sieur de La Neufvillaine[1], pour un livre intitulé : *La Comédie Seganarelle* (sic), *avec des arguments sur chaque scène*. Ledit privilège en date du 26ᵉ juillet, pour dix ans. »

La pièce, dans cette première édition, est précédée d'une lettre à un ami. Il y eut un second tirage de la première édition, tirage presque semblable à l'autre, et qui n'en diffère que par le fleuron du titre ; mais ce tirage a 6 feuillets préliminaires au lieu de 4, parce que le sieur de Neufvillenaine y a joint une épître anonyme adressée *à Monsieur de Molier,* chef de la troupe des comédiens de Monsieur, frère unique du roi.

Nous reproduisons ces deux pièces, d'abord la *Lettre à un ami*.

Monsieur,

Vous ne vous êtes pas trompé dans votre pensée, lorsque vous avez dit (avant qu'on le jouât) que si *le Cocu imaginaire* étoit traité par un habile homme, ce devoit être une parfaitement belle pièce : c'est pourquoi je crois qu'il ne me sera pas difficile de vous faire tomber d'accord de la beauté de cette comédie, même avant que de l'avoir vue, quand je vous aurai dit qu'elle part de la plume de l'ingénieux auteur des *Précieuses ridicules.* Jugez, après cela, si ce ne doit pas être un ouvrage tout à fait galant et tout à fait spirituel, puisque ce sont deux choses que son auteur possède avantageusement. Elles y brillent aussi avec tant d'éclat que cette pièce surpasse de beaucoup toutes celles qu'il a faites, quoique le sujet de ses *Précieuses ridicules* soit tout à fait spirituel, et celui de son *Dépit amoureux* tout à fait galant. Mais vous en allez vous-même être juge dès que vous l'aurez lue, et je suis assuré que vous y trouverez quantité de vers qui ne se peuvent payer, que plus vous relirez, plus vous connoîtrez avoir été profondément pensés. En effet, le sens en est si mystérieux qu'ils ne peuvent partir que d'un homme consommé dans les compagnies ; et j'ose même

1. Il n'est pas inutile de signaler au lecteur l'incertitude qui règne sur la forme même de ce nom.

avancer que Sganarelle n'a aucun mouvement jaloux ni ne pousse aucuns sentiments que l'auteur n'ait peut-être ouïs lui-même de quantité de gens au plus fort de leur jalousie, tant ils sont exprimés naturellement, si bien que l'on peut dire que, quand il veut mettre quelque chose au jour, il le lit premièrement dans le monde (s'il est permis de parler ainsi), ce qui ne se peut faire sans avoir un discernement aussi bon que lui et aussi propre à choisir ce qui plaît. On ne doit donc pas s'étonner, après cela, si ses pièces ont une si extraordinaire réussite, puisque l'on n'y voit rien de forcé, que tout y est naturel, que tout y tombe sous le sens; et qu'enfin les plus spirituels confessent que les passions produiroient en eux les mêmes effets qu'ils produisent en ceux qu'il introduit sur la scène.

Je n'aurois jamais fait si je prétendois vous dire tout ce qui rend recommandable l'auteur des *Précieuses ridicules* et du *Cocu imaginaire*: c'est ce qui fait que je ne vous en entretiendrai pas davantage, pour vous dire que quelques beautés que cette pièce vous fasse voir sur le papier, elle n'a pas encore tous les agréments que le théâtre donne d'ordinaire à ces sortes d'ouvrages. Je tâcherai toutefois de vous en faire voir quelque chose aux endroits où il sera nécessaire pour l'intelligence des vers et du sujet, quoiqu'il soit assez difficile de bien exprimer sur le papier ce que les poètes appellent jeux de théâtre, qui sont de certains endroits où il faut que le corps et le visage jouent beaucoup, et qui dépendent plus du comédien que du poète, consistant presque toujours dans l'action. C'est pourquoi je vous conseille de venir à Paris pour voir représenter *le Cocu imaginaire* par son auteur, et vous verrez qu'il y fait des choses qui ne vous donneront pas moins d'admiration que vous aura donné la lecture de cette pièce; mais je ne m'aperçois pas que je vous viens de promettre de ne vous plus entretenir de l'esprit de cet auteur, puisque vous en découvrirez plus dans les vers que vous allez lire que dans tous les discours que je vous en pourrois faire. Je sais bien que je vous ennuie, et je m'imagine vous voir passer les yeux avec chagrin par-dessus cette longue épître; mais prenez-vous-en à l'auteur... Foin! je voudrois bien éviter ce mot d'auteur, car je crois qu'il se rencontre presque dans chaque ligne, et j'ai déjà été tenté plus de six fois de mettre monsieur de Molier (*sic*)[1] en sa place. Prenez-vous-en donc à monsieur de Molier, puisque le voilà. Non, laissez-le là toutefois, et ne vous en prenez qu'à son esprit, qui m'a fait faire une lettre plus longue que je n'aurois voulu, sans toutefois avoir parlé d'autres personnes que de lui, et sans avoir dit le quart de ce que j'avois à dire à son avantage. Mais je finis, de peur que cette épître n'attire que maudisson[2] sur elle, et je gage que, dans l'impatience où vous êtes, vous serez bien aise d'en voir la fin et le commencement de cette pièce.

Nous donnons en deuxième lieu, quoiqu'elle soit en tête dans les exemplaires où elle se trouve, l'épître ou dédicace *à*

---

1. Plus tard la véritable orthographe de ce nom fut partout rétabli.
2. *Maudisson*, qui ne s'emploie plus, est le même mot que *malédiction*, mais avec un peu moins d'énergie.

NOTICE PRÉLIMINAIRE. 277

Monsieur de Molier. « Cette épître, dit M. Paul Lacroix (*Bibliographie moliéresque*), a été ajoutée après coup, car elle est imprimée sur quatre pages avec la signature *a*, et cette signature se trouve répétée dans les deux feuillets qui figuraient seuls dans les premiers exemplaires. »

A MONSIEUR DE MOLIER[1]

Chef de la troupe des comédiens de Monsieur, frère unique du roi.

Monsieur,

Ayant été voir votre charmante comédie du *Cocu imaginaire,* la première fois qu'elle fit paroître ses beautés au public, elle me parut si admirable que je crus que ce n'étoit pas rendre justice à un si merveilleux ouvrage que de ne le voir qu'une fois, ce qui m'y fit retourner cinq ou six autres ; et, comme on retient assez facilement les choses qui frappent vivement l'imagination, j'eus le bonheur de la retenir entière, sans aucun dessein prémédité, et je m'en aperçus d'une manière assez extraordinaire. Un jour, m'étant trouvé dans une assez célèbre compagnie où l'on s'entretenoit et de votre esprit et du génie particulier que vous avez pour les pièces de théâtre, je coulai mon sentiment parmi celui des autres ; et, pour enchérir par-dessus ce qu'on disoit à votre avantage, je voulus faire le récit de votre *Cocu imaginaire;* mais je fus bien surpris quand je vis qu'à cent vers près je savois la pièce par cœur, et qu'au lieu du sujet je les avois tous récités : cela m'y fit retourner encore une fois, pour achever de retenir ce que je n'en savois pas. Aussitôt un gentilhomme de la campagne, de mes amis, extraordinairement curieux de ces sortes d'ouvrages, m'écrivit et me pria de lui mander ce que c'étoit que *le Cocu imaginaire,* parce que, disoit-il, il n'avoit point vu de pièce dont le titre promît rien de si spirituel, si elle étoit traitée par un habile homme. Je lui envoyai aussitôt la pièce que j'avois retenue, pour lui montrer qu'il ne s'étoit pas trompé ; et, comme il ne l'avoit point vu représenter, je crus à propos de lui envoyer les arguments de chaque scène pour lui montrer que, quoique cette pièce soit admirable, l'auteur, en la représentant lui-même, y savoit encore faire découvrir de nouvelles beautés. Je n'oubliai pas de lui mander expressément et même de le conjurer de n'en laisser rien sortir de ses mains ; cependant, sans savoir comment cela s'est fait, j'en ai vu courir huit ou dix copies en cette ville, et j'ai su que quantité de gens étoient prêts de la faire mettre sous la presse ; ce qui m'a mis dans une colère d'autant plus grande que la plupart de ceux qui ont décrit cet ouvrage l'ont tellement défiguré, soit en y ajoutant, soit en y diminuant, que je ne l'ai pas trouvé reconnoissable : et comme il y alloit de votre gloire et de la mienne que l'on ne l'imprimât pas de la sorte, à cause des vers que vous avez faits, et de la prose que j'y ai ajoutée, j'ai cru qu'il falloit aller au-devant de ces messieurs,

---

1. Ce nom est ainsi écrit dans les éditions de 1660, 1662, 1665, 1666. Il est écrit *M. de Molière* ou *M. Molière* dans les éditions suivantes.

qui impriment les gens malgré qu'ils en aient, et donner une copie qui fût correcte (je puis parler ainsi, puisque je crois que vous trouverez votre pièce dans les formes); j'ai pourtant combattu longtemps avant que de la donner, mais enfin j'ai vu que c'étoit une nécessité que nous fussions imprimés, et je m'y suis résolu d'autant plus volontiers que j'ai vu que cela ne vous pouvoit apporter aucun dommage, non plus qu'à votre troupe, puisque votre pièce a été jouée près de cinquante fois.

Je suis, monsieur, votre très humble serviteur.

On voit combien le bénévole éditeur s'associe curieusement à l'auteur qu'il exploite : « Il y alloit de votre gloire et de la mienne... C'étoit une nécessité que nous fussions imprimés, etc. » Molière porta plainte immédiate, ainsi qu'il résulte d'une pièce découverte aux Archives nationales par M. Em. Campardon[1].

Voici cette pièce, malheureusement incomplète :

Procès-verbal pour le sieur Molière, comédien de Monsieur,
Août 1660[2].

... Où étant et parlant à un jeune homme qui nous a dit être ledit Journel et être imprimeur en cette ville de Paris, après lui avoir fait entendre le sujet de notre venue, nous a fait monter en une première chambre sur le devant où il fait son imprimerie, et là, en sa présence, ayant fait une recherche des feuilles que nous prétendions trouver dudit livre appelé *le Cocu imaginaire* sans en pouvoir rencontrer aucune, ledit Journel nous a déclaré qu'il y a quinze jours ou environ que ledit Jean Ribou, marchand libraire, demeurant attenant les Augustins, lui a retiré les derniers exemplaires, ensuite il en a rompu les formes, ledit Ribou se contentant de neuf cents exemplaires qu'on lui a fournis. Au moyen de laquelle déclaration et de ce que nous n'en avons pu trouver aucun autre exemplaire, nous nous sommes retiré, et dressé le présent procès-verbal pour servir et valoir audit sieur de Molière en temps et lieu ainsi que de raison.

Et depuis, après serment par lui prêté, nous a dit en avoir imprimé douze cents et demi ou environ, lesquels il a tous délivrés audit Ribou sans pouvoir nous dire où ils étoient et où ledit Ribou les a mis, ni par qui ils avoient été reliés.

Signé : Christophe JOURNEL.

Ce fait, à l'instant, nous, commissaire susdit, sommes transporté en la maison dudit sieur Ribou susdéclarée, où étant est survenu ledit Jean Ribou, lequel, instruit du sujet pour lequel nous étions dans la boutique, auroit d'un ton fort haut dit qu'il ne connoissoit pas M. le lieutenant civil pour le fait des privilèges; et sur ce que nous aurions voulu prendre son serment et savoir de lui s'il n'étoit pas véritable que Christophe Journel,

1. *Documents inédits sur J.-B. Poquelin Molière.* Paris, Plon, 1871.
2. C'est-à-dire dix-huit jours au plus tard après l'achevé d'imprimer de J. Ribou.

son imprimeur, lui avoit délivré douze cent cinquante exemplaires d'un livre intitulé *le Cocu imaginaire* depuis quinze jours en çà, ce qu'il en avoit fait et où il les avoit mis, puisqu'ils ne se trouvoient pas dedans son logis, il nous auroit refusé sondit serment, et néanmoins nous auroit dit qu'il avoit reçu les douze cent cinquante exemplaires, lesquels il avoit mis où il lui avoit plu, et se moquoit de tout ce qui se pourroit faire à l'encontre de lui. Nonobstant quoi ledit Pierre Granet, sergent, lui auroit laissé l'assignation et saisie des quatre livres intitulés *le Cocu imaginaire*[1], et a ledit Ribou refusé de signer.

Dont et de quoi ledit sieur Molière nous a requis le présent procès-verbal pour lui servir ce que de raison.

L'affaire fut poursuivie devant le conseil privé. M. Campardon a publié, en 1876[2], les deux arrêts de ce conseil :

Sur la requête présentée au roi en son conseil par Jean-Baptiste Poquelin de Molières, contenant que sur ce qu'il auroit exposé à Sa Majesté qu'il avoit composé quelques pièces de théâtre en vers françois, entre autres une intitulée *le Cocu imaginaire,* Sadite Majesté lui auroit par lettres du dernier mai dernier[3] accordé permission de faire imprimer lesdites pièces pendant cinq années avec défenses à tous libraires, imprimeurs et autres, d'imprimer, vendre et distribuer lesdites pièces, sous quelque prétexte que ce soit, à la charge d'en mettre deux exemplaires en sa bibliothèque publique, et mandé au Parlement et au prévôt de Paris de faire jouir le suppliant du bénéfice desdites lettres ; auquel effet et pour empêcher qu'il n'y fût contrevenu, il les auroit fait signifier à la communauté des marchands imprimeurs et libraires de Paris, le 14 juin aussi dernier ; au préjudice de laquelle signification le suppliant, ayant eu avis que le nommé Jean Ribou, un desdits marchands libraires, avoit fait imprimer et vendoit un livre intitulé *Sganarelle ou le Cocu imaginaire,* qui étoit le même livre et pièce que ledit suppliant avoit composé, il auroit présenté une requête audit prévôt de Paris pour y faire assigner ledit Ribou et voir ordonner que défenses lui seroient faites de plus vendre ladite pièce, que les exemplaires qu'il avoit fait imprimer seroient confisqués avec condamnation d'amende et de tous dépens, dommages et intérêts, et cependant permis saisir les impressions que ledit Ribou en avoit fait tirer, en quelque lieu qu'elles puissent être.

1. Probablement quatre exemplaires trouvés dans la boutique de Ribou.
2. *Nouvelles Pièces sur Molière,* page 11.
3. Les registres des libraires portent la mention suivante : « Le 27 octobre 1662, Claude Barbin et Gabriel Quinet, marchands libraires en cette ville, nous ont présenté un privilège de Sa Majesté, obtenu sous le nom de Jean-Baptiste Poquelin de Molières (*sic*), qui leur en a fait transport par un mot de sa main du 18 octobre 1662, pour l'impression de quelques pièces de théâtre qu'il a composées en vers françois, intitulées *l'Étourdi ou les Contre-temps, le Dépit amoureux, le Cocu imaginaire,* et le *Don Garcie de Navarre ou l'Amant jaloux,* accordé pour le temps de cinq ans et daté du 31 mai 1660. Registrées aux conditions portées par ledit privilège. »

Sur laquelle requête ayant obtenu une ordonnance le xxviiie août dernier, portant qu'il seroit donné assignation et cependant permis saisir et arrêter, ledit suppliant auroit le même jour fait saisir trois ou quatre exemplaires dudit livre qui se seroient trouvés en la boutique dudit Ribou, et en même temps ayant appris qu'il lui en avoit été livré douze cent cinquante exemplaires, il l'auroit fait assigner devant le prévôt de Paris aux fins de ladite requête, l'entérinement de laquelle ledit Ribou prévoyant ne pouvoir éviter, il se seroit avisé d'avoir recours aux requêtes de l'Hôtel, et sur ce qu'il y auroit supposé par une requête qu'il y auroit présentée, que le nommé de Neufvilaine avoit, le xxvie juillet 1660, obtenu des lettres qui lui permettoient d'imprimer ledit livre et qu'il avoit les droits cédés dudit Neufvilaine, auroit conclu à être reçu opposant contre les ordonnances dudit prévôt de Paris, et que mainlevée lui fût faite de la saisie desdits exemplaires, et en vertu d'une ordonnance de « viennent les parties au premier jour » auroit auxdites fins fait assigner le suppliant aux requêtes de l'Hôtel, et d'autant que ledit Ribou se fonde sur des lettres obtenues deux mois après celles accordées par Sa Majesté au suppliant, et ainsi qu'il n'y a que les lettres d'icelui suppliant qui puissent et doivent subsister, requéroit à ces causes ledit suppliant qu'il plût à Sa Majesté ordonner que ledit Ribou et autres qu'il appartiendra seront assignés au conseil pour voir dire que ledit suppliant jouira de la permission d'imprimer les pièces de théâtre par lui composées, entre autres celle intitulée *le Cocu imaginaire*, dont mention est faite aux lettres dudit jour, dernier mai, et ce faisant que les lettres depuis obtenues, ledit jour xxvie juillet, portant permission d'imprimer la même pièce intitulée en icelles *Sganarelle ou le Cocu imaginaire* seront et demeureront rapportées, le suppliant déchargé de l'assignation à lui donnée aux requêtes de l'Hôtel, ledit jour trentième août, et ledit Ribou condamné de livrer à icelui suppliant les douze cent cinquante exemplaires que ledit Ribou a retirés de ladite pièce, ensuite des lettres dudit jour xxvie juillet, ou la valeur d'iceux à raison de trente sols chacun exemplaire.

Et outre ce, que très expresses inhibitions et défenses seront faites audit Ribou et tous autres de, pendant lesdites cinq années, exposer en vente aucun desdits livres sans la permission expresse du suppliant, à peine de trois mille livres d'amende et de tous dépens, dommages et intérêts; et pour l'indue vexation, ledit Ribou condamné aux dépens.

Vu ladite requête signée du suppliant et Rolland, avocat audit conseil, lesdites lettres dudit jour dernier mai dernier, accordées au suppliant par Sa Majesté, par lesquelles lui est permis de faire imprimer lesdites pièces y mentionnées pendant cinq années, au dos est la signification à ladite communauté des marchands imprimeurs et libraires de Paris, du xive juin ensuivant, requête dudit suppliant au lieutenant civil de Paris, l'ordonnance au bas, saisie et assignation en conséquence audit Ribou, copie d'autre requête dudit Ribou auxdites requêtes de l'Hôtel, le tout en date des xxviiie et xxxe août audit an 1660 : ouï le rapport du sieur Courtin, commissaire à ce député; tout considéré :

NOTICE PRÉLIMINAIRE.

Le roi, en son conseil, ordonne que ledit Ribou et autres qu'il appartiendra seront assignés au premier jour pour être les parties sommairement ouïes et réglées sur les fins de ladite requête, par-devant le sieur commissaire qui sera à ce député; et cependant défense de vendre le livre intitulé *Sganarelle ou le Cocu imaginaire*, jusqu'à ce qu'autrement il en ait été ordonné, à peine de cinq cents livres d'amende et de tous dépens, dommages et intérêts.

Signé : Séguier, Courtin.

Du troisième septembre 1660, à Paris.

Le jugement, qui donne gain de cause à Molière, est du 16 novembre :

Entre Jean-Baptiste Poquelin de Molières, demandeur en requête insérée en l'arrêt du conseil, iiie jour de septembre 1660, d'une part, et Jean Ribou, marchand libraire à Paris, d'autre part;

Vu au conseil du roi,

L'arrêt d'icelui dudit jour iiie septembre dernier, rendu sur la requête du demandeur, tendant à ce qu'il plût à Sa Majesté ordonner que ledit Ribou seroit assigné au conseil pour voir dire que ledit demandeur jouira de la permission d'imprimer les pièces de théâtre par lui composées, entre autres celle intitulée *le Cocu imaginaire*, dont il est fait mention aux lettres du dernier mai, portant ladite permission, et ce faisant que les lettres depuis obtenues le xxvie juillet dernier, portant permission d'imprimer la même pièce intitulée en icelles *Sganarelle ou le Cocu imaginaire*, seront et demeureront rapportées, le demandeur déchargé de l'assignation à lui donnée aux requêtes de l'Hôtel le xxxe août dernier, et ledit défendeur condamné à lui délivrer les douze cent cinquante exemplaires qu'il a retirés de ladite pièce ensuite desdites lettres du xxvie juillet, ou la valeur d'iceux à raison de xxx sols chacun exemplaire, et que défenses soient faites audit défendeur et tous autres de, pendant les cinq années portées par sadite permission, exposer en vente aucun desdits livres sans la permission expresse dudit demandeur, à peine de trois mille livres d'amende et de tous dépens, dommages et intérêts; par lequel arrêt auroit été ordonné que ledit Ribou et autres qu'il appartiendroit seroient assignés au conseil au premier jour pour être les parties sommairement ouïes et réglées sur les fins de ladite requête, et, cependant, défenses de vendre le livre intitulé *Sganarelle ou le Cocu imaginaire* jusqu'à ce qu'autrement en eût été ordonné;

Exploit d'assignation donné en conséquence au défendeur, du ive dudit mois de septembre;

L'appointement de règlement, du xxviie dudit mois;

Lettres patentes obtenues par le demandeur, le dernier mai dernier, par lesquelles lui a été permis de faire imprimer la pièce par lui composée du *Cocu imaginaire* et autres y mentionnées, pendant cinq années, et de les vendre et distribuer par tout le royaume avec défenses à tous imprimeurs, libraires et autres, d'imprimer, vendre et débiter lesdites pièces sous quelque prétexte que ce soit, même d'impression étrangère, sans le consentement du demandeur ou de ses ayants cause, à peine de confiscation des exemplaires contrefaits, amende arbitraire, dépens, dommages et intérêts;

Exploit de signification desdites lettres à la communauté des marchands imprimeurs et libraires de Paris, à ce qu'ils n'en ignorent et n'aient à y contrevenir, du xxiii° juin dernier;

Requête présentée par le demandeur au lieutenant civil, à ce que le défendeur fût assigné pour se voir faire défense de plus vendre, exposer ni débiter ladite pièce intitulée *le Cocu imaginaire,* que les exemplaires qu'il a fait imprimer seront confisqués avec condamnation d'amende et de tous dépens, dommages et intérêts, et, cependant, lui permettre de faire saisir les impressions qu'il a fait faire, en quelque lieu qu'ils puissent être, et ensuite est l'ordonnance dudit lieutenant civil qui permet de donner l'assignation, et, ce pendant, de saisir et arrêter, du xxviii° août dernier;

Procès-verbal de saisie de quatre petits livres intitulés *le Cocu imaginaire,* que le défendeur exposoit en vente, du même jour, avec assignation à lui donnée aux fins de ladite requête par devant ledit lieutenant civil, à la requête dudit demandeur;

Procès-verbal du commissaire qui se seroit transporté en la maison du défendeur, en exécution de la susdite ordonnance dudit lieutenant civil, contenant la déclaration du nommé Journel, imprimeur, qu'il avoit imprimé douze cents exemplaires de ladite pièce du *Cocu imaginaire,* et les avoir délivrés au défendeur, qui auroit aussi déclaré les avoir retirés, du xxviii° août dernier;

Copie de requête présentée par le défendeur aux requêtes de l'Hôtel, à ce qu'il fût reçu opposant à ladite ordonnance du lieutenant civil, du xxviii° août, et, faisant droit sur ladite opposition, lui faire mainlevée de la saisie dudit Molière, et, en conséquence, ordonner que le privilège et transport du nommé Neufvillaine sera exécuté selon la forme et teneur, et le demandeur condamné en tous dépens, dommages et intérêts, et ensuite est l'ordonnance portant « viennent les parties », et l'exploit d'assignation du xxx° dudit mois d'août dernier;

Lettres patentes obtenues par le sieur Neufvillaine le xxvi° juillet dernier par lesquelles il lui est permis d'imprimer ou faire imprimer une comédie intitulée *Sganarelle, avec des arguments sur chaque scène,* durant dix ans, et au bas d'icelles est l'enregistrement sur le livre de la communauté des marchands libraires et imprimeurs, du xxxi° août dernier;

Quittance dudit Neufvillaine de la somme iicxx livres par lui reçue du défendeur pour la vente à lui faite de ladite pièce intitulée *Sganarelle ou le Cocu imaginaire,* dont il lui a fourni le privilège du iii° dudit mois d'août;

Écritures et productions desdites parties et tout ce que par elles a été émis, écrit et produit par-devers le sieur Bouchu, commissaire à ce député; ouï son rapport et tout considéré :

Le roi, en son conseil, faisant droit sur l'instance, a condamné et condamne le défendeur de rapporter le privilège du 26 juillet portant permission d'imprimer les pièces de théâtre composées par le demandeur, au préjudice du privilège obtenu par le demandeur le dernier mai dernier, défenses audit défendeur et tous autres de s'en aider, ni débiter lesdites pièces, et le défendeur condamné à délivrer au demandeur les douze cent cinquante exemplaires par lui retirés, ou la valeur à raison de trente sols par chaque exemplaire, sans dépens entre les parties.

Signé : Séguier, Bouchu.

Du 16 novembre 1660, à Paris.

Ce jugement est rappelé dans le privilège de *l'École des Maris* (1661), où il est dit que l'auteur requiert des défenses pour cette pièce, « parce qu'il seroit arrivé qu'en ayant ci-devant composé quelques autres, aucunes d'icelles auroient été prises et transcrites par des particuliers... à son préjudice et dommage; pour raison de quoi il y auroit eu instance en notre conseil, jugée à l'encontre d'un nommé Ribou, libraire imprimeur, en faveur de l'exposant ».

Dans un ouvrage de circonstance, intitulé *le Songe du Resveur* (Paris, Guillaume de Luyne, 1660), dont l'auteur est inconnu, l'intervention de Neufvillenaine est jugée sévèrement. C'est la muse Terpsichore, la muse de la danse, qui a la parole, et cet avocat si singulièrement choisi nous fait soupçonner quelque méprise de l'auteur, quelque confusion faite entre Molière et ce danseur musicien et poète qui portait le même nom. Quoi qu'il en soit, voici comment s'exprime la muse de la danse :

> Molière, notre cher ami,
> Que nous n'aimons pas à demi,
> Depuis quelque temps a su faire
> Un *Cocu*, mais *imaginaire*.
> Cependant un archigredin,
> Qui n'a pas pour avoir du pain,
> De peur de passer la carrière
> De la saison d'hiver entière
> Avecque son habit d'été,
> Fut pour lors assez effronté
> Pour, je ne sais comment, le prendre,
> Et de plus pour le faire vendre.
> Il a bien même été plus loin,
> Car l'on dit qu'il a pris le soin
> De l'afficher à chaque rue...

Tout cela, cependant, n'eut pas grande suite. C'est Ribou qui continua à imprimer *le Cocu imaginaire* avec les arguments de Neufvillenaine. Ce n'est qu'en 1666 que parut chez le même Ribou une première édition dégagée des arguments de cet officieux. A partir de 1662 seulement, le privilège est mis le plus souvent au nom du *sieur Molier* ou *de Molier*. Nous disons « le plus souvent », car dans l'édition à part de 1666, dégagée des arguments et des deux épîtres, le privilège est encore au nom de Neufvillenaine et cédé par lui à Jean Ribou.

Ce même Ribou imprima par la suite *le Misanthrope, le Médecin malgré lui, Georges Dandin, l'Avare, le Tartuffe, Pourceaugnac,* et Molière lui prêta de l'argent (1672), qui lui était encore dû à l'époque de sa mort : ce qui prouve que le poète ne lui avait pas gardé longue rancune pour son étrange procédé.

La pièce ne subit aucun changement notable; elle continua à être imprimée telle que l'avait donnée Neufvillenaine ou Neufvillaine[1]. M. P. Lacroix soupçonne Neufvillenaine d'avoir obtenu une copie de quelque comédien de la troupe de Molière, ce texte étant trop exact pour avoir été reproduit de mémoire[2].

Nous ne suivons pas cette fois l'édition princeps, à laquelle Molière a été trop évidemment étranger. Il y a un choix à faire parmi les éditions originales. Celles qui ont un privilège au nom de Molière semblent avoir plus d'autorité. Telle est celle d'Augustin Courbé, en 1662; telle est celle qui porte les noms de Thomas Jolly ou d'Estienne Loyson, en 1665, et qui contient la dédicace *à Monsieur de Molier*. C'est cette dernière que nous avons choisie : Molière est alors en pleine possession de son œuvre, et il est permis de croire que la publication a été faite avec son consentement et son approbation. Nous y joignons les variantes des éditions de 1660, de 1673 et de 1682.

Le succès du *Cocu imaginaire* fut très vif et presque égal à celui des *Précieuses ridicules*. La nouvelle comédie eut trente-

---

1. La comédie du *Cocu imaginaire* se trouve arrangée et entourée de la sorte jusque dans l'édition des *OEuvres de Molière* publiée en 1673, l'année même de la mort du poète. On connaît, toutefois, des textes qui n'ont ni les arguments en prose ni la préface de Neufvillenaine. Brunet en signale un dans le *Manuel du libraire,* sous la date de *Paris, Jean Ribou, 1664;* « probablement imprimé en province ». Un autre, achevé d'imprimer le 30 septembre 1666 pour le même Jean Ribou. L'association de Neufvillenaine à Molière est donc une règle qui souffre des exceptions, mais c'est la règle.

2. *Bibliographie moliéresque,* 2º édition, page 7.

quatre représentations dans sa nouveauté, sans parler des visites qui eurent lieu après la clôture du théâtre du Petit-Bourbon et pendant qu'on préparait la salle du Palais-Royal. Elle fut jouée cent vingt-deux fois jusqu'à la mort de Molière. Les contemporains sont presque unanimes cette fois à proclamer le mérite de l'œuvre. L'auteur des *Nouvelles nouvelles*, dont on sait l'hostilité contre Molière, écrivait encore en 1663 (après *l'École des Femmes!*) : « *Le Cocu imaginaire* est, à mon sentiment et à celui de beaucoup d'autres, la meilleure de toutes ses pièces et la mieux écrite ». On savait déjà à cette époque pratiquer l'art de sacrifier, pour satisfaire ses rancunes contre un auteur, une œuvre supérieure à une œuvre secondaire.

Elle continue de paraître de temps en temps à la scène. Voici la distribution des personnages au 3 septemrbe 1874 :

GORGIBUS................	M. KIME.
CÉLIE..................	Mlle THOLER.
LÉLIE..................	M. PRUDHON.
GROS-RENÉ..............	M. COQUELIN cadet.
SGANARELLE.............	M. GOT.
LA FEMME DE SGANARELLE.....	Mme PROVOST-PONSIN.
VILLEBREQUIN............	M. JOLIET.
LA SUIVANTE DE CÉLIE........	Mlle BIANCA.

Un imitateur nommé François Doneau, sur lequel on n'a point de renseignements, s'avisa de retourner les rôles du *Cocu imaginaire*, et de composer *la Cocue imaginaire*, sous prétexte que tout Paris avait souhaité de voir ce que pourrait dire une femme à qui il arriverait la même chose qu'à Sganarelle. La tentative ne plut pas à tout le monde. Dans *le Songe du Resveur*, que nous venons de citer, Terpsichore ajoute :

> De plus, l'on a fait *la Cocue
> Imaginaire*, dont un sot
> A pris avec soin mot à mot
> L'expression et la matière
> Dans *le Cocu* du sieur Molière,
> Dont chacun fut fort étonné ;
> Il l'a seulement retourné,

> Et, le retournant, cet infâme
> Pour un homme a mis une femme.

Toutefois, il paraît que l'œuvre de François Doneau ne fut pas sans exciter quelque curiosité On n'en connaît qu'une édition parisienne[1], mais cette édition est la seconde. Elle est de 1662, et l'achevé d'imprimer est du 27 mai de cette année. Le privilège est daté du 25 juillet 1660 ; il fut enregistré par la Compagnie des libraires le 16 septembre. M. P. Lacroix suppose que « Molière avait fait saisir et mettre au pilon la première édition, en accusant de plagiat l'auteur qui devint plus tard son ami et qui obtint la permission de réimprimer sa comédie en la faisant précéder d'une préface très honorable pour *le Cocu imaginaire.* » C'est une hypothèse toute gratuite. Il ne manque pas d'éditions de pièces, et de pièces plus importantes, qui ont de la sorte disparu. Nous devons, au contraire, en conclure avec M. Despois que l'ouvrage eut assez de vogue pour être imprimé deux fois. Nous donnons cette petite pièce à la suite de la pièce de Molière. La dédicace et la préface sont d'abord des témoignages d'une vive et franche admiration pour Molière, témoignages qui, en ce moment-là, sont encore très rares dans la littérature. Quant à la pièce, elle n'a pas assurément grande valeur ; un lecteur peut toutefois avoir la même curiosité que le « tout Paris » du temps de Doneau, et il ne lui serait pas facile de se la procurer, quoiqu'elle ait été réimprimée à cent exemplaires en 1870.

On voit le plan que nous nous sommes tracé dans cette édition : présenter les comédies de Molière, sans les charger de trop de variantes ou d'annotations, avec ce qu'il en faut justement pour les mettre en pleine lumière et pour les faire parfaitement comprendre et apprécier ; mais avant et après ces comédies, dans les notices préliminaires, ou en appendice de chacune d'elles, multiplier les documents de toute sorte, documents que chacun peut être heureux de trouver à son heure, et qui, en tout cas, ne sauraient, étant ainsi placés, rebuter ou lasser que ceux qui le veulent bien.

L. M.

---

1. Il y a une réimpression par les Elzéviers, ou plutôt par Wolfgang, à Amsterdam, 1666.

LE
COCU IMAGINAIRE

PERSONNAGES.	ACTEURS.
GORGIBUS, bourgeois de Paris.	L'Épy.
CÉLIE, sa fille.	Mlle Duparc.
LÉLIE, amant de Célie.	La Grange.
GROS-RENÉ, valet de Lélie.	Duparc.
SGANARELLE[1], bourgeois de Paris et cocu imaginaire.	Molière.
LA FEMME DE SGANARELLE.	Mlle Debrie.
VILLEBREQUIN, père de Valère.	Debrie.
La Suivante de Célie.	Mlle Béjart[2].
Un Parent de la femme de Sganarelle[3].	

La scène est à Paris [4].

1. Ce personnage de Sganarelle apparaît ici pour la seconde fois. Nous l'avons vu déjà dans la farce du *Médecin volant*. Nous le retrouverons dans *l'École des Maris, le Mariage forcé, le Festin de Pierre, l'Amour médecin* et *le Médecin malgré lui*; Thomas Corneille a mis un valet nommé Sganarelle dans sa comédie de *Don César d'Avalos*, représentée en 1674; « il est le seul, dit Auger, qui ait touché à ce personnage après Molière ».

2. Dans cette distribution des rôles faite par Aimé Martin, ceux assignés à Molière et à Duparc sont les seuls sur lesquels il n'y ait aucun doute possible.

3. Trois personnages : *la femme de Sganarelle, le parent de cette femme*, et *la suivante de Célie*, n'ont pas de noms. Molière leur en avait sans doute attribué à chacun un selon l'usage; mais comme ces noms n'étaient pas une seule fois prononcés dans le cours de la pièce, Neufvillenaine, l'éditeur officieux, ne put les connaître : il se contenta de ces désignations, que Molière ne prit pas la peine de changer.

4. Le lieu de la scène est le carrefour traditionnel dont nous avons parlé à propos de *l'Étourdi* et du *Dépit amoureux*.

Le manuscrit de Mahelot donne les indications suivantes : « *Le Cocu imaginaire*. Il faut deux maisons à fenêtre ouvrante, une boîte à portraits, une grande épée, une cuirasse et casque. Un écu. »

SGANARELLE

ou

LE COCU IMAGINAIRE

COMÉDIE

SCÈNE PREMIÈRE.

GORGIBUS, CÉLIE, LA SUIVANTE DE CÉLIE.

CÉLIE, sortant tout éplorée, et son père la suivant.

Ah! n'espérez jamais que mon cœur y consente.

GORGIBUS.

Que marmottez-vous là, petite impertinente?
Vous prétendez choquer ce que j'ai résolu[1]?
Je n'aurai pas sur vous un pouvoir absolu?
Et par sottes raisons, votre jeune cervelle
Voudroit régler ici la raison paternelle?
Qui de nous deux à l'autre a droit de faire loi?
A votre avis, qui mieux, ou de vous, ou de moi,
O sotte! peut juger ce qui vous est utile?
Par la corbleu! gardez d'échauffer trop ma bile;[*]

[*] VAR. *Par la morbleu! gardez d'échauffer trop ma bile* (1673).

1. *Choquer* ne s'emploierait plus dans cette acception aujourd'hui. Rotrou a dit de même, dans sa tragi-comédie de *la Pèlerine amoureuse* :

Dès lors que je la vis choquer votre dessein.

Ailleurs, Molière dit encore : « Ce dessein, Don Juan, ne choque point ce que je dis. » (*Don Juan*, acte V, scène III.)

Vous pourriez éprouver, sans beaucoup de longueur[1],
Si mon bras sait encor montrer quelque vigueur.
Votre plus court sera, madame la mutine,
D'accepter sans façons l'époux qu'on vous destine.
J'ignore, dites-vous, de quelle humeur il est,
Et dois auparavant consulter s'il vous plaît :
Informé du grand bien qui lui tombe en partage,
Dois-je prendre le soin d'en savoir davantage?
Et cet époux, ayant vingt mille bons ducats[2],
Pour être aimé de vous, doit-il manquer d'appas?
Allez, tel qu'il puisse être, avecque cette somme
Je vous suis caution qu'il est très honnête homme.

CÉLIE.

Hélas!

GORGIBUS.

Hé bien, hélas! Que veut dire ceci?
Voyez le bel hélas qu'elle nous donne ici!
Hé! que si la colère une fois me transporte,
Je vous ferai chanter hélas de belle sorte!
Voilà, voilà le fruit de ces empressements
Qu'on vous voit nuit et jour à lire vos romans ;
De quolibets d'amour votre tête est remplie,
Et vous parlez de Dieu bien moins que de Clélie[3].
Jetez-moi dans le feu tous ces méchants écrits
Qui gâtent tous les jours tant de jeunes esprits ;
Lisez-moi comme il faut, au lieu de ces sornettes,

---

1. Sans beaucoup de délai, avant qu'il soit longtemps.
2. Le ducat d'or valait de onze à douze francs.
3. Nous sommes, remarquons-le tout de suite, à l'antipode des *Précieuses*. C'est ici le gros bon sens pratique, l'étroite raison bourgeoise, qui sont poussés à l'excès et au ridicule par Gorgibus, tandis que la liseuse de romans, sa fille, devient au contraire intéressante et représente des sentiments vrais et naturels.

SCÈNE I.

Les Quatrains de Pibrac, et les doctes Tablettes
Du conseiller Matthieu[1] : ouvrage de valeur *
Et plein de beaux dictons à réciter par cœur.

* Var. *Du conseiller Matthieu; l'ouvrage est de valeur* (1734).

Cette variante a été adoptée par Auger; l'horreur de l'hiatus a déterminé cet éditeur à accepter cette correction : il fait valoir, pour justifier sa hardiesse, que Molière n'a pas publié cette pièce lui-même, et que Neufvillenaine a probablement altéré ce passage. Nous ne croyons pas devoir entrer dans ces considérations, qui pourraient conduire trop loin. Nous nous bornons à faire connaître une correction qui est motivée, et que chacun appréciera.

1. On trouve dans un passage de *la Comtesse d'Orgueil*, comédie de Thomas Corneille, une nouvelle preuve que les *Quatrains* de Pibrac étaient employés à l'éducation des jeunes filles :

> Du moins, je vous réponds d'une fille fort sage,
> Modeste, accorte, douce, à qui dès son bas âge,
> Où l'esprit est toujours de fadaises rempli,
> Les Quatrains de Pibrac ont donné le bon pli.
> Elle les savoit tous, sur chacun bonne glose.

Gui du Faur de Pibrac, né à Toulouse en 1528 et mort à Paris en 1584, rendit de grands services à l'État comme négociateur et obtint pour récompense les premiers emplois de la magistrature. Il aurait, dit-on, été chancelier, si un de ses ennemis n'eût fait remarquer à Catherine de Médicis ce quatrain, qui fait partie de son recueil :

> Je hais ces mots de puissance absolue,
> De plein pouvoir, de propre mouvement;
> Aux saints décrets ils ont premièrement,
> Puis à nos lois la puissance tollue.

Comme s'il eût voulu se faire pardonner cette petite sortie contre le despotisme, il composa une apologie de la Saint-Barthélemy. Les *Quatrains*, le plus connu de ses ouvrages, ont été souvent réimprimés avec les *Tablettes de la vie et de la mort*, de Pierre Matthieu, historiographe de France, mort à Toulouse en 1621. On y joignait ordinairement les *Quatrains* du président Favre, père du fameux Vaugelas. Pendant longtemps on mit dans les mains des enfants, et on leur fit apprendre par cœur, ce recueil de *moralités* excellentes sans doute, mais dont le style, barbare même pour le siècle où elles furent écrites, ne donnait point à la morale ce charme dont elle a principalement besoin. Il faut avouer que les fables de La Fontaine ont avantageusement remplacé les *Quatrains* de Pibrac dans les mains et dans la mémoire des enfants. (Auger.)

— A cette note excellente d'Auger, ajoutons cette remarque que le docte conseiller Matthieu, auteur de nombreuses tragédies, *Esther, la Guisiade, Clytemnestre*, fut en son temps un détracteur de la comédie. Il aimait

La Guide des pécheurs est encore un bon livre[1] :
C'est là qu'en peu de temps on apprend à bien vivre ;
Et si vous n'aviez lu que ces moralités,
Vous sauriez un peu mieux suivre mes volontés.

CÉLIE.

Quoi! vous prétendez donc, mon père, que j'oublie
La constante amitié que je dois à Lélie?
J'aurois tort si, sans vous, je disposois de moi ;
Mais vous-même à ses vœux engageâtes ma foi.

GORGIBUS.

Lui fût-elle engagée encore davantage,
Un autre est survenu, dont le bien l'en dégage.
Lélie est fort bien fait ; mais apprends qu'il n'est rien
Qui ne doive céder au soin d'avoir du bien ;
Que l'or donne aux plus laids certain charme pour plaire,
Et que sans lui le reste est une triste affaire.
Valère, je crois bien, n'est pas de toi chéri ;

---

mieux, disait-il en 1587, écrire des tragédies ; ce *carme* lui plaisait davantage parce qu'il y pouvait faire entrer les dieux de Du Bartas, le Cuisse-Né, le Haut-Tonnant, et des maximes morales comme celle-ci :

        Il faut que la douceur une princesse flanque.

Selon lui, « la tragédie demande des vers hauts, grands et pleins de majesté, et non erronés ni énervés comme ceux des comiques ». Pierre Matthieu, s'il avait entendu les vers de Gorgibus, ne les aurait peut-être pas trouvés si énervés qu'il eût bien voulu le dire.

1. *La Guide des pécheurs* est un ouvrage ascétique composé par Louis de Grenade, dominicain espagnol, mort en 1588. Régnier en fait mention dans sa fameuse satire de *Macette* :

        Elle lit saint Bernard, la Guide des pécheurs.

Saint François de Sales faisait grand cas de cet ouvrage, et Arnauld d'Andilly et Le Maistre de Sacy n'ont pas dédaigné de le traduire en français.

Le mot *guide* eut originairement le genre féminin, comme dans l'italien et l'espagnol. *La Guide des pécheurs* traduit littéralement *la Guia de pecadores*. Depuis lors ce mot a pris le genre masculin dans la plupart des acceptions ; il n'est plus féminin que lorsqu'il désigne une sorte de rênes ; on dit, par exemple : conduire à grandes guides.

Mais, s'il ne l'est amant, il le sera mari.
Plus que l'on ne le croit, ce nom d'époux engage;
Et l'amour est souvent un fruit du mariage.
Mais suis-je pas bien fat de vouloir raisonner
Où de droit absolu j'ai pouvoir d'ordonner?
Trêve donc, je vous prie, à vos impertinences :
Que je n'entende plus vos sottes doléances.
Ce gendre doit venir vous visiter ce soir ;
Manquez un peu, manquez à le bien recevoir !
Si je ne vous lui vois faire fort bon visage,
Je vous... Je ne veux pas en dire davantage¹.

SCÈNE II.

CÉLIE, LA SUIVANTE DE CÉLIE.

LA SUIVANTE.

Quoi! refuser, madame, avec cette rigueur,
Ce que tant d'autres gens voudroient de tout leur cœur !
A des offres d'hymen répondre par des larmes,
Et tarder tant à dire un oui si plein de charmes !
Hélas! que ne veut-on aussi me marier!
Ce ne seroit pas moi qui se feroit prier;
Et, loin qu'un pareil oui me donnât de la peine,
Croyez que j'en dirois bien vite une douzaine.
Le précepteur qui fait répéter la leçon
A votre jeune frère a fort bonne raison

---

1. Toute la franchise, toute l'abondance, toute la verve du style de Molière, se montrent dès cette première scène. (AUGER.)

— Gorgibus essaye d'abord de donner des raisons, mais, sentant bientôt que ces raisons sont peu faites pour produire de l'effet, il n'invoque plus que son droit à être obéi sans observations, et il menace. C'est la marche ordinaire, la gradation naturelle des volontés injustes. (A. MARTIN.)

Lorsque, nous discourant des choses de la terre,
Il dit que la femelle est ainsi que le lierre,
Qui croît beau tant qu'à l'arbre il se tient bien serré,
Et ne profite point s'il en est séparé.
Il n'est rien de plus vrai, ma très chère maîtresse,
Et je l'éprouve en moi, chétive pécheresse!
Le bon Dieu fasse paix à mon pauvre Martin!
Mais j'avois, lui vivant, le teint d'un chérubin,
L'embonpoint merveilleux, l'œil gai, l'âme contente;
Et je suis maintenant* ma commère dolente.
Pendant cet heureux temps, passé comme un éclair,
Je me couchois sans feu dans le fort de l'hiver;
Sécher même les draps me sembloit ridicule :
Et je tremble à présent dedans la canicule.
Enfin il n'est rien tel, madame, croyez-moi,
Que d'avoir un mari la nuit auprès de soi**,
Ne fût-ce que pour l'heur d'avoir qui vous salue
D'un Dieu vous soit en aide! alors qu'on éternue[1].

CÉLIE.

Peux-tu me conseiller de commettre un forfait,

---

* Var. *Et maintenant je suis* (1682).
** Var. *Un mari sert beaucoup la nuit auprès de soi* (1666, 1673).

1. La fin de ce couplet, et particulièrement les deux derniers vers, sont une imitation d'un passage d'il Sabadino, auteur de Nouvelles, faible imitateur de Boccace, dont il était le contemporain. Voici ce passage : *Sapi, se prendi moglie, che l' invernata te tenera le rene calde et la state fresco il stomaco. E poi quando ancora stranuti, haverai almeno chi te dira : Dio te aiuti!* « Sache que, si tu prends femme, l'hiver elle te tiendra les reins chauds et l'été l'estomac frais. De plus, quand tu éternueras, tu auras au moins quelqu'un pour te dire : Dieu vous assiste! » (BRET.)

— Cette suivante continue les bonnes traditions de Marinette; son franc parler, sa gaieté un peu libre, passeront en héritage à Dorine, à Martine, à toutes ces bonnes filles un peu fortes en gueule, comme dit Mme Pernelle, qui animent le théâtre de Molière.

SCÈNE II.

D'abandonner Lélie, et prendre ce mal fait?
LA SUIVANTE.
Votre Lélie aussi n'est, ma foi, qu'une bête,
Puisque si hors de temps son voyage l'arrête;
Et la grande longueur de son éloignement
Me le fait soupçonner de quelque changement.
CÉLIE, lui montrant le portrait de Lélie.
Ah! ne m'accable point par ce triste présage.
Vois attentivement les traits de ce visage;
Ils jurent à mon cœur d'éternelles ardeurs :
Je veux croire, après tout, qu'ils ne sont pas menteurs,
Et, comme c'est celui que l'art y représente,*
Il conserve à mes feux une amitié constante.
LA SUIVANTE.
Il est vrai que ces traits marquent un digne amant,
Et que vous avez lieu de l'aimer tendrement.
CÉLIE.
Et cependant il faut... Ah! soutiens-moi[1].
(Laissant tomber le portrait de Lélie.)
LA SUIVANTE.
                              Madame,
D'où vous pourroit venir... Ah! bons dieux! elle pâme!
Hé! vite, holà! quelqu'un.

---

* VAR. *Et que, comme c'est lui que l'art y représente* (1734).

Auger a adopté cette correction, en alléguant que le vers, tel que nous le reproduisons d'après les éditions originales, n'est pas intelligible. Il nous semble que l'un s'entend presque aussi bien que l'autre, et nous ne croyons pas d'ailleurs devoir admettre ces sortes de corrections au texte de Molière.

1. Cet évanouissement ressemble aux faux pas que fait la Clarice du *Menteur*. Il forme le nœud de la pièce, qui n'existerait pas si Célie n'éprouvait cette syncope assez peu vraisemblable.

SCÈNE III.

CÉLIE, SGANARELLE, LA SUIVANTE DE CÉLIE.

SGANARELLE.

Qu'est-ce donc ? me voilà !

LA SUIVANTE.

Ma maîtresse se meurt.

SGANARELLE.

Quoi ! n'est-ce que cela[1] ?*
Je croyois tout perdu, de crier de la sorte.
Mais approchons pourtant. Madame, êtes-vous morte ?
Hays ! Elle ne dit mot.

LA SUIVANTE.

Je vais faire venir
Quelqu'un pour l'emporter ; veuillez la soutenir.**

SCÈNE IV.

CÉLIE, SGANARELLE, LA FEMME DE SGANARELLE.

SGANARELLE, en passant la main sur le sein de Célie.

Elle est froide partout, et je ne sais qu'en dire.
Approchons-nous pour voir si sa bouche respire.

---

* VAR. . . . . . . *Quoi ! ce n'est que cela !* (1660.)
** VAR. . . . . . . *Daignez me l'apporter,*
       Il lui faut du vinaigre, et j'en cours apprêter (1682).

On devine aisément le motif de cette variante, qui avait pour avantage de ne plus rendre nécessaire l'intervention de « l'homme que la suivante amène ».

Il y a : *Hélas ! daignez me l'apporter.* Ce qui donne au vers quatorze syllabes.

1. Sganarelle est de ceux qui disent :

> Ce n'est rien,
> C'est une femme qui se noie ;

suivant le mot de La Fontaine.

SCÈNE V.

Ma foi, je ne sais pas, mais j'y trouve encor, moi,
Quelque signe de vie.

LA FEMME DE SGANARELLE, regardant par la fenêtre.

Ah! qu'est-ce que je voi?
Mon mari dans ses bras... Mais je m'en vais descendre;
Il me trahit sans doute, et je veux le surprendre.

SGANARELLE.

Il faut se dépêcher de l'aller secourir;
Certes, elle auroit tort de se laisser mourir.
Aller en l'autre monde est très grande sottise,
Tant que dans celui-ci l'on peut être de mise.

(Il la porte chez elle avec un homme que la suivante amène[1].)

SCÈNE V.

LA FEMME DE SGANARELLE.

Il s'est subitement éloigné de ces lieux,
Et sa fuite a trompé mon désir curieux;
Mais de sa trahison je ne fais plus de doute,*
Et le peu que j'ai vu me la découvre toute.
Je ne m'étonne plus de l'étrange froideur
Dont je le vois répondre à ma pudique ardeur;**
Il réserve, l'ingrat, ses caresses à d'autres,
Et nourrit leurs plaisirs par le jeûne des nôtres.
Voilà de nos maris le procédé commun :
Ce qui leur est permis leur devient importun.
Dans les commencements ce sont toutes merveilles,
Ils témoignent pour nous des ardeurs nonpareilles :

---

* VAR. *Mais de sa trahison je ne suis plus en doute* (1682).
** VAR. *Dont je le vois répondre à ma publique ardeur* (1673).
C'est une faute d'impression, mais il n'est pas inutile de la signaler.

1. Les derniers mots ont été supprimés dans l'édition de 1682.

Mais les traîtres bientôt se lassent de nos feux,
Et portent autre part ce qu'ils doivent chez eux.
Ah! que j'ai de dépit que la loi n'autorise
A changer de mari comme on fait de chemise!
Cela seroit commode; et j'en sais telle ici*
Qui, comme moi, ma foi, le voudroit bien aussi[1].

(En ramassant le portrait que Célie avoit laissé tomber.)

Mais quel est ce bijou que le sort me présente?
L'émail en est fort beau, la gravure charmante.
Ouvrons.

SCÈNE VI.

SGANARELLE, LA FEMME DE SGANARELLE.

SGANARELLE, se croyant seul.

On la croyoit morte, et ce n'étoit rien.
Il n'en faut plus qu'autant : elle se porte bien[2].
Mais j'aperçois ma femme.

---

* VAR. *Tel* est au masculin dans toutes les éditions originales que nous avons vues. Le féminin est pourtant indiqué par le sens. C'est peut-être un souvenir de l'ancienne orthographe, où *tel* ne prenait point les genres.

1. Ces plaisanteries, qui nous paraissent un peu crues, sont le sujet de beaucoup de contes joyeux et de farces non moins joyeuses du xvᵉ et du xviᵉ siècle. Parmi ces dernières, nous pouvons citer : la « farce joyeuse et récréative des femmes qui demandent les arrérages de leurs maris, et les font obliger par *nisi* », dans l'*Ancien théâtre françois*, collection Jannet, et la « farce nouvelle du trocheur (troqueur) de maris », dans le recueil de Téchener.

2. *Il n'en faut plus qu'autant*, c'est-à-dire, elle est à moitié guérie. En effet, quand on est à moitié bien, *il n'en faut plus qu'autant* pour être tout à fait bien. (A. MARTIN.)

— L'interprétation d'Auger est différente : « On dit d'une personne parfaitement remise d'une maladie ou d'un accident : Il ne lui en faut plus qu'autant, comme si l'on disait : Elle n'a plus qu'à recommencer. Les femmes qui viennent d'accoucher et à qui l'on demande de leurs nouvelles, répondent comme les autres : Il ne m'en faut plus qu'autant. »

SCÈNE VI.

LA FEMME DE SGANARELLE, se croyant seule.

      O ciel! c'est miniature!
Et voilà d'un bel homme une vive peinture!

  SGANARELLE, à part, et regardant sur l'épaule de sa femme[1].

Que considère-t-elle avec attention?
Ce portrait, mon honneur, ne nous dit rien de bon.
D'un fort vilain soupçon je me sens l'âme émue.

  LA FEMME DE SGANARELLE, sans apercevoir son mari.

Jamais rien de plus beau ne s'offrit à ma vue;
Le travail plus que l'or s'en doit encor priser.
Hon! que cela sent bon!*

    SGANARELLE, à part.

      Quoi! peste, le baiser!
Ah! j'en tiens!

    LA FEMME DE SGANARELLE poursuit.

    Avouons qu'on doit être ravie
Quand d'un homme ainsi fait on se peut voir servie,
Et que, s'il en contoit avec attention,
Le penchant seroit grand à la tentation.
Ah! que n'ai-je un mari d'une aussi bonne mine!
Au lieu de mon pelé, de mon rustre...

    SGANARELLE, lui arrachant le portrait.

          Ah! mâtine!
Nous vous y surprenons en faute contre nous,
Et diffamant l'honneur de votre cher époux.
Donc, à votre calcul, ô ma trop digne femme,

---

* VAR. *Ho! que cela sent bon!* (1682.)

1. « Il est à propos de vous dire qu'il né s'est jamais rien vu de si agréable que les postures de Sganarelle, quand il est derrière sa femme; son visage et ses gestes expriment si bien la jalousie qu'il ne seroit pas nécessaire qu'il parlât pour paroître le plus jaloux de tous les hommes. » (*Argument de cette scène.*)

Monsieur, tout bien compté, ne vaut pas bien madame ?
Et, de par Belzébut, qui vous puisse emporter !
Quel plus rare parti pourriez-vous souhaiter ?
Qui peut trouver en moi quelque chose à redire ?
Cette taille, ce port que tout le monde admire,
Ce visage, si propre à donner de l'amour,
Pour qui mille beautés soupirent nuit et jour ;
Bref, en tout et partout, ma personne charmante
N'est donc pas un morceau dont vous soyez contente ?
Et, pour rassasier votre appétit gourmand,
Il faut à son mari le ragoût d'un galant ?*

LA FEMME DE SGANARELLE.

J'entends à demi-mot où va la raillerie.
Tu crois par ce moyen...

SGANARELLE.

    A d'autres, je vous prie :
La chose est avérée, et je tiens dans mes mains
Un bon certificat du mal dont je me plains.

LA FEMME DE SGANARELLE.

Mon courroux n'a déjà que trop de violence,
Sans le charger encor d'une nouvelle offense.
Écoute, ne crois pas retenir mon bijou ;
Et songe un peu...

SGANARELLE.

   Je songe à te rompre le cou.
Que ne puis-je, aussi bien que je tiens la copie,
Tenir l'original !

LA FEMME DE SGANARELLE.

  Pourquoi ?

SGANARELLE.

   Pour rien, ma mie.

---

* VAR. *Il faut joindre au mari le ragoût d'un galant* (1682).

SCÈNE VI.

Doux objet de mes vœux, j'ai grand tort de crier,
Et mon front de vos dons vous doit remercier.
(Regardant le portrait de Lélie.)
Le voilà, le beau fils, le mignon de couchette[1],
Le malheureux tison de ta flamme secrète,
Le drôle avec lequel...

LA FEMME DE SGANARELLE.

Avec lequel... Poursuis.

SGANARELLE.

Avec lequel, te dis-je... et j'en crève d'ennuis[2].

LA FEMME DE SGANARELLE.

Que me veut donc conter par là ce maître ivrogne?

SGANARELLE.

Tu ne m'entends que trop, madame la carogne.
Sganarelle est un nom qu'on ne me dira plus,
Et l'on va m'appeler seigneur Cornelius[3].
J'en suis pour mon honneur; mais à toi, qui me l'ôtes,
Je t'en ferai du moins pour un bras ou deux côtes.

---

1. Scarron a dit aussi :

Il s'en est donc allé, le mignon de couchette.
(*Jodelet ou le Maître-Valet*, III, xv.)

2. Nous avons déjà fait remarquer l'ancienne énergie de ce mot *ennui*. Il y en a un exemple qui présenterait aujourd'hui une équivoque plaisante. En tête d'un poème histori-comique intitulé « la *Stimmimachie* ou le Grand Combat des médecins modernes touchant l'usage de l'antimoine », par le père Carneau, célestin, Scarron a placé un sonnet qui se termine ainsi :

Ne fais point de quartier à cette gent barbue
Qui se fait bien payer des hommes qu'elle tue.
Fais-les mourir d'ennui par l'effort de tes vers.

Ce vœu de Scarron, si le père Carneau l'avait entendu dans le sens qu'il nous présente aujourd'hui, lui aurait paru sans doute médiocrement flatteur.

3. Molière n'est pas le premier qui ait joué sur ce mot de *Cornelius*. Camus, évêque de Belley, disait à un mari qui se plaignait tout haut d'une mésaventure que l'on tait d'ordinaire : *J'aimerois mieux être Cornelius Tacitus que Publius Cornelius*. (AUGER.)

LA FEMME DE SGANARELLE.

Et tu m'oses tenir de semblables discours?

SGANARELLE.

Et tu m'oses jouer de ces diables de tours?

LA FEMME DE SGANARELLE.

Et quels diables de tours? Parle donc sans rien feindre.

SGANARELLE.

Ah! cela ne vaut pas la peine de se plaindre!
D'un panache de cerf sur le front me pourvoir :
Hélas! voilà vraiment un beau venez-y voir[1].

LA FEMME DE SGANARELLE.

Donc, après m'avoir fait la plus sensible offense
Qui puisse d'une femme exciter la vengeance,
Tu prends d'un feint courroux le vain amusement
Pour prévenir l'effet de mon ressentiment?
D'un pareil procédé l'insolence est nouvelle!
Celui qui fait l'offense est celui qui querelle.

SGANARELLE.

Eh! la bonne effrontée! A voir ce fier maintien,
Ne la croiroit-on pas une femme de bien?

LA FEMME DE SGANARELLE.

Va, poursuis ton chemin, cajole tes maîtresses,*
Adresse-leur tes vœux, et fais-leur des caresses;
Mais rends-moi mon portrait sans te jouer de moi.

(Elle lui arrache le portrait, et s'enfuit.)

SGANARELLE, courant après elle.

Oui, tu crois m'échapper; je l'aurai malgré toi[2].

---

* VAR. *Va, va, suis ton chemin, cajole tes maîtresses* (1682).

1. Expression proverbiale ironique pour dire : un bel objet qui vaut la peine qu'on appelle le monde à le venir voir!
2. Les éditeurs ont longtemps divisé cette comédie en trois actes. Le premier acte finissait en cet endroit, où la scène reste vide. On est revenu

SCÈNE VII.

LÉLIE, GROS-RENÉ.

GROS-RENÉ.

Enfin nous y voici. Mais, monsieur, si je l'ose,
Je voudrois vous prier de me dire une chose.

LÉLIE.

Eh bien! parle.

GROS-RENÉ.

Avez-vous le diable dans le corps,
Pour ne pas succomber à de pareils efforts?
Depuis huit jours entiers, avec vos longues traites,
Nous sommes à piquer de chiennes de mazettes,*
De qui le train maudit nous a tant secoués
Que je m'en sens, pour moi, tous les membres roués;
Sans préjudice encor d'un accident bien pire,
Qui m'afflige un endroit que je ne veux pas dire :
Cependant, arrivé, vous sortez bien et beau,
Sans prendre de repos, ni manger un morceau.

LÉLIE.

Ce grand empressement n'est point digne** de blâme;
De l'hymen de Célie on alarme mon âme;
Tu sais que je l'adore; et je veux être instruit,
Avant tout autre soin, de ce funeste bruit.

* VAR. *Nous sommes à piquer des chiennes, des mazettes* (1673).
   Nous sommes à piquer des chiennes de mazettes (1682).
** VAR. . . . . . *N'est pas digne* (1673, 1682).

de cette division arbitraire, et tous nos devanciers immédiats ont rétabli la pièce en un acte, comme elle était du temps de Molière, et comme La Grange et Vinot l'imprimaient encore en 1682.

GROS-RENÉ.

Oui, mais un bon repas vous seroit nécessaire
Pour s'aller éclaircir, monsieur, de cette affaire;
Et votre cœur, sans doute, en deviendroit plus fort
Pour pouvoir résister aux attaques du sort :
J'en juge par moi-même, et la moindre disgrâce,
Lorsque je suis à jeun, me saisit, me terrasse;
Mais, quand j'ai bien mangé, mon âme est ferme à tout,
Et les plus grands revers n'en viendroient pas à bout.
Croyez-moi, bourrez-vous, et sans réserve aucune,
Contre les coups que peut vous porter la fortune;
Et, pour fermer chez vous l'entrée à la douleur,
De vingt verres de vin entourez votre cœur[1].

LÉLIE.

Je ne saurois manger.

GROS-RENÉ, bas, à part.

Si ferai bien, je meure[2]!*

(Haut.)

Votre dîner pourtant seroit prêt tout à l'heure.

LÉLIE.

Tais-toi, je te l'ordonne.

* VAR. . . . . *Si fait bien moi, je meure!* (1682.)

1. Gros-René est de l'avis du parasite Curculion dans la comédie de Plaute. Ce parasite, avant d'entreprendre une affaire, veut bien manger et bien boire, parce que cela, dit-il, porte conseil :

> Atque aliquid prius obtrudamus, pernam, sumen, glandium;
> Hæc sunt ventri stabilimenta, panem et assa bibula,
> Poculum grande, aula magna : ut satis consilia suppetant.

« Fourrons-nous d'abord quelque chose dans l'estomac, un jambon, une tétine, un riz de porc. Pour se consolider le ventre, il faut du pain, du bœuf rôti, large rasade, vaste marmite : cela donne des idées. »

2. *Si* n'est ici qu'une particule affirmative; « Moi, dit Gros-René, je mangerai bien, ou, si ce n'est vrai, que je meure! »

L'édition princeps porte : « Si ferai bien moi, je meure, » ce qui donne au vers une syllabe de trop.

SCÈNE IX.

GROS-RENÉ.

Ah! quel ordre inhumain!

LÉLIE.

J'ai de l'inquiétude, et non pas de la faim.

GROS-RENÉ.

Et moi, j'ai de la faim, et de l'inquiétude
De voir qu'un sot amour fait toute votre étude.

LÉLIE.

Laisse-moi m'informer de l'objet de mes vœux,
Et, sans m'importuner, va manger si tu veux.

GROS-RENÉ.

Je ne réplique point à ce qu'un maître ordonne[1].

SCÈNE VIII.

LÉLIE, seul.

Non, non, à trop de peur mon âme s'abandonne;
Le père m'a promis, et la fille a fait voir
Des preuves d'un amour qui soutient mon espoir.

SCÈNE IX.

SGANARELLE, LÉLIE.

SGANARELLE, sans voir Lélie, et tenant dans ses mains le portrait.

Nous l'avons, et je puis voir à l'aise la trogne
Du malheureux pendard qui cause ma vergogne.
Il ne m'est point connu.

1. Le personnage de Gros-René, qui reste étranger à toute l'action, ne paraît que dans cette seule scène, et ne s'y montre que pour dire qu'il est las, qu'il a faim et qu'il va manger, semble d'abord être un hors-d'œuvre de la plus parfaite inutilité. Cependant nous sommes informés par sa conversation avec Lélie que celui-ci vient de courir la poste à franc étrier pendant huit jours, et qu'il ne veut prendre ni repos ni nourriture, ce qui nous dispose à être moins surpris de le voir s'évanouir, lorsqu'il apprendra la prétendue infidélité de Célie. (AUGER.)

LÉLIE, à part.

Dieu! qu'aperçois-je ici?
Et, si c'est mon portrait, que dois-je croire aussi?

SGANARELLE continue, sans voir Lélie.

Ah! pauvre Sganarelle! à quelle destinée
Ta réputation est-elle condamnée!
Faut...

(Apercevant Lélie, qui le regarde, il se retourne d'un autre côté.)

LÉLIE, à part.

Ce gage ne peut, sans alarmer ma foi,
Être sorti des mains qui le tenoient de moi.

SGANARELLE, à part.

Faut-il que désormais à deux doigts l'on te montre,*
Qu'on te mette en chansons, et qu'en toute rencontre
On te rejette au nez le scandaleux affront
Qu'une femme mal née imprime sur ton front?

LÉLIE, à part.

Me trompé-je?

SGANARELLE, à part.

Ah! truande[1], as-tu bien le courage
De m'avoir fait cocu dans la fleur de mon âge?
Et, femme d'un mari qui peut passer pour beau,
Faut-il qu'un marmouset, un maudit étourneau...

LÉLIE, à part, et regardant encore le portrait que tient Sganarelle.

Je ne m'abuse point, c'est mon portrait lui-même.

SGANARELLE lui tourne le dos.

Cet homme est curieux.

* VAR. . . . . . A deux doigts on te montre (1673, 1682).

1. *Truand, truande* est un mot de notre vieux langage, signifiant vagabond et équivalant à *gueux, vaurien, ribaud.* « Jamais plus truanz ne serai, quar c'est vie vilz et maureise de quoi nuns proudons n'a envie. » (*Légende de saint Julien l'hôtelier*, XIIIᵉ siècle.)

SCÈNE IX.

LÉLIE, à part.

Ma surprise est extrême!

SGANARELLE, à part.

A qui donc en a-t-il?

LÉLIE, à part.

Je le veux accoster.

(Haut.) (Sganarelle veut s'éloigner.)

Puis-je...? Eh! de grâce, un mot.

SGANARELLE, à part, s'éloignant encore.

Que me veut-il conter?

LÉLIE.

Puis-je obtenir de vous de savoir l'aventure
Qui fait dedans vos mains trouver cette peinture?*

SGANARELLE, à part.

D'où lui vient ce désir? Mais je m'avise ici...

(Il examine Lélie et le portrait qu'il tient.)

Ah! ma foi, me voilà de son trouble éclairci!
Sa surprise à présent n'étonne plus mon âme;
C'est mon homme; ou plutôt, c'est celui de ma femme.

LÉLIE.

Retirez-moi de peine, et dites d'où vous vient...

SGANARELLE.

Nous savons, Dieu merci, le souci qui vous tient.
Ce portrait qui vous fâche est votre ressemblance;
Il étoit en des mains de votre connoissance;
Et ce n'est pas un fait qui soit secret pour nous
Que les douces ardeurs de la dame et de vous.
Je ne sais pas si j'ai, dans sa galanterie,
L'honneur d'être connu de Votre Seigneurie;
Mais faites-moi celui de cesser désormais

---

* VAR. *Qui fait dedans vos mains tenir cette peinture* (1673).

Un amour qu'un mari peut trouver fort mauvais;
Et songez que les nœuds du sacré mariage...

LÉLIE.

Quoi! celle, dites-vous, dont vous tenez ce gage...*

SGANARELLE.

Est ma femme, et je suis son mari.

LÉLIE.

Son mari?

SGANARELLE.

Oui, son mari, vous dis-je, et mari très marri[1];
Vous en savez la cause, et je m'en vais l'apprendre
Sur l'heure à ses parents.

SCÈNE X.

LÉLIE, seul.

Ah! que viens-je d'entendre!
L'on me l'avoit bien dit,** et que c'étoit de tous
L'homme le plus mal fait qu'elle avoit pour époux.
Ah! quand mille serments de ta bouche infidèle
Ne m'auroient pas promis une flamme éternelle,
Le seul mépris d'un choix si bas et si honteux
Devoit bien soutenir l'intérêt de mes feux,
Ingrate! et quelque bien... Mais ce sensible outrage,

---

* VAR. *Quoi! celle, dites-vous, qui conservoit ce gage* (1682).
** VAR. *On me l'avoit bien dit* (1682).

1. *Marri* signifiait chagrin, fâché. L'association de ces deux mots *mari* et *marri* était dans les traditions facétieuses de la gaieté française : on se rappelle sans doute l'oracle équivoque des cloches de Varennes, que frère Jean des Entommeures conseille à Panurge d'écouter : « Marie toy, marie toy, marie, marie; si tu te maries, maries, maries, très bien t'en trouveras, veras, marie, marie. »

Se mêlant aux travaux d'un assez long voyage,
Me donne tout à coup un choc si violent
Que mon cœur devient foible, et mon corps chancelant[1].

SCÈNE XI.
LÉLIE, LA FEMME DE SGANARELLE.

LA FEMME DE SGANARELLE, se croyant seule.

(Apercevant Lélie.)

Malgré moi, mon perfide... Hélas! quel mal vous presse?
Je vous vois prêt, monsieur, à tomber en foiblesse.

LÉLIE.

C'est un mal qui m'a pris assez subitement.

LA FEMME DE SGANARELLE.

Je crains ici pour vous l'évanouissement;
Entrez dans cette salle, en attendant qu'il passe.

LÉLIE.

Pour un moment ou deux j'accepte cette grâce.

SCÈNE XII.
SGANARELLE, UN PARENT DE LA FEMME DE SGANARELLE.

LE PARENT.

D'un mari sur ce point j'approuve le souci;

---

1. On a trouvé généralement que c'était beaucoup que ces deux évanouissements parallèles et symétriques dans la même pièce. « Les accidents ne sont pas des incidents, dit Auger; la difficulté et le mérite de l'art consistent à former une intrigue dont toutes les parties naissent les unes des autres, et soient comme le développement spontané du jeu des caractères et des intérêts mis en scène. » C'est le progrès que Molière réalisera bientôt.

310 LE COCU IMAGINAIRE.

Mais c'est prendre la chèvre¹ un peu bien vite aussi ;
Et tout ce que de vous je viens d'ouïr contre elle
Ne conclut point, parent, qu'elle soit criminelle.
C'est un point délicat ; et de pareils forfaits,
Sans les bien avérer, ne s'imputent jamais.

SGANARELLE.

C'est-à-dire qu'il faut toucher au doigt la chose.

LE PARENT.

Le trop de promptitude à l'erreur nous expose.
Qui sait comme en ses mains ce portrait est venu,*
Et si l'homme, après tout, lui peut être connu ?
Informez-vous-en donc, et, si c'est ce qu'on pense,**
Nous serons les premiers à punir son offense².

SCÈNE XIII.

SGANARELLE, seul.

On ne peut pas mieux dire : en effet, il est bon
D'aller tout doucement. Peut-être sans raison

* VAR. *Sait-on comme en ses mains ce portrait est venu ?* (1682.)
** VAR. *Informez-vous-en mieux, et, si c'est ce qu'on pense* (1682).

1. *Prendre la chèvre*, pour *s'alarmer, se fâcher*, est une expression proverbiale qui n'est pas tout à fait hors d'usage. *Prendre la chèvre et se cabrer* sont étymologiquement des expressions fort analogues.
2. Neufvillenaine appelle ce parent *un bon vieillard*. « Il faudroit avoir, dit-il, le pinceau de Poussin, Lebrun et Mignard, pour vous représenter avec quelle posture Sganarelle se fait admirer dans cette scène, où il paroît avec un parent de sa femme. L'on n'a jamais vu tenir de discours si naïfs ni paroître avec un visage si niais, et l'on ne doit pas moins admirer l'auteur pour avoir fait cette pièce que pour la manière dont il la représente. Jamais personne ne sut si bien démonter son visage, et l'on peut dire que dedans cette pièce il en change plus de vingt fois ; mais comme c'est un divertissement que vous ne pouvez avoir à moins que de venir à Paris voir représenter cet incomparable ouvrage, je ne vous en dirai pas davantage. »

Me suis-je en tête mis ces visions cornues[1];
Et les sueurs au front m'en sont trop tôt venues.
Par ce portrait enfin, dont je suis alarmé,
Mon déshonneur n'est pas tout à fait confirmé.
Tâchons donc par nos soins...

SCÈNE XIV.

SGANARELLE, LA FEMME DE SGANARELLE,
sur la porte de sa maison, reconduisant Lélie; LÉLIE.

SGANARELLE, à part, les voyant.

Ah! que vois-je? Je meure!
Il n'est plus question de portrait à cette heure;
Voici, ma foi, la chose en propre original.

LA FEMME DE SGANARELLE, à Lélie.

C'est par trop vous hâter, monsieur; et votre mal,
Si vous sortez si tôt, pourra bien vous reprendre.

LÉLIE.

Non, non, je vous rends grâce, autant qu'on puisse rendre,
De l'obligeant secours que vous m'avez prêté.*

SGANARELLE, à part.

La masque[2] encore après lui fait civilité!
(La femme de Sganarelle rentre dans sa maison.)

* VAR. *Du secours obligeant que vous m'avez prêté* (1682).

1. *Visions cornues*, idées folles, chimériques; mais dans la bouche de Sganarelle, cette locution est plus significative.
2. *La masque*, la trompeuse, la perfide. Sganarelle est si troublé que la politesse de sa femme envers Lélie, au lieu de lui apparaître comme un indice rassurant, l'indigne comme le comble de l'effronterie. La situation à partir de ce moment devient extrêmement comique.

SCÈNE XV.

SGANARELLE, LÉLIE.

SGANARELLE, à part.

Il m'aperçoit ; voyons ce qu'il me pourra dire.

LÉLIE, à part.

Ah ! mon âme s'émeut, et cet objet m'inspire...
Mais je dois condamner cet injuste transport,
Et n'imputer mes maux qu'aux rigueurs de mon sort.
Envions seulement le bonheur de sa flamme.

(Passant auprès de Sganarelle, et le regardant.)

Oh ! trop heureux d'avoir une si belle femme[1] !

SCÈNE XVI.

SGANARELLE ; CÉLIE, à sa fenêtre, voyant Lélie qui s'en va.

SGANARELLE, seul.

Ce n'est point s'expliquer en termes ambigus.
Cet étrange propos me rend aussi confus
Que s'il m'étoit venu des cornes à la tête[2] !

(Il se tourne du côté par où Lélie est sorti.)

Allez, ce procédé n'est point du tout honnête[3].

---

1. Ce vers, que Lélie se fait effort pour prononcer, et qui est l'expression la plus contenue de son désespoir, jette Sganarelle dans une surprise d'autant plus grande qu'il s'attend moins en ce moment à entendre envier son bonheur. Ce vers produisait un effet prodigieux, comme Neufvillenaine nous l'apprend : « Jamais, dit-il, pièce entière n'a fait tant d'éclat que ce vers seul ! »

2. « Être confus comme s'il vous poussoit des cornes à là tête », est une expression proverbiale qui tire de la situation du pauvre Sganarelle un particulier à-propos.

3. Sganarelle dit aux gens leur fait lorsqu'ils ne sont plus là. C'est un trait de caractère.

SCÈNE XVI.

CÉLIE, à part, en entrant.

Quoi ! Lélie a paru tout à l'heure à mes yeux !
Qui pourroit me cacher[1] son retour en ces lieux ?

(Célie approche peu à peu de Sganarelle, et attend,
pour lui parler, que son transport soit fini.)

SGANARELLE poursuit, sans voir Célie.

« Oh ! trop heureux d'avoir une si belle femme ! »
Malheureux bien plutôt de l'avoir, cette infâme,
Dont le coupable feu, trop bien vérifié,
Sans respect ni demi[2] nous a cocufié !
Mais je le laisse aller après un tel indice,
Et demeure les bras croisés comme un jocrisse[3] !
Ah ! je devois du moins lui jeter son chapeau,
Lui ruer quelque pierre ou crotter son manteau[4],
Et sur lui hautement, pour contenter ma rage,
Faire au larron d'honneur crier le voisinage[5].

1. *Qui,* au sens neutre : Quoi, quel motif pourrait me cacher.
2. Nous avons déjà rencontré une formule analogue dans la première scène du *Dépit amoureux*.
3. Voici une des premières apparitions de ce personnage et de ce mot, qui devaient avoir par la suite une longue fortune sur le théâtre et ailleurs. On le trouve dans les *Curiosités françoises*, de Oudin, en 1640. Molière l'a employé encore dans les *Femmes savantes*, acte V, scène III.
On l'a fait venir de l'italien *Giocoso;* on a cru le reconnaître dans le *Monologue des Perruques*, de Guillaume Coquillart :

> Coquins, niaiz, sotz, *joques sus,*
> Trop tost mariez en substance,
> Seront tous menez au dessus,
> Le jour Sainct-Arnoul, à la danse.

Ces mots, en effet, sont au moins de la même famille.

4. On dirait ces vers composés tout exprès pour nous faire comprendre la différence qui existait entre *jeter* et *ruer*. On *jetoit* à quelqu'un son chapeau à bas, mais on lui *ruoit* une pierre ; *ruer* indiquait plus d'effort dans l'action. Ces deux mots existaient dès l'origine de la langue : « Pois ruèrent Absalon en une grant fosse de cele lande e jetèrent pierres sur lui. » (Traduction du livre des *Rois,* XIIe siècle.) (F. GÉNIN.)
5. Ces idées comiques se rencontrent dans le roman de *Francion*, par Sorel. Voici le passage, c'est un mari qui parle : « Un jour, dit-il, que je

CÉLIE, à Sganarelle.

Celui qui maintenant devers vous est venu,
Et qui vous a parlé, d'où vous est-il connu?

SGANARELLE.

Hélas! ce n'est pas moi qui le connoît[1], madame;
C'est ma femme.

CÉLIE.

Quel trouble agite ainsi votre âme?

SGANARELLE.

Ne me condamnez point d'un deuil hors de saison,
Et laissez-moi pousser des soupirs à foison.

CÉLIE.

D'où vous peuvent venir ces douleurs non communes?

SGANARELLE.

Si je suis affligé, ce n'est pas pour des prunes[2],
Et je le donnerois à bien d'autres qu'à moi,
De se voir sans chagrin au point où je me voi.
Des maris malheureux vous voyez le modèle :
On dérobe l'honneur au pauvre Sganarelle;
Mais c'est peu que l'honneur dans mon affliction,
L'on me dérobe encor la réputation[3].

---

trouvai le galant auprès de ma femme, je me contentai de lui dire des injures, et je le laissai encore aller sain et sauf. Oh! que j'en ai eu de regret, quand j'y ai songé! Je lui devois jeter son chapeau par la fenêtre ou lui déchirer ses souliers; mais quoi, je n'étois pas à moi en cet accident! » Cyrano de Bergerac fait dire aussi au paysan Garreau, dans le *Pédant joué :* « Si j'avouas trouvé queuque ribaud licher le morviau à ma femme, comme cet affront là frappe bian au cœur, peut-être que, dans le désespoir, je m'emporterouas à jeter son chapiau par les frenêtres. »

1. Une édition de 1675, suivie par quelques autres, donne : *connoy* ou *connoi*. Ce n'est qu'en 1692 que l'on trouve *connois*.

2. Expression proverbiale pour dire : Ce n'est pas pour peu de chose. Molière l'emploiera plus d'une fois encore.

3. Sganarelle établit ici, entre l'honneur et la réputation, une distinction fondée sur celle qui existe entre le fait dont il se croit victime et la

SCÈNE XVI.

CÉLIE.

Comment?

SGANARELLE.

Ce damoiseau, parlant par révérence,
Me fait cocu, madame, avec toute licence;
Et j'ai su par mes yeux avérer aujourd'hui
Le commerce secret de ma femme et de lui.

CÉLIE.

Celui qui maintenant...

SGANARELLE.

Oui, oui, me déshonore;
Il adore ma femme, et ma femme l'adore.

CÉLIE.

Ah! j'avois bien jugé que ce secret retour
Ne pouvoit me couvrir que quelque lâche tour,
Et j'ai tremblé d'abord, en le voyant paroître,
Par un pressentiment de ce qui devoit être.

SGANARELLE.

Vous prenez ma défense avec trop de bonté :
Tout le monde n'a pas la même charité;
Et plusieurs qui tantôt ont appris mon martyre,
Bien loin d'y prendre part, n'en ont rien fait que rire.

CÉLIE.

Est-il rien de plus noir que ta lâche action?
Et peut-on lui trouver une punition?
Dois-tu ne te pas croire indigne de la vie,
Après t'être souillé de cette perfidie?
O ciel! est-il possible?

SGANARELLE.

Il est trop vrai pour moi.

divulgation de ce même fait : la chose en elle-même le blesse dans son honneur, et la publicité qu'on y donne l'attaque dans sa réputation. (AUGER.)

CÉLIE.
Ah! traître, scélérat, âme double et sans foi!
SGANARELLE.
La bonne âme!
CÉLIE.
Non, non, l'enfer n'a point de gêne[1]
Qui ne soit pour ton crime une trop douce peine.
SGANARELLE.
Que voilà bien parler!
CÉLIE.
Avoir ainsi traité
Et la même innocence et la même bonté[2]!*
SGANARELLE soupire haut.
Hai!
CÉLIE.
Un cœur qui jamais n'a fait la moindre chose
A mériter[3] l'affront où ton mépris l'expose!
SGANARELLE.
Il est vrai.
CÉLIE.
Qui bien loin... Mais c'est trop, et ce cœur
Ne sauroit y songer sans mourir de douleur.
SGANARELLE.
Ne vous fâchez pas tant, ma très chère madame;
Mon mal vous touche trop, et vous me percez l'âme.

* Var. . . . . *Et la même beauté* (1673).

1. *Gêne,* dans le sens de torture, de supplice, *gehenna.*
2. C'est-à-dire l'innocence et la bonté même. *Même,* dans le sens de *ipse,* précédant son substantif, est très fréquent au XVIIe siècle. Tout le monde connaît le vers du *Cid*

   Sais-tu que ce vieillard fut la même vertu?

3. Les éditions originales donnent : « a mérité », mais nous croyons que c'est une faute d'impression manifeste.

SCÈNE XVII.

CÉLIE.

Mais ne t'abuse pas jusqu'à te figurer
Qu'à des plaintes sans fruit j'en veuille demeurer :
Mon cœur, pour se venger, sait ce qu'il te faut faire,
Et j'y cours de ce pas; rien ne m'en peut distraire[1].

SCÈNE XVII.

SGANARELLE, seul.

Que le ciel la préserve à jamais de danger !
Voyez quelle bonté de vouloir me venger !
En effet, son courroux, qu'excite ma disgrâce,
M'enseigne hautement ce qu'il faut que je fasse;
Et l'on ne doit jamais souffrir sans dire mot
De semblables affronts, à moins qu'être un vrai sot.
Courons donc le chercher, cependant qu'il m'affronte;*
Montrons notre courage à venger notre honte.
Vous apprendrez, maroufle, à rire à nos dépens,
Et, sans aucun respect, faire cocus les gens.

(Il se retourne, ayant fait trois ou quatre pas.)

Doucement, s'il vous plaît; cet homme a bien la mine

---

* VAR. *Courons donc le chercher, ce pendard qui m'affronte* (1675).

L'édition de 1660 porte : *Ce pendard qui m'affronte,* faute qui a été corrigée de deux façons; *cependant qu'il m'affronte* est dans toutes les éditions parues du vivant de Molière, et dans celle de 1682.

1. Il n'y a peut-être pas de quiproquo plus plaisant et plus naturel à la fois que celui qui remplit cette scène. Sganarelle, préoccupé du sujet de son affliction, est persuadé que tout le monde doit y prendre part, quoique déjà *plusieurs n'en aient rien fait que rire*. Entendant Célie exhaler son courroux contre l'amant qu'elle croit infidèle, il imagine bonnement que c'est contre le prétendu suborneur de sa femme qu'elle s'emporte; et afin que rien ne manque au ridicule de sa méprise, il finit par la supplier de

D'avoir le sang bouillant et l'âme un peu mutine;
Il pourroit bien, mettant affront dessus affront,
Charger de bois mon dos, comme il a fait mon front.
Je hais de tout mon cœur les esprits colériques,
Et porte un grand amour aux hommes pacifiques;
Je ne suis point battant, de peur d'être battu,
Et l'humeur débonnaire est ma grande vertu.
Mais mon honneur me dit que d'une telle offense
Il faut absolument que je prenne vengeance :
Ma foi, laissons-le dire autant qu'il lui plaira ;
Au diantre qui pourtant rien du tout en fera !
Quand j'aurai fait le brave, et qu'un fer, pour ma peine,
M'aura d'un vilain coup transpercé la bedaine,
Que par la ville ira le bruit de mon trépas,
Dites-moi, mon honneur, en serez-vous plus gras?
La bière est un séjour par trop mélancolique,
Et trop malsain pour ceux qui craignent la colique[1].
Et quant à moi, je trouve, ayant tout compassé,
Qu'il vaut mieux être encor cocu que trépassé.
Quel mal cela fait-il? La jambe en devient-elle
Plus tortue, après tout, et la taille moins belle[2]?

---

prendre un peu moins feu pour ses intérêts. L'idée de cette scène originale a été souvent imitée, et presque toujours affaiblie. (AUGER.)

1. Ces derniers vers sentent un peu leur Scarron. Jodelet avait souvent de ces retours sur lui-même, et craignait aussi la bière,

> Qu'on dit être un séjour malsain et catarrheux.
> *Jodelet duelliste.*)

2. La Fontaine dit aux maris travaillés de la même inquiétude que Sganarelle :

> ... Ce mal, dont la peur vous mine et vous consume,
> N'est mal qu'en votre idée, et non point en effet.
> En mettez-vous votre bonnet
> Moins aisément que de coutume ?
> (*La Coupe enchantée.*)

SCÈNE XVII.

Peste soit qui premier trouva l'invention
De s'affliger l'esprit de cette vision,
Et d'attacher l'honneur de l'homme le plus sage
Aux choses que peut faire une femme volage !
Puisqu'on tient, à bon droit, tout crime personnel,
Que fait là notre honneur pour être criminel ?
Des actions d'autrui l'on nous donne le blâme.
Si nos femmes sans nous ont un commerce infâme,
Il faut que tout le mal tombe sur notre dos :
Elles font la sottise, et nous sommes les sots.
C'est un vilain abus, et les gens de police
Nous devroient bien régler une telle injustice.
N'avons-nous pas assez des autres accidents
Qui nous viennent happer en dépit de nos dents[1] ?
Les querelles, procès, faim, soif et maladie,
Troublent-ils pas assez le repos de la vie,
Sans s'aller, de surcroît, aviser sottement
De se faire un chagrin qui n'a nul fondement ?
Moquons-nous de cela, méprisons les alarmes,
Et mettons sous nos pieds les soupirs et les larmes.
Si ma femme a failli, qu'elle pleure bien fort ;
Mais pourquoi, moi, pleurer, puisque je n'ai point tort ?
En tout cas, ce qui peut m'ôter ma fâcherie,
C'est que je ne suis pas seul de ma confrérie.
Voir cajoler sa femme, et n'en témoigner rien,
Se pratique aujourd'hui par force gens de bien.
N'allons donc point chercher à faire une querelle
Pour un affront qui n'est que pure bagatelle.
L'on m'appellera sot de ne me venger pas ;

---

1. Façon de parler alors proverbiale, on disait : « malgré ses dents ».
pour dire : « malgré lui, contre son gré. »

Mais je le serois fort de courir au trépas.
<small>(Mettant la main sur son estomac.)</small>
Je me sens là pourtant remuer une bile
Qui veut me conseiller quelque action virile.
Oui, le courroux me prend; c'est trop être poltron :
Je veux résolûment me venger du larron.
Déjà pour commencer, dans l'ardeur qui m'enflamme,
Je vais dire partout qu'il couche avec ma femme[1].

SCÈNE XVIII.

GORGIBUS, CÉLIE, LA SUIVANTE DE CÉLIE.

CÉLIE.

Oui, je veux bien subir une si juste loi :
Mon père, disposez de mes vœux et de moi ;
Faites, quand vous voudrez, signer cet hyménée :
A suivre mon devoir je suis déterminée ;
Je prétends gourmander mes propres sentiments,
Et me soumettre en tout à vos commandements.

GORGIBUS.

Ah! voilà qui me plaît, de parler de la sorte.
Parbleu![*] si grande joie à l'heure me transporte

---

[*] Var. *Parbieu!* (1673.)

1. Ce monologue passait pour le morceau capital de l'ouvrage, et, suivant l'éditeur, on l'appelait la belle scène. « Si j'avois, dit encore Neufvillenaine, tantôt besoin de ces excellents peintres que je vous ai nommés pour vous dépeindre le visage de Sganarelle, j'aurois maintenant besoin et de leur pinceau et de la plume des plus excellents orateurs pour vous décrire cette scène. Jamais il ne se vit rien de plus beau, jamais rien de mieux joué ; et jamais vers ne furent si généralement estimés. » On sait, en effet, tout le parti qu'un bon acteur peut en tirer, et que chaque vers au théâtre provoque les plus francs éclats de rire.

C'est à cet endroit qu'était placée la fin du second acte dans les éditions qui divisaient la pièce en trois actes.

Que mes jambes sur l'heure en cabrioleroient[1],
Si nous n'étions point vus de gens qui s'en riroient!
Approche-toi de moi; viens çà, que je t'embrasse.
Une telle action[2] n'a pas mauvaise grâce :
Un père, quand il veut, peut sa fille baiser,
Sans que l'on ait sujet de s'en scandaliser.
Va, le contentement de te voir si bien née
Me fera rajeunir de dix fois une année.

SCÈNE XIX.

CÉLIE, LA SUIVANTE DE CÉLIE.

LA SUIVANTE.

Ce changement m'étonne.

CÉLIE.

    Et lorsque tu sauras
Par quels motifs j'agis, tu m'en estimeras.

LA SUIVANTE.

Cela pourroit bien être.

CÉLIE.

    Apprends[3] donc que Lélie
A pu blesser mon cœur par une perfidie;
Qu'il étoit en ces lieux sans...

LA SUIVANTE.

    Mais il vient à nous.

---

1. *A l'heure* et *sur l'heure*, dans la même phrase, sont une négligence que Molière aurait peut-être fait disparaître s'il eût donné lui-même des soins à l'édition de la pièce. (AUGER.)

2. Les textes antérieurs à 1682 portent *belle* action, qui paraît bien être une faute.

3. L'édition de 1682 porte *Après* pour *Apprends*.

SCÈNE XX.

LÉLIE, CÉLIE, LA SUIVANTE DE CÉLIE.

LÉLIE.

Avant que pour jamais je m'éloigne de vous,
Je veux vous reprocher au moins en cette place...

CÉLIE.

Quoi! me parler encore ! Avez-vous cette audace?

LÉLIE.

Il est vrai qu'elle est grande, et votre choix est tel
Qu'à vous rien reprocher je serois criminel.
Vivez, vivez contente, et bravez ma mémoire
Avec le digne époux qui vous comble de gloire.

CÉLIE.

Oui, traître, j'y veux vivre ; et mon plus grand désir
Ce seroit que ton cœur en eût du déplaisir.

LÉLIE.

Qui rend donc contre moi ce courroux légitime?

CÉLIE.

Quoi! tu fais le surpris, et demandes ton crime[1]?

---

1. On voit, par les comédies de Corneille entre autres, que le tutoiement était d'usage au théâtre entre les amoureux, hors même des cas où quelque mouvement passionné fait sortir un personnage du cercle des bienséances ordinaires. Molière réforma cet usage. Ici, à la vérité, Célie en donne l'exemple à Lélie, qui ne l'imite pas ; mais Célie est emportée par un accès de fureur jalouse. Dans aucune des pièces qui suivent, les amants ne se tutoient l'un l'autre, à quelque degré que soit portée entre eux la bonne ou la mauvaise intelligence.

SCÈNE XXI.

CÉLIE, LÉLIE, SGANARELLE, armé de pied en cap;
LA SUIVANTE DE CÉLIE.

SGANARELLE.

Guerre, guerre mortelle à ce larron d'honneur,
Qui, sans miséricorde, a souillé notre honneur!

CÉLIE, à Lélie, lui montrant Sganarelle.

Tourne, tourne les yeux sans me faire répondre.

LÉLIE.

Ah! je vois...

CÉLIE.

    Cet objet suffit pour te confondre.

LÉLIE.

Mais pour vous obliger bien plutôt à rougir.

SGANARELLE, à part.

Ma colère à présent est en état d'agir;
Dessus ses grands chevaux est monté mon courage[1];
Et si je le rencontre, on verra du carnage.*
Oui, j'ai juré sa mort; rien ne peut m'empêcher:**
Où je le trouverai, je le veux dépêcher.

(Tirant son épée à demi, il approche de Lélie.)

Au beau milieu du cœur il faut que je lui donne...

---

* VAR. *Et, si je le rencontre, on va voir du carnage* (1682).
** VAR. *Oui, j'ai juré sa mort; rien ne peut l'empêcher* (1660).

1. « Monter sur ses grands chevaux » est une expression proverbiale qui rappelle le temps où les chevaux de combat devaient être très robustes, parce qu'ils portaient un cavalier couvert d'une lourde armure. Monter sur ses grands chevaux, c'était, en ce temps-là, s'en aller en guerre. D'où le sens dérivé : prendre un parti vigoureux, montrer de la fierté, de l'arrogance, faire des menaces.

LÉLIE, se retournant.

A qui donc en veut-on?

SGANARELLE.

Je n'en veux à personne.

LÉLIE.

Pourquoi ces armes-là?

SGANARELLE.

C'est un habillement

(A part.)

Que j'ai pris pour la pluie. Ah! quel contentement
J'aurois à le tuer! Prenons-en le courage.

LÉLIE, se retournant encore.

Hai?

SGANARELLE.

Je ne parle pas.
(A part, après s'être donné des coups de poing sur l'estomac
et des soufflets pour s'exciter.)

Ah! poltron! dont j'enrage;
Lâche! vrai cœur de poule!

CÉLIE, à Lélie.

Il t'en doit dire assez,
Cet objet dont tes yeux nous paroissent blessés.

LÉLIE.

Oui, je connois par là que vous êtes coupable
De l'infidélité la plus inexcusable
Qui jamais d'un amant puisse outrager la foi.

SGANARELLE, à part.

Que n'ai-je un peu de cœur!

CÉLIE.

Ah! cesse devant moi,
Traître, de ce discours l'insolence cruelle!

SGANARELLE, à part.

Sganarelle, tu vois qu'elle prend ta querelle:

Courage, mon enfant, sois un peu vigoureux.
Là, hardi ! tâche à faire un effort généreux,
En le tuant tandis qu'il tourne le derrière.

LÉLIE, faisant deux ou trois pas sans dessein, fait retourner Sganarelle, qui s'approchoit pour le tuer.

Puisqu'un pareil discours émeut votre colère,
Je dois de votre cœur me montrer satisfait,
Et l'applaudir ici du beau choix qu'il a fait.

CÉLIE.

Oui, oui, mon choix est tel qu'on n'y peut rien reprendre.

LÉLIE.

Allez, vous faites bien de le vouloir défendre.

SGANARELLE.

Sans doute, elle fait bien de défendre mes droits.
Cette action, monsieur, n'est point selon les lois :
J'ai raison de m'en plaindre, et, si je n'étois sage,
On verroit arriver un étrange carnage.

LÉLIE.

D'où vous naît cette plainte, et quel chagrin brutal...?

SGANARELLE.

Suffit. Vous savez bien où le bois me fait mal ; *
Mais votre conscience et le soin de votre âme
Vous devroient mettre aux yeux que ma femme est ma femme ;
Et vouloir, à ma barbe, en faire votre bien,
Que ce n'est pas du tout agir en bon chrétien [1].

LÉLIE.

Un semblable soupçon est bas et ridicule.
Allez, dessus ce point n'ayez aucun scrupule :

---

* VAR. *Suffit. Vous savez bien où le bât me fait mal* (1682).

1. Il faudrait pour la correction de la phrase : *Et que vouloir*, etc., *ce n'est pas*, etc.

Je sais qu'elle est à vous ; et, bien loin de brûler...
CÉLIE.
Ah! qu'ici tu sais bien, traître, dissimuler!
LÉLIE.
Quoi! me soupçonnez-vous d'avoir une pensée
De qui son âme ait lieu de se croire offensée?*
De cette lâcheté voulez-vous me noircir?
CÉLIE.
Parle, parle à lui-même; il pourra t'éclaircir.
SGANARELLE, à Célie.
Vous me défendez mieux que je ne saurois faire,**
Et du biais qu'il faut vous prenez cette affaire.

SCÈNE XXII.

CÉLIE, LÉLIE,
SGANARELLE, LA FEMME DE SGANARELLE,
LA SUIVANTE DE CÉLIE.

LA FEMME DE SGANARELLE.
Je ne suis point d'humeur à vouloir contre vous
Faire éclater, madame, un esprit trop jaloux;
Mais je ne suis point dupe, et vois ce qui se passe :
Il est de certains feux de fort mauvaise grâce ;
Et votre âme devroit prendre un meilleur emploi
Que de séduire un cœur qui doit n'être qu'à moi.
CÉLIE.
La déclaration est assez ingénue.
SGANARELLE, à sa femme.
L'on ne demandoit pas, carogne, ta venue :

---

* VAR. *Dont son âme ait sujet de se croire offensée* (1682).
** VAR. *Non, non, vous dites mieux que je ne saurois faire* (1682).

SCÈNE XXII.

Tu la viens quereller lorsqu'elle me défend,
Et tu trembles de peur qu'on t'ôte ton galant.

CÉLIE.

Allez, ne croyez pas que l'on en ait envie.

(Se tournant vers Lélie.)

Tu vois si c'est mensonge; et j'en suis fort ravie.

LÉLIE.

Que me veut-on conter?

LA SUIVANTE.

Ma foi, je ne sais pas
Quand on verra finir ce galimatias;
Déjà depuis longtemps je tâche à le comprendre,*
Et si¹, plus je l'écoute, et moins je puis l'entendre.
Je vois bien à la fin que je m'en dois mêler.

(Elle se met entre Lélie et sa maîtresse.)

Répondez-moi par ordre, et me laissez parler.

(A Lélie.)

Vous, qu'est-ce qu'à son cœur peut reprocher le vôtre?

LÉLIE.

Que l'infidèle a pu me quitter pour un autre;
Que, lorsque, sur le bruit de son hymen fatal,**
J'accours tout transporté d'un amour sans égal
Dont l'ardeur résistoit à se croire oubliée,
Mon abord en ces lieux la trouve mariée.

LA SUIVANTE.

Mariée? à qui donc?

LÉLIE, montrant Sganarelle.

A lui.

---

* VAR. *Depuis assez longtemps je tâche à le comprendre* (1682).
** VAR. *Et que quand, sur le bruit de son hymen fatal* (1682).

1. *Si*, particule affirmative, comme nous l'avons déjà rencontré plusieurs fois.

LA SUIVANTE.

Comment, à lui?

LÉLIE.

Oui-da.

LA SUIVANTE.

Qui vous l'a dit?

LÉLIE.

C'est lui-même, aujourd'hui.

LA SUIVANTE, à Sganarelle.

Est-il vrai?

SGANARELLE.

Moi? J'ai dit que c'étoit à ma femme
Que j'étois marié.

LÉLIE.

Dans un grand trouble d'âme
Tantôt de mon portrait je vous ai vu saisi.

SGANARELLE.

Il est vrai : le voilà.

LÉLIE, à Sganarelle.

Vous m'avez dit aussi
Que celle aux mains de qui vous avez pris ce gage
Étoit liée à vous des nœuds du mariage.

SGANARELLE.

(Montrant sa femme.)

Sans doute. Et je l'avois de ses mains arraché :
Et n'eusse pas sans lui découvert son péché.

LA FEMME DE SGANARELLE.

Que me viens-tu conter par ta plainte importune?
Je l'avois sous mes pieds rencontré par fortune;
Et même, quand, après ton injuste courroux,

(Montrant Lélie.)

J'ai fait, dans sa foiblesse, entrer monsieur chez nous,

SCÈNE XXII.

Je n'ai pas reconnu les traits de sa peinture.

CÉLIE.

C'est moi qui du portrait ai causé l'aventure ;
Et je l'ai laissé choir en cette pâmoison
   (A Sganarelle.)
Qui m'a fait par vos soins remettre à la maison.

LA SUIVANTE.

Vous voyez que sans moi vous y seriez encore ;*
Et vous aviez besoin de mon peu d'ellébore[1].

SGANARELLE, à part.

Prendrons-nous tout ceci pour de l'argent comptant?
Mon front l'a, sur mon âme, eu bien chaude pourtant[2].

LA FEMME DE SGANARELLE.

Ma crainte, toutefois, n'est pas trop dissipée,
Et, doux que soit le mal, je crains d'être trompée[3].

SGANARELLE, à sa femme.

Hé! mutuellement, croyons-nous gens de bien ;
Je risque plus du mien que tu ne fais du tien ;
Accepte sans façon le marché qu'on propose.**

LA FEMME DE SGANARELLE.

Soit. Mais gare le bois, si j'apprends quelque chose[4] !

CÉLIE, à Lélie, après avoir parlé bas ensemble.

Ah! dieux! s'il est ainsi, qu'est-ce donc que j'ai fait?

---

* VAR. *Vous le voyez, sans moi vous y seriez encore* (1682).
** VAR. *Accepte sans façon le parti qu'on propose* (1682).

1. *L'ellébore* eut longtemps, comme on sait, la réputation de guérir la folie. *Mon peu* d'ellébore indique ici, non comme d'ordinaire le défaut, mais la suffisance. C'est ainsi qu'on dirait : Votre peu de foi vous a sauvé, pour signifier : Il vous a suffi d'un peu de foi pour être sauvé.
2. Dans cette locution, le mot *alarme* est sous-entendu.
3. C'est-à-dire : quelque douce que soit l'erreur, je crains d'être trompée.
4. C'est ici le véritable dénoûment de la pièce ; le reste ne pouvait qu'être froid et sans intérêt.

Je dois de mon courroux appréhender l'effet.
Oui, vous croyant sans foi, j'ai pris, pour ma vengeance,
Le malheureux secours de mon obéissance ;
Et, depuis un moment, mon cœur vient d'accepter
Un hymen que toujours j'eus lieu de rebuter.
J'ai promis à mon père ; et ce qui me désole...
Mais je le vois venir.

LÉLIE.

Il me tiendra parole.

SCÈNE XXIII.

GORGIBUS, CÉLIE, LÉLIE,
SGANARELLE, LA FEMME DE SGANARELLE,
LA SUIVANTE DE CÉLIE.

LÉLIE.

Monsieur, vous me voyez en ces lieux de retour,
Brûlant des mêmes feux ; et mon ardente amour
Verra, comme je crois, la promesse accomplie
Qui me donna l'espoir de l'hymen de Célie.

GORGIBUS.

Monsieur, que je revois en ces lieux de retour,
Brûlant des mêmes feux, et dont l'ardente amour
Verra, que vous croyez, la promesse accomplie
Qui vous donna l'espoir* de l'hymen de Célie,
Très humble serviteur à Votre Seigneurie[1].

LÉLIE.

Quoi ! monsieur, est-ce ainsi qu'on trahit mon espoir ?

* Var. *Qui vous donne l'espoir* (1673, 1682).

1. Gorgibus se borne à répéter ironiquement les paroles un peu amphigouriques de Lélie, en y ajoutant une rime.

SCÈNE XXIV.

GORGIBUS.

Oui, monsieur, c'est ainsi que je fais mon devoir :
Ma fille en suit les lois.

CÉLIE.

Mon devoir m'intéresse,
Mon père, à dégager vers lui votre promesse.

GORGIBUS.

Est-ce répondre en fille à mes commandements ?
Tu te démens bientôt de tes bons sentiments !
Pour Valère tantôt... Mais j'aperçois son père :
Il vient assurément pour conclure l'affaire.

SCÈNE XXIV.

VILLEBREQUIN, GORGIBUS, CÉLIE,
LÉLIE, SGANARELLE, LA FEMME DE SGANARELLE,
LA SUIVANTE DE CÉLIE.

GORGIBUS.

Qui vous amène ici, seigneur Villebrequin ?

VILLEBREQUIN.

Un secret important que j'ai su ce matin,
Qui rompt absolument ma parole donnée.
Mon fils, dont votre fille acceptoit l'hyménée,
Sous des liens cachés trompant les yeux de tous,
Vit depuis quatre mois avec Lise en époux ;
Et, comme des parents le bien et la naissance
M'ôtent tout le pouvoir d'en casser l'alliance,
Je vous viens...

GORGIBUS.

Brisons là. Si, sans votre congé,
Valère votre fils ailleurs s'est engagé,

Je ne puis vous céler que ma fille Célie
Dès longtemps par moi-même est promise à Lélie;
Et que, riche en vertus, son retour aujourd'hui
M'empêche d'agréer un autre époux que lui.

VILLEBREQUIN.

Un tel choix me plaît fort.

LÉLIE.

Et cette juste envie
D'un bonheur éternel va couronner ma vie...

GORGIBUS.

Allons choisir le jour pour se donner la foi[1].

---

1. Voltaire blâme ce dénoûment, qui lui paraît un des moins bien ménagés et des moins heureux de l'auteur. Il est certain qu'il ne sort point du sujet, qu'il est imprévu et fortuit, enfin qu'il est de ceux dont on dit qu'ils tombent des nues; mais l'imperfection n'en est point choquante, parce que l'action ayant été très légèrement nouée, peu de chose doit suffire pour la dénouer. La double, ou plutôt la quadruple méprise sur laquelle est fondée toute l'intrigue venant à cesser, la pièce est terminée, et dès lors il importe fort peu de quelle manière Gorgibus est amené à donner son consentement à l'union des deux amants.

On a beaucoup reproché à Molière le défaut d'art ou de vraisemblance de plusieurs de ses dénoûments. Il faut distinguer dans une pièce deux sortes de dénoûments, celui de la comédie, c'est-à-dire du sujet que l'auteur s'est proposé de traiter, et celui de l'action, c'est-à-dire de la fable qu'il a imaginée pour développer son sujet. Molière excelle toujours dans les dénoûments de la première espèce; souvent il est faible dans ceux de la seconde; quelquefois (et c'est alors le comble de la perfection) il parvient à réunir en un seul le dénoûment de l'action et celui de la comédie : en d'autres termes, il trouve, il place, dans la fin même de son intrigue, le but comique ou moral de sa pièce. Passons à l'application. Dans *le Cocu imaginaire,* le sujet est cette promptitude à juger d'après les apparences, qui nous expose à toutes les erreurs que la jalousie peut enfanter; et le dénoûment de ce sujet est nécessairement l'explication qui vient dissiper toutes les chimères dont les divers personnages ont eu la cervelle troublée. Quant à la fable, c'est la main de Célie promise par Gorgibus à Valère, et engagée par Célie elle-même à Lélie; et le dénoûment de cette fable est l'arrivée imprévue de Villebrequin, qui vient redemander et rendre à Gorgibus la parole mutuelle qu'ils se sont donnée. Ce dernier dénoûment n'a rien de commun avec celui du sujet, et il pourrait être tout différent de

SCÈNE XXIV.

SGANARELLE, seul.

A-t-on mieux cru jamais être cocu que moi ?
Vous voyez qu'en ce fait la plus forte apparence
Peut jeter dans l'esprit une fausse créance.
De cet exemple-ci ressouvenez-vous bien ;
Et, quand vous verriez tout, ne croyez jamais rien[1].

ce qu'il est. Il était facile à Molière de le faire meilleur ; pour qu'il fût entièrement bon, il aurait fallu que tout à la fois il désabusât les deux amants de leurs erreurs et changeât la résolution que le père de Célie avait prise contre leurs intérêts. (AUGER.)

1. Molière a soin de terminer la pièce par un trait plaisant, par une moralité comique, qui ranime toute la gaieté des spectateurs, comme nous l'avons vu faire déjà pour *l'Étourdi*, et comme nous le verrons faire plus d'une fois encore.

Neufvillenaine ajoute ces quelques lignes : « Sans mentir, monsieur, vous me devez être bien obligé de tant de belles choses que je vous envoie, et tous les melons de votre jardin ne sont pas suffisants pour me payer de la peine d'avoir retenu pour l'amour de vous toute cette pièce par cœur. Mais j'oubliois de vous dire une chose à l'avantage de son auteur, qui est que, comme je n'ai eu cette pièce que je vous envoie que par effet de mémoire, il peut s'y être coulé quantité de mots les uns pour les autres, bien qu'ils signifient la même chose. Et comme ceux de l'auteur peuvent être plus significatifs, je vous prie de m'imputer toutes les fautes de cette nature que vous y trouverez, et je vous conjure, avec tous les curieux de France, de venir voir représenter cette pièce comme un des plus beaux ouvrages et un des mieux joués qui ait jamais paru sur la scène. »

FIN DE SGANARELLE.

LA
COCUE IMAGINAIRE

COMÉDIE[1]

---

[1]. Voyez la notice préliminaire, page 285.

DÉDICACE.

A MADEMOISELLE HENRIETTE***

Mademoiselle,

Avouez la vérité : n'est-il pas vrai que ce nom vous embarrasse? et qu'après l'avoir lu vous vous êtes arrêtée tout court, pour songer quelle peut être cette Henriette? Mais n'y rêvez pas davantage, et si vous avez eu quelque soupçon que ce fût vous, demeurez dans cette pensée, et ne vous amusez point à repasser dans votre esprit toutes les Henriettes que vous connoissez, puisque je ne prétends parler qu'à vous. Mais d'où vient que vous faites encore une pause, après que j'ai éclairci votre trouble? Ah! j'en devine facilement le sujet! Vous êtes surprise sans doute, et vous ne vous attendiez pas qu'une personne à qui le sang vous lie vous dédiât un livre, puisque c'est une chose que l'on voit arriver rarement, et que, pour l'ordinaire, quelques éminentes qualités qu'aient nos parents, nous ne les croyons pas au-dessus de nous, à cause que la nature semble ne les avoir faits que pour être nos égaux. Mais vous devez savoir que, quand une fois on a pris de l'amitié pour eux, l'amitié jointe au sang a beaucoup plus de chaleur, et devient si puissante qu'il n'est rien qu'elle ne nous fît entreprendre pour leur en donner des preuves. Je m'imagine toutefois que cette surprise dont je vous viens de dire le sujet ne vous fait pas arrêter seule dans la lecture de cette pièce, et qu'après avoir connu que c'est à vous que je parle votre modestie ne le souffre qu'à peine, et que, sachant que je sais particulièrement les belles qualités qui vous rendent recommandable, vous craignez que je ne les expose au public ; mais n'en ayez point de peur, je ne parlerai que de celles que vous n'avez pu dérober aux yeux de tous ceux qui vous connoissent. C'est pourquoi je dis, sans qu'on me puisse accuser de flatterie, que jamais personne de votre âge et de votre sexe ne

DÉDICACE.

jugea mieux que vous des beautés d'un ouvrage ; vous en savez connoître et le foible et le fort, et vous le faites voir avec tant de grâce et d'une manière si obligeante qu'il est impossible de s'en fâcher et de vous accuser d'être précieuse. La conversation vous plaît infiniment : ce qui suffit pour prouver que vous avez de l'esprit, puisque c'est l'écueil de tous ceux qui n'en ont pas, et que quiconque la fuit, ou ne s'y divertit point, fait assez juger de la stérilité de son esprit. Je vois bien que vous ne voulez pas que je parle plus longtemps du vôtre, et comme je prétends y satisfaire, je n'en parlerai pas davantage, à condition que vous me permettrez de dire que vous êtes la personne du monde la plus généreuse, et qui obligez de meilleure grâce ; que l'amour que vous portez à ceux de votre sang est si puissant que leur satisfaction vous fait mépriser votre propre intérêt. C'est pourquoi l'on ne doit pas s'étonner si je vous proteste publiquement que je suis et serai toute ma vie,

Mademoiselle,

Votre très affectionné.

F. D. [1]

---

[1]. Quel était ce F. D.? Le privilége du roi, donné à Paris le 25 juillet 1660, permet au *sieur Doneau* de faire imprimer une comédie intitulée *les Amours d'Alcippe et de Céphise*. Quel est ce sieur Doneau, qui, selon le chevalier de Mouhy, possesseur des manuscrits des deux frères Parfaict, se nommait François Doneau, et fit jouer à l'Hôtel de Bourgogne, en novembre 1661, *la Cocue imaginaire, ou les Amours d'Alcippe et de Céphise?* Le chevalier de Mouhy ajoute (dans son *Abrégé de l'histoire du Théâtre françois*) qu'il ne faut pas confondre, comme l'a fait Maupoint dans la *Bibliothèque des Théâtres*, François Doneau avec Jean Donneau de Visé. Maupoint, en effet, qui paraît avoir eu des renseignements particuliers sur Donneau de Visé et sa famille, lui attribue positivement cette comédie, et la place la première dans la liste de ses ouvrages de théâtre. (*Note de P. Lacroix.*)

Voyez Maupoint, *Bibliothèque des Théâtres*, 1733, pages 76, 314-315.

AU LECTEUR.

Depuis que la comédie est devenue illustre par les soins de l'éminentissime cardinal duc de Richelieu, nous n'avons point vu d'auteur qui ait plus excellé dans les pièces comiques que le fameux M. de Molier. Son *Étourdi,* son *Dépit amoureux,* ses *Précieuses ridicules,* et son *Cocu imaginaire,* sont plus que suffisants pour prouver cette vérité ; puisque la cour les a non seulement approuvés, mais encore le peuple, qui dans Paris sait parfaitement bien juger de ces sortes d'ouvrages. Quelques applaudissements toutefois que l'on ait donnés aux deux premières de ces pièces, la troisième a beaucoup plus fait d'éclat qu'elles n'ont fait toutes deux ensemble, puisqu'elle a passé pour l'ouvrage le plus charmant et le plus délicat qui ait jamais paru au théâtre. L'on est venu à Paris de vingt lieues à la ronde, afin d'en avoir le divertissement ; il n'étoit [fils] de bonne mère, qui, lorsque l'on la jouoit, ne s'empressât pour la voir des premiers, et ceux qui font profession de galanterie[1], et qui n'avoient pas vu représenter les *Précieuses,* d'abord qu'elles commencèrent à faire parler d'elles, n'osoient l'avouer sans rougir. Cette pièce enfin a tant fait de bruit que les ennemis mêmes de M. Molier ont été contraints de publier ses louanges ; mais non pas sans faire connoître par leurs discours qu'ils ne le faisoient que de peur de passer pour ridicules. Les uns disoient que véritablement la pièce étoit belle, mais que le jeu faisoit une grande partie de sa beauté. Les autres ajoutoient que la rencontre du temps où l'on parloit fort des *Précieuses* aidoit à la faire réussir,

---

1. C'est-à-dire de bon ton, de savoir-vivre, de *distinction.* On peut voir dans *l'Honnête Homme ou l'Art de plaire à la cour,* par Faret (1630, in-4º), et dans *les Loix de la galanterie* (1644), la réunion de toutes les qualités qu'il fallait pour former un parfait galant. (*Note de V. Fournel.*)

et qu'indubitablement ses pièces n'auroient pas toujours de pareils succès quand le temps ne les favoriseroit pas; mais ce que ce fameux auteur a fait depuis a bien fait voir que, loin d'avoir tiré quelque avantage de la rencontre des *Précieuses,* il a fait parler d'elles à ceux qui ne les connoissoient pas; puisque (de la manière dont il l'a traitée) il a donné de l'éclat à une chose qui étoit dans l'obscurité, et dont l'on ne parloit que dans certaines ruelles. J'ose même avancer pour sa gloire que les *Précieuses,* qui sont dans sa pièce appelées de ce nom, n'en font pas toute la beauté, et que le caractère du marquis de Mascarille, qui est de son invention, puisqu'il ne tient rien du précieux, est une des choses la plus ingénieuse qui ait jamais paru au théâtre, et la plus spirituelle de sa pièce. Mais voyons si le pronostic de ces messieurs (qui disoient que M. de Molier ne pouvoit plus faire de pièces qui eussent tant de succès que ses *Précieuses*) est véritable, et si le *Cocu imaginaire,* qu'il a fait ensuite, n'a pas eu tous les applaudissements qu'il en pouvoit attendre, puisqu'à moins que l'on ne veuille dire la même chose de tous ses ouvrages, que l'on ne le veuille accuser d'avoir de l'esprit et de savoir choisir ce qui plaît, l'on ne lui sauroit objecter que le sujet [est] du temps, et que c'est ce qui le fait réussir. Cependant cette pièce a été jouée, non seulement en plein été, où pour l'ordinaire chacun quitte Paris pour s'aller divertir à la campagne; mais encore dans le temps du mariage du roi, où la curiosité avait attiré tout ce qu'il y a de gens de qualité en cette ville[1]. Elle n'en a toutefois pas moins réussi, et quoique Paris fût, ce semble, désert, il s'y est néanmoins encore trouvé assez de personnes de condition pour remplir plus de quarante fois les loges et le théâtre du Petit-Bourbon, et assez de bourgeois pour remplir autant de fois le parterre[2]. Jugez quelle réussite cette pièce auroit eue si elle avoit été jouée dans un temps plus favorable, et si la cour avoit été à Paris. Elle auroit sans doute été plus admirée que les *Précieuses,* puisqu'encore que le temps lui fût contraire l'on doute si elle n'a pas eu autant de succès. Jamais on ne vit de sujet mieux conduit, jamais rien de si bien fondé que la

---

1. Le roi épousa l'infante Marie-Thérèse d'Autriche, à Saint-Jean de Luz, le 9 juin, douze jours après la première représentation du *Cocu imaginaire*.
2. Voyez la notice préliminaire, page 285.

jalousie de Sganarelle, et jamais rien de si spirituel que ses vers[1]. C'est pourquoi presque tout Paris a souhaité de voir ce qu'une femme pourroit dire, à qui il arriveroit la même chose qu'à Sganarelle, et si elle auroit autant de sujet de se plaindre, quand son mari lui manque de foi, que lui quand elle lui est infidèle. C'est ce qui m'a fait faire cette pièce, qui servira de regard[2] au *Cocu imaginaire,* puisque dans l'une on verra les plaintes d'un homme qui croit que sa femme lui manque de foi, et dans l'autre celles d'une femme qui croit avoir un mari infidèle. J'aurois bien fait un autre sujet que celui de M. de Molier, pour faire éclater les plaintes de la femme; mais ils n'auroient pas eu tous deux les mêmes sujets de faire éclater leur jalousie; il y auroit eu du plus ou du moins : c'est pourquoi il a fallu, afin que le divertissement fût plus agréable, qu'ils raisonnassent tous deux sur les mêmes incidents; tellement que j'ai été contraint de me servir du même sujet. C'est ce qui fait que vous n'y trouverez rien de changé, sinon que tous les hommes de l'un sont changés en femmes dans l'autre. Vous pouvez maintenant voir lequel, du mari ou de la femme, a plus de tort quand il manque de fidélité; mais souvenez-vous, avant de me condamner, que l'homme a beaucoup plus de raisons de son côté que la femme, puisque ce qui passe pour galanterie chez l'un passe pour crime chez l'autre, outre qu'il n'y a pas le mot pour rire du côté de la femme, son front étant trop délicat pour porter des cornes, ce qui rend le plaisant difficile à trouver, et le sexe de plus se trouvant stérile en cette rencontre. Je pourrois ici vous parler du mot de *cocue,* dont je me suis servi; mais je crois qu'il n'en est pas de besoin, d'autant que nous sommes dans un temps où chacun parle à sa mode.

---

1. Sur le grand succès du *Cocu imaginaire* auprès des contemporains, voyez encore Bussy-Rabutin (*Mémoires*, I, page 336), et *la Guerre comique* par de La Croix (1664). « On auroit peine à souffrir, dit dans cette dernière pièce le comédien La Rancune, qu'on représentât *le Cid* deux fois par an, et l'on iroit voir son *Cocu imaginaire,* s'il le jouoit tous les jours. » (*Dispute* V.)

2. On dirait aujourd'hui : de pendant.

EXTRAIT DU PRIVILÈGE DU ROI

Par grâce et privilège du roi, donné à Paris le 25 juillet 1660, signé, par le roi en son conseil, BONNEFON, il est permis au sieur Doneau de faire imprimer, par tel imprimeur et libraire qu'il voudra choisir, une comédie intitulée les *Amours d'Alcippe et de Céphise,* pendant l'espace de cinq ans, et défenses sont faites à tous autres d'imprimer ni vendre d'autre édition que celle de l'exposant, à peine de quinze cents livres d'amende, de tous dépens, dommages et intérêts, comme il est porté plus amplement par lesdites lettres.

Et ledit sieur Doneau a cédé son droit de privilège à Jean Ribou, marchand libraire à Paris, pour en jouir suivant l'accord fait entre eux.

Enregistré sur le livre de la communauté[1], suivant l'arrêt de la cour.

JOSSE, syndic.

Achevé d'imprimer, pour la seconde fois, le 27 mai 1662.

---

1. Le 16 septembre 1660. Voyez les Registres, Bibliothèque nationale, mss f. fr. n° 21,945.

LES AMOURS
D'ALCIPPE ET DE CÉPHISE

ou

LA COCUE IMAGINAIRE

COMÉDIE

PERSONNAGES.

ALCIPPE, amant de Céphise.
ROGUESPINE, son valet.
GÉRONTE, son père, bourgeois de Paris.
CÉPHISE, amante d'Alcippe.
PAQUETTE, femme de Spadarille, cocue imaginaire.
SPADARILLE, mari de Paquette, bourgeois de Paris.
LUCRÈCE, parente de Paquette.
BÉATRIX, suivante de Céphise.

La scène est à Paris.

SCÈNE PREMIÈRE.

ALCIPPE, GÉRONTE, ROGUESPINE.

ALCIPPE, *sortant en colère, et son père le suivant.*
Non, n'espérez jamais de m'y voir consentir.
GÉRONTE.
Est-ce ainsi qu'à son père un fils doit repartir?
Si vous ne répondez bientôt à mon envie,
Si d'un oui que j'attends je ne la vois suivie,
Avant qu'il soit deux jours je vous ferai savoir
Combien sur ses enfants un père a de pouvoir.
ALCIPPE.
Si pour moi vous gardez encor quelque tendresse,
Ah! daignez m'empêcher de mourir de tristesse;

Veuillez ne point forcer mon inclination,
Me donnant à l'objet de mon aversion.
Je ne demande rien qui n'ait de la justice,
Puisqu'enfin il n'est point de plus rude supplice,
Et que c'est attacher des vivants à des morts
Que vouloir sans amour joindre ensemble deux corps.

GÉRONTE.

Être joint à l'objet le plus beau de la ville,
Le supplice à souffrir n'est pas fort difficile.

ALCIPPE.

Puisqu'Hippolyte est belle, elle ne me plaît pas ;
Elle a, vous le savez, par ses puissants appas
Acquis beaucoup d'amants, et peut-être son âme
Conservera pour eux quelque reste de flamme.

GÉRONTE.

Allez, dessus ce point c'est à tort s'alarmer,
Puisqu'on tient qu'il n'est pas possible d'exprimer
L'amour qu'à son mari porte une jeune femme
Quand une fois il a pu surprendre son âme,
Et lui faire goûter les secrètes douceurs
Dont amour sait toujours faire jouir deux cœurs.

ALCIPPE.

Quand elle m'aimeroit et me seroit fidèle,
Mon cœur ne peut avoir de tendresse pour elle.

GÉRONTE.

Si c'est là le sujet qui vous fait rejeter
L'hymen, où chaque jour je tâche à vous porter,
Épousez, épousez dès demain Hippolyte,
Et vous verrez, mon fils, qu'un glorieux mérite,
Joint aux puissants attraits d'un objet si charmant,
Vous contraindra dans peu de l'aimer tendrement.
Quoi, ne savez-vous pas ce que peut une femme,
L'empire qu'elle prend malgré nous sur notre âme?
Ah! si vous l'ignorez, vous pourrez bientôt voir
Et quelle est son adresse, et quel est son pouvoir ;
Quand la belle Hippolyte, après son mariage,
Avec des traits de feu marqués sur son visage,
D'elle-même viendra, vous appelant son cœur,

Vous donner un baiser, mais si plein de douceur
Qu'extasié soudain par des transports de flamme
Vous sentirez l'amour se glisser dans votre âme,
Et vous confesserez, en goûtant ces douceurs,
Que quand ce sexe veut il sait gagner des cœurs.
ALCIPPE.
Celles qui près de nous font ainsi les flatteuses.
Ont des motifs cachés et sont fort dangereuses,
Et lorsque leur amour nous fait voir tant d'ardeur
Notre bourse est leur but, plutôt que notre cœur.
GÉRONTE.
Ne condamnez pas tant ce qu'il faut qu'on estime;
D'une belle vertu ne faites pas un crime,
Et ressouvenez-vous que je veux que demain,
Malgré vous, Hippolyte obtienne votre main.
ALCIPPE.
Hélas! souvenez-vous que j'adore Céphise,
Et qu'ayant su l'ardeur dont mon âme est éprise
Sa mère en eut de vous un plein consentement.
GÉRONTE.
Dans ce siècle la foi se trouve rarement :
J'ai promis, il est vrai; mais le bien d'Hippolyte
Me fait trouver en elle un peu plus de mérite.
Je vous laisse, songez que vous devez ce soir
Venir avecque moi chez elle pour la voir.
ALCIPPE.
Puissante déité que l'on adore en terre,
Amour, faut-il que l'or te fasse ainsi la guerre?

SCÈNE II.

ALCIPPE, ROGUESPINE.

ROGUESPINE.
A quoi songez-vous donc, monsieur, de rebuter
Ce que d'autres que vous prendroient sans hésiter?
Que ne veut-on aussi me donner une femme :
Ma foi, je la prendrois, et de toute mon âme,

Sans hésiter du tout. Dieu veuille avoir l'esprit
De ma pauvre Gillette! Ah! que j'ai de dépit,
Quand je songe à sa mort! J'avois, pendant sa vie,
Un teint à qui Bacchus eût porté même envie,
Un visage rougeaud, et si plein de santé
Que j'ose vous jurer en saine vérité
(Moi qui ne jure point si la chose n'est claire),
Que tous les marmousets des enseignes à bière
Étoient auprès de moi pâles et décharnés,
Et n'avoient point du tout de rubis sur le nez.
Je ne voyois jamais passer aucun dimanche
Qu'elle ne me vînt mettre une chemise blanche.
A mes habits jamais on ne voyoit de trous,
Tant le soin étoit grand de tout boucher chez nous.
Quand j'avois bu souvent avec quelque compère
(Comme cela pouvoit m'arriver d'ordinaire)
Et qu'au logis le soir, de crainte de manger,
Je faisois le malade, afin de m'obliger
A prendre, disoit-elle, un peu de nourriture :
« Mange, mange, mon fils, mange, je t'en conjure,
Me disoit la pauvrette avec la larme à l'œil,
Si tu ne veux bientôt me voir mettre au cercueil. »
L'hiver même, les draps étant plus froids que glace,
Elle s'alloit coucher pour échauffer ma place,
Et me crioit après de la venir trouver.
Il vous faudroit enfin, monsieur, pour éprouver
Les plaisirs les plus doux qu'on goûte dans la vie,
Prendre vite une femme, et je vous en convie.

ALCIPPE.

Ah! ne me parle point de cette lâcheté,
Ne me conseille point une infidélité;
J'ai promis à Céphise, et je....

ROGUESPINE.

Votre Céphise
D'un violent amour ne paroît pas éprise.
Depuis quinze ou vingt jours elle passe son temps
A se bien divertir en sa maison des champs,
Et quoique sur sa mère elle ait beaucoup d'empire,

SCÈNE III.

Elle ne prendroit pas la peine de lui dire
De faire un tour ici, ce qui fait que je croi
Qu'envers vous cette belle a pu manquer de foi.
     ALCIPPE.
Non, non, elle me garde une flamme éternelle;
Mais peut-être ayant su la funeste nouvelle
Du mépris que mon père a fait de ses appas,
Elle est dessus le point.... te le dirai-je? hélas!
Sur le point d'expirer!
     ROGUESPINE.
       La cause est raisonnable
D'un tel retardement.
     ALCIPPE.
       Que je suis misérable;
Mais cependant qu'elle est absente de ces lieux,
Dans son portrait du moins admirons ses beaux yeux.
Dieux! qu'ils font rejaillir d'éclat sur sa peinture,
Ils mettent de nouveau mon cœur à la torture.
    (Il laisse tomber le portrait de Céphise.)
Ah! faut-il.... Je me meurs!
     ROGUESPINE.
       Qui peut causer en vous...
Mais il s'évanouit. Vite! quelqu'un! à nous!

SCÈNE III.

ALCIPPE, ROGUESPINE, PAQUETTE

     PAQUETTE.
Quel bruit viens-je d'entendre auprès de ma fenêtre?
     ROGUESPINE.
Aidez-moi, je vous prie, à soutenir mon maître;
Ce mal lui vient de prendre ici subitement.
     PAQUETTE.
Il faut le secourir, si l'on peut, promptement.
  SPADARILLE, regardant par la fenêtre, voit que sa femme
      soutient Alcippe.
Que vois-je? juste ciel! Je crois que c'est ma femme

Qui tient dedans ses bras.... Elle mourra, l'infâme,
Et je vais, s'il se peut, la prendre sur le fait.
ROGUESPINE.
Hélas! mon pauvre maître. Ah! bon Dieu, c'en est fait
Ciel!
PAQUETTE mettant la main sur la bouche d'Alcippe.
Il respire encore, et je sens son haleine.
ROGUESPINE.
Si vous vouliez un peu prendre avec moi la peine
De l'emporter chez lui?
PAQUETTE.
Oui, j'y vais de bon cœur.
(A part.)
Que son visage encor conserve de douceur!

SCÈNE IV.

SPADARILLE.

Cette infidèle a fui, et sans oser m'attendre,
Jugeant bien qu'en ce lieu je la viendrois surprendre
Avec le scélérat, le traître suborneur
Qui vient impunément de lui ravir l'honneur.
Je ne m'étonne plus pourquoi cette maline
Sans sujet tous les jours me fait mauvaise mine ;
Elle cherche à crier, sans doute, et voudroit bien
M'obliger à la battre, afin d'avoir son bien.
Les femmes maintenant sont tout à fait volages,
Et souvent quinze jours après leurs mariages
Elles ont de la peine à souffrir leurs maris :
Leur inconstance va jusqu'à leurs favoris,
Et, voulant tous les jours faire de nouveaux dupes,
Elles changent autant de galants que de jupes.
Les nouveautés enfin charment si fort leurs sens,
Elles ont à leurs yeux des attraits si puissants,
Que s'il pouvoit encor venir en cette ville
Un roi d'Éthiopie, il seroit difficile

(Il ramasse le portrait qu'Alcippe a laissé tomber.)
Qu'il les pût contenter. Mais qu'est-ce que je vois?
Ouvrons; c'est un portrait qui n'est pas sot, ma foi.

SCÈNE V.

PAQUETTE, SPADARILLE.

PAQUETTE.
Son mal n'étoit qu'amour qui troubloit trop son âme;
Mais j'aperçois mon homme.
    SPADARILLE.
        O dieux! c'est d'une femme
Dont je tiens la peinture. O dieux! qu'elle a d'appas.
  PAQUETTE à part, regardant par-dessus son épaule.
Il regarde un portrait! Que dois-je croire, hélas?
    SPADARILLE poursuit.
Certes, cette beauté n'a rien qui ne m'attire;
Déjà sans y penser je suis sous son empire.
Ah! si ma femme avoit des charmes aussi doux....
  PAQUETTE, lui arrachant le portrait qu'il tient.
Nous t'y surprenons, traître, en parlant mal de nous;
Pouvois-tu, dis-le-moi, rencontrer une femme
Qui dût plus justement régner dessus ton âme?
Et puisque tant de gens te disent chaque jour
Que j'ai plus de beautés que la mère d'Amour,
En peux-tu bien douter après leur témoignage?
    SPADARILLE, à part.
Je devrois les voir seuls, et c'est de quoi j'enrage.
    PAQUETTE continue.
Et cependant encor tu parois peu content
D'une femme si rare et qu'on estime tant,
Et qui peut se vanter enfin d'être si belle
Que toujours mille amants soupirent autour d'elle,
Sans pouvoir toutefois jamais rien obtenir.
    SPADARILLE.
Tout ce discours n'est fait qu'afin de retenir

Mon portrait; mais aga, rends-le-moi, je te prie.
PAQUETTE.
De nouveau ce discours excite ma furie,
Ce portrait me fait trop savoir ta lâcheté;
Je connois maintenant ton infidélité.
Ah! que si je pouvois attraper cette femme
Ainsi que son portrait, elle verroit, l'infâme....
SPADARILLE.
Que verroit-elle? hé bien?
PAQUETTE.
            L'invincible fureur
Que ton crime et le sien allument dans mon cœur,
Pour vous faire à tous deux une guerre immortelle.

(Spadarille fait mine de ne se pas soucier de ce qu'elle dit.)

N'ai-je pas tort encor de crier contre celle
Qui m'ôte tous les jours ce qui n'est dû qu'à moi?
SPADARILLE.
Je ne te comprends point, de grâce, explique-toi.
PAQUETTE.
C'est que tu ne veux point, malheureux, me comprendre,
Et si c'étoit un autre on pourroit bien l'entendre.
Que faire maintenant? Chacun va désormais
Ne plus trouver en moi que de foibles attraits;
Son mari, dira-t-on, ne peut être infidèle
Que parce qu'à présent Paquette n'est plus belle.
SPADARILLE.
Tu ne me tiendrois pas de semblables discours
Si je ne savois pas tes infâmes amours,
Perfide; mais dans peu je pourrai bien te dire
Quel est le jouvenceau pour qui ton cœur soupire.

(Il lui arrache le portrait de Céphise, et s'enfuit.)

Mais rends-moi mon portrait.
PAQUETTE.
            Ah! je me vengerai,
Traître, et dès aujourd'hui, malgré toi, je l'aurai.

SCÈNE VI.

CÉPHISE, BÉATRIX.

BÉATRIX.

Nous voici dans Paris; souvenez-vous, madame,
Que vous devez enfin m'ouvrir toute votre âme,
Et que vous m'avez dit que je saurois aussi
Qui vous a fait presser votre retour ici.

CÉPHISE.

Oui, je m'en ressouviens, et je tiens ma promesse;
Apprends donc le sujet de l'ennui qui me presse.
Tu sais depuis longtemps qu'Alcippe est sous mes lois,
Que mon cœur a toujours applaudi à son choix;
Mais tu ne peux savoir que depuis peu son père
Étoit de notre hymen d'accord avec ma mère.
Cependant aujourd'hui, par une dure loi,
Il le veut empêcher de me donner sa foi,
Et le veut marier à certaine Hippolyte,
Que je ne connois point, non pour son grand mérite,
Ni même, à ce qu'on dit, pour son esprit charmant,
Mais à cause qu'elle a de l'or abondamment.
Toi qui vois le chagrin qui toujours m'accompagne,
Voilà, voilà, pourquoi j'ai quitté la campagne,
Et je m'en vais savoir, s'il se peut, aujourd'hui,
Si je verrai finir ou croître mon ennui.

BÉATRIX.

Je ressens tous vos maux; mais encore, madame,
Quelque âpre déplaisir que vous sentiez dans l'âme,
Devriez-vous pas songer que depuis hier au soir
Vous avez peu mangé?

CÉPHISE.

     Lorsque le désespoir
Accompagne l'amour, les peines qu'on endure
Nous empêchent de prendre aucune nourriture.
Mais retourne au logis, Béatrix, promptement;
Je sais bien le moyen de trouver mon amant
Sans avoir besoin d'aide, et si tantôt ma mère

Te demande où je suis, dis-lui qu'ayant affaire
De coiffes, de rubans, j'en achète au palais.
BÉATRIX.
Vous verrez sur ce point vos désirs satisfaits.

SCÈNE VII.

CÉPHISE, seule.

Je m'alarme peut-être avec trop d'imprudence;
L'affaire assurément n'en est pas où je pense :
Alcippe m'a fait voir jusqu'au fond de son cœur,
Et je ne puis penser qu'il ait manqué d'ardeur.

SCÈNE VIII.

PAQUETTE, CÉPHISE.

PAQUETTE.
Enfin de ce portrait je me puis voir maîtresse,
Et malgré lui j'ai su lui prendre par adresse.
(En examinant le portrait de Céphise.)
Je ne me souviens point d'avoir vu cet objet.
CÉPHISE, à part.
Mais qu'aperçois-je, ô dieux! elle tient mon portrait!
PAQUETTE poursuit sans voir Céphise.
Dorénavant, hélas! je vais faire abstinence
Plus que je ne voudrois.
CÉPHISE, à part.
              Je tremble quand j'y pense ;
Et ce portrait ne peut se trouver dans ses mains
Sans qu'Alcippe ait souscrit à l'hymen que je crains.
PAQUETTE, continuant.
Faut-il que désormais ton mari te méprise?
Que pour d'autres objets son âme soit éprise?
Et qu'avec eux peut-être il se moque de toi,
Sans se ressouvenir qu'il t'a donné sa foi?
Encor si....

SCÈNE VIII.

CÉPHISE, à part.

Me trompai-je?

PAQUETTE poursuit.

Encor si cet infâme
Se contentoit d'avoir une impudique flamme,
Et ne leur fourroit pas le meilleur du logis.

CÉPHISE, à part.

Je sens que malgré moi je tremble, je rougis.

(Regardant encore une fois par-dessus l'épaule de Paquette.)

C'est mon portrait sans doute, et ma crainte redouble.

PAQUETTE, voyant qu'elle continue à regarder le portrait qu'elle tient.

Vous êtes curieuse?

CÉPHISE.

Ah! tirez-moi du trouble
Où me vient de jeter...

PAQUETTE, à part.

Qu'est-ce donc qu'elle veut?

CÉPHISE.

De grâce dites-moi, madame, s'il se peut,
D'où vous vient ce portrait?

PAQUETTE, à part.

D'où lui vient cette envie?

(Examinant le portrait qu'elle tient et Céphise.)

Mais je n'en doute plus, et j'en suis fort ravie;
C'est ma femme, ou plutôt celle de mon mari.

(Haut.)

Ce portrait vient des mains de votre favori,
Et je ne sais que trop la flamme criminelle
Dont se sent consumer pour vous cet infidèle;
Mais il verra dans peu tous ses feux traversés.
Je ne sais pas encor si vous me connoissez;
Mais vous m'obligerez de cesser une flamme
Qui ne peut désormais qu'irriter une femme.

CÉPHISE.

Quoi! celui, dites-vous, de qui vient ce portrait...

PAQUETTE.

De vos lâches amours est le coupable objet,
Et mon mari de plus, et moi je suis sa femme.

CÉPHISE.

Ce discours imprévu met le trouble en mon âme.
Sa femme !....

PAQUETTE.

Oui, sa femme, et sa femme en courroux ;
Vous pouvez assez voir mon déplaisir jaloux,
Vous en savez la cause, et je vais en instruire
De ce pas ses parents.

SCÈNE IX.

CÉPHISE, seule.

Que vient-elle de dire ?
Je n'avois jamais cru qu'il dût manquer d'amour ;
Mais l'on m'avoit bien dit, las ! devant mon retour,
Que la personne à qui le destinoit son père,
Malgré tous ses attraits, paroissoit fort sévère.
Ah ! traître, falloit-il, après tant de serments,
Après m'avoir fait voir tous les emportements
D'un violent amour, te montrer infidèle,
Et trahir un objet qui... Mais, Dieu ! je chancelle !
L'amour, le désespoir, la fatigue, l'ennui,
Et le peu d'aliment que j'ai pris aujourd'hui
Font céder tout à coup mon cœur à la foiblesse.

SCÈNE X.

SPADARILLE, CÉPHISE

SPADARILLE.

Mon infidèle enfin a surpris par adresse...

(Courant à Céphise, qui s'évanouit. La soutenant.)

Mais allons secourir... Madame, qu'avez-vous ?

CÉPHISE.

Ce mal me vient de prendre.

SPADARILLE.

Entrez, entrez chez nous,
Peut-être y pourrez-vous trouver quelque allégeance.

CÉPHISE.

Mon mal avoit besoin d'une telle assistance;
Vous m'obligez beaucoup.

SCÈNE XI.

LUCRÈCE, PAQUETTE.

LUCRÈCE.

Ce n'est pas sans raison.
Que là-dessus votre âme a conçu du soupçon;
Mais quelque fort qu'il soit, jamais la jalousie
Ne vous devoit ainsi troubler la fantaisie;
Avant que d'imputer un semblable forfait,
Vous devriez les...

PAQUETTE.

J'entends, les prendre sur le fait.

LUCRÈCE.

Ce n'est point tout cela; mais sachez en amie
Qu'un homme sur ce point est exempt d'infamie,
Et qu'une femme enfin, pût-elle tout savoir,
Doit se boucher les yeux et ne jamais rien voir.

PAQUETTE.

Moi, je ne prétends pas être jamais de celles
Qui souffrent lâchement des maris infidèles,
Et puisqu'aux yeux de tous il m'a donné sa foi,
Il me la doit garder aussi bien comme moi.

LUCRÈCE.

Bien que par ce discours vous paroissez peu sage,
Je prétends empêcher votre mauvais ménage;
Tâchez donc à savoir au long la vérité,
Et vous verrez après qu'avec dextérité
Je saurai lui montrer que sans crime son âme
Pour d'autres que pour vous ne peut nourrir de flamme,
Et qu'il doit désormais vous aimer constamment.

SCÈNE XII.

PAQUETTE, seule.

Voilà, voilà parler avecque jugement,
Et si je pouvois voir l'effet de sa promesse,
On verroit pour jamais sur mon front l'allégresse.
Tâchons donc pour cela de savoir... Justes dieux!
(Paquette voit Céphise qui sort de chez elle, et son mari qui la reconduit.)
Quoi! dans ma chambre même ils ont osé tous deux...
Mais je n'y puis songer, et la douleur m'accable!

SCÈNE XIII.

SPADARILLE, CÉPHISE, PAQUETTE.

CÉPHISE.
Je dois être à jamais à vos soins redevable,
Et je me souviendrai de vos civilités.

SPADARILLE.
Ne sortez pas si tôt, madame, ou permettez
Que je sorte avec vous, et que je vous remène.

CÉPHISE.
Je veux vous dispenser de prendre cette peine.

SCÈNE XIV.

CÉPHISE, PAQUETTE.

PAQUETTE.
Elle me reconnoît, voyons, voyons un peu
Ce qu'elle me dira pour déguiser son feu.

CÉPHISE, à part.
Mais ce fâcheux objet m'inquiète et me trouble;
Fuyons, fuyons, de peur que mon mal ne redouble.
Envions-lui pourtant un bonheur si parfait.
(En passant par devant elle.)
O heureuse d'avoir un mari si bien fait!

SCÈNE XV.

ALCIPPE, PAQUETTE.

PAQUETTE.

Il ne m'est pas besoin de lui donner la gêne
Pour confesser son crime, elle le dit sans peine.

(Se tournant du côté que Céphise s'en est allée.)

Allez, infâme, allez, c'est fort mal fait à vous
Que de me débaucher lâchement mon époux.

ALCIPPE, du bout du théâtre, voit s'en aller Céphise.

Oui, je le viens de voir, ma surprise est extrême;
Je n'en puis plus douter, c'est Céphise elle-même.
De ce retour secret je suis peu satisfait.

PAQUETTE.

« O heureuse d'avoir un mari si bien fait! »
Ah! discours trop piquants, paroles indiscrètes,
Je l'eusse fait fourrer dans les Magdelonnettes
Si j'eusse sur-le-champ pu trouver des témoins;
Mais puisque j'en manquois, je devois tout du moins

(Alcippe s'approche peu à peu d'elle, et attend que son transport
soit fini pour lui parler.)

Arracher ses cheveux, et pour soûler ma rage,
De la bonne façon souffleter son visage.
Malheureuse, pourquoi ne l'as-tu donc pas fait,
Puisqu'elle a devant toi publié son forfait?

ALCIPPE.

Celle qui maintenant devers vous est venue,
Dites-moi, s'il vous plaît, vous est-elle connue?

PAQUETTE.

Hélas! ce n'est pas moi qui la connois, monsieur,
C'est mon mari.

ALCIPPE.

Quel trouble agite votre cœur?

PAQUETTE.

Au mal que je ressens aucun n'est comparable.
Vous voyez devant vous un objet misérable;

Celle dont vous parlez a commis un forfait,
Mais si noir...

ALCIPPE.

Achevez, dites? qu'a-t-elle fait?

PAQUETTE.

Elle a...

ALCIPPE.

Quoi donc? elle a...

PAQUETTE.

Souffrez que je soupire.

ALCIPPE.

Eh! de grâce, achevez?

PAQUETTE.

Je n'ose vous le dire.

ALCIPPE.

Pourquoi tant façonner?

PAQUETTE.

Apprenez donc, monsieur,
Qu'elle a pour mon époux une impudique ardeur.

ALCIPPE.

Qu'ai-je entendu!

PAQUETTE.

De plus... (quand j'y songe, je meure!)
Ils viennent de chez nous de sortir tout à l'heure,
Et j'ai peur...

ALCIPPE.

De quoi donc?

PAQUETTE.

Puisque vous connoissez
Leur mutuelle ardeur, vous m'entendez assez.

ALCIPPE.

Perfide, déloyale, âme double et traîtresse!
Auroit-on pu prévoir une telle bassesse?
De cette lâcheté je demeure interdit,
Mais dois-je croire aussi ce que vous m'avez dit?

PAQUETTE.

Ce que je vous ai dit est la vérité même,
Je les viens maintenant de surprendre moi-même.

SCÈNE XVI.

ALCIPPE.

Tu t'es donc pu noircir de cette lâcheté
Après avoir cent fois vu ma fidélité?
Ah! pour te bien punir de ton ingratitude,
Il n'est pas ici-bas de supplice assez rude!

PAQUETTE, bas.

Qu'il est bon! (Haut) Je vous rends mille grâces, monsieur,
De prendre ma défense avec tant de chaleur;
Croyez-moi, tout chacun n'en feroit pas de même,
Et plusieurs qui m'ont vu dans ma douleur extrême,
Bien loin de prendre part en mes afflictions,
M'ont voulu faire croire à force de raisons
Que mon cœur s'affligeoit avec peu de justice,
Et que de mon mari d'autres feroient l'office;
Et moi, je ne veux pas faire une lâcheté,
Et je l'aime malgré son infidélité.

ALCIPPE, sans l'écouter.

Oui, mon cœur y consent; n'espère pas, infâme,
Qu'aucune ardeur pour toi jamais rentre en mon âme;
Que j'adore jamais tes coupables appas.
Mais je dois m'en venger, et j'y cours de ce pas.

SCÈNE XVI.

PAQUETTE, seule.

L'on ne le peut nier, cet homme a l'âme bonne,
Et plus je songe à lui, plus sa bonté m'étonne.
Quoi! prendre ainsi le soin de courir me venger:
Voilà ce qu'aujourd'hui on appelle obliger
Tout à fait galamment, de la belle manière;
Mais quoi! de mon côté, serai-je sans rien faire?
Mon cœur à se venger ne sera-t-il pas prompt?
Pourrai-je bien souffrir un si sensible affront?
Et n'aurai-je recours qu'aux soupirs et qu'aux larmes,
Qui de mon sexe sont les plus fréquentes armes?
Non, non, dorénavant il ne sera pas dit
Que Paquette voit tout sans montrer de dépit,
Et que de son mari l'on partage la couche,

Sans que pour s'en venger elle ose ouvrir la bouche.
Courons donc la chercher, cette lâche beauté
Qui pousse notre époux à l'infidélité.

(Elle revient, ayant fait trois ou quatre pas.)

Mais je devrois, avant que de pousser l'affaire,
Songer sur qui je veux décharger ma colère.
Cette femme, sans doute, est plus jeune que moi,
Et par cette raison plus robuste, je croi,
Et si je l'attaquois, quelque ardeur qui m'emporte,
Je pourrois sûrement n'être pas la plus forte.
Puis donc qu'il est ainsi, je ne m'y fourre pas,
J'aime par trop mon teint, mes jambes et mes bras;
L'on me reprocheroit, outre le cocuage,
D'avoir été battue, et ce sensible outrage
Joint avec le premier me feroit enrager.
Aille donc qui voudra maintenant se venger;
Pour moi, je n'y vais pas, et crois sagement faire
Quand de peur d'accident je cache ma colère.
Mais voyons si j'ai lieu d'être fort en courroux
Et de faire éclater ce déplaisir jaloux.
Non, puisque par bonheur nous n'avons aucun blâme,
Quand nos maris sans nous ont un commerce infâme;
Et que quand notre cœur brûle d'indignes feux,
Tout le blâme aussitôt rejaillit dessus eux.
Qu'ils goûtent donc le fruit du feu qui les possède,
Je n'en serai jamais plus maigre, ni plus laide.
Plus maigre, ni plus laide! Ah! je me trompe enfin,
Et je n'ai pas besoin d'un jugement bien fin
Pour savoir que le jeûne apporte du dommage
A l'esprit, et surtout qu'il change le visage;
C'est pourquoi maintenant je m'aperçois fort bien
Que mon mari ne peut, sans y mêler du mien,
Se divertir ailleurs, puisqu'outre l'abstinence
Que je fais tous les jours, le traître a l'insolence
D'emporter du logis tout ce qu'il peut trouver.
Mais ne pourrai-je point à force de rêver...
Oui, je tiens un remède assez facile à faire,
Et qui n'a rien du tout qui ne me doive plaire,

Puisqu'il me donne lieu de finir mon ennui
Et que par lui je puis recouvrer aujourd'hui
Tous les plaisirs perdus et tout le bien encore.
Je n'ai qu'à consentir que tout chacun m'adore,
Qu'à souffrir qu'on me die en secret des douceurs,
Qu'à souffrir des Hélas, qu'à souffrir des Je meurs,
Et je serai vêtue après comme une reine,
De me bien divertir chacun prendra la peine,
Je ne manquerai point à trouver tous les jours
Un carrosse à ma porte afin d'aller au Cours;
Et, chassant loin de moi toute crainte funeste,
J'aurai bien du plaisir et de l'argent de reste.

SCÈNE XVII.
GÉRONTE, ALCIPPE.

ALCIPPE.

Oui, je veux obéir à vos commandements,
Je veux dorénavant suivre vos sentiments :
Je ne résiste plus, et je ferai, mon père,
Tout ce qu'il vous plaira de m'ordonner de faire,
Et quelque objet pour moi dont vous ayez fait choix,
Mon cœur dès à présent est soumis à ses lois,
Et fût-il et moins riche et moins beau qu'Hippolyte,
Votre choix lui suffit pour prouver son mérite,
Et si vous le voulez, je suis prêt dès demain
De lui donner mon cœur ensemble avec ma main.

GÉRONTE.

C'est ainsi qu'un enfant doit répondre à son père :
Il doit n'avoir de but que celui de lui plaire,
Afin que dans ce monde il fasse un long séjour.

ALCIPPE.

Après mille combats j'ai vaincu mon amour,
Et le vaincrois-je encor si c'étoit à refaire,
Afin de vous montrer combien je vous révère;
(A part.)
Mais plutôt pour punir le criminel objet
Qui se vient de souiller d'un infâme forfait.

GÉRONTE.

On ne se repent point de rendre obéissance
A ceux à qui nous doit soumettre la naissance,
Puisque le temps enfin souvent nous fait bien voir
Qu'ils n'usent dessus nous d'un absolu pouvoir
Que pour notre intérêt et notre propre gloire.

ALCIPPE.

Oui, mais l'on est contraint, avant que de le croire,
De soupirer longtemps.

GÉRONTE.

　　　　　Tu soupireras peu,
Puisque pour te payer d'avoir éteint ton feu,
Et te faire passer ta vie en galant homme,
Trente mille ducats sont une belle somme ;
Mais je vais maintenant avertir de ceci
La mère d'Hippolyte, et je retourne ici.

SCÈNE XVIII.

ALCIPPE, ROGUESPINE.

ROGUESPINE.

Monsieur, quoiqu'Hippolyte en effet soit fort belle,
J'aurois gagé cent fois que vous seriez fidèle :
C'est pourquoi vous voyez que je ne cèle point
Qu'un pareil changement m'étonne au dernier point.

ALCIPPE.

Quand tu sauras pourquoi j'ai su vaincre ma flamme,
Tu cesseras bientôt de me couvrir de blâme.

ROGUESPINE.

Eh ! de grâce, monsieur, dépêchez promptement,
Car je vous crois souillé d'un vilain changement.

ALCIPPE.

Apprends donc qu'en ces lieux l'ingrate, l'infidèle...

ROGUESPINE.

Où vous fourrerez-vous ? j'aperçois cette belle.
De colère déjà son visage rougit,
Et l'on voit bien qu'elle a le cœur gros de dépit.

ALCIPPE.
Que ses attraits sont doux, quoiqu'elle soit coupable!
Pour me faire souffrir elle est toujours aimable.

SCÈNE XIX.
ALCIPPE, ROGUESPINE, CÉPHISE.

CÉPHISE.
Puisque j'ai résolu de ne vous voir jamais,
Avant que d'en venir, scélérat, aux effets,
Il faut du moins qu'ici par de justes reproches..

ROGUESPINE, en tirant son maître.
Hé! monsieur, s'il vous plaît, évitez ses approches,
Vous savez ce que peut une femme en fureur.

ALCIPPE.
De grâce, laisse-moi lui montrer que l'ardeur
Qui brûle dans son âme...

CÉPHISE.
      Hé bien donc, parle, traître?
Et condamne l'objet qui sut la faire naître;
Mais j'ai tort, et ton âme a fait un si beau choix
Que l'on me blâmeroit peut-être si j'osois
Te reprocher... Mais non, vis malgré ton offense
Avec le digne objet qui fait voir ta constance.

ALCIPPE.
Je vivrai seulement pour vous faire enrager.

CÉPHISE.
Mais pourroit-on savoir qui te peut obliger
A montrer ce courroux?

ALCIPPE.
      Vous avez bonne grâce
A faire la surprise.

SCÈNE XX.
ALCIPPE, CÉPHISE, ROGUESPINE, PAQUETTE.

PAQUETTE.
      Oui, dans peu son audace
Pourra bien recevoir un juste châtiment;

Mon cœur a tout à coup changé de sentiment,
Et je veux, quoiqu'enfin je ne sois qu'une femme,
Sans tarder plus longtemps, me venger de l'infâme,
Qui m'ose lâchement débaucher mon époux.
ALCIPPE, lui montrant Paquette.
Ah! sans que je m'emporte et montre mon courroux,
Tournez les yeux ici et vous pourrez apprendre...
CÉPHISE.
Je ne vois...
ALCIPPE.
Cet objet a droit de vous surprendre.
CÉPHISE.
Mais il doit t'obliger à rougir bien plutôt.
PAQUETTE, à part.
Je sens, je sens mon cœur animé comme il faut,
Et prêt à seconder mon bras dans cette affaire.
Sus donc, satisfaisons notre juste colère,
Et, pour en assouvir la pressante fureur,
Portons-lui ce poignard jusqu'au milieu du cœur.
CÉPHISE.
Qu'entends-je?
PAQUETTE.
Voulez-vous que j'aille voir, madame?
Ce bruit ainsi qu'à vous me vient d'alarmer l'âme.
ALCIPPE.
Cet objet vous émeut sans doute et vous fait voir...
CÉPHISE.
Que tu t'es pu noircir du crime le plus noir...
ALCIPPE.
Finissez un discours si rempli d'insolence.
PAQUETTE, à part.
Puisque cet homme encor veut prendre ta défense,
Prends courage, mon cœur, sois un peu généreux,
Et lave dans son sang ses impudiques feux :
Peut-être qu'il pourra seconder notre fuite.
CÉPHISE, faisant deux ou trois pas sans dessein, fait retourner Paquette,
qui s'approchoit pour la tuer.
Puisqu'avecque raison un tel discours t'irrite,

Bien loin de t'accuser de ton lâche forfait,
Je dois louer un choix si rare et si parfait.
>> ALCIPPE.

On ne peut dans mon choix trouver rien à redire.
>> CÉPHISE.

Pourquoi le défends-tu, puisqu'enfin je l'admire?
>> ALCIPPE.

Ce discours me déplaît, ne raillons point ici.
>> PAQUETTE, à Céphise.

Il agit prudemment de me défendre ainsi,
Et vous n'ignorez pas le tort que vous me faites.
>> CÉPHISE.

D'où vient l'emportement où je vois que vous êtes?
>> ALCIPPE.

Ah! que vous feignez bien!
>> CÉPHISE.

     De quoi m'accuse-t-on?

SCÈNE XXI.

CÉPHISE, PAQUETTE, ALCIPPE, ROGUESPINE SPADARILLE.

>> SPADARILLE.

Je pourrois bien, madame, avec quelque raison
Vous faire voir ici ce que peut ma colère,
Et débaucher ainsi l'objet qui m'a su plaire,
C'est fort mal fait à vous.
>> ALCIPPE.

    Sa déclaration
Ne fait que trop, hélas! voir votre passion.
>> CÉPHISE.

Que veut dire ceci?
>> PAQUETTE, à Spadarille.

    Tu ne viens, infidèle,
Que de peur qu'on maltraite ici ta demoiselle?
>> ROGUESPINE.

Déjà depuis longtemps je tâche à concevoir
Ce galimatias, et je ne puis savoir

Quel sujet peut entre eux causer un si grand trouble;
Mais je m'en veux mêler de peur qu'il ne redouble,
Et que de leur querelle il n'arrive malheur.
(Allant se mettre entre Alcippe et Céphise.)
Répondez-moi par ordre, et c'est un coup bien sûr
Que je vous tirerai des peines où vous êtes,
Et qu'on verra dans peu vos âmes satisfaites.
(A Céphise.)
Vous, parlez, s'il vous plaît; d'où vient votre courroux?
Que mon maître a-t-il fait? de quoi l'accusez-vous?

CÉPHISE.

Qu'après m'avoir promis une éternelle flamme,
Le traître en mon absence a pu prendre une femme.

ROGUESPINE.

Une femme?

CÉPHISE.

Une femme, et présente en ces lieux.

ROGUESPINE.

Nommez-nous donc encor cet objet glorieux?

CÉPHISE, montrant Paquette.

Le voilà.

ROGUESPINE, à Paquette.

Répondez.

PAQUETTE.

Que me conte-t-on? Moi,
J'ai dit qu'à mon mari j'avois donné ma foi,
Et que j'étois sa femme.

CÉPHISE.

Une heureuse aventure
M'ayant fait reconnoître en vos mains ma peinture,
Ne m'avez-vous pas dit aussitôt que l'objet
Des mains dont vous veniez de prendre mon portrait,
Étoit votre mari?

PAQUETTE, montrant son mari.

Cela pourroit bien être:
Car je l'avois surpris dans les mains de ce traître,
Et n'eusse pas sans lui fait savoir son forfait.

SPADARILLE.

Que me viens-tu conter avecque ton portrait?

C'est à tort là-dessus que le courroux t'emporte;
Je l'avois par bonheur trouvé près notre porte,
Et même quand après ton grand emportement,
Ayant pris à madame un mal subitement,
Je l'ai jusque chez nous conduite à la même heure :
Et dedans ce moment, je n'ai pas, ou je meure,
Remarqué que c'étoit la dame du portrait.

PAQUETTE.

Voyez comme il sait bien déguiser son forfait.

ALCIPPE.

C'est à tort sur ce point que votre cœur murmure,
Et j'ai de ce portrait fait naître l'aventure,
Puisque pour mon malheur, tantôt, sans le savoir,
Dans le mal qui m'a pris je l'avois laissé choir.

ROGUESPINE.

Les choses que je dis doivent passer pour sûres,
Et suis-je pas un grand dénoueur d'aventures?

PAQUETTE.

Dois-je à de tels discours ajouter quelque foi ?
Oui, puisqu'enfin notre homme est bon homme, ma foi.
Touche là.

SPADARILLE.

Tu sais que, quoi que tu puisses faire,
Je ne puis contre toi retenir ma colère.

ALCIPPE, à Céphise, après avoir parlé bas ensemble.

Oui, oui, jusqu'à ce point j'ai bien pu me trahir,
Vous croyant sans honneur j'ai promis d'obéir.
Mais mon père paroît.

CÉPHISE.

Ah! funeste aventure,
Tu mets pour tout jamais mon âme à la torture.

SCÈNE XXII.

CÉPHISE, PAQUETTE, ALCIPPE, ROGUESPINE,
SPADARILLE, GÉRONTE.

GÉRONTE.

Quoi! Céphise en ces lieux?

CÉPHISE.
Oui, je suis de retour,
Et le dépit m'amène ici plus que l'amour.
Je viens vous reprocher...

GÉRONTE.
Soyez moins en colère,
Le ciel prend votre cause et veut vous satisfaire,
Puisque depuis longtemps, sans qu'on le sût chez eux,
Hippolyte et Cléon sont mariés tous deux :
C'est pourquoi je vous tiens ma parole donnée,
Et veut voir achever dans peu votre hyménée,
Si votre cœur encor y veut bien consentir,
Et veut me pardonner après mon repentir.

CÉPHISE.
Que ne feroit-on point, hélas! lorsque l'on aime?

ALCIPPE.
Que ne vous dois-je point pour ce plaisir extrême?

ROGUESPINE.
Si de l'autre mon maître eût épousé la peau,
Il eût été chargé de la vache et du veau.

SPADARILLE.
Il est bien des cocus dans le siècle où nous sommes,
C'est un mal à présent commun à tous les hommes,
Il prend également le laid et le bien fait;
Aucuns le sont en songe, et d'autres en effet,
D'autres le sont aussi qui ne croient pas l'être,
D'autres qui ne font pas semblant de le connoître;
D'autres qui voudroient bien aussi ne l'être pas,
D'autres qui font par là venir de bons ducats,
Et d'autres qui toujours se forment des chimères,
Dont le nombre est plus grand, ne sont qu'imaginaires.

FIN DE LA COCUE IMAGINAIRE.

DON GARCIE DE NAVARRE

OU

LE PRINCE JALOUX

COMÉDIE EN CINQ ACTES

4 février 1661

NOTICE PRÉLIMINAIRE.

Rien n'est plus dissemblable que les trois premières œuvres que mit au jour Molière après son retour à Paris. Si l'on n'était pas averti, et si ces trois ouvrages étaient présentés comme les productions d'auteurs inconnus, on y découvrirait sans peine les raisons les plus décisives de croire qu'elles n'ont pu être enfantées par le même génie. Ce don de se varier et de se métamorphoser presque complètement est d'ailleurs la marque la plus sûre d'un vigoureux et puissant esprit. Un écrivain de second ordre, à supposer qu'il eût pu composer *les Précieuses ridicules,* se serait empressé d'exploiter une veine si fertile ; il eût tout au moins cherché dans les alentours, pour ainsi dire, le sujet d'une deuxième satire faisant suite à celle qui avait réussi avec tant d'éclat. Molière procède tout différemment : il entraîne immédiatement les spectateurs dans une autre direction ; il les emmène, bien loin de Mascarille, à l'opposite des *Précieuses,* vers ces sources de toute joyeuseté qui ne s'étaient pas ouvertes depuis *le Moyen de parvenir,* sources fécondes où La Fontaine allait largement puiser à son tour.

Après *Sganarelle,* il nous rejette dans la comédie héroïque à la mode espagnole Peut-être. y avait-il un excès d'audace à déconcerter, à dépayser si brusquement le public, à se rapprocher du genre précieux après l'avoir si vivement combattu, et à faire succéder sans transition l'élégie sentimentale et l'emphase romanesque à la verve bouffonne.

Nous avons expliqué, dans la biographie du poète, le haut intérêt qu'il avait à donner au public une composition sérieuse et élevée[1], après deux créations absolument comiques. Nous avons dit aussi dans quelles conditions particulières cette tentative s'accomplit. Il s'agissait d'inaugurer la salle du Palais-Royal, accordée à la troupe de Monsieur, lors de la démolition du Petit-Bourbon. Dans l'année qui venait de finir, la cour de France avait ramené des Pyrénées la jeune reine Marie-Thérèse. Il y eut à cette occasion un fugitif réveil du goût espagnol, et l'on put un instant supposer que l'inspiration qui avait créé *Don Sanche d'Aragon* et *le Cid* allait se ranimer. Une compagnie d'acteurs espagnols, dirigée par Sébastien Prado, s'établit à Paris et y représenta les pièces de Lope de Vega et de Calderon[2]. Écoutons le gazetier Loret nous racontant, à la date du 24 juillet 1660, la visite qu'il fit à ces acteurs :

> Une grande troupe ou famille
> De comédiens de Castille
> Se sont établis à Paris,
> Séjour des jeux, danses et ris.
> Pour considérer leur manière,
> J'allai voir leur pièce première,
> Donnant à leur portier, tout franc,
> La somme d'un bel écu blanc.
> Je n'entendis point leurs paroles ;
> Mais tant Espagnols qu'Espagnoles,
> Tant comiques que sérieux,
> Firent chacun tout de leur mieux,
> Et quelques-uns par excellence,
> A juger selon l'apparence.
> Ils chantent, ils dansent ballets,
> Tantôt graves, tantôt follets.
> Leurs femmes ne sont pas fort belles,
> Mais paroissent spirituelles ;
> Leurs sarabandes et leurs pas
> Ont de la grâce et des appas,
> Comme nouveaux ils divertissent,

1. *Don Garcie* était composée depuis longtemps déjà, peut-être même avant *les Précieuses ridicules*. Somaize, dans ses *Véritables Précieuses* (imprimées dès le 7 janvier 1660), parle des lectures que Molière faisait de cette pièce, et elle est comprise dans un privilège obtenu par le poète à la date du 31 mai 1660, et enregistré seulement le 27 octobre 1662.
2. D'après La Grange, cette troupe ne réussit guère : « Il vint en ce temps (juillet 1660), dit-il, une troupe de comédiens espagnols qui joua trois fois à Bourbon : une fois à demi-pistole, la seconde fois à un écu, et la troisième fit un four. »

NOTICE PRÉLIMINAIRE. 373

> Et leurs castagnettes ravissent :
> Enfin je puisse être cocu
> Si je leur plaignis mon écu...
> Les comédiens de Paris,
> Bien loin d'être contre eux marris
> D'entreprendre sur leur pratique,
> D'un souper ample et magnifique,
> Où chacun parut ébaudi,
> Les régalèrent mercredi.

Un poète dramatique est obligé de consulter les influences qui règnent, d'interroger le vent qui souffle. Il n'est donc pas surprenant que Molière ait jugé le moment venu de mettre au jour sa tragi-comédie.

Dans le nombre infini des pièces qui composent la bibliothèque du théâtre espagnol, se trouve, dit-on, un *Don Garcia de Navara* dont l'auteur est inconnu[1]. Un Italien, Giacinto Andrea Cicognini, fit une imitation de cette pièce ; cette imitation, qu'il intitula *le Gelosie fortunate del prencipe Rodrigo* (l'Heureuse Jalousie du prince Rodrigue), fut imprimée, suivant l'usage d'Italie, dans les différentes villes où elle fut représentée, tantôt en cinq actes (Pérouse, 1654), tantôt en trois actes (Venise, 1661, et Bologne, 1666); elle fut même par la suite transformée en arlequinade.

Voici l'analyse succincte de la comédie en trois actes :

Don Rodrigue, roi de Valence, ayant demandé à Don Pèdre d'Aragon la main de Delmire, sa sœur, et ayant éprouvé un

---

[1]. Personne n'a produit encore cette pièce. Existerait-elle, qu'il faudrait savoir si elle est antérieure ou postérieure à celle del Cicognini. — La seule présomption en faveur de son existence, c'est que nous voyons Cicognini, dans la plupart de ses ouvrages, suivre un modèle espagnol. — L'édition des *Gelosie fortunate* de 1661 donne une liste d'ouvrages du dottor Giacinto Andrea Cicognini, *opere sino ad hora stampate:*

Le Gelosie fortunate del prencipe Rodrigo,
L'Adamira overo la statua dell' Honore,
Il Marito delle due moglie,
La Moglie di quattro mariti,
Le Glorie e gli Amori di Alessandro Magno e di Rossane,
La Donna piu sagace fra l'altre,
La Forza dell' amicitia overo l'Honorato Ruffiano di sua moglie,
La Forza del Fato, overo il Matrimonio nella morte,
La Forza dell' innocenza ne successi di Papirio,
Il don Gastone di Moncada,
La Mariene overo il Maggior Mostro del mondo,
Santa Maria Egizziaca.

refus, enlève celle qu'il aime. Delmire est conduite dans le palais de son ravisseur, et elle y reçoit une si charmante hospitalité qu'elle partage bientôt l'amour qu'elle a fait naître. Mais son royal amoureux est jaloux, et ses accès de jalousie empoisonnent le bonheur de la princesse. Delmire a la complaisance d'écrire, pour sa suivante, qui s'est blessée à la main, une réponse que celle-ci devait à son amant. Parmi les serviteurs de Don Rodrigue figure un Cortadiglio, dont tout l'emploi consiste à observer les démarches de Delmire et à en rendre compte au roi, « qui le comble de caresses et de marques de reconnoissance au moindre sujet de jalousie qu'il lui fournit, et qui l'affectionne d'autant plus qu'il le met souvent à même de se livrer au désespoir et de se donner au diable ». Lorsque l'amant de la suivante reçoit la lettre obligeamment écrite par Delmire, il se récrie sur l'aimable bonté de la princesse. L'espion Cortadiglio (dont le rôle échut plus tard à Arlequin) l'entend, il veut s'emparer de la lettre; dans la lutte la feuille de papier est déchirée. Le courtisan s'empresse de porter à son maître la moitié qui est restée entre ses mains. Rodrigue reconnaît l'écriture de Delmire; il est irrité des expressions de tendresse qu'il remarque dans cette partie du billet. Il veut faire mettre à mort l'infidèle. On retrouve la seconde moitié de la lettre, et, sa destination devenant évidente, ce premier orage se calme.

Delmire est encore occupée à tracer un billet, cette fois pour son propre compte, lorsque le roi arrive sans bruit derrière elle, regarde par-dessus son épaule, et lit en tête de la lettre ces mots : « Ma chère âme. » Malgré l'issue de la précédente épreuve, par laquelle sa confiance devrait être raffermie, ces mots significatifs ne laissent pas de causer au prince du dépit et de l'inquiétude. Il cherche en vain à les dissimuler. Delmire lui présente ce qu'elle écrivait, afin qu'il en prenne connaissance et qu'il se rassure. Le prince se défend d'abord d'y jeter les yeux: « Pour pouvoir après, dit-il, me traiter de soupçonneux, de téméraire, de jaloux! non, non. » Ayant l'air ensuite de ne céder qu'aux instances de Delmire, il prend la lettre, « pour lui faire plaisir, pour l'obliger », et il lit l'affectueux message qui était adressé à Bélise, duchesse de Tyrol, intime amie de Delmire. Le prince est donc encore une fois apaisé et rasséréné.

La duchesse de Tyrol survient, déguisée en homme, pour rejoindre à Valence le frère de Delmire, Don Pèdre d'Aragon, qui l'adore, et qui arrive, de son côté, également *incognito*. Delmire accueille son amie la duchesse et la reçoit dans sa chambre et même dans son lit. Rodrigue les surprend; trompé par le costume de Bélise, il s'emporte; et il faut avouer que beaucoup d'amoureux feraient comme lui en semblable occurrence. Delmire, avant de se justifier, dit à Rodrigue : « Mon serment vous sera-t-il une preuve suffisante de mon innocence? Dans ce cas, je consens à être votre femme. Si vous voulez d'autres preuves, vous les aurez, mais il faudra renoncer à moi. » Le prince ne peut se contenter du serment, et il exige une justification. Delmire, par un moyen très simple, que le théâtre n'admettrait plus, fait alors reconnaître son amie [1]. Don Rodrigue est confondu, il maudit sa jalousie et il veut s'immoler à son désespoir. Don Pèdre intervient; la princesse pardonne à son amant, et consent à l'épouser « ou jaloux ou non jaloux ». Nous laissons de côté un dernier et plus grave imbroglio dont Molière sagement n'a fait aucun usage. En même temps que Rodrigue et Delmire, Don Pèdre et Bélise s'unissent pour la complète satisfaction du spectateur.

On retrouvera la plupart des situations de cette pièce dans *Don Garcie de Navarre*. La noblesse et la délicatesse de sentiments que Molière y a déployés, la réserve avec laquelle il s'est servi des effets comiques, l'évidente contrainte qu'il s'est imposée, ont répandu sur l'œuvre épurée une grande froideur. « Si vous peignez la jalousie dans ses accès les plus furieux et dans ses effets les plus terribles, dit Auger, le personnage, quel qu'il soit, fera naître dans l'âme du spectateur ces mouvements de commisération ou d'effroi qui sont exclusivement du ressort de la tragédie. Si, au contraire, écartant tout ce que ces visions peuvent avoir de douloureux et de funeste dans leurs conséquences, vous vous bornez à montrer ce qu'il y a de faiblesse et de folie dans son principe, le personnage, fût-il du rang le plus élevé, produira cette impression de ridicule qui est le but particulier de la comédie. Il n'y a guère de milieu : il faut qu'un

---

1. Queste chiome, questo sambiante, questo seno, questa modestia, te ne faccino fede.

jaloux fasse frémir et pleurer, alors c'est un personnage tragique, c'est Orosmane ou Vendôme; ou bien il faut qu'il fasse rire, alors c'est un personnage comique, c'est Arnolphe ou George Dandin. Don Garcie n'est ni l'un ni l'autre. Sa jalousie n'est ni tout à fait terrible, ni tout à fait ridicule; on ne peut ni plaindre assez les maux qu'il ressent et qu'il cause, ni s'amuser suffisamment des chimères qu'il se forge et de la confusion qu'il éprouve chaque fois qu'il est désabusé. Gêné, pour ainsi dire, dans ses fureurs par les bienséances de son rang et par les limites du genre mixte où Molière l'a placé, il ne produit que des effets équivoques, indécis et imparfaits. Molière a transporté dans *le Misanthrope* plusieurs passages de *Don Garcie*, et ce simple changement de position a été une véritable métamorphose : de médiocres qu'ils étaient, ces passages sont devenus excellents. »

La critique n'est plus, à tort ou à raison, aussi rigoureuse ni aussi absolue sur la séparation des genres. Mais quant à la nécessité de la franchise dans les situations et les impressions, son avis n'a pu changer. Que l'on produise les émotions les plus variées, les plus complexes, les plus contradictoires, si c'est possible : à la bonne heure ! Il y a toujours un écueil, c'est de laisser, au milieu du conflit, les spectateurs incertains, insensibles et désintéressés. Lors même qu'on a échappé à ce premier péril, il en reste un autre, c'est que l'incertitude survienne avec le temps, c'est que ce qui touche et fait pleurer aujourd'hui fasse rire demain. La séparation des genres, introduite par l'art le plus savant et le plus perfectionné, avait l'avantage d'assurer la netteté des impressions, de frapper l'émotion, pour ainsi dire, à un coin durable et inaltérable. Elle n'était qu'un moyen, sans doute ; mais il est à savoir s'il est facile d'atteindre le but en se passant du moyen.

« Cependant, ajoute Auger, il s'en faut beaucoup que *Don Garcie* soit une pièce tout à fait indigne d'estime. Les deux rôles principaux, ceux du jaloux et de sa maîtresse, sont habilement tracés et soutenus; plusieurs scènes sont préparées et exécutées avec art. Aussi, parmi les nombreux auteurs qui, depuis Molière, ont mis la jalousie au théâtre, il en est peu qui n'aient pris dans cette pièce quelque trait de caractère ou de

NOTICE PRÉLIMINAIRE.

dialogue : c'était une espèce de mine d'où Molière lui-même avait commencé à tirer de précieux matériaux, et que ses successeurs ont achevé d'exploiter. »

Voici les représentations et les recettes d'après le registre de La Grange :

Vendredi	4 février (1661)	*D. Garcie*, pièce nouvelle de M. de Molière; *Gorg(ibus) dans le sac* . .		600 l.
Dimanche	6	—.	— Idem	500
Mardi	8	—	— *D. Garcie* et *Plan-Plan*.	168
Vendredi	11	—	— *Idem*.	426
Dimanche	13	—	— *D. Garcie* et *le Cocu*	720
Mardi	15	—	— *Idem*.	400
Jeudi	17	—	— *D. Garcie* et une p(etite) coméd(ie) .	70

Un an et demi plus tard, le 29 septembre 1662, il fit encore jouer *le Prince jaloux* au Palais-Royal pour le roi.

« En septembre 1663, le samedi 29, dit La Grange, la troupe est partie par ordre de mongr le Prince pour Chantilly. On a joué *l'École des Femmes, la Critique, le Prince jaloux* ou *D. Garcie, l'École des maris, l'Étourdi* et le *Dépit amoureux*. »

En octobre de la même année, le jeudi 11, la troupe est partie par ordre du roi pour Versailles. « On a joué *le Prince jaloux* ou *D. Garcie, Sertorius, l'École des maris, les Fâcheux, l'Impromptu*, dit, à cause de la nouveauté et du lieu, *de Versailles, le Dépit amoureux,* et encore une fois *le Prince jaloux*. »

Ainsi quatre représentations à la cour. Il est évident que la comédie héroïque fut reçue avec plus de faveur ou du moins d'indulgence par le roi et le prince de Condé qu'elle ne l'avait été à la ville.

Molière fit une nouvelle tentative pour faire agréer sa pièce du public parisien. Il la donna le 4 novembre 1663 avec *l'Impromptu de Versailles* pour la première fois; la recette fut de 1,090 livres; le même spectacle, donné le 6, produisit 660 livres. Mais il paraît que c'était à *l'Impromptu* que ces recettes assez belles étaient dues, car Molière retira définitivement sa pièce, et il ne la laissa point imprimer de son vivant.

La Grange, dans son registre, ne compte pas *Don Garcie* dans la série des pièces de Molière. Ainsi il désigne *l'École des maris* comme la cinquième pièce nouvelle de Molière (les quatre premières sont *l'Étourdi, le Dépit amoureux, les Précieuses* et *Sganarelle*); *les Fâcheux,* comme la sixième pièce du même, etc.

Elle n'a jamais été reprise que partiellement. En 1871, dans le court espace qui sépara la fin du siège de Paris et le mouvement de la Commune, le dimanche 26 février et le dimanche 5 mars, quelques scènes de *Don Garcie* furent représentées à la Comédie française pendant la journée (à 1 heure et demie) et interprétées :

DON GARCIE. . . . . par MM. Laroche.
DON LOPE . . . . — — Charpentier.
DONE ELVIRE . . . . — Mlles Croizette.
ÉLISE . . . . — — Reichemberg.

Don Garcie n'a été mis au jour que neuf ans après la mort de l'auteur, par La Grange et Vinot dans l'édition de 1682 (septième volume). Nous devons nous borner à reproduire fidèlement la première édition, sauf à indiquer quelques-unes des corrections les plus utiles ou les plus heureuses proposées par nos prédécesseurs.

On trouvera au commencement du tome suivant des fragments étendus des *Gelosie fortunate del prencipe Rodrigo*.

L. M.

DON GARCIE DE NAVARRE

PERSONNAGES.	ACTEURS.
DON GARCIE, prince de Navarre, amant de Done Elvire.	MOLIÈRE[1].
DONE ELVIRE, princesse de Léon	Mlle BÉJART[2].
DON ALPHONSE, prince de Léon, cru prince de Castille, sous le nom de Don Sylve.	LA GRANGE.
DONE IGNÈS, comtesse, amante de Don Sylve, aimée par Mauregat, usurpateur de l'État de Léon	Mlle DUPARC.
ÉLISE, confidente de Done Elvire.	
DON ALVAR, confident de Don Garcie, amant d'Élise.	
DON LOPE, autre confident de Don Garcie, amant rebuté d'Élise.	DUPARC.
DON PÈDRE, écuyer d'Ignès.	
UN PAGE de Done Elvire.	

La scène est dans Astorgue, ville d'Espagne, dans le royaume de Léon.

1. Molière céda son rôle avant les dernières représentations. Voyez ci-après *la Vengeance des marquis*. — « Il est si grand comédien, dit Orphise, qu'il a été contraint de donner le rôle du prince jaloux à un autre, parce que l'on ne le pouvoit souffrir dans cette comédie, qu'il devoit mieux jouer que tous les autres, à cause qu'il en est l'auteur. »

2. Une épigramme de l'auteur de *la Vengeance des marquis* sur l'âge trop mûr de l'actrice qui jouait le premier rôle amoureux dans *Don Garcie* fait croire que ce rôle avait pour interprète Madeleine Béjart, et non Mlle Duparc, qui, probablement, se montra sous le travestissement de Done Ignès. « A propos du *Prince jaloux*, est-il dit dans *la Vengeance des marquis*, que dites-vous de celle qui en joue la première amante? Le peintre (c'est-à-dire Molière) dit qu'il faut de gros hommes pour faire les rois dans les autres troupes (*Impromptu de Versailles*, scène 1), mais dans la sienne il ne faut que de vieilles femmes pour jouer les premiers rôles, puisqu'une jeune personne bien faite n'auroit pas bonne grâce. »

DON GARCIE DE NAVARRE

ou

LE PRINCE JALOUX

COMÉDIE

ACTE PREMIER.

SCÈNE PREMIÈRE.
DONE ELVIRE, ÉLISE.

DONE ELVIRE.

Non, ce n'est point un choix qui, pour ces deux amants,
Sut régler de mon cœur les secrets sentiments ;
Et le prince n'a point, dans tout ce qu'il peut être,
Ce qui fit préférer l'amour qu'il fait paroître.
Don Sylve, comme lui, fit briller à mes yeux
Toutes les qualités d'un héros glorieux :
Même éclat de vertu, joint à même naissance,
Me parloit en tous deux pour cette préférence ;
Et je serois encore à nommer le vainqueur,
Si le mérite seul prenoit droit sur un cœur ;
Mais ces chaînes du ciel qui tombent sur nos âmes
Décidèrent en moi le destin de leurs flammes ;
Et toute mon estime, égale entre les deux,
Laissa vers Don Garcie entraîner tous mes vœux.

ÉLISE.

Cet amour que pour lui votre astre vous inspire
N'a sur vos actions pris que bien peu d'empire,
Puisque nos yeux, madame, ont pu longtemps douter
Qui de ces deux amants vous vouliez mieux traiter.

DONE ELVIRE.

De ces nobles rivaux l'amoureuse poursuite
A de fâcheux combats, Élise, m'a réduite.
Quand je regardois l'un, rien ne me reprochoit
Le tendre mouvement où mon âme penchoit;
Mais je me l'imputois à beaucoup d'injustice,
Quand de l'autre à mes yeux s'offroit le sacrifice :
Et Don Sylve, après tout, dans ses soins amoureux,
Me sembloit mériter un destin plus heureux.
Je m'opposois encor ce qu'au sang de Castille
Du feu roi de Léon semble devoir la fille;
Et la longue amitié qui, d'un étroit lien,
Joignit les intérêts de son père et du mien.
Ainsi, plus dans mon âme un autre prenoit place,
Plus de tous ses respects je plaignois la disgrâce :
Ma pitié, complaisante à ses brûlants soupirs,
D'un dehors favorable amusoit ses désirs,
Et vouloit réparer, par ce foible avantage,
Ce qu'au fond de mon cœur je lui faisois d'outrage.

ÉLISE.

Mais son premier amour, que vous avez appris,
Doit de cette contrainte affranchir vos esprits;
Et, puisque avant ces soins[1], où pour vous il s'engage,
Done Ignès de son cœur avoit reçu l'hommage,
Et que, par des liens aussi fermes que doux,

---

1. Il y a *ses soins* dans l'édition de 1682.

L'amitié vous unit, cette comtesse et vous,
Son secret révélé vous est une matière
A donner à vos vœux liberté tout entière;
Et vous pouvez sans crainte, à cet amant confus,
D'un devoir d'amitié couvrir tous vos refus.

DONE ELVIRE.

Il est vrai que j'ai lieu de chérir la nouvelle
Qui m'apprit que Don Sylve étoit un infidèle,
Puisque par ses ardeurs mon cœur tyrannisé
Contre elles à présent se voit autorisé;
Qu'il en peut justement combattre les hommages,
Et, sans scrupule, ailleurs donner tous ses suffrages.
Mais enfin quelle joie en peut prendre ce cœur,
Si d'une autre contrainte il souffre la rigueur;
Si d'un prince jaloux l'éternelle foiblesse
Reçoit indignement les soins de ma tendresse,
Et semble préparer, dans mon juste courroux,
Un éclat à briser tout commerce entre nous?

ÉLISE.

Mais si de votre bouche il n'a point su sa gloire,
Est-ce un crime pour lui que de n'oser la croire?
Et ce qui d'un rival a pu flatter les feux
L'autorise-t-il pas à douter de vos vœux?

DONE ELVIRE.

Non, non, de cette sombre et lâche jalousie
Rien ne peut excuser l'étrange frénésie;
Et, par mes actions, je l'ai trop informé
Qu'il peut bien se flatter du bonheur d'être aimé.
Sans employer la langue, il est des interprètes
Qui parlent clairement des atteintes secrètes.
Un soupir, un regard, une simple rougeur,
Un silence est assez pour expliquer un cœur.

Tout parle dans l'amour; et, sur cette matière,
Le moindre jour doit être une grande lumière,
Puisque chez notre sexe, où l'honneur est puissant,
On ne montre jamais tout ce que l'on ressent.
J'ai voulu, je l'avoue, ajuster ma conduite[1],
Et voir d'un œil égal l'un et l'autre mérite ;
Mais que contre ses vœux on combat vainement,
Et que la différence est connue aisément
De toutes ces faveurs qu'on fait avec étude,
A celles où du cœur fait pencher l'habitude !
Dans les unes toujours on paroît se forcer ;
Mais les autres, hélas! se font sans y penser :
Semblables à ces eaux si pures et si belles,
Qui coulent sans effort des sources naturelles[2].
Ma pitié pour Don Sylve avoit beau l'émouvoir,
J'en trahissois les soins sans m'en apercevoir ;
Et mes regards au prince, en un pareil martyre,
En disoient toujours plus que je n'en voulois dire.

ÉLISE.

Enfin, si les soupçons de cet illustre amant,
Puisque vous le voulez, n'ont point de fondement,
Pour le moins font-ils foi d'une âme bien atteinte,
Et d'autres chériroient ce qui fait votre plainte.
De jaloux mouvements doivent être odieux,

---

1. Régler, diriger habilement et impartialement ma conduite.
2. Ces huit derniers vers sont charmants; ils ne doivent pas être négligés, non plus que beaucoup d'autres endroits de cette pièce, lorsqu'on cherche à se rendre bien compte du génie de Molière. On distingue çà et là, en effet, dans le courant de cette comédie, des accents d'une sensibilité profonde et délicate, « dont Racine, dit M. Sainte-Beuve, aurait pu être jaloux pour sa *Bérénice* ». Ce sont principalement ces traits qu'on aime à surprendre ici, et ceux qu'il faut remarquer avec le plus de soin, parce qu'ils servent à compléter et à achever la physionomie du poète.

S'ils partent d'un amour qui déplaise à nos yeux;
Mais tout ce qu'un amant nous peut montrer d'alarmes
Doit, lorsque nous l'aimons, avoir pour nous des charmes :
C'est par là que son feu se peut mieux exprimer;
Et plus il est jaloux, plus nous devons l'aimer.
Ainsi, puisqu'en votre âme un prince magnanime...
DONE ELVIRE.
Ah! ne m'avancez point cette étrange maxime!
Partout la jalousie est un monstre odieux :
Rien n'en peut adoucir les traits injurieux;
Et plus l'amour est cher qui lui donne naissance,
Plus on doit ressentir les coups de cette offense.
Voir un prince emporté, qui perd à tous moments
Le respect que l'amour inspire aux vrais amants;
Qui, dans les soins jaloux où son âme se noie,
Querelle également mon chagrin et ma joie,
Et dans tous mes regards ne peut rien remarquer
Qu'en faveur d'un rival il ne veuille expliquer!
Non, non, par ces soupçons je suis trop offensée,
Et sans déguisement je te dis ma pensée.
Le prince Don Garcie est cher à mes désirs;
Il peut d'un cœur illustre échauffer les soupirs;
Au milieu de Léon on a vu son courage
Me donner de sa flamme un noble témoignage,
Braver en ma faveur des périls les plus grands,
M'enlever aux desseins de nos lâches tyrans,
Et, dans ces murs forcés, mettre ma destinée
A couvert des horreurs d'un indigne hyménée;
Et je ne cèle point que j'aurois de l'ennui
Que la gloire en fût due à quelque autre qu'à lui.
Car un cœur amoureux prend un plaisir extrême
A se voir redevable, Élise, à ce qu'il aime;

Et sa flamme timide ose mieux éclater
Lorsqu'en favorisant elle croit s'acquitter.
Oui, j'aime qu'un secours qui hasarde sa tête
Semble à sa passion donner droit de conquête;
J'aime que mon péril m'ait jetée en ses mains;
Et si les bruits communs ne sont pas des bruits vains,
Si la bonté du ciel nous ramène mon frère,
Les vœux les plus ardents que mon cœur puisse faire,
C'est que son bras encor sur un perfide sang
Puisse aider à ce frère à reprendre son rang,
Et, par d'heureux succès d'une haute vaillance,
Mériter tous les soins de sa reconnoissance;
Mais, avec tout cela, s'il pousse mon courroux,
S'il ne purge ses feux de leurs transports jaloux,
Et ne les range aux lois que je lui veux prescrire,
C'est inutilement qu'il prétend Done Elvire¹ :
L'hymen ne peut nous joindre, et j'abhorre des nœuds
Qui deviendroient sans doute un enfer pour tous deux².

ÉLISE.

Bien que l'on pût avoir des sentiments tout autres,
C'est au prince, madame, à se régler aux vôtres;
Et dans votre billet ils sont si bien marqués
Que, quand il les verra de la sorte expliqués...

1. Molière a employé fréquemment, en vers et en prose, le mot *prétendre* avec un régime direct, dans le sens de *prétendre à*. Corneille a dit de même :

Je n'ai point prétendu la main d'un empereur.
(*Pulchérie*, acte I, scène v.)

et Rotrou, dans *Don Bernard de Cabrère* :

On ne peut vous prétendre à moins d'un diadème.

2. Si l'on se reporte à l'analyse que nous avons donnée de la pièce italienne dans la notice préliminaire, on remarquera que la manière dont les deux amants de la comédie française se trouvent réunis est plus favorable à leur dignité et plus conforme aux bienséances.

DONE ELVIRE.

Je n'y veux point, Élise, employer cette lettre;
C'est un soin qu'à ma bouche il me vaut mieux commettre.
La faveur d'un écrit laisse aux mains d'un amant
Des témoins trop constants de notre attachement :
Ainsi donc empêchez qu'au prince on ne la livre.

ÉLISE.

Toutes vos volontés sont des lois qu'on doit suivre.
J'admire cependant que le ciel ait jeté
Dans le goût des esprits tant de diversité,
Et que ce que les uns regardent comme outrage
Soit vu par d'autres yeux sous un autre visage.
Pour moi, je trouverois mon sort tout à fait doux
Si j'avois un amant qui pût être jaloux ;
Je saurois m'applaudir de son inquiétude ;
Et ce qui pour mon âme est souvent un peu rude,
C'est de voir Don Alvar ne prendre aucun souci [1].

DONE ELVIRE.

Nous ne le croyions pas si proche; le voici.

SCÈNE II.

DONE ELVIRE, DON ALVAR, ÉLISE.

DONE ELVIRE.

Votre retour surprend : qu'avez-vous à m'apprendre?

---

1. Dans cette première scène, il est facile de reconnaître le profond observateur du cœur humain; la jalousie y est peinte avec autant de force que de vérité, et envisagée sous les deux aspects qu'elle présente, c'est-à-dire comme une frénésie outrageante pour la personne qui en est l'objet, et comme une preuve d'amour la plus forte et la plus flatteuse qu'on puisse donner. Cette différente manière de considérer la jalousie a été pour Molière le sujet d'une autre scène dans une autre comédie (voyez *les Fâcheux*, acte II, scène IV). (AUGER.)

Don Alphonse vient-il ? A-t-on lieu de l'attendre ?
            DON ALVAR.
Oui, madame ; et ce frère en Castille élevé
De rentrer dans ses droits voit le temps arrivé.
Jusqu'ici Don Louis, qui vit à sa prudence
Par le feu roi mourant commettre son enfance,
A caché ses destins aux yeux de tout l'État,
Pour l'ôter aux fureurs du traître Mauregat ;
Et, bien que le tyran, depuis sa lâche audace,
L'ait souvent demandé pour lui rendre sa place,
Jamais son zèle ardent n'a pris de sûreté
A l'appât dangereux de sa fausse équité ;
Mais, les peuples émus par cette violence
Que vous a voulu faire une injuste puissance[1],
Ce généreux vieillard a cru qu'il étoit temps
D'éprouver le succès d'un espoir de vingt ans :
Il a tenté Léon, et ses fidèles trames
Des grands, comme du peuple, ont pratiqué les âmes,
Tandis que la Castille armoit dix mille bras
Pour redonner ce prince aux vœux de ses États ;
Il fait auparavant semer sa renommée,
Et ne veut le montrer qu'en tête d'une armée,
Que tout prêt à lancer le foudre punisseur[2]
Sous qui doit succomber un lâche ravisseur.
On investit Léon, et Don Sylve en personne
Commande le secours que son père vous donne.

---

1. Cette phrase incidente forme ce que la grammaire latine appelle un *ablatif absolu.* Sa longueur dépasse la mesure ordinaire de ces constructions dans notre langue.

2. Adjectif d'un fréquent usage au xvie siècle ; employé non seulement par Molière, mais par Corneille et par J.-J. Rousseau ; rayé pourtant des dictionnaires, mais qui peut y reprendre place.

ACTE I, SCÈNE II. 389

DONE ELVIRE.

Un secours si puissant doit flatter notre espoir ;
Mais je crains que mon frère y puisse trop devoir¹.

DON ALVAR.

Mais, madame, admirez que, malgré la tempête
Que votre usurpateur ² oit³ gronder sur sa tête,*
Tous les bruits de Léon annoncent pour certain
Qu'à la comtesse Ignès il va donner la main.

DONE ELVIRE.

Il cherche dans l'hymen de cette illustre fille
L'appui du grand crédit où se voit sa famille ;
Je ne reçois rien d'elle, et j'en suis en souci.
Mais son cœur au tyran fut toujours endurci.

ÉLISE.

De trop puissants motifs d'honneur et de tendresse
Opposent ses refus aux nœuds dont on la presse,
Pour...

DON ALVAR.

Le prince entre ici⁴.

* VAR. *Que votre usurpateur voit gronder sur sa tête.*

C'est une correction qu'il ne nous paraît pas inutile de signaler.

1. Être trop redevable à ce secours, parce qu'il pourrait alors vouloir récompenser Don Sylve en lui donnant la main de sa sœur.
2. L'usurpateur de votre trône, de vos États, de votre rang.
3. Molière est un des derniers écrivains du xviiᵉ siècle qui aient employé le verbe *ouïr* au présent de l'indicatif.
4. Don Alvar, dans cette scène, entame le récit d'une histoire fort embrouillée, dont la suite n'occupera que trop de place dans la pièce, aux dépens du véritable sujet, qui est l'amour de Don Garcie et d'Elvire traversé par la jalousie toujours renaissante du premier. (AUGER.)

SCÈNE III.

DON GARCIE, DONE ELVIRE, DON ALVAR, ÉLISE.

DON GARCIE.

Je viens m'intéresser
Madame, au doux espoir qu'il vous vient d'annoncer.
Ce frère, qui menace un tyran plein de crimes,
Flatte de mon amour les transports légitimes :
Son sort offre à mon bras des périls glorieux
Dont je puis faire hommage à l'éclat de vos yeux,
Et par eux m'acquérir, si le ciel m'est propice,
La gloire d'un revers que vous doit sa justice,
Qui va faire à vos pieds choir l'infidélité,
Et rendre à votre sang toute sa dignité.
Mais ce qui plus me plaît d'une attente si chère,
C'est que, pour être roi, le ciel vous rend ce frère;
Et qu'ainsi mon amour peut éclater au moins
Sans qu'à d'autres motifs on impute ses soins,
Et qu'il soit soupçonné que dans votre personne
Il cherche à me gagner les droits d'une couronne.
Oui, tout mon cœur voudroit montrer aux yeux de tous[1]
Qu'il ne regarde en vous autre chose que vous;
Et cent fois, si je puis le dire sans offense,
Ses vœux se sont armés contre votre naissance;
Leur chaleur indiscrète a d'un destin plus bas
Souhaité le partage à vos divins appas,
Afin que de ce cœur le noble sacrifice
Pût du ciel envers vous réparer l'injustice,

---

1. Les dix vers qui suivent peuvent être rapprochés d'une tirade toute semblable d'Alceste à Célimène (acte IV, scène III du *Misanthrope*). Les quatre derniers vers y sont reproduits à peu près exactement.

ACTE I, SCÈNE III.

Et votre sort tenir des mains de mon amour
Tout ce qu'il doit au sang dont vous tenez le jour.
Mais puisque enfin les cieux, de tout ce juste hommage
A mes feux prévenus dérobent l'avantage,
Trouvez bon que ces feux prennent un peu d'espoir
Sur la mort que mon bras s'apprête à faire voir,
Et qu'ils osent briguer, par d'illustres services,
D'un frère et d'un État les suffrages propices[1].

DONE ELVIRE.

Je sais que vous pouvez, prince, en vengeant nos droits,
Faire pour votre amour[2] parler cent beaux exploits ;
Mais ce n'est pas assez, pour le prix qu'il espère,
Que l'aveu d'un État et la faveur d'un frère.
Done Elvire n'est pas au bout de cet effort,
Et je vous vois à vaincre un obstacle plus fort.

DON GARCIE.

Oui, madame, j'entends ce que vous voulez dire.
Je sais bien que pour vous mon cœur en vain soupire ;
Et l'obstacle puissant qui s'oppose à mes feux,
Sans que vous le nommiez, n'est pas secret pour eux.

DONE ELVIRE.

Souvent on entend mal ce qu'on croit bien entendre ;
Et par trop de chaleur, prince, on se peut méprendre.
Mais, puisqu'il faut parler, désirez-vous savoir
Quand vous pourrez me plaire, et prendre quelque espoir ?

DON GARCIE.

Ce me sera, madame, une faveur extrême.

---

1. Don Garcie, s'apprêtant à donner la mort au tyran Mauregat, demande à Elvire la permission d'espérer que cette mort, dont il doit résulter de si grands avantages, non seulement pour elle, mais aussi pour son frère, la rendra favorable à son amour.
2. Il y a *par votre amour* dans l'édition de 1682.

DONE ELVIRE.

Quand vous saurez m'aimer comme il faut que l'on aime[1].

DON GARCIE.

Eh! que peut-on, hélas! observer sous les cieux
Qui ne cède à l'ardeur que m'inspirent vos yeux?

DONE ELVIRE.

Quand votre passion ne fera rien paroître
Dont se puisse indigner celle qui l'a fait naître.

DON GARCIE.

C'est là son plus grand soin.

DONE ELVIRE.

                Quand tous ses mouvements
Ne prendront point de moi de trop bas sentiments.

DON GARCIE.

Ils vous révèrent trop.

DONE ELVIRE.

            Quand d'un injuste ombrage
Votre raison saura me réparer l'outrage,
Et que vous bannirez enfin ce monstre affreux,
Qui de son noir venin empoisonne vos feux,
Cette jalouse humeur dont l'importun caprice
Aux vœux que vous m'offrez rend un mauvais office,
S'oppose à leur attente, et contre eux, à tous coups,
Arme les mouvements de mon juste courroux.

DON GARCIE.

Ah! madame, il est vrai, quelque effort que je fasse,
Qu'un peu de jalousie en mon cœur trouve place,
Et qu'un rival, absent de vos divins appas[2],

---

1. Célimène dit à Alceste :

    Non, vous ne m'aimez pas comme il faut que l'on aime.
                      (*Le Misanthrope*, acte IV, scène III.)

2. C'est un latinisme : *abesse ab*, être éloigné de. (F. Génin.)

Au repos de ce cœur vient livrer des combats.
Soit caprice ou raison, j'ai toujours la croyance
Que votre âme en ces lieux souffre de son absence,
Et que, malgré mes soins, vos soupirs amoureux
Vont trouver à tous coups ce rival trop heureux.
Mais si de tels soupçons ont de quoi vous déplaire,
Il vous est bien facile, hélas! de m'y soustraire ;
Et leur bannissement, dont j'accepte la loi,
Dépend bien plus de vous qu'il ne dépend de moi.
Oui, c'est vous qui pouvez, par deux mots pleins de flamme,
Contre la jalousie armer toute mon âme,
Et, des pleines clartés d'un glorieux espoir,
Dissiper les horreurs que ce monstre y fait choir.
Daignez donc étouffer le doute qui m'accable,
Et faites qu'un aveu d'une bouche adorable
Me donne l'assurance, au fort de tant d'assauts,
Que je ne puis trouver dans le peu que je vaux.

DONE ELVIRE.

Prince, de vos soupçons la tyrannie est grande :
Au moindre mot qu'il dit, un cœur veut qu'on l'entende,
Et n'aime pas ces feux dont l'importunité
Demande qu'on s'explique avec tant de clarté.
Le premier mouvement qui découvre notre âme
Doit d'un amant discret satisfaire la flamme ;
Et c'est à s'en dédire autoriser nos vœux
Que vouloir plus avant pousser de tels aveux.
Je ne dis point quel choix, s'il m'étoit volontaire[1],
Entre Don Sylve et vous mon âme pourroit faire ;
Mais vouloir vous contraindre à n'être point jaloux
Auroit dit quelque chose à tout autre que vous ;

---

1. S'il dépendait de moi.

Et je croyois cet ordre un assez doux langage
Pour n'avoir pas besoin d'en dire davantage.
Cependant votre amour n'est pas encor content :
Il demande un aveu qui soit plus éclatant ;
Pour l'ôter de scrupule, il me faut à vous-même,
En des termes exprès, dire que je vous aime ;
Et peut-être qu'encor, pour vous en assurer,
Vous vous obstineriez à m'en faire jurer [1].

DON GARCIE.

Hé bien ! madame, hé bien ! je suis trop téméraire ;
De tout ce qui vous plaît je dois me satisfaire.
Je ne demande point de plus grande clarté ;
Je crois que vous avez pour moi quelque bonté,
Que d'un peu de pitié mon feu vous sollicite,
Et je me vois heureux plus que je ne mérite.
C'en est fait, je renonce à mes soupçons jaloux ;
L'arrêt qui les condamne est un arrêt bien doux,
Et je reçois la loi qu'il daigne me prescrire,
Pour affranchir mon cœur de leur injuste empire.

DONE ELVIRE.

Vous promettez beaucoup, prince ; et je doute fort
Si vous pourrez sur vous faire ce grand effort.

DON GARCIE.

Ah ! madame, il suffit, pour me rendre croyable,
Que ce qu'on vous promet doit être inviolable ;
Et que l'heur d'obéir à sa divinité
Ouvre aux plus grands efforts trop de facilité.
Que le ciel me déclare une éternelle guerre,

---

[1]. Tout cela est subtil, mais tourné avec esprit. Si Molière n'eût pas fait *les Précieuses ridicules* en 1659, ces vers auraient été, sans aucun doute, chaleureusement applaudis en 1661.

Que je tombe à vos pieds d'un éclat de tonnerre;
Ou, pour périr encor par de plus rudes coups,
Puissé-je voir sur moi fondre votre courroux,
Si jamais mon amour descend à la foiblesse
De manquer au devoir d'une telle promesse;
Si jamais dans mon âme aucun jaloux transport
Fait [1]...

SCÈNE IV.

DONE ELVIRE, DON GARCIE, DON ALVAR,
ÉLISE, UN PAGE présentant un billet à Done Elvire.

DONE ELVIRE.

J'en étois en peine, et tu m'obliges fort.
Que le courrier attende.

SCÈNE V.

DONE ELVIRE, DON GARCIE, DON ALVAR, ÉLISE.

DONE ELVIRE, bas, à part.

A ces regards qu'il jette,
Vois-je pas que déjà cet écrit l'inquiète?
Prodigieux effet de son tempérament!
(Haut.)
Qui vous arrête, prince, au milieu du serment?

DON GARCIE.

J'ai cru que vous aviez quelque secret ensemble,

---

1. Cette scène nous fait connaître le caractère du héros et pressentir les effets de la passion qui le tourmente. On sent, au moment même où il demande pardon de sa faiblesse, qu'il ne peut manquer d'y retomber à la première occasion; et cette occasion naîtra dès la scène suivante, avant qu'il ait eu le temps d'achever son serment. Qu'on étudie bien ses discours, il n'a pas seulement excusé sa jalousie, il l'a justifiée : comment cesserait-il donc d'être jaloux? (AIMÉ MARTIN.)

Et je ne voulois pas l'interrompre.
DONE ELVIRE.

        Il me semble
Que vous me répondez d'un ton fort altéré.
Je vous vois tout à coup le visage égaré.
Ce changement soudain a lieu de me surprendre :
D'où peut-il provenir ? le pourroit-on apprendre ?
DON GARCIE.

D'un mal qui tout à coup vient d'attaquer mon cœur.
DONE ELVIRE.

Souvent plus qu'on ne croit ces maux ont de rigueur,
Et quelque prompt secours vous seroit nécessaire.
Mais encor, dites-moi, vous prend-il d'ordinaire ?
DON GARCIE.

Parfois...
DONE ELVIRE.

    Ah ! prince foible ! Hé bien ! par cet écrit,
Guérissez-le, ce mal ; il n'est que dans l'esprit.
DON GARCIE.

Par cet écrit, madame ? Ah ! ma main le refuse !
Je vois votre pensée, et de quoi l'on m'accuse.
Si...
DONE ELVIRE.

  Lisez-le, vous dis-je, et satisfaites-vous.
DON GARCIE.

Pour me traiter après de foible, de jaloux[1] ?
Non, non. Je dois ici vous rendre un témoignage
Qu'à mon cœur cet écrit n'a point donné d'ombrage ;
Et, bien que vos bontés m'en laissent le pouvoir,

---

1. Dans l'italien : *Per potermi poi chiamare sospettoso, temerario e ingelosito : nò, nò, tenetevi la vostra lettera, non voglio saper altro.* « Pour après me traiter de soupçonneux, de téméraire, de jaloux : non, non, garder votre lettre, je ne veux pas en savoir davantage. » (Acte II, scène II).

Pour me justifier, je ne veux point le voir.
DONE ELVIRE.
Si vous vous obstinez à cette résistance,
J'aurois tort de vouloir vous faire violence ;
Et c'est assez enfin de vous avoir pressé
De voir de quelle main ce billet m'est tracé.
DON GARCIE.
Ma volonté toujours vous doit être soumise :
Si c'est votre plaisir que pour vous je le lise,
Je consens volontiers à prendre cet emploi.
DONE ELVIRE.
Oui, oui, prince, tenez, vous le lirez pour moi.
DON GARCIE.
C'est pour vous obéir, au moins[1] ; et je puis dire...
DONE ELVIRE.
C'est ce que vous voudrez : dépêchez-vous de lire[2].
DON GARCIE.
Il est de Done Ignès, à ce que je connoi.
DONE ELVIRE.
Oui. Je m'en réjouis et pour vous et pour moi.
DON GARCIE, lit.
« Malgré l'effort d'un long mépris,
« Le tyran toujours m'aime ; et, depuis votre absence,
« Vers moi, pour me porter au dessein qu'il a pris,
« Il semble avoir tourné toute sa violence,
    « Dont il poursuit l'alliance[3]

---

1. Dans l'italien : *La prendo per farvi servitio.* « Je la prends pour vous obliger. »

2. Ce vers, plein d'impatience et de dépit, prouve qu'Elvire n'est point dupe de cette prétendue condescendance de Don Garcie.

3. Les éditeurs ont corrigé ainsi :

> Il semble avoir tourné toute la violence,
> Dont il poursuivoit l'alliance.

« De vous et de son fils.
« Ceux qui sur moi peuvent avoir empire,
« Par de lâches motifs qu'un faux honneur inspire,
« Approuvent tous cet indigne lien.
« J'ignore encor par où finira mon martyre;
« Mais je mourrai plutôt que de consentir rien.
« Puissiez-vous jouir, belle Elvire,
« D'un destin plus doux que le mien !
« Done Ignès. »

(Il continue.)

Dans la haute vertu son âme est affermie.

DONE ELVIRE.

Je vais faire réponse à cette illustre amie.
Cependant apprenez, prince, à vous mieux armer
Contre ce qui prend droit de vous trop alarmer.
J'ai calmé votre trouble avec cette lumière,
Et la chose a passé d'une douce manière ;
Mais, à n'en point mentir, il seroit des moments
Où je pourrois entrer dans d'autres sentiments.

DON GARCIE.

Hé quoi ! vous croyez donc... ?

DONE ELVIRE.

Je crois ce qu'il faut croire.
Adieu. De mes avis conservez la mémoire ;
Et s'il est vrai pour moi que votre amour soit grand,
Donnez-en à mon cœur les preuves qu'il prétend.

DON GARCIE.

Croyez que désormais c'est toute mon envie,
Et qu'avant qu'y manquer je veux perdre la vie.

ACTE DEUXIÈME.

SCÈNE PREMIÈRE.
ÉLISE, DON LOPE.

ÉLISE.
Tout ce que fait le prince, à parler franchement,
N'est pas ce qui me donne un grand étonnement;
Car que d'un noble amour une âme bien saisie
En pousse les transports jusqu'à la jalousie;
Que de doutes fréquents ses vœux soient traversés,
Il est fort naturel, et je l'approuve assez;
Mais ce qui me surprend, Don Lope, c'est d'entendre
Que vous lui préparez les soupçons qu'il doit prendre,
Que votre âme les forme, et qu'il n'est en ces lieux
Fâcheux que par vos soins, jaloux que par vos yeux.
Encore un coup, Don Lope, une âme bien éprise,
Des soupçons qu'elle prend ne me rend point surprise;
Mais qu'on ait sans amour tous les soins d'un jaloux,
C'est une nouveauté qui n'appartient qu'à vous.

DON LOPE.
Que sur cette conduite à son aise l'on glose,
Chacun règle la sienne au but qu'il se propose;
Et, rebuté par vous des soins de mon amour,
Je songe auprès du prince à bien faire ma cour.

ÉLISE.
Mais savez-vous qu'enfin il fera mal la sienne,

S'il faut qu'en cette humeur votre esprit l'entretienne?
DON LOPE.
Et quand, charmante Élise, a-t-on vu, s'il vous plaît,
Qu'on cherche auprès des grands que son propre intérêt ¹ ?
Qu'un parfait courtisan veuille charger leur suite
D'un censeur des défauts qu'on trouve en leur conduite,
Et s'aille inquiéter si son discours leur nuit,
Pourvu que sa fortune en tire quelque fruit?
Tout ce qu'on fait ne va qu'à se mettre en leur grâce ;
Par la plus courte voie on y cherche une place ;
Et les plus prompts moyens de gagner leur faveur,
C'est de flatter toujours le foible de leur cœur,
D'applaudir en aveugle à ce qu'ils veulent faire,
Et n'appuyer jamais ce qui peut leur déplaire :
C'est là le vrai secret d'être bien auprès d'eux.
Les utiles conseils font passer pour fâcheux,
Et vous laissent toujours hors de la confidence
Où vous jette d'abord l'adroite complaisance.
Enfin on voit partout que l'art des courtisans
Ne tend qu'à profiter des foiblesses des grands,
A nourrir leurs erreurs, et jamais dans leur âme
Ne porter les avis des choses qu'on y blâme.
ÉLISE.
Ces maximes un temps leur peuvent succéder ² ;
Mais il est des revers qu'on doit appréhender ;
Et dans l'esprit des grands, qu'on tâche de surprendre,
Un rayon de lumière à la fin peut descendre,
Qui sur tous ces flatteurs venge équitablement
Ce qu'a fait à leur gloire un long aveuglement.

1. Autre chose que son propre intérêt.
2. Leur peuvent réussir.

Cependant je dirai que votre âme s'explique
Un peu bien librement sur votre politique ;
Et ces nobles motifs, au prince rapportés,
Serviroient assez mal vos assiduités.

DON LOPE.

Outre que je pourrois désavouer sans blâme
Ces libres vérités sur quoi s'ouvre mon âme,
Je sais fort bien qu'Élise a l'esprit trop discret
Pour aller divulguer cet entretien secret.
Qu'ai-je dit, après tout, que sans moi l'on ne sache ?
Et dans mon procédé que faut-il que je cache ?
On peut craindre une chute avec quelque raison,
Quand on met en usage ou ruse ou trahison ;
Mais qu'ai-je à redouter, moi qui partout n'avance
Que les soins approuvés d'un peu de complaisance,
Et qui suis seulement par d'utiles leçons
La pente qu'a le prince à de jaloux soupçons ?
Son âme semble en vivre, et je mets mon étude
A trouver des raisons à son inquiétude,
A voir de tous côtés s'il ne se passe rien
A fournir le sujet d'un secret entretien ;
Et quand je puis venir, enflé d'une nouvelle,
Donner à son repos une atteinte mortelle,
C'est lors que plus il m'aime ; et je vois sa raison
D'une audience avide avaler ce poison[1],
Et m'en remercier comme d'une victoire
Qui combleroit ses jours de bonheur et de gloire.

---

1. *Audience* est là pour la faculté ou l'action d'entendre. L'expression *avaler d'une audience avide* rappelle les vers d'Horace :

> Pugnas et exactos tyrannos
> Densum humeris bibit aure vulgus.
> (Livre II, ode XIII.)

Mais mon rival paroît, je vous laisse tous deux ;
Et, bien que je renonce à l'espoir de vos vœux,
J'aurois un peu de peine à voir qu'en ma présence
Il reçût des effets de quelque préférence ;
Et je veux, si je puis, m'épargner ce souci[1].

ÉLISE.

Tout amant de bon sens en doit user ainsi.

SCÈNE II.

DON ALVAR, ÉLISE.

DON ALVAR.

Enfin nous apprenons que le roi de Navarre
Pour les désirs du prince aujourd'hui se déclare,
Et qu'un nouveau renfort de troupes nous attend
Pour le fameux service où son amour prétend.
Je suis surpris, pour moi, qu'avec tant de vitesse
On ait fait avancer... Mais...

SCÈNE III.

DON GARCIE, ÉLISE, DON ALVAR.

DON GARCIE.
      Que fait la princesse ?

---

1. Ce Don Lope fait songer à « l'honnête Iago », qui joue un rôle semblable dans l'*Othello* de Shakespeare. On feroit tort à notre grand comique, toutefois, si on établissait une comparaison entre ces deux types. Don Lope est un personnage manqué. Il faudrait voir ce qu'il serait devenu si Molière l'avait repris par la suite pour en faire un vrai rôle de comédie. C'est seulement alors que le parallèle aurait pu s'établir. Ce personnage de Don Lope existe, sous le nom de Cortadiglio, dans la pièce italienne ; mais il y a une teinte de bouffonnerie que Molière lui a retirée, et qui rendait son caractère plus compréhensible peut-être.

ÉLISE.

Quelques lettres, seigneur ; je le présume ainsi.
Mais elle va savoir que vous êtes ici.

DON GARCIE.

J'attendrai qu'elle ait fait.

SCÈNE IV.

DON GARCIE, seul.

                    Près de souffrir sa vue,
D'un trouble tout nouveau je me sens l'âme émue ;
Et la crainte, mêlée à mon ressentiment,
Jette par tout mon corps un soudain tremblement.
Prince, prends garde au moins qu'un aveugle caprice
Ne te conduise ici dans quelque précipice,
Et que de ton esprit les désordres puissants
Ne donnent un peu trop au rapport de tes sens :
Consulte ta raison, prends sa clarté pour guide ;
Vois si de tes soupçons l'apparence est solide :
Ne démens pas leur voix ; mais aussi garde bien
Que, pour les croire trop, ils ne t'imposent rien ;
Qu'à tes premiers transports ils n'osent trop permettre,
Et relis posément cette moitié de lettre.
Ah ! qu'est-ce que mon cœur, trop digne de pitié,
Ne voudroit pas donner pour son autre moitié !
Mais, après tout, que dis-je ? Il suffit bien de l'une,
Et n'en voilà que trop pour voir mon infortune.

    « Quoique votre rival...
    « Vous devez toutefois vous...
    « Et vous avez en vous à...
    « L'obstacle le plus grand...

« Je chéris tendrement ce...
« Pour me tirer des mains de...
« Son amour, ses devoirs...
« Mais il m'est odieux avec...

« Otez donc à vos feux ce...
« Méritez les regards que l'on...
« Et lorsqu'on vous oblige...
« Ne vous obstinez point à...[1] »

Oui, mon sort par ces mots est assez éclairci;
Son cœur, comme sa main, se fait connoître ici;
Et les sens imparfaits de cet écrit funeste,
Pour s'expliquer à moi n'ont pas besoin du reste.
Toutefois, dans l'abord agissons doucement.
Couvrons à l'infidèle un vif ressentiment;
Et, de ce que je tiens ne donnant point d'indice,
Confondons son esprit par son propre artifice.
La voici. Ma raison, renferme mes transports,
Et rends-toi pour un temps maîtresse du dehors.

SCÈNE V.

DONE ELVIRE, DON GARCIE.

DONE ELVIRE.

Vous avez bien voulu que je vous fisse attendre?

DON GARCIE, bas, à part.

Ah! qu'elle cache bien...

DONE ELVIRE.

On vient de nous apprendre

---

1. On a souvent employé cette idée d'une moitié de lettre, qui semble dire tout autre chose que la lettre entière. L'exemple le plus connu est celui qu'offre le conte de Voltaire : *Zadig ou la Destinée*, chapitre IV.

Que le roi votre père approuve vos projets,
Et veut bien que son fils nous rende nos sujets;
Et mon âme en a pris une allégresse extrême.
DON GARCIE.
Oui, madame, et mon cœur s'en réjouit de même;
Mais...
DONE ELVIRE.
   Le tyran sans doute aura peine à parer
Les foudres que partout il entend murmurer;
Et j'ose me flatter que le même courage
Qui put bien me soustraire à sa brutale rage,
Et, dans les murs d'Astorgue, arrachés de ses mains,
Me faire un sûr asile à braver ses desseins,
Pourra, de tout Léon achevant la conquête,
Sous ses nobles efforts faire choir cette tête[1].
DON GARCIE.
Le succès en pourra parler dans quelques jours.
Mais, de grâce, passons à quelque autre discours.
Puis-je, sans trop oser, vous prier de me dire
A qui vous avez pris, madame, soin d'écrire,
Depuis que le destin nous a conduits ici?
DONE ELVIRE.
Pourquoi cette demande, et d'où vient ce souci?
DON GARCIE.
D'un désir curieux de pure fantaisie.
DONE ELVIRE.
La curiosité naît de la jalousie.
DON GARCIE.
Non, ce n'est rien du tout de ce que vous pensez;
Vos ordres de ce mal me défendent assez.

---

1. Ces détails ont ici de l'intérêt : ils renforcent la situation, en augmentant l'impatience de Don Garcie.

DONE ELVIRE.

Sans chercher plus avant quel intérêt vous presse,
J'ai deux fois à Léon écrit à la comtesse,
Et deux fois au marquis Don Louis à Burgos.
Avec cette réponse êtes-vous en repos?

DON GARCIE.

Vous n'avez point écrit à quelque autre personne,
Madame?

DONE ELVIRE.

Non, sans doute; et ce discours m'étonne.

DON GARCIE.

De grâce, songez bien, avant que d'assurer.
En manquant de mémoire, on peut se parjurer.

DONE ELVIRE.

Ma bouche, sur ce point, ne peut être parjure.

DON GARCIE.

Elle a dit toutefois une haute imposture.

DONE ELVIRE.

Prince!

DON GARCIE.

Madame?

DONE ELVIRE.

O ciel! quel est ce mouvement?
Avez-vous, dites-moi, perdu le jugement[1]?

---

1. Tout ce qui suit, jusqu'à :

Pourquoi le démentir, puisqu'il est de ma main?

a été transporté dans le *Misanthrope* (acte II, scène v). Le nombre des vers est exactement le même, et Molière n'y a fait que de légers changements. On sait que la situation est semblable, et qu'Alceste, comme ici Don Garcie, tient dans ses mains un billet qui dépose contre la fidélité de Célimène, avec cette différence qu'il est réellement trompé par sa maîtresse, tandis que le prince de Navarre n'est la dupe que de sa jalousie et d'un indice équivoque. (AUGER.)

DON GARCIE.

Oui, oui, je l'ai perdu, lorsque dans votre vue
J'ai pris, pour mon malheur, le poison qui me tue,
Et que j'ai cru trouver quelque sincérité
Dans les traîtres appas dont je fus enchanté.

DONE ELVIRE.

De quelle trahison pouvez-vous donc vous plaindre?

DON GARCIE.

Ah! que ce cœur est double, et sait bien l'art de feindre!
Mais tous moyens de fuir lui vont être soustraits.
Jetez ici les yeux, et connoissez vos traits :
Sans avoir vu le reste, il m'est assez facile
De découvrir pour qui vous employez ce style.

DONE ELVIRE.

Voilà donc le sujet qui vous trouble l'esprit?

DON GARCIE.

Vous ne rougissez pas en voyant cet écrit?

DONE ELVIRE.

L'innocence à rougir n'est point accoutumée.

DON GARCIE.

Il est vrai qu'en ces lieux on la voit opprimée.
Ce billet démenti pour n'avoir point de seing...

DONE ELVIRE.

Pourquoi le démentir, puisqu'il est de ma main?

DON GARCIE.

Encore est-ce beaucoup que, de franchise pure,
Vous demeuriez d'accord que c'est votre écriture ;
Mais ce sera sans doute, et j'en serois garant,
Un billet qu'on envoie à quelque indifférent;
Ou du moins ce qu'il a de tendresse évidente
Sera pour une amie, ou pour quelque parente.

DONE ELVIRE.

Non, c'est pour un amant que ma main l'a formé ;
Et j'ajoute de plus, pour un amant aimé.

DON GARCIE.

Et je puis, ô perfide !...

DONE ELVIRE.

Arrêtez, prince indigne,
De ce lâche transport l'égarement insigne.
Bien que de vous mon cœur ne prenne point de loi,
Et ne doive en ces lieux aucun compte qu'à soi,
Je veux bien me purger, pour votre seul supplice,
Du crime que m'impose un insolent caprice.
Vous serez éclairci, n'en doutez nullement.
J'ai ma défense prête en ce même moment.
Vous allez recevoir une pleine lumière :
Mon innocence ici paroîtra tout entière ;
Et je veux, vous mettant juge en votre intérêt,
Vous faire prononcer vous-même votre arrêt.

DON GARCIE.

Ce sont propos obscurs qu'on ne sauroit comprendre.

DONE ELVIRE.

Bientôt à vos dépens vous me pourrez entendre.
Élise, holà !

SCÈNE VI.

DON GARCIE, DONE ELVIRE, ÉLISE.

ÉLISE.

Madame ?

DONE ELVIRE, à don Garcie.

Observez bien au moins
Si j'ose à vous tromper employer quelques soins ;

DON GARCIE DE NAVARRE.

ACTE II SCENE VI

Garnier frères, Éditeurs

Si, par un seul coup d'œil ou geste qui l'instruise,
Je cherche de ce coup à parer la surprise.
(A Élise.)
Le billet que tantôt ma main avoit tracé,
Répondez promptement, où l'avez-vous laissé?
ÉLISE.
Madame, j'ai sujet de m'avouer coupable.
Je ne sais comme il est demeuré sur ma table ;
Mais on vient de m'apprendre en ce même moment
Que Don Lope, venant dans mon appartement,
Par une liberté qu'on lui voit se permettre,
A fureté partout, et trouvé cette lettre.
Comme il la déplioit, Léonor a voulu
S'en saisir promptement, avant qu'il eût rien lu,
Et se jetant sur lui, la lettre contestée
En deux justes moitiés dans leurs mains est restée ;
Et Don Lope, aussitôt prenant un prompt essor,
A dérobé la sienne aux soins de Léonor.
DONE ELVIRE.
Avez-vous ici l'autre?
ÉLISE.
Oui, la voilà, madame.
DONE ELVIRE.
(A don Garcie.)
Donnez. Nous allons voir qui mérite le blâme.
Avec votre moitié rassemblez celle-ci,
Lisez, et hautement ; je veux l'entendre aussi.
DON GARCIE.
Au prince Don Garcie. Ah!
DONE ELVIRE.
Achevez de lire ;
Votre âme pour ce mot ne doit pas s'interdire.

DON GARCIE lit.

« Quoique votre rival, prince, alarme votre âme,
« Vous devez toutefois vous craindre plus que lui ;
« Et vous avez en vous à détruire aujourd'hui
« L'obstacle le plus grand que trouve votre flamme.

« Je chéris tendrement ce qu'a fait Don Garcie
« Pour me tirer des mains de nos fiers ravisseurs.*
« Son amour, ses devoirs, ont pour moi des douceurs ;
« Mais il m'est odieux avec sa jalousie.

« Otez donc à vos feux ce qu'ils en font paroître,
« Méritez les regards que l'on jette sur eux ;
« Et, lorsqu'on vous oblige à vous tenir heureux,
« Ne vous obstinez point à ne pas vouloir l'être. »

DONE ELVIRE.

Hé bien ! que dites-vous ?

DON GARCIE.

Ah ! madame, je dis
Qu'à cet objet mes sens demeurent interdits ;
Que je vois dans ma plainte une horrible injustice,
Et qu'il n'est point pour moi d'assez cruel supplice.

DONE ELVIRE.

Il suffit. Apprenez que si j'ai souhaité
Qu'à vos yeux cet écrit pût être présenté,
C'est pour le démentir, et cent fois me dédire
De tout ce que pour vous vous y venez de lire.
Adieu, prince.

DON GARCIE.

Madame, hélas ! où fuyez-vous ?

DONE ELVIRE.

Où vous ne serez point, trop odieux jaloux.

---

* VAR. *Pour me tirer des mains de mes fiers ravisseurs.*

DON GARCIE.

Ah! madame, excusez un amant misérable,
Qu'un sort prodigieux a fait vers vous coupable,
Et qui, bien qu'il vous cause un courroux si puissant,
Eût été plus blâmable à rester innocent.
Car enfin, peut-il être une âme bien atteinte,
Dont l'espoir le plus doux ne soit mêlé de crainte?
Et pourriez-vous penser que mon cœur eût aimé,
Si ce billet fatal ne l'eût point alarmé;
S'il n'avoit point frémi des coups de cette foudre,
Dont je me figurois tout mon bonheur en poudre?
Vous-même, dites-moi si cet évènement
N'eût pas dans mon erreur jeté tout autre amant;
Si d'une preuve, hélas! qui me sembloit si claire,
Je pouvois démentir...

DONE ELVIRE.

Oui, vous le pouviez faire;
Et dans mes sentiments, assez bien déclarés,
Vos doutes rencontroient des garants assurés :
Vous n'aviez rien à craindre; et d'autres, sur ce gage,
Auroient du monde entier bravé le témoignage.

DON GARCIE.

Moins on mérite un bien qu'on nous fait espérer,
Plus notre âme a de peine à pouvoir s'assurer.
Un sort trop plein de gloire à nos yeux est fragile,
Et nous laisse aux soupçons une pente facile.
Pour moi, qui crois si peu mériter vos bontés,
J'ai douté du bonheur de mes témérités[1];
J'ai cru que, dans ces lieux rangés sous ma puissance,

---

1. Molière a transporté ces six derniers vers dans *le Tartuffe*, acte IV, scène v, en y faisant quelques changements.

Votre âme se forçoit à quelque complaisance ;
Que, déguisant pour moi votre sévérité...

DONE ELVIRE.

Et je pourrois descendre à cette lâcheté !
Moi, prendre le parti d'une honteuse feinte !
Agir par les motifs d'une servile crainte,
Trahir mes sentiments, et, pour être en vos mains,
D'un masque de faveur vous couvrir mes dédains !
La gloire[1] sur mon cœur auroit si peu d'empire !
Vous pouvez le penser, et vous me l'osez dire ?
Apprenez que ce cœur ne sait point s'abaisser ;
Qu'il n'est rien sous les cieux qui puisse l'y forcer ;
Et, s'il vous a fait voir, par une erreur insigne,
Des marques de bonté dont vous n'étiez pas digne,
Qu'il saura bien montrer, malgré votre pouvoir,
La haine que pour vous il se résout d'avoir,
Braver votre furie, et vous faire connoître
Qu'il n'a point été lâche, et ne veut jamais l'être[2].

DON GARCIE.

Hé bien ! je suis coupable, et ne m'en défends pas[3] :
Mais je demande grâce à vos divins appas ;
Je la demande au nom de la plus vive flamme
Dont jamais deux beaux yeux aient fait brûler une âme.
Que si votre courroux ne peut être apaisé,

---

1. C'était le mot du temps pour dire : la considération, l'honneur ; il exprime la belle fierté des héroïnes de Corneille et de Racine. Ce sentiment élevé ainsi jusqu'à une sorte de passion, et ne reculant devant aucun sacrifice, tirait son origine des âges chevaleresques.

2. Cette tirade de Done Elvire est excellente, et l'on y retrouve Molière avec toute sa vigueur de pensée et d'expression.

3. Tout le reste de cette scène a pris place dans *Amphitryon* (acte II, scène VI). Molière n'y a fait que les modifications nécessitées par le rythme particulier de cette dernière pièce.

Si mon crime est trop grand pour se voir excusé,
Si vous ne regardez ni l'amour qui le cause,
Ni le vif repentir que mon cœur vous expose,
Il faut qu'un coup heureux, en me faisant mourir,
M'arrache à des tourments que je ne puis souffrir.
Non, ne présumez pas qu'ayant su vous déplaire
Je puisse vivre une heure avec votre colère.
Déjà de ce moment la barbare longueur
Sous ses cuisants remords fait succomber mon cœur,
Et de mille vautours les blessures cruelles
N'ont rien de comparable à ses douleurs mortelles.
Madame, vous n'avez qu'à me le déclarer :
S'il n'est point de pardon que je doive espérer,
Cette épée aussitôt, par un coup favorable,
Va percer, à vos yeux, le cœur d'un misérable ;
Ce cœur, ce traître cœur, dont les perplexités
Ont si fort outragé vos extrêmes bontés :
Trop heureux, en mourant, si ce coup légitime
Efface en votre esprit l'image de mon crime,
Et ne laisse aucuns traits de votre aversion
Au foible souvenir de mon affection !
C'est l'unique faveur que demande ma flamme.

DONE ELVIRE.

Ah ! prince trop cruel !

DON GARCIE.

Dites, parlez, madame.

DONE ELVIRE.

Faut-il encor pour vous conserver des bontés,
Et vous voir m'outrager par tant d'indignités ?

DON GARCIE.

Un cœur ne peut jamais outrager quand il aime ;
Et ce que fait l'amour, il l'excuse lui-même.

DONE ELVIRE.

L'amour n'excuse point de tels emportements.

DON GARCIE.

Tout ce qu'il a d'ardeur passe en ses mouvements ;
Et plus il devient fort, plus il trouve de peine...

DONE ELVIRE.

Non, ne m'en parlez point, vous méritez ma haine.

DON GARCIE.

Vous me haïssez donc?

DONE ELVIRE.

J'y veux tâcher, au moins.
Mais, hélas! je crains bien que j'y perde mes soins,
Et que tout le courroux qu'excite votre offense
Ne puisse jusque-là faire aller ma vengeance.

DON GARCIE.

D'un supplice si grand ne tentez point l'effort,
Puisque pour vous venger je vous offre ma mort ;
Prononcez-en l'arrêt, et j'obéis sur l'heure.

DONE ELVIRE.

Qui ne sauroit haïr ne peut vouloir qu'on meure.

DON GARCIE.

Et moi, je ne puis vivre, à moins que vos bontés
Accordent un pardon à mes témérités.
Résolvez l'un des deux : de punir ou d'absoudre.

DONE ELVIRE.

Hélas! j'ai trop fait voir ce que je puis résoudre.
Par l'aveu d'un pardon n'est-ce pas se trahir
Que dire au criminel qu'on ne le peut haïr?

DON GARCIE.

Ah! c'en est trop ; souffrez, adorable princesse...

DONE ELVIRE.

Laissez : je me veux mal d'une telle foiblesse.

DON GARCIE, seul.

Enfin je suis...

SCÈNE VII.

DON GARCIE, DON LOPE.

DON LOPE.
                Seigneur, je viens vous informer
D'un secret dont vos feux ont droit de s'alarmer.
DON GARCIE.
Ne me viens point parler de secret ni d'alarme,
Dans les doux mouvements du transport qui me charme.
Après ce qu'à mes yeux on vient de présenter,
Il n'est point de soupçons que je doive écouter;
Et d'un divin objet la bonté sans pareille
A tous ces vains rapports doit fermer mon oreille :
Ne m'en fais plus.
DON LOPE.
                Seigneur, je veux ce qu'il vous plaît;
Mes soins en tout ceci n'ont que votre intérêt.
J'ai cru que le secret que je viens de surprendre
Méritoit bien qu'en hâte on vous le vînt apprendre;
Mais puisque vous voulez que je n'en touche rien,
Je vous dirai, seigneur, pour changer d'entretien,
Que déjà dans Léon on voit chaque famille
Lever le masque au bruit des troupes de Castille,
Et que surtout le peuple y fait pour son vrai roi
Un éclat à donner au tyran de l'effroi.
DON GARCIE.
La Castille du moins n'aura pas la victoire
Sans que nous essayions d'en partager la gloire;
Et nos troupes aussi peuvent être en état

D'imprimer quelque crainte au cœur de Mauregat.
Mais quel est ce secret dont tu voulois m'instruire?
Voyons un peu.

DON LOPE.

Seigneur, je n'ai rien à vous dire.

DON GARCIE.

Va, va, parle; mon cœur t'en donne le pouvoir.

DON LOPE.

Vos paroles, seigneur, m'en ont trop fait savoir;
Et, puisque mes avis ont de quoi vous déplaire,
Je saurai désormais trouver l'art de me taire.

DON GARCIE.

Enfin, je veux savoir la chose absolument[1].

DON LOPE.

Je ne réplique point à ce commandement.
Mais, seigneur, en ce lieu le devoir de mon zèle
Trahiroit le secret d'une telle nouvelle.
Sortons pour vous l'apprendre, et, sans rien embrasser[2],
Vous-même vous verrez ce qu'on en doit penser.

---

1. La gradation est parfaitement naturelle : Don Garcie repousse d'abord un secret qu'on veut lui apprendre, demande ensuite, d'un air indifférent, quel est ce secret, et finit par exiger impérieusement qu'on le lui livre.

2. Sans rien accueillir à la légère.

ACTE TROISIÈME.

SCÈNE PREMIÈRE.
DONE ELVIRE, ÉLISE.

DONE ELVIRE.

Élise, que dis-tu de l'étrange foiblesse
Que vient de témoigner le cœur d'une princesse?
Que dis-tu de me voir tomber si promptement
De toute la chaleur de mon ressentiment?
Et, malgré tant d'éclat, relâcher mon courage
Au pardon trop honteux d'un si cruel outrage?

ÉLISE.

Moi, je dis que d'un cœur que nous pouvons chérir
Une injure sans doute est bien dure à souffrir;
Mais que, s'il n'en est point qui davantage irrite,
Il n'en est point aussi qu'on pardonne si vite;
Et qu'un coupable aimé triomphe à nos genoux
De tous les prompts transports du plus bouillant courroux,
D'autant plus aisément, madame, quand l'offense
Dans un excès d'amour peut trouver sa naissance.
Ainsi, quelque dépit que l'on vous ait causé,
Je ne m'étonne point de le voir apaisé;
Et je sais quel pouvoir, malgré votre menace,
A de pareils forfaits donnera toujours grâce.

DONE ELVIRE.

Ah! sache, quelque ardeur qui m'impose des lois,

Que mon front a rougi pour la dernière fois ;
Et que, si désormais on pousse ma colère,
Il n'est point de retour qu'il faille qu'on espère.
Quand je pourrois reprendre un tendre sentiment,
C'est assez contre lui que l'éclat d'un serment :
Car enfin, un esprit qu'un peu d'orgueil inspire
Trouve beaucoup de honte à se pouvoir dédire ;
Et souvent, aux dépens d'un pénible combat,
Fait sur ses propres vœux un illustre attentat,
S'obstine par honneur, et n'a rien qu'il n'immole
A la noble fierté de tenir sa parole.
Ainsi, dans le pardon que l'on vient d'obtenir,
Ne prends point de clartés pour régler l'avenir ;
Et, quoi qu'à mes destins la fortune prépare,
Crois que je ne puis être au prince de Navarre,
Que de ces noirs accès qui troublent sa raison
Il n'ait fait éclater l'entière guérison,
Et réduit tout mon cœur, que ce mal persécute,
A n'en plus redouter l'affront d'une rechute[1].

ÉLISE.

Mais quel affront nous fait le transport d'un jaloux ?

DONE ELVIRE.

En est-il un qui soit plus digne de courroux ?
Et puisque notre cœur fait un effort extrême
Lorsqu'il se peut résoudre à confesser qu'il aime,
Puisque l'honneur du sexe, en tout temps rigoureux,
Oppose un fort obstacle à de pareils aveux,
L'amant qui voit pour lui franchir un tel obstacle
Doit-il impunément douter de cet oracle ?

---

1. Toute cette tirade est écrite dans le goût des tragi-comédies du temps, dont le style offroit un continuel mélange de subtilité italienne et d'emphase espagnole. (AUGER.)

Et n'est-il pas coupable, alors qu'il ne croit pas
Ce qu'on ne dit jamais qu'après de grands combats[1] ?
ÉLISE.
Moi, je tiens que toujours un peu de défiance
En ces occasions n'a rien qui nous offense ;
Et qu'il est dangereux qu'un cœur qu'on a charmé
Soit trop persuadé, madame, d'être aimé,
Si...
DONE ELVIRE.
N'en disputons plus. Chacun a sa pensée.
C'est un scrupule enfin dont mon âme est blessée ;
Et, contre mes désirs, je sens je ne sais quoi
Me prédire un éclat entre le prince et moi,
Qui, malgré ce qu'on doit aux vertus dont il brille...
Mais, ô ciel! en ces lieux Don Sylve de Castille!

SCÈNE II.

DONE ELVIRE, DON ALPHONSE, cru Don Sylve; ÉLISE.

DONE ELVIRE.
Ah! seigneur, par quel sort vous vois-je maintenant ?
DON ALPHONSE.
Je sais que mon abord, madame, est surprenant;
Et qu'être sans éclat entré dans cette ville,
Dont l'ordre d'un rival rend l'accès difficile ;
Qu'avoir pu me soustraire aux yeux de ses soldats,
C'est un événement que vous n'attendiez pas.
Mais si j'ai dans ces lieux franchi quelques obstacles,
L'ardeur de vous revoir peut bien d'autres miracles ;

---

1. Ces huit derniers vers sont reproduits, avec de faibles changements, à la scène III du quatrième acte du *Misanthrope*.

Tout mon cœur a senti par de trop rudes coups
Le rigoureux destin d'être éloigné de vous,
Et je n'ai pu nier au tourment qui le tue[1]
Quelques moments secrets d'une si chère vue.
Je viens vous dire donc que je rends grâce aux cieux
De vous voir hors des mains d'un tyran odieux.
Mais, parmi les douceurs d'une telle aventure,
Ce qui m'est un sujet d'éternelle torture,
C'est de voir qu'à mon bras les rigueurs de mon sort
Ont envié l'honneur de cet illustre effort,
Et fait à mon rival, avec trop d'injustice,
Offrir les doux périls d'un si fameux service.
Oui, madame, j'avois, pour rompre vos liens,
Des sentiments sans doute aussi beaux que les siens;
Et je pouvois pour vous gagner cette victoire,
Si le ciel n'eût voulu m'en dérober la gloire.

DONE ELVIRE.

Je sais, seigneur, je sais que vous avez un cœur
Qui des plus grands périls vous peut rendre vainqueur;
Et je ne doute point que ce généreux zèle,
Dont la chaleur vous pousse à venger ma querelle,
N'eût, contre les efforts d'un indigne projet,
Pu faire en ma faveur tout ce qu'un autre a fait.
Mais, sans cette action dont vous étiez capable,
Mon sort à la Castille est assez redevable.
On sait ce qu'en ami plein d'ardeur et de foi,
Le comte votre père a fait pour le feu roi :
Après l'avoir aidé jusqu'à l'heure dernière,

---

1. *Nier* était employé dans le sens de *refuser :*

> Tu ne lui peux nier un amour mutuel.
> (ROTROU, *Agésilan de Colchos.*)

ACTE III, SCÈNE II.

Il donne en ses États un asile à mon frère ;
Quatre lustres entiers il y cache son sort
Aux barbares fureurs de quelque lâche effort ;
Et, pour rendre à son front l'éclat d'une couronne,
Contre nos ravisseurs vous marchez en personne.
N'êtes-vous pas content? et ces soins généreux
Ne m'attachent-ils point par d'assez puissants nœuds?
Quoi ! votre âme, seigneur, seroit-elle obstinée
A vouloir asservir toute ma destinée?
Et faut-il que jamais il ne tombe sur nous
L'ombre d'un seul bienfait, qu'il ne vienne de vous?
Ah ! souffrez, dans les maux où mon destin m'expose,
Qu'au soin d'un autre aussi je doive quelque chose ;
Et ne vous plaignez point de voir un autre bras
Acquérir de la gloire où le vôtre n'est pas.

DON ALPHONSE.

Oui, madame, mon cœur doit cesser de s'en plaindre ;
Avec trop de raison vous voulez m'y contraindre ;
Et c'est injustement qu'on se plaint d'un malheur,
Quand un autre plus grand s'offre à notre douleur.
Ce secours d'un rival m'est un cruel martyre ;
Mais, hélas ! de mes maux ce n'est pas là le pire :
Le coup, le rude coup dont je suis atterré,
C'est de me voir par vous ce rival préféré.
Oui, je ne vois que trop que ses feux pleins de gloire
Sur les miens dans votre âme emportent la victoire ;
Et cette occasion de servir vos appas,
Cet avantage offert de signaler son bras,
Cet éclatant exploit qui vous fut salutaire,
N'est que le pur effet du bonheur de vous plaire,
Que le secret pouvoir d'un astre merveilleux,
Qui fait tomber la gloire où s'attachent vos vœux.

Ainsi tous mes efforts ne seront que fumée.
Contre vos fiers tyrans je conduis une armée ;
Mais je marche en tremblant à cet illustre emploi,
Assuré que vos vœux ne seront pas pour moi ;
Et que, s'ils sont suivis, la fortune prépare
L'heur des plus beaux succès aux soins de la Navarre.
Ah ! madame, faut-il me voir précipité
De l'espoir glorieux dont je m'étois flatté ?
Et ne puis-je savoir quels crimes on m'impute,
Pour avoir mérité cette effroyable chute ?

DONE ELVIRE.

Ne me demandez rien avant que regarder
Ce qu'à mes sentiments vous devez demander ;
Et, sur cette froideur qui semble vous confondre,
Répondez-vous, seigneur, ce que je puis répondre :
Car enfin tous vos soins ne sauroient ignorer
Quels secrets de votre âme on m'a su déclarer ;
Et je la crois, cette âme, et trop noble et trop haute,
Pour vouloir m'obliger à commettre une faute.
Vous-même, dites-vous s'il est de l'équité
De me voir couronner une infidélité ;
Si vous pouviez m'offrir, sans beaucoup d'injustice,*
Un cœur à d'autres yeux offert en sacrifice ;
Vous plaindre avec raison, et blâmer mes refus,
Lorsqu'ils veulent d'un crime affranchir vos vertus.
Oui, seigneur, c'est un crime ; et les premières flammes
Ont des droits si sacrés sur les illustres âmes
Qu'il faut perdre grandeurs et renoncer au jour,
Plutôt que de pencher vers un second amour[1].

* VAR. *Si vous pouvez m'offrir sans beaucoup d'injustice* (174).

1. On retrouve ces quatre vers dans *les Femmes savantes*, acte IV scène II ; quelques mots seulement sont changés.

J'ai pour vous cette ardeur que peut prendre l'estime
Pour un courage haut, pour un cœur magnanime;
Mais n'exigez de moi que ce que je vous dois,
Et soutenez l'honneur de votre premier choix.
Malgré vos feux nouveaux, voyez quelle tendresse
Vous conserve le cœur de l'aimable comtesse;
Ce que pour un ingrat, car vous l'êtes, seigneur,
Elle a d'un choix constant refusé de bonheur!
Quel mépris généreux, dans son ardeur extrême,
Elle a fait de l'éclat que donne un diadème!
Voyez combien d'efforts pour vous elle a bravés!
Et rendez à son cœur ce que vous lui devez.

DON ALPHONSE.

Ah! madame, à mes yeux n'offrez point son mérite:
Il n'est que trop présent à l'ingrat qui la quitte,
Et si mon cœur vous dit ce que pour elle il sent,
J'ai peur qu'il ne soit pas envers vous innocent.
Oui, ce cœur l'ose plaindre, et ne suit pas sans peine
L'impérieux effort de l'amour qui l'entraîne:
Aucun espoir pour vous n'a flatté mes désirs,
Qui ne m'ait arraché pour elle des soupirs;
Qui n'ait dans ses douceurs fait jeter à mon âme
Quelques tristes regards vers sa première flamme;
Se reprocher l'effet de vos divins attraits,
Et mêler des remords à mes plus chers souhaits.
J'ai fait plus que cela, puisqu'il vous faut tout dire:
Oui, j'ai voulu sur moi vous ôter votre empire,
Sortir de votre chaîne, et rejeter mon cœur
Sous le joug innocent de son premier vainqueur.
Mais, après mes efforts, ma constance abattue
Voit un cours nécessaire à ce mal qui me tue;
Et, dût être mon sort à jamais malheureux,

Je ne puis renoncer à l'espoir de mes vœux.
Je ne saurois souffrir l'épouvantable idée
De vous voir par un autre à mes yeux possédée ;
Et le flambeau du jour, qui m'offre vos appas,
Doit avant cet hymen éclairer mon trépas.
Je sais que je trahis une princesse aimable ;
Mais, madame, après tout, mon cœur est-il coupable?
Et le fort ascendant que prend votre beauté
Laisse-t-il aux esprits aucune liberté?
Hélas! je suis ici bien plus à plaindre qu'elle :
Son cœur, en me perdant, ne perd qu'un infidèle ;
D'un pareil déplaisir on se peut consoler ;
Mais moi, par un malheur qui ne peut s'égaler,
J'ai celui de quitter une aimable personne,
Et tous les maux encor que mon amour me donne.

DONE ELVIRE.

Vous n'avez que les maux que vous voulez avoir,
Et toujours notre cœur est en notre pouvoir.
Il peut bien quelquefois montrer quelque foiblesse ;
Mais enfin sur nos sens la raison, la maîtresse....*

SCÈNE III.

DON GARCIE, DONE ELVIRE, DON ALPHONSE,
cru Don Sylve.

DON GARCIE.

Madame, mon abord, comme je connois bien,
Assez mal à propos trouble votre entretien ;
Et mes pas en ce lieu, s'il faut que je le die,
Ne croyoient pas trouver si bonne compagnie.

VAR. *Mais enfin sur nos sens la raison est maîtresse* (1697, 1734).

DONE ELVIRE.

Cette vue, en effet, surprend au dernier point;
Et, de même que vous, je ne l'attendois point.

DON GARCIE.

Oui, madame, je crois que de cette visite,
Comme vous l'assurez, vous n'étiez point instruite.

(A Don Sylve.)

Mais, seigneur, vous deviez nous faire au moins l'honneur
De nous donner avis de ce rare bonheur,
Et nous mettre en état, sans nous vouloir surprendre,
De vous rendre en ces lieux ce qu'on voudroit vous rendre.

DON ALPHONSE.

Les héroïques soins vous occupent si fort
Que de vous en tirer, seigneur, j'aurois eu tort;
Et des grands conquérants les sublimes pensées
Sont aux civilités avec peine abaissées.

DON GARCIE.

Mais les grands conquérants, dont on vante les soins,
Loin d'aimer le secret, affectent les témoins;
Leur âme, dès l'enfance à la gloire élevée,
Les fait dans leurs projets aller tête levée;
Et, s'appuyant toujours sur des hauts sentiments,
Ne s'abaisse jamais à des déguisements.
Ne commettez-vous point vos vertus héroïques,
En passant dans ces lieux par des sourdes pratiques[1];
Et ne craignez-vous point qu'on puisse, aux yeux de tous,
Trouver cette action trop indigne de vous?

---

1. *Sourdes pratiques,* sourdes menées, intelligences secrètes. Racine a dit dans *Esther* :

> J'ai découvert au roi les sanglantes pratiques
> Que formoient contre lui deux ingrats domestiques.

DON ALPHONSE.

Je ne sais si quelqu'un blâmera ma conduite,
Au secret que j'ai fait d'une telle visite ;
Mais je sais qu'aux projets qui veulent la clarté,
Prince, je n'ai jamais cherché l'obscurité ;
Et quand j'aurai sur vous à faire une entreprise,
Vous n'aurez pas sujet de blâmer la surprise :
Il ne tiendra qu'à vous de vous en garantir,
Et l'on prendra le soin de vous en avertir.
Cependant, demeurons aux termes ordinaires,
Remettons nos débats après d'autres affaires ;
Et, d'un sang un peu chaud réprimant les bouillons,
N'oublions pas tous deux devant qui nous parlons.

DONE ELVIRE, à Don Garcie.

Prince, vous avez tort ; et sa visite est telle
Que vous...

DON GARCIE.

   Ah ! c'en est trop que prendre sa querelle,
Madame ; et votre esprit devroit feindre un peu mieux,
Lorsqu'il veut ignorer sa venue en ces lieux.
Cette chaleur si prompte à vouloir la défendre
Persuade assez mal qu'elle ait pu vous surprendre.

DONE ELVIRE.

Quoi que vous soupçonniez, il m'importe si peu
Que j'aurois du regret d'en faire un désaveu.

DON GARCIE.

Poussez donc jusqu'au bout cet orgueil héroïque,
Et que, sans hésiter, tout votre cœur s'explique :
C'est au déguisement donner trop de crédit.
Ne désavouez rien, puisque vous l'avez dit.
Tranchez, tranchez le mot, forcez toute contrainte ;
Dites que de ses feux vous ressentez l'atteinte,

Que pour vous sa présence a des charmes si doux...
DONE ELVIRE.
Et si je veux l'aimer, m'en empêcherez-vous?
Avez-vous sur mon cœur quelque empire à prétendre?
Et, pour régler mes vœux, ai-je votre ordre à prendre?
Sachez que trop d'orgueil a pu vous décevoir,
Si votre cœur sur moi s'est cru quelque pouvoir;
Et que mes sentiments sont d'une âme trop grande
Pour vouloir les cacher, lorsqu'on me les demande.
Je ne vous dirai point si le comte est aimé,
Mais apprenez de moi qu'il est fort estimé;
Que ses hautes vertus, pour qui je m'intéresse,
Méritent mieux que vous les vœux d'une princesse;
Que je garde aux ardeurs, aux soins qu'il me fait voir,
Tout le ressentiment qu'une âme puisse avoir[1];
Et que, si des destins la fatale puissance
M'ôte la liberté d'être sa récompense,
Au moins est-il en moi de promettre à ses vœux
Qu'on ne me verra point le butin de vos feux[2].
Et, sans vous amuser d'une attente frivole,
C'est à quoi je m'engage, et je tiendrai parole.
Voilà mon cœur ouvert, puisque vous le voulez,
Et mes vrais sentiments à vos yeux étalés.

---

1. *Ressentiment.* Ce mot exprimait le souvenir d'un bienfait comme celui d'une offense. Corneille, dans son *Remerciement à Mazarin,* en tête de *Pompée,* dit en parlant de ses vers :

L'impatient transport de mon ressentiment
N'a pu pour les polir m'accorder un moment.

Racine écrivait à son fils en 1698 : « Vous savez comme ma femme est reconnoissante; il n'y a chose au monde qu'elle ne fît pour marquer à M. de Bonrepoix le ressentiment des bontés qu'il a pour vous. »

2. On dirait mieux : la proie de vos feux. Dans ces métaphores, on ne peut remplacer par un synonyme le mot qui est consacré.

Êtes-vous satisfait? et mon âme attaquée
S'est-elle, à votre avis, assez bien expliquée?
Voyez, pour vous ôter tout lieu de soupçonner,
S'il reste quelque jour encore à vous donner.
(A Don Sylve.)
Cependant, si vos soins s'attachent à me plaire,
Songez que votre bras, comte, m'est nécessaire;
Et, d'un capricieux quels que soient les transports,
Qu'à punir nos tyrans il doit tous ses efforts.
Fermez l'oreille enfin à toute sa furie ;
Et, pour vous y porter, c'est moi qui vous en prie.

SCÈNE IV.

DON GARCIE, DON ALPHONSE, cru don Sylve.

DON GARCIE.

Tout vous rit, et votre âme, en cette occasion,
Jouit superbement de ma confusion.
Il vous est doux de voir un aveu plein de gloire
Sur les feux d'un rival marquer votre victoire ;
Mais c'est à votre joie un surcroît sans égal,
D'en avoir pour témoins les yeux de ce rival ;
Et mes prétentions, hautement étouffées,
A vos vœux triomphants sont d'illustres trophées.
Goûtez à pleins transports ce bonheur éclatant ;
Mais sachez qu'on' n'est pas encore où l'on prétend.
La fureur qui m'anime a de trop justes causes,
Et l'on verra peut-être arriver bien des choses.
Un désespoir va loin quand il est échappé,
Et tout est pardonnable à qui se voit trompé.
Si l'ingrate, à mes yeux, pour flatter votre flamme,
A jamais n'être à moi vient d'engager son âme,

Je saurai bien trouver, dans mon juste courroux,
Les moyens d'empêcher qu'elle ne soit à vous.

DON ALPHONSE.

Cet obstacle n'est pas ce qui me met en peine.
Nous verrons quelle attente en tout cas sera vaine ;
Et chacun de ses feux pourra, par sa valeur,
Ou défendre la gloire, ou venger le malheur.
Mais comme, entre rivaux, l'âme la plus posée
A des termes d'aigreur trouve une pente aisée,
Et que je ne veux point qu'un pareil entretien
Puisse trop échauffer votre esprit et le mien,
Prince, affranchissez-moi d'une gêne secrète,
Et me donnez moyen de faire ma retraite.

DON GARCIE.

Non, non, ne craignez point qu'on pousse votre esprit
A violer ici l'ordre qu'on vous prescrit.
Quelque juste fureur qui me presse et vous flatte,
Je sais, comte, je sais quand il faut qu'elle éclate.
Ces lieux vous sont ouverts : oui, sortez-en, sortez,
Glorieux des douceurs que vous en remportez ;
Mais, encore une fois, apprenez que ma tête
Peut seule dans vos mains mettre votre conquête.

DON ALPHONSE.

Quand nous en serons là, le sort en notre bras
De tous nos intérêts videra les débats[1].

---

1. En se reportant à l'analyse que, dans notre notice préliminaire, nous avons donnée de la pièce de Cicognini, on remarquera les modifications que Molière a faites à l'intrigue. Elles sont surtout importantes dans cet acte. Don Alphonse est le frère de Done Elvire, à son insu et à l'insu de celle-ci. Il l'aime d'un amour indécis, et en regrettant toujours la comtesse Ignès, qu'il doit épouser au dénoûment. Ces nouvelles combinaisons n'ajoutent rien à l'intérêt de la fable, qu'elles compliquent.

ACTE QUATRIÈME.

SCÈNE PREMIÈRE.
DONE ELVIRE, DON ALVAR.

DONE ELVIRE.
Retournez, Don Alvar, et perdez l'espérance
De me persuader l'oubli de cette offense.
Cette plaie en mon cœur ne sauroit se guérir,
Et les soins qu'on en prend ne font rien que l'aigrir.
A quelques faux respects croit-il que je défère?
Non, non : il a poussé trop avant ma colère ;
Et son vain repentir, qui porte ici vos pas,
Sollicite un pardon que vous n'obtiendrez pas.

DON ALVAR.
Madame, il fait pitié. Jamais cœur, que je pense,
Par un plus vif remords n'expia son offense ;
Et si dans sa douleur vous le considériez,
Il toucheroit votre âme, et vous l'excuseriez.
On sait bien que le prince est dans un âge à suivre
Les premiers mouvements où son âme se livre,
Et qu'en un sang bouillant toutes les passions
Ne laissent guère place à des réflexions.
Don Lope, prévenu d'une fausse lumière,
De l'erreur de son maître a fourni la matière.
Un bruit assez confus, dont le zèle indiscret
A de l'abord du comte éventé le secret,

Vous avoit mise aussi de cette intelligence
Qui, dans ces lieux gardés, a donné sa présence[1].
Le prince a cru l'avis, et son amour séduit
Sur une fausse alarme a fait tout ce grand bruit;
Mais d'une telle erreur son âme est revenue :
Votre innocence enfin lui vient d'être connue,
Et Don Lope qu'il chasse est un visible effet
Du vif remords qu'il sent de l'éclat qu'il a fait.

DONE ELVIRE.

Ah! c'est trop promptement qu'il croit mon innocence;
Il n'en a pas encore une entière assurance :
Dites-lui, dites-lui qu'il doit bien tout peser,
Et ne se hâter point, de peur de s'abuser.

DON ALVAR.

Madame, il sait trop bien...

DONE ELVIRE.

Mais, Don Alvar, de grâce,
N'étendons pas plus loin un discours qui me lasse :
Il réveille un chagrin qui vient, à contre-temps,
En troubler dans mon cœur d'autres plus importants.
Oui, d'un trop grand malheur la surprise me presse;
Et le bruit du trépas de l'illustre comtesse
Doit s'emparer si bien de tout mon déplaisir
Qu'aucun autre souci n'a droit de me saisir.

DON ALVAR.

Madame, ce peut être une fausse nouvelle;
Mais mon retour au prince en porte une cruelle.

DONE ELVIRE.

De quelque grand ennui qu'il puisse être agité,
Il en aura toujours moins qu'il n'a mérité.

---

1. C'est-à-dire : vous avait présentée comme étant d'intelligence avec ceux qui ont facilité son entrée dans cette place.

SCÈNE II.

DONE ELVIRE, ÉLISE.

ÉLISE.

J'attendois qu'il sortît, madame, pour vous dire
Ce qui veut maintenant que votre âme respire[1],
Puisque votre chagrin, dans un moment d'ici,
Du sort de Done Ignès peut se voir éclairci.
Un inconnu, qui vient pour cette confidence,
Vous fait, par un des siens, demander audience.

DONE ELVIRE.

Élise, il faut le voir; qu'il vienne promptement.

ÉLISE.

Mais il veut n'être vu que de vous seulement;
Et par cet envoyé, madame, il sollicite
Qu'il puisse sans témoins vous rendre sa visite.

DONE ELVIRE.

Hé bien! nous serons seuls; et je vais l'ordonner,
Tandis que tu prendras le soin de l'amener.
Que mon impatience en ce moment est forte!
O destin! est-ce joie ou douleur qu'on m'apporte?

SCÈNE III.

DON PÈDRE, ÉLISE.

ÉLISE.

Où...?

DON PÈDRE.

Si vous me cherchez, madame, me voici.

---

1. *Ce qu'il veut maintenant*, dans l'édition de 1682. La correction est d'Auger.

ÉLISE.

En quel lieu votre maître...?

DON PÈDRE.

Il est proche d'ici.
Le ferai-je venir?

ÉLISE.

Dites-lui qu'il s'avance,
Assuré qu'on l'attend avec impatience,
Et qu'il ne se verra d'aucuns yeux éclairé¹.

(Seule.)

Je ne sais quel secret en doit être auguré.
Tant de précautions qu'il affecte de prendre...
Mais le voici déjà.

SCÈNE IV.

DONE IGNÈS, déguisée en homme; ÉLISE.

ÉLISE.

Seigneur, pour vous attendre
On a fait... Mais que vois-je? Ah! madame, mes yeux...

DONE IGNÈS.

Ne me découvrez point, Élise, dans ces lieux,
Et laissez respirer ma triste destinée
Sous une feinte mort que je me suis donnée.
C'est elle qui m'arrache à tous mes fiers tyrans,
Car je puis sous ce nom comprendre mes parents.
J'ai par elle évité cet hymen redoutable
Pour qui j'aurois souffert une mort véritable;
Et, sous cet équipage et le bruit de ma mort,
Il faut cacher à tous le secret de mon sort,

---

1. *Éclairé*, épié; nous avons déjà vu ce mot employé en ce sens dans *l'Étourdi*, acte Iᵉʳ, scène IV.

Pour me voir à l'abri de l'injuste poursuite
Qui pourroit dans ces lieux persécuter ma fuite.

ÉLISE.

Ma surprise en public eût trahi vos désirs.
Mais allez là-dedans étouffer des soupirs,
Et, des charmants transports d'une pleine allégresse,
Saisir à votre aspect le cœur de la princesse.
Vous la trouverez seule : elle-même a pris soin
Que votre abord fût libre, et n'eût aucun témoin.

SCÈNE V.

DON ALVAR, ÉLISE.

ÉLISE.

Vois-je pas Don Alvar?

DON ALVAR.

Le prince me renvoie
Vous prier que pour lui votre crédit s'emploie.
De ses jours, belle Élise, on doit n'espérer rien,
S'il n'obtient par vos soins un moment d'entretien;
Son âme a des transports... Mais le voici lui-même.

SCÈNE VI.

DON GARCIE, DON ALVAR, ÉLISE.

DON GARCIE.

Ah! sois un peu sensible à ma disgrâce extrême,
Élise, et prends pitié d'un cœur infortuné,
Qu'aux plus vives douleurs tu vois abandonné.

ÉLISE.

C'est avec d'autres yeux que ne fait la princesse,
Seigneur, que je verrois le tourment qui vous presse;

ACTE IV, SCÈNE VI. 435

Mais nous avons du ciel, ou du tempérament,
Que nous jugeons de tout chacun diversement :
Et, puisqu'elle vous blâme et que sa fantaisie
Lui fait un monstre affreux de votre jalousie,
Je serois complaisant¹, et voudrois m'efforcer
De cacher à ses yeux ce qui peut les blesser.
Un amant suit sans doute une utile méthode,
S'il fait qu'à notre humeur la sienne s'accommode;
Et cent devoirs font moins que ces ajustements²,
Qui font croire en deux cœurs les mêmes sentiments.
L'art de ces deux rapports³ fortement les assemble,
Et nous n'aimons rien tant que ce qui nous ressemble.

DON GARCIE.

Je le sais; mais, hélas! les destins inhumains
S'opposent à l'effet de ces justes desseins,
Et, malgré tous mes soins, viennent toujours me tendre
Un piège dont mon cœur ne sauroit se défendre.
Ce n'est pas que l'ingrate, aux yeux de mon rival,
N'ait fait contre mes feux un aveu trop fatal,
Et témoigné pour lui des excès de tendresse
Dont le cruel objet me reviendra sans cesse;
Mais, comme trop d'ardeur enfin m'avoit séduit,
Quand j'ai cru qu'en ces lieux elle l'ait introduit,*
D'un trop cuisant ennui je sentirois l'atteinte
A lui laisser sur moi quelque sujet de plainte.
Oui, je veux faire au moins, si je m'en vois quitté,

* VAR. *Quand j'ai cru qu'en ces lieux elle l'eût introduit* (1718, 1734).

1. Sous-entendu : si j'étais à votre place.
2. *Ajustement, s'ajuster*, signifiaient *accommodement, s'accommoder*. « Il est plus court et plus aisé, dit La Bruyère, de cadrer avec les autres que de faire que les autres s'ajustent à nous. »
3. *Deux rapports* dans toutes les éditions. Peut-être faut-il lire *doux rapports*. (E. DESPOIS.)

Que ce soit de son cœur pure infidélité,
Et, venant m'excuser d'un trait de promptitude,
Dérober tout prétexte à son ingratitude.

ÉLISE.

Laissez un peu de temps à son ressentiment,
Et ne la voyez point, seigneur, si promptement.

DON GARCIE.

Ah! si tu me chéris, obtiens que je la voie :
C'est une liberté qu'il faut qu'elle m'octroie ;
Je ne pars point d'ici qu'au moins son fier dédain...

ÉLISE.

De grâce, différez l'effet de ce dessein.

DON GARCIE.

Non, ne m'oppose point une excuse frivole.

ÉLISE, à part.

Il faut que ce soit elle, avec une parole,
Qui trouve les moyens de le faire en aller.

(A Don Garcie.)

Demeurez donc, seigneur ; je m'en vais lui parler.

DON GARCIE.

Dis-lui que j'ai d'abord banni de ma présence
Celui dont les avis ont causé mon offense ;
Que Don Lope jamais...

SCÈNE VII.

DON GARCIE, DON ALVAR.

DON GARCIE, regardant par la porte, qu'Élise a laissée entr'ouverte.

Que vois-je? ô justes cieux !
Faut-il que je m'assure au rapport de mes yeux?
Ah ! sans doute ils me sont des témoins trop fidèles !
Voilà le comble affreux de mes peines mortelles !

Voici le coup fatal qui devoit m'accabler!
Et quand par des soupçons je me sentois troubler,
C'étoit, c'étoit le ciel, dont la sourde menace
Présageoit à mon cœur cette horrible disgrâce.

DON ALVAR.

Qu'avez-vous vu, seigneur, qui vous puisse émouvoir[1]?

DON GARCIE.

J'ai vu ce que mon âme a peine à concevoir;
Et le renversement de toute la nature
Ne m'étonneroit pas comme cette aventure.
C'en est fait... le destin... Je ne saurois parler.

DON ALVAR.

Seigneur, que votre esprit tâche à se rappeler.

DON GARCIE.

J'ai vu... Vengeance! ô ciel!

DON ALVAR.

Quelle atteinte soudaine...?

DON GARCIE.

J'en mourrai, Don Alvar, la chose est bien certaine.

DON ALVAR.

Mais, seigneur, qui pourroit...?

DON GARCIE.

Ah! tout est ruiné;
Je suis, je suis trahi, je suis assassiné[2] :
Un homme..... sans mourir te le puis-je bien dire?
Un homme dans les bras de l'infidèle Elvire!

DON ALVAR.

Ah! seigneur, la princesse est vertueuse au point...

---

1. Ce vers et les cinq qui suivent sont dans *le Misanthrope,* acte IV, scène II.
2. Ce vers et le précédent sont aussi dans *le Misanthrope,* acte IV, scène II.

DON GARCIE.

Ah! sur ce que j'ai vu ne me contestez point,
Don Alvar : c'en est trop que soutenir sa gloire,
Lorsque mes yeux font foi d'une action si noire.

DON ALVAR.

Seigneur, nos passions nous font prendre souvent
Pour chose véritable un objet décevant;
Et de croire qu'une âme à la vertu nourrie
Se puisse...

DON GARCIE.

Don Alvar, laissez-moi, je vous prie :
Un conseiller me choque en cette occasion,
Et je ne prends avis que de ma passion.

DON ALVAR, à part.

Il ne faut rien répondre à cet esprit farouche.

DON GARCIE.

Ah! que sensiblement cette atteinte me touche!
Mais il faut voir qui c'est, et de ma main punir...
La voici. Ma fureur, te peux-tu retenir?

SCÈNE VIII.

DONE ELVIRE, DON GARCIE, DON ALVAR.

DONE ELVIRE.

Hé bien! que voulez-vous? et quel espoir de grâce,
Après vos procédés, peut flatter votre audace?
Osez-vous à mes yeux encor vous présenter?
Et que me direz-vous que je doive écouter?

DON GARCIE.

Que toutes les horreurs dont une âme est capable
A vos déloyautés n'ont rien de comparable;
Que le sort, les démons, et le ciel en courroux,

N'ont jamais rien produit de si méchant que vous[1].
DONE ELVIRE.
Ah! vraiment, j'attendois l'excuse d'un outrage ;
Mais, à ce que je vois, c'est un autre langage.
DON GARCIE.
Oui, oui, c'en est un autre, et vous n'attendiez pas
Que j'eusse découvert le traître dans vos bras ;
Qu'un funeste hasard, par la porte entr'ouverte,
Eût offert à mes yeux votre honte et ma perte.
Est-ce l'heureux amant sur ses pas revenu,
Ou quelque autre rival qui m'étoit inconnu ?
O ciel ! donne à mon cœur des forces suffisantes
Pour pouvoir supporter des douleurs si cuisantes !
Rougissez maintenant, vous en avez raison,
Et le masque est levé de votre trahison.
Voilà ce que marquoient les troubles de mon âme ;
Ce n'étoit pas en vain que s'alarmoit ma flamme ;
Par ces fréquents soupçons qu'on trouvoit odieux,
Je cherchois le malheur qu'ont rencontré mes yeux ;
Et, malgré tous vos soins et votre adresse à feindre,
Mon astre me disoit ce que j'avois à craindre.
Mais ne présumez pas que, sans être vengé,
Je souffre le dépit de me voir outragé.
Je sais que sur les vœux on n'a point de puissance ;
Que l'amour veut partout naître sans dépendance ;
Que jamais par la force on n'entra dans un cœur ;
Et que toute âme est libre à nommer son vainqueur :
Aussi ne trouverois-je aucun sujet de plainte,
Si pour moi votre bouche avoit parlé sans feinte ;

---

1. Ces quatre derniers vers se retrouvent dans *le Misanthrope*, acte IV, scène III.

Et, son arrêt livrant mon espoir à la mort,
Mon cœur n'auroit eu droit de s'en prendre qu'au sort.
Mais d'un aveu trompeur voir ma flamme applaudie,
C'est une trahison, c'est une perfidie
Qui ne sauroit trouver de trop grands châtiments;
Et je puis tout permettre à mes ressentiments.
Non, non, n'espérez rien après un tel outrage;
Je ne suis plus à moi, je suis tout à la rage[1].
Trahi de tous côtés, mis dans un triste état,
Il faut que mon amour se venge avec éclat;
Qu'ici j'immole tout à ma fureur extrême,
Et que mon désespoir achève par moi-même.

DONE ELVIRE.

Assez paisiblement vous a-t-on écouté?
Et pourrai-je à mon tour parler en liberté?

DON GARCIE.

Et par quels beaux discours, que l'artifice inspire...?

DONE ELVIRE.

Si vous avez encor quelque chose à me dire,
Vous pouvez l'ajouter, je suis prête à l'ouïr;
Sinon, faites au moins que je puisse jouir
De deux ou trois moments de paisible audience.

DON GARCIE.

Hé bien! j'écoute. O ciel! quelle est ma patience!

DONE ELVIRE.

Je force ma colère, et veux, sans nulle aigreur,
Répondre à ce discours si rempli de fureur.

DON GARCIE.

C'est que vous voyez bien...

---

1. Tout ce morceau depuis : « Rougissez maintenant », jusqu'à : « Je ne suis plus à moi, je suis tout à la rage », a été employé dans la troisième scène du quatrième acte du *Misanthrope*.

ACTE IV, SCÈNE VIII.

DONE ELVIRE.

Ah! j'ai prêté l'oreille
Autant qu'il vous a plu ; rendez-moi la pareille.
J'admire mon destin, et jamais sous les cieux
Il ne fut rien, je crois, de si prodigieux,
Rien dont la nouveauté soit plus inconcevable,
Et rien que la raison rende moins supportable.
Je me vois un amant qui, sans se rebuter,
Applique tous ses soins à me persécuter ;
Qui, dans tout cet amour que sa bouche m'exprime,
Ne conserve pour moi nul sentiment d'estime ;
Rien, au fond de ce cœur qu'ont pu blesser mes yeux,
Qui fasse droit au sang que j'ai reçu des cieux,
Et de mes actions défende l'innocence
Contre le moindre effort d'une fausse apparence.
Oui, je vois...

(Don Garcie montre de l'impatience pour parler.)

Ah! surtout ne m'interrompez point.
Je vois, dis-je, mon sort malheureux à ce point
Qu'un cœur qui dit qu'il m'aime, et qui doit faire croire
Que, quand tout l'univers douteroit de ma gloire,
Il voudroit contre tous en être le garant,
Est celui qui s'en fait l'ennemi le plus grand.
On ne voit échapper aux soins que prend sa flamme
Aucune occasion de soupçonner mon âme ;
Mais c'est peu des soupçons, il en fait des éclats
Que, sans être blessé, l'amour ne souffre pas.
Loin d'agir en amant qui, plus que la mort même,
Appréhende toujours d'offenser ce qu'il aime,
Qui se plaint doucement, et cherche avec respect
A pouvoir s'éclaircir de ce qu'il croit suspect,
A toute extrémité dans ses doutes il passe ;

Et ce n'est que fureur, qu'injure, et que menace.
Cependant aujourd'hui je veux fermer les yeux
Sur tout ce qui devroit me le rendre odieux,
Et lui donner moyen, par une bonté pure,
De tirer son salut d'une nouvelle injure.
Ce grand emportement qu'il m'a fallu souffrir
Part de ce qu'à vos yeux le hasard vient d'offrir.
J'aurois tort de vouloir démentir votre vue,
Et votre âme sans doute a dû paroître émue[1].

DON GARCIE.

Et n'est-ce pas...

DONE ELVIRE.

Encore un peu d'attention,
Et vous allez savoir ma résolution.
Il faut que de nous deux le destin s'accomplisse :
Vous êtes maintenant sur un grand précipice,
Et ce que votre cœur pourra délibérer
Va vous y faire choir, ou bien vous en tirer.
Si, malgré cet objet qui vous a pu surprendre,
Prince, vous me rendez ce que vous devez rendre,
Et ne demandez point d'autre preuve que moi
Pour condamner l'erreur du trouble où je vous voi ;
Si de vos sentiments la prompte déférence
Veut sur ma seule foi croire mon innocence,
Et de tous vos soupçons démentir le crédit
Pour croire aveuglément ce que mon cœur vous dit,
Cette soumission, cette marque d'estime,

---

1. Don Elvire, par cet aveu, fait preuve de modération et de bonne foi. En général on peut dire que ce rôle est bien pensé et bien écrit ; il offre un mélange intéressant de sensibilité et de raison, d'amour et de fierté. Si le personnage d'Elvire et celui de Don Garcie avaient été placés dans une fable moins romanesque, et entourés de personnages accessoires plus heureusement imaginés, la pièce aurait éprouvé un sort moins rigoureux. (AUGER.)

ACTE IV, SCÈNE VIII.

Du passé dans ce cœur efface tout le crime ;
Je rétracte, à l'instant, ce qu'un juste courroux
M'a fait, dans la chaleur, prononcer contre vous ;
Et si je puis un jour choisir ma destinée,
Sans choquer les devoirs du rang où je suis née,
Mon honneur, satisfait par ce respect soudain,
Promet à votre amour et mes vœux et ma main.
Mais prêtez bien l'oreille à ce que je vais dire :
Si cet offre[1] sur vous obtient si peu d'empire
Que vous me refusiez de me faire entre nous
Un sacrifice entier de vos soupçons jaloux ;
S'il ne vous suffit pas de toute l'assurance
Que vous peuvent donner mon cœur et ma naissance,
Et que de votre esprit les ombrages puissants
Forcent mon innocence à convaincre vos sens,
Et porter à vos yeux l'éclatant témoignage
D'une vertu sincère à qui l'on fait outrage ;
Je suis prête à le faire, et vous serez content.
Mais il vous faut de moi détacher à l'instant,
A mes vœux pour jamais renoncer de vous-même ;
Et j'atteste du ciel la puissance suprême
Que, quoi que le destin puisse ordonner de nous,
Je choisirai plutôt d'être à la mort qu'à vous.
Voilà dans ces deux choix de quoi vous satisfaire :
Avisez maintenant celui qui peut vous plaire[2].

---

1. *Cet offre* dans l'édition de 1682. *Cette offre* dans l'édition de 1734.
2. L'alternative est cruelle : quelle surprise elle doit causer à Don Garcie! On lui offre sa grâce, lorsqu'il vient pour accuser ; on convient de tout, et il faut qu'il ne croie à rien. Il est difficile d'imaginer une situation plus forte. C'est pour cette scène que la pièce a été faite ; elle se trouve, comme on l'a vu, dans l'auteur italien, et c'est elle qui inspira sans doute à Molière le désir de traiter ce sujet du *Prince jaloux*. On est ici, en effet, aussi près que possible de la haute comédie. (AIMÉ MARTIN.)

DON GARCIE.

Juste ciel! jamais rien peut-il être inventé
Avec plus d'artifice et de déloyauté?
Tout ce que des enfers la malice étudie
A-t-il rien de si noir que cette perfidie?
Et peut-elle trouver dans toute sa rigueur
Un plus cruel moyen d'embarrasser un cœur?
Ah! que vous savez bien ici contre moi-même[1],
Ingrate, vous servir de ma foiblesse extrême,
Et ménager pour vous l'effort prodigieux
De ce fatal amour né de vos traîtres yeux!
Parce qu'on est surprise, et qu'on manque d'excuse,
D'une offre de pardon on emprunte la ruse :
Votre feinte douceur forge un amusement,
Pour divertir l'effet de mon ressentiment;
Et, par le nœud subtil du choix qu'elle embarrasse,
Veut soustraire un perfide au coup qui le menace.
Oui, vos dextérités veulent me détourner
D'un éclaircissement qui vous doit condamner;
Et votre âme, feignant une innocence entière,
Ne s'offre à m'en donner une pleine lumière
Qu'à des conditions, qu'après d'ardents souhaits :
Vous pensez que mon cœur n'acceptera jamais;
Mais vous serez trompée en me croyant surprendre.
Oui, oui, je prétends voir ce qui doit vous défendre,
Et quel fameux prodige, accusant ma fureur,
Peut de ce que j'ai vu justifier l'horreur.

DONE ELVIRE.

Songez que par ce choix vous allez vous prescrire

---

1. Ce vers et les trois qui suivent sont dans *le Misanthrope*, acte IV, scène III.

De ne plus rien prétendre au cœur de Done Elvire.
DON GARCIE.
Soit. Je souscris à tout; et mes vœux, aussi bien,
En l'état où je suis, ne prétendent plus rien.
DONE ELVIRE.
Vous vous repentirez de l'éclat que vous faites.
DON GARCIE.
Non, non, tous ces discours sont de vaines défaites;
Et c'est moi bien plutôt qui dois vous avertir
Que quelque autre dans peu se pourra repentir :
Le traître, quel qu'il soit, n'aura pas l'avantage
De dérober sa vie à l'effort de ma rage.
DONE ELVIRE.
Ah! c'est trop en souffrir, et mon cœur irrité
Ne doit plus conserver une sotte bonté;
Abandonnons l'ingrat à son propre caprice;
Et, puisqu'il veut périr, consentons qu'il périsse.
(A Don Garcie.)
Élise... A cet éclat vous voulez me forcer;
Mais je vous apprendrai que c'est trop m'offenser.

SCÈNE IX.

DONE ELVIRE, DON GARCIE, ÉLISE, DON ALVAR.

DONE ELVIRE, à Élise.
Faites un peu sortir la personne chérie...
Allez, vous m'entendez; dites que je l'en prie.
DON GARCIE.
Et je puis...
DONE ELVIRE.
Attendez, vous serez satisfait.

ÉLISE, à part, en sortant.

Voici de son jaloux, sans doute, un nouveau trait.

DONE ELVIRE.

Prenez garde qu'au moins cette noble colère
Dans la même fierté jusqu'au bout persévère ;
Et surtout désormais songez bien à quel prix
Vous avez voulu voir vos soupçons éclaircis.

SCÈNE X.

DONE ELVIRE, DON GARCIE,
DONE IGNÈS, déguisée en homme; ÉLISE, DON ALVAR.

DONE ELVIRE, à Don Garcie, en lui montrant Done Ignès.

Voici, grâces au ciel, ce qui les a fait naître,
Ces soupçons obligeants que l'on me fait paroître ;
Voyez bien ce visage, et si de Done Ignès
Vos yeux au même instant n'y connoissent les traits.

DON GARCIE.

O ciel !

DONE ELVIRE.

Si la fureur dont votre âme est émue
Vous trouble jusque-là l'usage de la vue,
Vous avez d'autres yeux à pouvoir consulter,
Qui ne vous laisseront aucun lieu de douter.
Sa mort est une adresse au besoin inventée
Pour fuir l'autorité qui l'a persécutée ;
Et sous un tel habit elle cachoit son sort,
Pour mieux jouir du fruit de cette feinte mort.

(A Done Ignès.)

Madame, pardonnez s'il faut que je consente
A trahir vos secrets et tromper votre attente ;
Je me vois exposée à sa témérité ;

Toutes mes actions n'ont plus de liberté,
Et mon honneur, en butte aux soupçons qu'il peut prendre,
Est réduit à toute heure aux soins de se défendre.
Nos doux embrassements, qu'a surpris ce jaloux,
De cent indignités m'ont fait souffrir les coups.
Oui, voilà le sujet d'une fureur si prompte,
Et l'assuré témoin qu'on produit de ma honte.
(A Don Garcie.)
Jouissez à cette heure, en tyran absolu,
De l'éclaircissement que vous avez voulu ;
Mais sachez que j'aurai sans cesse la mémoire
De l'outrage sanglant qu'on a fait à ma gloire ;
Et, si je puis jamais oublier mes serments,
Tombent sur moi du ciel les plus grands châtiments!
Qu'un tonnerre éclatant mette ma tête en poudre,
Lorsqu'à souffrir vos feux je pourrai me résoudre!
Allons, madame, allons, ôtons-nous de ces lieux,
Qu'infectent les regards d'un monstre furieux ;
Fuyons-en promptement l'atteinte envenimée,
Évitons les effets de sa rage animée,
Et ne faisons des vœux, dans nos justes desseins,
Que pour nous voir bientôt affranchir de ses mains.

DONE IGNÈS, à Don Garcie.
Seigneur, de vos soupçons l'injuste violence
A la même vertu vient de faire une offense.

SCÈNE XI.

DON GARCIE, DON ALVAR.

DON GARCIE.
Quelles tristes clartés, dissipant mon erreur,
Enveloppent mes sens d'une profonde horreur,

Et ne laissent plus voir à mon âme abattue
Que l'effroyable objet d'un remords qui me tue !
Ah ! Don Alvar, je vois que vous avez raison ;
Mais l'enfer dans mon cœur a soufflé son poison ;
Et, par un trait fatal d'une rigueur extrême,
Mon plus grand ennemi se rencontre en moi-même.
Que me sert-il d'aimer du plus ardent amour
Qu'une âme consumée ait jamais mis au jour,
Si, par ces mouvements qui font toute ma peine,
Cet amour à tout coup se rend digne de haine ?
Il faut, il faut venger par mon juste trépas
L'outrage que j'ai fait à ses divins appas ;
Aussi bien quels conseils aujourd'hui puis-je suivre ?
Ah ! j'ai perdu l'objet pour qui j'aimois à vivre.
Si j'ai pu renoncer à l'espoir de ses vœux,
Renoncer à la vie est beaucoup moins fâcheux.

DON ALVAR.

Seigneur...

DON GARCIE.

Non, Don Alvar, ma mort est nécessaire,
Il n'est soins ni raisons qui m'en puissent distraire ;
Mais il faut que mon sort, en se précipitant,
Rende à cette princesse un service éclatant ;
Et je veux me chercher, dans cette illustre envie,
Les moyens glorieux de sortir de la vie ;
Faire, par un grand coup qui signale ma foi,
Qu'en expirant pour elle elle ait regret à moi ;
Et qu'elle puisse dire, en se voyant vengée :
« C'est par son trop d'amour qu'il m'avoit outragée. »
Il faut que de ma main un illustre attentat
Porte une mort trop due au sein de Mauregat ;
Que j'aille prévenir, par une belle audace,

Le coup dont la Castille avec bruit le menace ;
Et j'aurai des douceurs dans mon instant fatal,
De ravir cette gloire à l'espoir d'un rival.

DON ALVAR.

Un service, seigneur, de cette conséquence
Auroit bien le pouvoir d'effacer votre offense ;
Mais hasarder...

DON GARCIE.

Allons, par un juste devoir,
Faire à ce noble effort servir mon désespoir[1].

1. Cette résolution que prend Don Garcie d'aller combattre les ennemis de Done Elvire, et de sacrifier sa vie pour elle, renoue l'action. Ce beau mouvement est une heureuse invention de Molière, à qui le cinquième acte appartient presque tout entier.

ACTE CINQUIÈME.

SCÈNE PREMIÈRE.
DON ALVAR, ÉLISE.

DON ALVAR.
Oui, jamais il ne fut de si rude surprise.
Il venoit de former cette haute entreprise ;
A l'avide désir d'immoler Mauregat,
De son prompt désespoir il tournoit tout l'éclat ;
Ses soins précipités vouloient à son courage
De cette juste mort assurer l'avantage,
Y chercher son pardon, et prévenir l'ennui
Qu'un rival partageât cette gloire avec lui.
Il sortoit de ces murs, quand un bruit trop fidèle
Est venu lui porter la fâcheuse nouvelle
Que ce même rival, qu'il vouloit prévenir,
A remporté l'honneur qu'il pensoit obtenir,
L'a prévenu lui-même en immolant le traître,
Et pousse dans ce jour[1] Don Alphonse à paroître,
Qui d'un si prompt succès va goûter la douceur
Et vient prendre en ces lieux la princesse sa sœur.
Et, ce qui n'a pas peine à gagner la croyance,
On entend publier que c'est la récompense
Dont il prétend payer le service éclatant
Du bras qui lui fait jour au trône qui l'attend.

1. *Et poussé dans ce jour*, dans l'édition de 1734.

ÉLISE.

Oui, Done Elvire a su ces nouvelles semées,
Et du vieux Don Louis les trouve confirmées,
Qui vient de lui mander que Léon, dans ce jour,
De Don Alphonse et d'elle attend l'heureux retour ;
Et que c'est là qu'on doit, par un revers prospère,
Lui voir prendre un époux de la main de ce frère.
Dans ce peu qu'il en dit, il donne assez à voir
Que Don Sylve est l'époux qu'elle doit recevoir.

DON ALVAR.

Ce coup au cœur du prince...

ÉLISE.

Est sans doute bien rude,
Et je le trouve à plaindre en son inquiétude.
Son intérêt pourtant, si j'en ai bien jugé,
Est encor cher au cœur qu'il a tant outragé ;
Et je n'ai point connu qu'à ce succès qu'on vante
La princesse ait fait voir une âme fort contente
De ce frère qui vient, et de la lettre aussi ;
Mais...

SCÈNE II.

DONE ELVIRE, DONE IGNÈS, déguisée en homme; ÉLISE, DON ALVAR.

DONE ELVIRE.

Faites, Don Alvar, venir le prince ici.

(Don Alvar sort.)

Souffrez que devant vous je lui parle, madame,
Sur cet événement dont on surprend mon âme ;
Et ne m'accusez point d'un trop prompt changement,
Si je perds contre lui tout mon ressentiment.

Sa disgrâce imprévue a pris droit de l'éteindre ;
Sans lui laisser ma haine, il est assez à plaindre ;
Et le ciel, qui l'expose à ce trait de rigueur,
N'a que trop bien servi les serments de mon cœur.
Un éclatant arrêt de ma gloire outragée
A jamais n'être à lui me tenoit engagée ;
Mais quand par les destins il est exécuté,
J'y vois pour son amour trop de sévérité ;
Et le triste succès de tout ce qu'il m'adresse
M'efface son offense, et lui rend ma tendresse :
Oui, mon cœur, trop vengé par de si rudes coups,
Laisse à leur cruauté désarmer son courroux,
Et cherche maintenant, par un soin pitoyable [1],
A consoler le sort d'un amant misérable ;
Et je crois que sa flamme a bien pu mériter
Cette compassion que je lui veux prêter.

DONE IGNÈS.

Madame, on auroit tort de trouver à redire
Aux tendres sentiments qu'on voit qu'il vous inspire ;
Ce qu'il a fait pour vous... Il vient, et sa pâleur
De ce coup surprenant marque assez la douleur.

SCÈNE III.

DON GARCIE, DONE ELVIRE,
DONE IGNÈS, déguisée en homme; ÉLISE.

DON GARCIE.

Madame, avec quel front faut-il que je m'avance,
Quand je viens vous offrir l'odieuse présence...

DONE ELVIRE.

Prince, ne parlons plus de mon ressentiment.

1. En lui témoignant de la pitié.

ACTE V, SCÈNE III.

Votre sort dans mon âme a fait du changement ;
Et, par le triste état où sa rigueur vous jette,
Ma colère est éteinte, et notre paix est faite.
Oui, bien que votre amour ait mérité les coups
Que fait sur lui du ciel éclater le courroux,
Bien que ses noirs soupçons aient offensé ma gloire
Par des indignités qu'on auroit peine à croire,
J'avouerai toutefois que je plains son malheur
Jusqu'à voir nos succès avec quelque douleur ;
Que je hais les faveurs de ce fameux service,
Lorsqu'on veut de mon cœur lui faire un sacrifice,
Et voudrois bien pouvoir racheter les moments
Où le sort contre vous n'armoit que mes serments ;
Mais enfin vous savez comme nos destinées
Aux intérêts publics sont toujours enchaînées,
Et que l'ordre des cieux, pour disposer de moi,
Dans mon frère qui vient me va montrer mon roi.
Cédez comme moi, prince, à cette violence
Où la grandeur soumet celles de ma naissance ;
Et si de votre amour les déplaisirs sont grands,
Qu'il se fasse un secours de la part que j'y prends,
Et ne se serve point, contre un coup qui l'étonne,
Du pouvoir qu'en ces lieux votre valeur vous donne :
Ce vous seroit, sans doute, un indigne transport
De vouloir dans vos maux lutter contre le sort ;
Et lorsque c'est en vain qu'on s'oppose à sa rage,
La soumission prompte est grandeur de courage.
Ne résistez donc point à ses coups éclatants,
Ouvrez les murs d'Astorgue au frère que j'attends,
Laissez-moi rendre aux droits qu'il peut sur moi prétendre
Ce que mon triste cœur a résolu de rendre ;
Et ce fatal hommage, où mes vœux sont forcés,

Peut-être n'ira pas si loin que vous pensez.
DON GARCIE.
C'est faire voir, madame, une bonté trop rare
Que vouloir adoucir le coup qu'on me prépare :
Sur moi sans de tels soins vous pouvez laisser choir
Le foudre rigoureux de tout votre devoir.
En l'état où je suis je n'ai rien à vous dire,
J'ai mérité du sort tout ce qu'il a de pire;
Et je sais, quelques maux qu'il me faille endurer,
Que je me suis ôté le droit d'en murmurer.
Par où pourrois-je, hélas! dans ma vaste disgrâce,
Vers vous de quelque plainte autoriser l'audace?
Mon amour s'est rendu mille fois odieux,
Il n'a fait qu'outrager vos attraits glorieux;
Et, lorsque par un juste et fameux sacrifice
Mon bras à votre sang cherche à rendre un service,
Mon astre m'abandonne au déplaisir fatal
De me voir prévenu par le bras d'un rival.
Madame, après cela je n'ai rien à prétendre,
Je suis digne du coup que l'on me fait attendre;
Et je le vois venir, sans oser contre lui
Tenter de votre cœur le favorable appui.
Ce qui peut me rester dans mon malheur extrême,
C'est de chercher alors mon remède en moi-même,
Et faire que ma mort, propice à mes désirs,
Affranchisse mon cœur de tous ses déplaisirs.
Oui, bientôt dans ces lieux Don Alphonse doit être,
Et déjà mon rival commence de paroître;
De Léon vers ces murs il semble avoir volé
Pour recevoir le prix du tyran immolé.
Ne craignez point du tout qu'aucune résistance
Fasse valoir ici ce que j'ai de puissance :

ACTE V, SCÈNE IV.

Il n'est effort humain que, pour vous conserver,
Si vous y consentiez, je ne pusse braver;
Mais ce n'est pas à moi, dont on hait la mémoire,
A pouvoir espérer cet aveu plein de gloire;
Et je ne voudrois pas, par des efforts trop vains,
Jeter le moindre obstacle à vos justes desseins.
Non, je ne contrains point vos sentiments, madame;
Je vais en liberté laisser toute votre âme,
Ouvrir les murs d'Astorgue à cet heureux vainqueur,
Et subir de mon sort la dernière rigueur[1].

SCÈNE IV.

DONE ELVIRE, DONE IGNÈS, déguisée en homme; ÉLISE.

DONE ELVIRE.

Madame, au désespoir où son destin l'expose
De tous mes déplaisirs n'imputez pas la cause.
Vous me rendrez justice en croyant que mon cœur
Fait de vos intérêts sa plus vive douleur;
Que bien plus que l'amour l'amitié m'est sensible,
Et que, si je me plains d'une disgrâce horrible,
C'est de voir que du ciel le funeste courroux
Ait pris chez moi les traits qu'il lance contre vous,
Et rendu mes regards coupables d'une flamme
Qui traite indignement les bontés de votre âme.

DONE IGNÈS.

C'est un événement dont, sans doute, vos yeux
N'ont point pour moi, madame, à quereller les cieux.
Si les foibles attraits qu'étale mon visage
M'exposoient au destin de souffrir un volage,

---

1. Don Garcie, par sa résignation noble et touchante, se montre digne du pardon généreux de Done Elvire. (AUGER.)

Le ciel ne pouvoit mieux m'adoucir de tels coups,
Quand, pour m'ôter ce cœur, il s'est servi de vous ;
Et mon front ne doit point rougir d'une inconstance
Qui de vos traits aux miens marque la différence.
Si pour ce changement je pousse des soupirs,
Ils viennent de le voir fatal à vos désirs ;
Et, dans cette douleur que l'amitié m'excite,
Je m'accuse pour vous de mon peu de mérite,
Qui n'a pu retenir un cœur dont les tributs
Causent un si grand trouble à vos vœux combattus.

DONE ELVIRE.

Accusez-vous plutôt de l'injuste silence
Qui m'a de vos deux cœurs caché l'intelligence.
Ce secret, plus tôt su, peut-être à toutes deux
Nous auroit épargné des troubles si fâcheux ;
Et mes justes froideurs, des désirs d'un volage
Au point de leur naissance ayant banni l'hommage,
Eussent pu renvoyer...

DONE IGNÈS.
Madame, le voici.

DONE ELVIRE.

Sans rencontrer ses yeux vous pouvez être ici ;
Ne sortez point, madame, et, dans un tel martyre,
Veuillez être témoin de ce que je vais dire.

DONE IGNÈS.

Madame, j'y consens, quoique je sache bien
Qu'on fuiroit en ma place un pareil entretien.

DONE ELVIRE.

Son succès, si le ciel seconde ma pensée,
Madame, n'aura rien dont vous soyez blessée.

SCÈNE V.

DON ALPHONSE, cru Don Sylve; DONE ELVIRE, DONE IGNÈS, déguisée en homme; ÉLISE.

DONE ELVIRE.

Avant que vous parliez, je demande instamment
Que vous daigniez, seigneur, m'écouter un moment.
Déjà la renommée a jusqu'à nos oreilles
Porté de votre bras les soudaines merveilles,
Et j'admire avec tous comme en si peu de temps
Il donne à nos destins ces succès éclatants.
Je sais bien qu'un bienfait de cette conséquence
Ne sauroit demander trop de reconnoissance,
Et qu'on doit toute chose à l'exploit immortel
Qui replace mon frère au trône paternel.
Mais, quoi que de son cœur vous offrent les hommages,
Usez en généreux de tous vos avantages,
Et ne permettez pas que ce coup glorieux
Jette sur moi, seigneur, un joug impérieux;
Que votre amour, qui sait quel intérêt m'anime,
S'obstine à triompher d'un refus légitime,
Et veuille que ce frère où l'on va m'exposer[1]
Commence d'être roi pour me tyranniser.
Léon a d'autres prix dont, en cette occurrence,
Il peut mieux honorer votre haute vaillance;

---

1. *Où* au lieu de *à qui.* Molière, fidèle aux anciennes traditions de notre langue, fait du mot *ou* un grand et libre usage. Si l'on veut s'édifier sur l'emploi de ce terme, dont nous rencontrons ici un des exemples les plus remarquables, on consultera le *Lexique de la langue de Molière,* par F. Génin, pages 267 à 274. On se reportera aussi au *Lexique de la langue de Corneille,* par F. Godefroy, tome II, pages 89 à 96.

Et c'est à vos vertus faire un présent trop bas
Que vous donner un cœur qui ne se donne pas.
Peut-on être jamais satisfait en soi-même,
Lorsque par la contrainte on obtient ce qu'on aime?
C'est un triste avantage, et l'amant généreux
A ces conditions refuse d'être heureux;
Il ne veut rien devoir à cette violence
Qu'exercent sur nos cœurs les droits de la naissance,
Et pour l'objet qu'il aime est toujours trop zélé
Pour souffrir qu'en victime il lui soit immolé[1].
Ce n'est pas que ce cœur, au mérite d'un autre,
Prétende réserver ce qu'il refuse au vôtre;
Non, seigneur, j'en réponds, et vous donne ma foi
Que personne jamais n'aura pouvoir sur moi;
Qu'une sainte retraite à toute autre poursuite...

DON ALPHONSE.

J'ai de votre discours assez souffert la suite,
Madame; et par deux mots je vous l'eusse épargné,
Si votre fausse alarme eût sur vous moins gagné.
Je sais qu'un bruit commun, qui partout se fait croire,
De la mort du tyran me veut donner la gloire;
Mais le seul peuple enfin, comme on nous fait savoir,
Laissant par Don Louis échauffer son devoir,
A remporté l'honneur de cet acte héroïque
Dont mon nom est chargé par la rumeur publique:
Et ce qui d'un tel bruit a fourni le sujet,
C'est que, pour appuyer son illustre projet,
Don Louis fit semer, par une feinte utile,
Que, secondé des miens, j'avois saisi la ville;

---

1. La pensée que renferment ces huit derniers vers est également développée par Henriette à la première scène de l'acte V des *Femmes savantes*.

Et, par cette nouvelle, il a poussé les bras
Qui d'un usurpateur ont hâté le trépas.
Par son zèle prudent il a su tout conduire,
Et c'est par un des siens qu'il vient de m'en instruire;
Mais dans le même instant un secret m'est appris,
Qui va vous étonner autant qu'il m'a surpris.
Vous attendez un frère, et Léon, son vrai maître;
A vos yeux maintenant le ciel le fait paroître :
Oui, je suis Don Alphonse; et mon sort conservé
Et sous le nom du sang de Castille élevé
Est un fameux effet de l'amitié sincère
Qui fut entre son prince et le roi notre père.
Don Louis du secret a toutes les clartés,
Et doit aux yeux de tous prouver ces vérités.
D'autres soins maintenant occupent ma pensée :
Non qu'à votre sujet elle soit traversée,
Que ma flamme querelle un tel événement,
Et qu'en mon cœur le frère importune l'amant.
Mes feux par ce secret ont reçu sans murmure
Le changement qu'en eux a prescrit la nature;
Et le sang qui nous joint m'a si bien détaché
De l'amour dont pour vous mon cœur étoit touché
Qu'il ne respire plus, pour faveur souveraine,
Que les chères douceurs de sa première chaîne,
Et le moyen de rendre à l'adorable Ignès
Ce que de ses bontés a mérité l'excès[1];
Mais son sort incertain rend le mien misérable;
Et, si ce qu'on en dit se trouvoit véritable,
En vain Léon m'appelle et le trône m'attend;

---

1. On peut en cet endroit rappeler le personnage d'Andrès reconnaissant une sœur dans Célie, à la scène xv du cinquième acte de *l'Étourdi*.

La couronne n'a rien à me rendre content,
Et je n'en veux l'éclat que pour goûter la joie
D'en couronner l'objet où le ciel me renvoie,
Et pouvoir réparer, par ces justes tributs,
L'outrage que j'ai fait à ses rares vertus.
Madame, c'est de vous que j'ai raison d'attendre
Ce que de son destin mon âme peut apprendre;
Instruisez-m'en, de grâce; et, par votre discours,
Hâtez mon désespoir ou le bien de mes jours.

DONE ELVIRE.

Ne vous étonnez pas si je tarde à répondre,
Seigneur; ces nouveautés ont droit de me confondre[1].
Je n'entreprendrai point de dire à votre amour
Si Done Ignès est morte ou respire le jour;
Mais, par ce cavalier, l'un de ses plus fidèles,
Vous en pourrez sans doute apprendre des nouvelles.

DON ALPHONSE, reconnoissant Done Ignès.

Ah! madame, il m'est doux en ces perplexités
De voir ici briller vos célestes beautés.
Mais vous, avec quels yeux verrez-vous un volage
Dont le crime[2]...

DONE IGNÈS.

Ah! gardez de me faire un outrage,
Et de vous hasarder à dire que vers moi
Un cœur dont je fais cas ait pu manquer de foi.
J'en refuse l'idée, et l'excuse me blesse;
Rien n'a pu m'offenser auprès de la princesse;

---

1. Dans *l'Étourdi,* Célie dit comme Done Elvire :

    Je demeure immobile à tant de nouveautés.

2. Dans la pièce italienne, Don Pèdre reconnaît de même la duchesse de Tyrol; mais comme il n'a jamais aimé qu'elle, il n'a point à demander pardon de son infidélité.

Et tout ce que d'ardeur elle vous a causé
Par un si haut mérite est assez excusé.
Cette flamme vers moi ne vous rend point coupable;
Et, dans le noble orgueil dont je me sens capable,
Sachez, si vous l'étiez, que ce seroit en vain
Que vous présumeriez de fléchir mon dédain;
Et qu'il n'est repentir ni suprême puissance,
Qui gagnât sur mon cœur d'oublier cette offense.

DONE ELVIRE.

Mon frère, d'un tel nom souffrez-moi la douceur[1],
De quel ravissement comblez-vous une sœur!
Que j'aime votre choix, et bénis l'aventure
Qui vous fait couronner une amitié si pure!
Et de deux nobles cœurs que j'aime tendrement...

SCÈNE VI.

DON GARCIE, DONE ELVIRE, DONE IGNÈS, déguisée en homme; DON ALPHONSE, cru Don Sylve; ÉLISE.

DON GARCIE.

De grâce, cachez-moi votre contentement,
Madame, et me laissez mourir dans la croyance
Que le devoir vous fait un peu de violence.
Je sais que de vos vœux vous pouvez disposer,
Et mon dessein n'est pas de leur rien opposer;
Vous le voyez assez, et quelle obéissance
De vos commandements m'arrache la puissance;
Mais je vous avouerai que cette gaieté[2]

---

1. Archaïsme expressif employé aussi par Pascal.
2. Dans ce vers, Molière a fait le mot *gaieté* de trois syllabes, comme le faisaient ordinairement les poètes du XVIe siècle.

Surprend au dépourvu toute ma fermeté,
Et qu'un pareil objet dans mon âme fait naître
Un transport dont j'ai peur que je ne sois pas maître;
Et je me punirois, s'il m'avoit pu tirer
De ce respect soumis où je veux demeurer.
Oui, vos commandements ont prescrit à mon âme
De souffrir sans éclat le malheur de ma flamme :
Cet ordre sur mon cœur doit être tout-puissant,
Et je prétends mourir en vous obéissant;
Mais, encore une fois, la joie où je vous treuve[1]
M'expose à la rigueur d'une trop rude épreuve,
Et l'âme la plus sage, en ces occasions,
Répond malaisément de ses émotions.
Madame, épargnez-moi cette cruelle atteinte;
Donnez-moi, par pitié, deux moments de contrainte;
Et, quoi que d'un rival vous inspirent les soins,
N'en rendez pas mes yeux les malheureux témoins :
C'est la moindre faveur qu'on peut, je crois, prétendre,
Lorsque dans ma disgrâce un amant peut descendre.
Je ne l'exige pas, madame, pour longtemps,
Et bientôt mon départ rendra vos vœux contents :
Je vais où de ses feux mon âme consumée
N'apprendra votre hymen que par la renommée.
Ce n'est pas un spectacle où je doive courir :
Madame, sans le voir, j'en saurai bien mourir.

1. Au XVIIe siècle l'ancienne forme *treuve* s'employait encore. Molière dit dans *le Misanthrope*

> Ne ferme pas mes yeux aux défauts qu'on lui treuve.

et La Fontaine :

> Dieu fait bien ce qu'il fait; sans en chercher la preuve,
> En tout cet univers et l'aller parcourant,
> Dans les citrouilles je la treuve.

Nous en avons vu ci-dessus beaucoup d'autres exemples.

ACTE V, SCÈNE VI.

DONE IGNÈS.

Seigneur, permettez-moi de blâmer votre plainte.
De vos maux la princesse a su paroître atteinte;
Et cette joie encor, de quoi vous murmurez,
Ne lui vient que des biens qui vous sont préparés.
Elle goûte un succès à vos désirs prospère,
Et dans votre rival elle trouve son frère ;
C'est Don Alphonse, enfin, dont on a tant parlé,
Et ce fameux secret vient d'être dévoilé.

DON ALPHONSE.

Mon cœur, grâces au ciel, après un long martyre,
Seigneur, sans vous rien prendre, a tout ce qu'il désire,
Et goûte d'autant mieux son bonheur en ce jour
Qu'il se voit en état de servir votre amour.

DON GARCIE.

Hélas! cette bonté, seigneur, doit me confondre.
A mes plus chers désirs elle daigne répondre ;
Le coup que je craignois, le ciel l'a détourné,
Et tout autre que moi se verroit fortuné.
Mais ces douces clartés d'un secret favorable
Vers l'objet adoré me découvrent coupable
Et tombé de nouveau dans ces traîtres soupçons,
Sur quoi l'on m'a tant fait d'inutiles leçons,
Et par qui mon ardeur, si souvent odieuse,
Doit perdre tout espoir d'être jamais heureuse.
Oui, l'on doit me haïr avec trop de raison ;
Moi-même, je me trouve indigne de pardon ;
Et, quelque heureux succès que le sort me présente,
La mort, la seule mort est toute mon attente.

DONE ELVIRE.

Non! non! de ce transport le soumis mouvement,
Prince, jette en mon âme un plus doux sentiment.

Par lui de mes serments je me sens détachée;
Vos plaintes, vos respects, vos douleurs, m'ont touchée;
J'y vois partout briller un excès d'amitié,
Et votre maladie est digne de pitié.
Je vois, prince, je vois qu'on doit quelque indulgence
Aux défauts où du ciel fait pencher l'influence;
Et, pour tout dire enfin, jaloux ou non jaloux[1],
Mon roi, sans me gêner[2], peut me donner à vous.

DON GARCIE.

Ciel! dans l'excès des biens que cet aveu m'octroie,
Rends capable mon cœur de supporter sa joie!

DON ALPHONSE.

Je veux que cet hymen, après nos vains débats,
Seigneur, joigne à jamais nos cœurs et nos États.
Mais ici le temps presse, et Léon nous appelle;
Allons dans nos plaisirs satisfaire son zèle,
Et, par notre présence et nos soins différents,
Donner le dernier coup au parti des tyrans[3].

---

1. C'est aussi la conclusion de l'auteur italien Cicognini.
2. *Gêner*, faire violence, torturer.
3. L'échec de Molière comme auteur et comme acteur, nous l'avons dit, fut complet. La pièce n'eut que sept représentations à la ville. Cet échec paraissait donner raison à tous les rivaux, à tous les ennemis, qui criaient d'un commun accord que Molière était incapable de réussir dans le sérieux : « Il suffit, disait l'auteur des *Nouvelles nouvelles*, de vous dire que *Don Garcie* étoit une pièce sérieuse et qu'il en avoit le premier rôle, pour vous faire connoître que l'on ne devoit pas s'y divertir. » Molière souffrit cruellement sans doute de ces critiques, d'autant plus dangereuses qu'elles semblaient poser une barrière à son génie. Il ne se découragea pas cependant; de cette chute il tira au contraire de nouveaux enseignements; elle le fit réfléchir plus profondément sur son art, et l'on ne tardera pas à le voir reparaître au sommet d'où l'on croyait l'avoir précipité pour toujours.

DE DON GARCIE DE NAVARRE.

TABLE

DU TOME TROISIÈME.

	Pages.
LE DÉPIT AMOUREUX, comédie en deux actes.	1
Notice préliminaire.	3
Le Dépit amoureux	9
L'Interesse, comedia del sig. Nicolò Secchi.	53
LES PRÉCIEUSES RIDICULES, comédie en un acte (18 novembre 1659).	139
Notice préliminaire.	141
Préface.	155
Les Précieuses ridicules.	159
La Déroute des Précieuses, mascarade (1659).	209
Récit en prose et en vers de la Farce des Précieuses (par Mlle Desjardins)	217
Les Véritables Précieuses, comédie, par Baudeau de Somaize.	231
Les Précieuses ridicules mises en vers (par Baudeau de Somaize).	259
Dialogue de deux Précieuses sur les affaires de leur communauté, par Baudeau de Somaize	265
SGANARELLE OU LE COCU IMAGINAIRE, comédie en un acte, (28 mai 1660).	269
Notice préliminaire.	271
Le Cocu imaginaire	287
La Cocue imaginaire, comédie.	335

TABLE DES MATIÈRES.

DON GARCIE DE NAVARRE OU LE PRINCE JALOUX, comédie en
cinq actes (4 février 1661). 369
Notice préliminaire. 371
Don Garcie de Navarre. 379

FIN DE LA TABLE DU TOME TROISIÈME.

GARNIER FRÈRES, LIBRAIRES-ÉDITEURS

6, RUE DES SAINTS-PÈRES, A PARIS

CHEFS-D'ŒUVRE

DE LA

LITTÉRATURE

FRANÇAISE

(Format in-8° cavalier)

Imprimés avec luxe par M. J. CLAYE, sur très-beau papier fabriqué spécialement pour cette collection

ET ORNÉS DE GRAVURES SUR ACIER

PAR LES ARTISTES LES PLUS RENOMMÉS

49 VOLUMES SONT EN VENTE

à 7 fr. 50 le volume

On tire, pour chacun des ouvrages de la collection, 150 exemplaires numérotés sur papier de Hollande, à 15 fr. le volume.

L'épuisement de ces exemplaires est si rapide que nous engageons les amateurs qui en voudraient faire l'acquisition à se hâter.

La publication des Chefs-d'œuvre de la Littérature française, que les événements de 1870-1871 avaient un moment ralentie, a repris son cours et va désormais le suivre avec une activité redoublée.

Les sept volumes des Œuvres complètes de La Fontaine, par M. Louis Moland, placent cette édition du fabuliste à côté du *Molière*, du même écrivain, dont la première édition a si heureusement inauguré notre collection, et qui reste encore sans rival.

Préoccupés de choisir toujours l'écrivain qui semble le plus apte à mettre dans tout son jour et dans tout son relief un des auteurs célèbres de notre littérature, celui que la voix publique désigne comme le plus capable de remplir cette tâche avec honneur, nous avons prié M. Édouard Laboulaye de nous donner une édition des **Œuvres complètes de Montesquieu**. L'éminent publiciste, qui s'était depuis longtemps préparé à ce travail, a aujourd'hui terminé cette édition qu'il avait entreprise au milieu des hautes occupations de la vie politique.

L'**Édition de La Bruyère**, complète en deux volumes, est due à la vaste et pénétrante érudition de M. Chassang, inspecteur général de l'Université.

Le **Boileau** de M. Gidel, le **Montaigne** de MM. J.-V. Le Clerc et Prevost-Paradol, sont terminés.

Quelque temps suspendue, l'édition des **Œuvres complètes de Racine**, commencée par M. Saint-Marc Girardin, est aujourd'hui achevée. M. Louis Moland, après avoir terminé l'édition de La Fontaine, a bien voulu se charger de continuer le *Racine*. M. Moland s'est attaché à conserver à cette édition le caractère littéraire que M. Saint-Marc Girardin y avait imprimé, tout en multipliant les recherches d'érudition qu'exige le goût actuel du public. Nous pouvons assurer que les dernières parties ne sont pas inférieures aux premières pour tout ce que peut ajouter d'intérêt à ces chefs-d'œuvre une connaissance approfondie et familière de l'époque.

D'autres ouvrages sont en préparation. Rien ne nous coûtera pour maintenir cette collection à la hauteur qu'elle a conquise dans l'opinion des connaisseurs, tant en France qu'à l'étranger.

Sans entrer dans plus de détails, nous nous bornerons à signaler une publication aujourd'hui terminée, qui, conçue sur un plan analogue, peut parfaitement s'y annexer, celle des **Œuvres complètes de Diderot**, éditée par MM. J. Assézat et Maurice Tourneux; celle des **Œuvres complètes de Voltaire**, publiées sous la direction de M. Moland, dont 38 volumes ont déjà paru; et enfin la **Correspondance littéraire de Grimm**, éditée par M. Maurice Tourneux, dont 14 volumes sont en vente.

LISTE DES OUVRAGES

DE LA

COLLECTION DES CHEFS-D'ŒUVRE

DE LA LITTÉRATURE FRANÇAISE

QUI SONT EN VENTE

ŒUVRES COMPLÈTES DE J. RACINE, avec une vie de l'auteur et un examen de chacun de ses ouvrages, par M. SAINT-MARC GIRARDIN, de l'Académie française, et M. Louis MOLAND. 8 volumes.

ŒUVRES COMPLÈTES DE LA FONTAINE, nouvelle édition très soigneusement revue sur les textes originaux, avec un travail de critique et d'érudition, aperçus d'histoire littéraire, vie de l'auteur, notes et commentaires, bibliographie, etc., par M. Louis MOLAND. 7 volumes avec portraits et vignettes.

ŒUVRES COMPLÈTES DE MONTESQUIEU, avec les variantes des premières éditions, un choix des meilleurs commentaires et des notes nouvelles, par M. Édouard LABOULAYE, de l'Institut. 7 volumes.

ESSAIS DE MICHEL DE MONTAIGNE, nouvelle édition, avec les notes de tous les commentateurs, choisies et complétées par M. J.-V. LE CLERC, précédée d'une étude sur Montaigne, par M. PRÉVOST-PARADOL, de l'Académie française. 4 volumes avec portrait.

ŒUVRES COMPLÈTES DE BOILEAU, accompagnées de notes historiques et littéraires et précédées d'une étude sur sa vie et ses ouvrages, par M. A. CH. GIDEL, professeur de rhétorique au lycée national Bonaparte, lauréat de l'Académie française et de l'Académie des inscriptions et belles-lettres. 4 volumes. Portrait et vignettes sur acier.

ŒUVRES COMPLÈTES DE LA BRUYÈRE, nouvelle édition publiée d'après les éditions données par l'auteur, avec une notice sur La Bruyère, des variantes, des notes et un lexique par A. CHASSANG, lauréat de l'Académie française, inspecteur général de l'instruction publique. 2 volumes.

HISTOIRE DE GIL BLAS DE SANTILLANE, par LE SAGE, avec les principales remarques des divers annotateurs, précédée d'une notice par SAINTE-BEUVE, de l'Académie française, de jugements et témoignages sur Le Sage et sur *Gil Blas*; suivie de *Turcaret* et de *Crispin rival de son maître*. 2 volumes illustrés de six belles gravures sur acier, d'après les dessins de Staal.

ŒUVRES DE J.-B. ROUSSEAU, avec une introduction sur sa vie et ses ouvrages, et un nouveau commentaire, par Antoine DE LATOUR. 1 volume avec portrait.

ŒUVRES DE CLÉMENT MAROT, annotées, revues sur les éditions originales, et précédées de la vie de Clément Marot, par CH. D'HÉRICAULT. 1 volume orné du portrait de l'auteur, gravé sur acier d'après une peinture du temps.

CHEFS-D'ŒUVRE LITTÉRAIRES DE BUFFON, précédés d'une introduction par M. Flourens, de l'Académie française, secrétaire de l'Académie des sciences. 2 volumes, avec le portrait de Buffon.

ŒUVRES CHOISIES DE MASSILLON, précédées d'une notice biographique et littéraire par M. Godefroy. 2 volumes avec un beau portrait de Massillon.

L'IMITATION DE JÉSUS-CHRIST, traduction nouvelle avec des réflexions à la fin de chaque chapitre, par M. l'abbé F. de Lamennais. 1 volume orné de 4 gravures sur acier.

ŒUVRES COMPLÈTES DE DIDEROT

REVUES SUR LES ÉDITIONS ORIGINALES

ET COMPLÉTÉES D'APRÈS LE MANUSCRIT DE LA BIBLIOTHÈQUE DE L'ERMITAGE

Avec notices et notes et une étude sur DIDEROT, par J. Assézat

20 volumes in-8° cavalier, avec portrait, planches et table analytique

CHEFS-D'ŒUVRE DU ROMAN FRANÇAIS

19 beaux volumes in-8° cavalier, papier des Vosges.
illustrés de charmantes gravures sur acier gravées par les premiers artistes
d'après les dessins de Staal.

Chaque volume, formant un tout complet sans tomaison, se vend séparément 7 fr.50

ŒUVRES DE Mme DE LA FAYETTE : Zaïde. — La princesse de Clèves. — Madame de Montpensier. — La Comtesse de Tende. — Lettres. — 1 volume.

ŒUVRES DE Mmes DE FONTAINES ET DE TENCIN : La Comtesse de Savoie. — Aménophis. — Mémoires du comte de Comminges. — Le Siège de Calais. — Les Malheurs de l'amour. — Anecdoctes de la cour et du règne d'Édouard III. 1 volume.

HISTOIRE DE GIL BLAS DE SANTILLANE, par Le Sage. — 2 volumes.

LE DIABLE BOITEUX, suivi de *Estévanille Gonzalès*, par Le Sage. — 1 volume.

HISTOIRE DE GUSMAN D'ALFARACHE, par Le Sage. — 1 volume.

LA VIE DE MARIANNE, suivie du *Paysan parvenu*, par Marivaux. 2 volumes.

ŒUVRES DE Mme DE RICCOBONI : Histoire du marquis de Cressy. — Lettres de la comtesse de Sancerre. — Histoire de deux jeunes amies. — Histoire d'Ernestine. — Lettres de milady Catesby. — Histoire d'Aloïse de Livarot. — Histoire d'Enguerrand. — 1 volume.

ŒUVRES DE Mme ÉLIE DE BEAUMONT, DE Mme DE GENLIS, DE FIÉVÉE ET DE Mme DE DURAS. — Mme Élie de Beaumont : Lettres du marquis de Roselle. — Mme de Genlis : Mademoiselle de Clermont. — Fiévée : la Dot de Suzette. — Mme de Duras : Ourika, Édouard. — 1 volume.

ŒUVRES DE Mme DE SOUZA : Adèle de Sénange. — Aglaé. — Eugène de Rothelin. — Charles et Marie. — Émilie et Alphonse. — 1 volume.

CORINNE OU L'ITALIE, par Mme de Staël. 1 volume.

PARIS. — Impr. J. CLAYE. — A. QUANTIN et Cie, rue St-Benoît

PARIS. — Impr. J CLAYE. — A. QUANTIN et C⁹, rue St-Benoît.

CHEFS-D'ŒUVRE DE LA LITTÉRATURE FRANÇAISE

Format in-8° cavalier, imprimés avec luxe par M. J. CLAYE, sur très beau papier fabriqué spécialement pour cette collection, et ornés de gravures sur acier par les meilleurs artistes. 49 volumes sont en vente à 7 fr. 50 le volume. On tire, pour chacun des ouvrages de la collection, 150 exemplaires numérotés sur papier de Hollande, à 15 fr. le volume.

ŒUVRES COMPLÈTES DE MOLIÈRE

Avec un nouveau travail de critique et d'érudition, par M. LOUIS MOLAND. 7 volumes. *(Première édition épuisée.)*

ŒUVRES COMPLÈTES DE RACINE

Avec un travail nouveau par M. SAINT-MARC GIRARDIN, de l'Académie française, et M. LOUIS MOLAND; ouvrage complet en 8 volumes.

ŒUVRES COMPLÈTES DE LA FONTAINE

Avec un nouveau travail de critique et d'érudition, par M. LOUIS MOLAND; 7 volumes ornés de gravures sur acier d'après les dessins de STAAL.

ŒUVRES COMPLÈTES DE MONTESQUIEU

Avec les variantes des premières éditions, un choix des meilleurs commentaires et des notes nouvelles, par M. ÉDOUARD LABOULAYE, de l'Institut, avec un beau portrait de Montesquieu; 7 volumes.

ESSAIS DE MICHEL DE MONTAIGNE

Nouvelle édition, avec les notes, de tous les commentateurs, choisies et complétées par M. J.-V. LE CLERC, précédée d'une nouvelle Étude sur Montaigne par M. PRÉVOST-PARADOL, de l'Académie française. 4 volumes, avec portrait.

ŒUVRES COMPLÈTES DE BOILEAU

Avec un travail nouveau, par M. GIDEL, professeur de rhétorique au lycée Bonaparte : 4 volumes ornés de gravures sur acier d'après les dessins de STAAL.

HISTOIRE DE GIL BLAS DE SANTILLANE

Par LE SAGE, précédée d'une notice par SAINTE-BEUVE, de l'Académie française, les jugements et témoignages sur LE SAGE et sur GIL BLAS, suivie de *Turcaret* et de *Crispin rival de son maître*. 2 volumes illustrés de six belles gravures sur acier d'après les dessins de STAAL.

ŒUVRES DE J.-B. ROUSSEAU

Avec une introduction sur sa vie et ses ouvrages et un nouveau commentaire par ANTOINE DE LA TOUR. 1 volume avec portrait de l'auteur.

CHEFS-D'ŒUVRE LITTÉRAIRES DE BUFFON

Avec une Introduction par M. FLOURENS, membre de l'Académie française, 2 volumes. Un beau portrait de Buffon est joint au tome Ier.

ŒUVRES DE CLÉMENT MAROT

Annotées, revues sur les éditions originales et précédées de la vie de CLÉMENT MAROT, par CHARLES d'HÉRICAULT. 1 volume orné du portrait de l'auteur d'après une peinture du temps.

L'IMITATION DE JÉSUS-CHRIST

Traduction nouvelle avec des réflexions à la fin de chaque chapitre par M. l'abbé F. DE LAMENNAIS; volume orné de 4 gravures sur acier.

ŒUVRES CHOISIES DE MASSILLON

Précédées d'une notice biographique et littéraire par M. GODEFROY. 2 volumes, avec un beau portrait de Massillon.

ŒUVRES COMPLÈTES DE J. DE LA BRUYÈRE

Nouvelle édition avec une notice sur la vie et les écrits de La Bruyère, une bibliographie, des notes, une table analytique des matières et un lexique, par A. CHASSANG, inspecteur-général de l'instruction publique, lauréat de l'Académie française. 2 volumes, avec un beau portrait de La Bruyère.

ŒUVRES CHOISIES DE RONSARD

Avec notice, notes et commentaires, par C.-A. SAINTE-BEUVE; nouvelle édition, revue et augmentée, par M. L. MOLAND. 1 vol. avec un beau portrait de Ronsard.

EN COURS D'EXÉCUTION

Œuvres complètes de P. Corneille.
Œuvres de La Rochefoucauld.
Œuvres d'André Chénier.

www.ingramcontent.com/pod-product-compliance
Lightning Source LLC
Chambersburg PA
CBHW060221230426

43664CB00011B/1511